权威·前沿·原创

皮书系列为
"十二五""十三五"国家重点图书出版规划项目

创意城市蓝皮书
BLUE BOOK OF CREATIVE CITIES

总 编/张京成

·中国创意产业研究中心·

武汉文化创意产业发展报告（2017）

WUHAN REPORT ON CULTURAL AND CREATIVE INDUSTRIES (2017)

主 编/黄永林 吴天勇
副主编/詹一虹 谈国新

社会科学文献出版社
SOCIAL SCIENCES ACADEMIC PRESS (CHINA)

图书在版编目(CIP)数据

武汉文化创意产业发展报告.2017/黄永林,吴天勇主编.--北京:社会科学文献出版社,2017.12
(创意城市蓝皮书)
ISBN 978-7-5201-2004-3

Ⅰ.①武… Ⅱ.①黄… ②吴… Ⅲ.①文化产业-产业发展-研究报告-武汉-2017 Ⅳ.①G127.631

中国版本图书馆 CIP 数据核字(2017)第 314578 号

创意城市蓝皮书
武汉文化创意产业发展报告(2017)

主　编/黄永林　吴天勇
副 主 编/詹一虹　谈国新

出 版 人/谢寿光
项目统筹/恽　薇　冯咏梅
责任编辑/冯咏梅

出　　版/社会科学文献出版社·经济与管理分社（010）59367226
　　　　　地址：北京市北三环中路甲29号院华龙大厦　邮编：100029
　　　　　网址：www.ssap.com.cn

发　　行/市场营销中心（010）59367081　59367018
印　　装/北京季蜂印刷有限公司

规　　格/开　本：787mm×1092mm　1/16
　　　　　印　张：27　字　数：408 千字
版　　次/2017 年 12 月第 1 版　2017 年 12 月第 1 次印刷
书　　号/ISBN 978-7-5201-2004-3
定　　价/99.00 元

皮书序列号/PSN B-2013-354-4/7

本书如有印装质量问题，请与读者服务中心（010-59367028）联系

版权所有 翻印必究

《创意城市蓝皮书》总序

张京成

城市是生产力发展到一定阶段的产物，并随着生产力的发展而不断升级。时至今日，伴随着工业文明的推进和文化的提升，以及服务业的大力发展，经济增长方式的转变和产业结构的调整正在推动一部分城市向着一个前所未有的高度迈进，这就是创意城市。

创意城市已经为众多有识之士所关注、所认同、所思考。在全球性竞争日趋激烈、资源环境束缚日渐紧迫的形势下，城市对可持续发展的追求，必然要大力发展附加值高、渗透性强、成效显著的创意经济。创意经济的发展实质上就是要大力发展创意产业，而城市是创意产业发展的根据地和目的地，创意产业也正是从城市发端、在城市中集聚发展的。创意产业的发展又激发了城市活力，集聚了创意人才，提升了城市的文化品位和整体形象。

纵观伦敦、纽约、东京、巴黎、米兰等众所周知的创意城市，其共同特征大都离不开创意经济：首先，这些城市都在历史上积累了一定的经济、文化和科技基础，足以支持创意经济的兴起和长久发展；其次，这些城市都已形成了发达的创意产业，而且能以创意产业支持和推进更为广泛的经济领域创新；最后，这些城市都具备了和谐包容的创意生态，既能涵养相当数量和水平的创意产业消费者，又能集聚和培养众多不同背景和个性的创意产业生产者，使创意经济行为得以顺利开展。

对照上述特征不难发现，我国的一些城市已经或者正在迈向创意城市，从北京、上海等一线城市，到青岛、西安等二线城市，再到义乌、丽江等中小城市，我们自2006年起每年编撰的《中国创意产业发展报告》一直忠实记录着它们的创意轨迹。今天，随着创意产业的蔚然成风，其中的部分城市已经积累了相当丰富的实践经验以及大量可供分析的数据与文字资料，对其进行专门研究的时机已经成熟。

因此，我们决定在《中国创意产业发展报告》的基础上，逐步对中国各主要创意城市的发展状况展开更加深化、细化和个性化的研究与发布，由此即产生了"创意城市蓝皮书"，这也是中国创意产业研究中心"创意书系"的重要组成部分。希望这部蓝皮书能够成为中国每一座创意城市的忠实记录者、宣传推介者和研究探索者。

是为序。

Preface to the
Blue Book of Creative Cities

Zhang Jingcheng

City came into being while social productivity has developed into a certain stage and upgrades with the progress of the productivity. Along with the marching of industrial civilization, cultural development, the growth of the service industry, the transformation of economic growth and the adjustment of industrial structure, cities worldwide have by now entered an unprecedented stage as of the era of creative cities.

Creative cities have caught the attention from various fields these years. While the global competition for limited resources gets heated, sustainable development has become the only solution for cities, which brings creative economy of high added value and high efficiency into this historic stage. Creative industries is the parallel phrase to creative economy, which regards cities as the bases and the core of the development, and cities is also the place where creative industries started and clustered. On the other hand, creative industries helped to keep the city vigorous, attract more talents and strengthen the public image of the city.

From the experiences of world cities such as London, New York, Tokyo, Paris, and Milan, creative economy has been their common characteristic. First, histories of these cities have provided them with certain amount of economic, cultural and technological resources, which is the engine to start and maintain creative economy; second, all these cities have had sound creative industries which can function as a driving force for the innovation and economic growth of the city; finally, these cities have fostered harmonious and tolerant creative ecology through time, which conserves consumers of creative industries, while attracting more creative industries practitioners.

It can be seen that some Chinese cities have been showing their tendency on the way to become creative cities, such as large cities of Beijing and Shanghai, medium-size cities of Qingdao, Xi'an and even small cities of Yiwu and Lijiang, whose development paths have been closely followed up in our *Chinese Creative Industries Report* started in 2006. By now, some cities have had rich experiences, comprehensive data and materials worthy to be studied, thus the time to carry out a special research has arrived.

Therefore, based on *Chinese Creative Industries Report*, we decided to conduct a deeper, more detailed and more characteristic research on some active creative cities of China, leading to the birth of *Blue Book of Creative Cities*, which is also an important part of *Creative Series* published by China Creative Industries Research Center. We hope this blue book can function as a faithful recorder, promoter and explorer for every creative city of China.

《武汉文化创意产业发展报告（2017）》
编 委 会

顾　　　　问	万　勇　刘玉珠　王家新　马　敏
	赵　雯　王永章　刘玉堂
编委会主任	黄晓玫　李述永
编委会副主任	黄永林　吴天勇
编委会委员	（按姓氏拼音排序）
	董杰方　杜成会　冯爱明　甘德安
	郭笑撰　胡　娟　纪东东　金　婕
	金　勇　李　蓉　刘传鸽　罗玉洁
	瞿凌云　史玉菡　孙传明　谈国新
	陶　沁　向卉珍　熊定萍　严湘桃
	姚伟钧　叶　霞　詹一虹　张　洁
	张文元　章建育　赵乐军　钟　国
主　　　编	黄永林　吴天勇
副 主 编	詹一虹　谈国新
参编成员	（按姓氏拼音排序）
	邓宏兵　范建华　范胜华　高　盼
	龚　勋　郝义国　侯西龙　胡惠林

黄爱华	李媛媛	马志亮	宓天姝
任嘉浩	沈思涵	孙智君	田雪枫
童　丹	万君璧	王　晶	王莎莎
王斯聪	王亚汝	魏　寅	文立杰
夏　天	许　颖	严　鹏	杨明星
杨树旺	张少华	章　可	郑　雷

主编简介

黄永林 1958年8月生，湖北仙桃人。文学博士，教授、博士生导师，享受国务院政府特殊津贴专家。现任华中师范大学国家文化产业研究中心主任，兼任中国新文学学会会长、中国民俗学会副会长、《新文学评论》和《教育财会研究》杂志主编。主要从事民俗文化、文化产业和现当代文学研究。

近年来，先后主持国家高等教育"211工程"重点学科建设项目"中华民族文化保护、创意与数字化工程"，国家社会科学基金重点项目"健全坚持正确网络舆论导向的体制机制研究"，教育部哲学社会科学研究重大课题攻关项目"网络舆论的监测与安全研究"，教育部人文社会科学重点研究基地重大项目"非遗数字化保护与传播研究"，文化部科技提升计划项目"国家非物质文化遗产保护与传承技术体系的构建"，财政部、文化部委托的大型调研项目"中国当代农村文化调查"等国家级和省部级重大、重点项目20多项。出版著作30多部，发表论文200多篇，其中20多篇论文被《新华文摘》《人大复印报刊资料》等全文转载。

共获得10多项国家级和省部级以上奖励，主要学术奖项有："中华民族文化保护、创意与数字化"项目获第四届文化部创新奖，《中国民间文化与新时期小说》和《中西通俗小说叙事：比较与阐释》先后两次获教育部高等学校科学研究优秀成果奖（人文社会科学）学术著作奖二等奖，《郑振铎与民间文艺》获中国民间文艺学奖"山花奖"，《民间文化与荆楚民间文学》获中国民间文艺学术著作奖二等奖，《中国中西部地区农村中小学合理布局结构研究》（项目主要负责人之一）获教育部高等学校科学研究优秀成果奖（人文社会科学）一等奖。

摘　要

2016年，世界经济复苏缓慢，仍处于"低增长陷阱"中，面对错综复杂的国际经济形势，我国经济在持续筑底中企稳回升，全年GDP增速为6.7%，为世界经济增长做出了突出贡献。同时，供给侧结构性改革取得实质性进展，消费成为经济增长的最大动力，新经济、新业态快速发展，经济结构优化升级，正在加速从以工业为主导的时代向以服务业为主导的后工业化时代转变。经济增长的红利为文化创意产业的跨越发展提供了机遇和保障。面对新的历史机遇和挑战，2016年，武汉市文化创意产业发展迅猛，全年实现增加值857.35亿元，比上年增长8.6%，占武汉市GDP的比重为7.2%，取得历史性突破。但是与北京、上海、深圳等一线城市相比，仍存在较大的差距。加快文化创意产业转型升级的步伐，将武汉独特的文化资源通过创意转化、科技提升和市场运作等方式打造成特色文化创意产业，提升供给侧和需求侧契合水平，是当前加快武汉文化创意产业发展的新路径。

本报告以"特色文化创意产业发展"为主题，简述了2016年武汉文化创意产业运行的整体情况和发展特点，研究了产业可持续发展的制约因素，以武汉市时尚产业、文化装备制造业、工业遗产保护与利用、汉绣产业、珠宝产业、广告业、动漫产业为典型领域，以东湖高新区、武昌区、洪山区、黄陂区为区域研究对象，以《知音号》、斗鱼（武汉）嘉年华、翟雅各建筑遗产保护与利用等代表性项目为典型案例，对"特色文化创意产业发展"进行了从理论到实践的深入探讨。在总结区域文化创意产业发展经验的基础上，寻求特色文化创意产业发展的特点、规律及模式，进而为武汉特色文化创意产业可持续发展提出了对策和建议。

关键词： 武汉市　特色文化创意产业　文化资源　转型

Abstract

In 2016, the world economy is still slow in recovery and into a underdevelopment trap. In the face of the complex international economic situation, China's economy is now stabilizing and turning for the better, which plays a positive role in world economic growth. Meanwhile, the supply-side structural reform has made a substantive progress, consumption has became the biggest driver of economic growth, new formats have developed rapidly, the structure of economy has been upgrading, which has been accelerating the transition from industry-led era to service industry-led post-industrial era. Economic growth provides opportunities and protection for the development of cultural and creative industries. Faced new historical opportunities and challenges, Wuhan cultural and creative industries have achieved a great breakthrough in 2016. The value added of cultural creative industries were 85.735 billion yuan, an increase of 8.6%, as a proportion of GDP 7.2%. However, compared with the status of the first-tier cities such as Beijing Shanghai and Shenzhen, there is still a considerable gap. In order to accelerate the development of Wuhan cultural and creative industries. We must speed up the transformation and upgrading of cultural and creative industries. And transform local unique cultural resources to characteristic cultural industries through creative transformation, technology upgrading, market operation and so on.

On the theme of "The Development of Characteristic Cultural Industries", this report summarized the development situation of Wuhan cultural and creative industries and related industries in 2016, concentrated on the typical filed of fashion industry, cultural equipment manufacturing industry, protection and utilization of industrial heritage, Han Embroidery, jewelry industry, advertising industry, Animation Industry. Focused on the East Lake High-tech Development Zone, Wuchang District, Hongshan District and Huangpi District. Based on the typical

Abstract

cases of representative project such as Zhiyin the ship, 2017 Wuhan Douyu Carnival, the protection and utilization of James Jackson Gymnasium, made a deep study on the "The Development of Characteristic Cultural Industries" from theory to practice, summarized the successful experience of regional cultural and creative industries development and in the same time seek the features, rules and patterns of characteristic cultural industries, put forward some scientific advises for the sustainable development of Wuhan characteristic cultural industries.

Keywords: Wuhan; Characteristic Cultural Industries; Cultural Resources; Transformation

目 录

Ⅰ 总报告

B.1 2016年武汉市文化创意产业发展概述 …………………… 001
    一 2016年武汉市文化创意产业发展的基本情况 ………… 002
    二 2016年武汉市文化创意产业发展的主要特点 ………… 021
    三 当前武汉市文化创意产业发展的关键问题 …………… 035
    四 武汉市文化创意产业发展的对策建议 ………………… 050
    五 武汉市文化创意产业发展的愿景 ……………………… 060

Ⅱ 行业报告

B.2 武汉大力发展时尚产业研究报告 …………………………… 064
B.3 武汉文化装备制造业发展研究 ……………………………… 092
B.4 武汉工业遗产现状与文化产业发展 ………………………… 115
B.5 武汉汉绣产业发展报告
    ——遍地开花繁如锦,养精蓄锐待发力 …………………… 134

B.6　武汉珠宝产业发展研究报告 ………………………………… 150

B.7　2016年度武汉市广告业发展报告 …………………………… 164

B.8　武汉动漫产业发展的现状、问题及对策 ……………………… 185

Ⅲ　区域报告

B.9　东湖高新区数字创意产业发展报告 …………………………… 197

B.10　极化文化功能　繁荣文化产业　打造文化品牌

全力建设示范性、标杆性、领军性文化产业园区

——武昌·长江文化创意设计产业园深化发展报告 …… 213

B.11　以游戏产业集聚发展为特色，文化产业稳步向前

——洪山区文化创意产业发展报告 ……………………… 228

B.12　黄陂区全域旅游发展研究 …………………………………… 243

Ⅳ　理论探讨

B.13　中国特色文化与特色文化产业论纲 ………………………… 258

B.14　新媒体背景下荆楚文化资源产业化开发路径研究 ………… 283

B.15　虚拟现实技术提升武汉市文化旅游产业发展路径研究 …… 299

B.16　武汉市典型文化创意产业集聚区生命周期研究 …………… 321

Ⅴ　案例分析

B.17　武汉《知音号》文旅创新演出产品发展新模式研究 ……… 352

B.18 武汉斗鱼网络科技有限公司创新发展的经验启示 …………… 367

B.19 武汉近代建筑遗产研究与保护利用的典范
　　——翟雅各健身所的修缮与功能置换 …………………… 381

Ⅵ 附录

B.20 2016年武汉文化改革发展大事记 …………………………… 402

皮书数据库阅读**使用指南**

CONTENTS

I General Report

B.1 Development Overview of Wuhan Cultural and Creative
 Industries in 2016 / 001
    1. Basics of the Development of Wuhan Cultural and Creative Industries / 002
    2. Characteristics of the Development of Wuhan Cultural and Creative Industries / 021
    3. Key Issues of the Development of Wuhan Cultural and Creative Industries / 035
    4. Strategies and Advices of the Development of Wuhan Cultural and Creative Industries / 050
    5. Vision of the Development of Wuhan Cultural and Creative Industries / 060

II Industrial Reports

B.2 Wuhan Fashion Industry Development Report / 064
B.3 Research on the Development of Wuhan Cultural Equipment
 Manufacturing Industry / 092
B.4 The Status Quo of Wuhan's Industrial Heritage and Development
 of Cultural Industries / 115

CONTENTS

B.5 Han Embroidery Industry Development Report
　　—*Already Achieved Certain Scale, But Also Need Further*
　　　Development / 134
B.6 Wuhan Jewelry Industry Development Report / 150
B.7 2016 Wuhan Advertising Industry Development Report / 164
B.8 The Status Quo, Problems and Countermeasures of the
　　Development of Wuhan Animation Industry / 185

Ⅲ　Regional Reports

B.9 East Lake High-tech Development Zone Digital Creative
　　Industry Development Report / 197
B.10 Giving Full Play to Cultural Function, Prospering Cultural
　　　Industries, Building Cultural Brand, Constructing
　　　a Model Cultural Park
　　　　—*Report on Deepening Development of Wuchang Yangtze*
　　　　　Cultural and Creative Industrial Park / 213
B.11 Featuring the Concentrated Development of Games Industries,
　　　Cultural and Creative Industries Move forward Steadily
　　　　—*Hongshan District Cultural and Creative Industries*
　　　　　Development Report / 228
B.12 Research on the Development of Region-based Tourism
　　　in Huangpi District / 243

Ⅳ　Theoretical Discussions

B.13 An Outline of Chinese Characteristic Culture and Characteristic
　　　Cultural Industries / 258

B.14 Strategies of the Industrialization of Jingchu's Cultural Resources within the Context of New Media / 283

B.15 Research on the Way of Promoting the Development of Cultural Tourism Industry in Wuhan by Virtual Reality Technology / 299

B.16 Research on the Life Cycle of Typical Cultural and Creative Industrial Cluster in Wuhan / 321

V Case Studies

B.17 Research on the New Model of the Development of Innovative Performance Products / 352

B.18 The Experience and Enlightenment of the Wuhan Douyu Network Technology Ltd.'s Innovative Development / 367

B.19 The Repair and Functional Replacement of James Jackson Gymnasium
——*An Example of Study, Protection and Utilization of Modern Architecture Heritage in Wuhan* / 381

VI Appendix

B.20 Chronicle of Wuhan's Cultural Reform and Development in 2016 / 402

总报告

General Report

B.1
2016年武汉市文化创意产业发展概述

黄永林　吴天勇　魏寅　沈思涵　范胜华*

摘　要： 2016年，武汉市聚力改革创新，文化创意产业快速发展，产业规模持续扩大，创新能力初步显现，集聚发展初具规模，项目带动效应日益明显，政策体系日趋完善，投融资机制逐步健全，特色化发展初显成效，对经济增长的带动作用日益突出。然而，与全国相关城市相比，武汉文化创意产业发展仍面临产业资本力不强、消费水平不高、区域发展不平衡、品牌竞争力不够、创新生态不优、市场主体规模不大等关键问题。本报告总结了2016年武汉市文化创意产业发展的成就和特点，分析了

---

* 黄永林，华中师范大学国家文化产业研究中心主任、教授、博士生导师，研究方向：文化遗产与文化产业。吴天勇，中共武汉市委宣传部副部长，研究方向：文化体制改革、文化产业发展、国有文化资产监管。魏寅，华中师范大学国家文化产业研究中心博士研究生，研究方向：文化资源与文化产业。沈思涵，华中师范大学国家文化产业研究中心博士研究生，研究方向：文化资源与文化产业。范胜华，华中师范大学国家文化产业研究中心硕士研究生，研究方向：文化资源与文化产业。

制约武汉市文化创意产业发展的因素，进而提出促进武汉市文化创意产业发展的措施，并展望了未来的发展前景。

关键词： 文化创意产业　制约因素　武汉市

一　2016年武汉市文化创意产业发展的基本情况

2016年是实施"十三五"规划的开局之年，也是武汉市聚力改革创新、全面开启复兴大武汉新征程的重要一年。武汉市抢抓"一带一路"、长江经济带、中部崛起等国家重大战略（倡议）机遇，借助全面创新改革试验区、自主创新示范区、自由贸易试验区、"两型"社会建设综合配套改革试验区等国家重大改革发展试点落户武汉的机遇，围绕创新发展理念，进行特色发展，力促文化创意产业转型升级。通过聚焦内容主业、强化科技要素，产业规模持续扩大，创新能力初步显现，集聚发展初具规模，项目带动效应日益明显，政策体系日趋完善，投融资机制逐步健全，特色化发展初显成效，推动文化创意产业成为支柱性产业。文化创意产业正在实现进阶提质增效，对经济增长的外溢、辐射和带动作用日益显现。2016年，武汉市文化创意产业实现增加值857.35亿元，比上年增长8.6%，高于同期武汉市GDP增幅，增加值占武汉市GDP的比重为7.2%，与上年持平（见图1）。

（一）武汉市文化创意产业发展的现状

从产业结构看，2016年武汉市文化创意产业中，服务业、贸易业、制造业分别实现增加值748.60亿元、28.10亿元、80.65亿元，与上年相比，服务业占比由86.7%上升到87.3%，贸易业占比由6.1%下降到3.3%，制造业占比由13.6%下降到9.4%（见图2）。文化服务业加快发展，尤其是以互联网服务、软件开发等为主体的互联网文化产业的高速增长，进一步强化了服务业的产业核心地位。

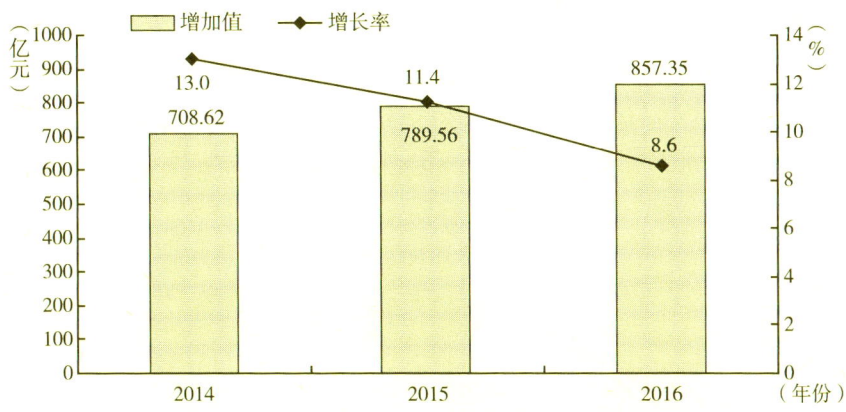

图1 2014~2016年武汉市文化创意产业增加值及其增长率

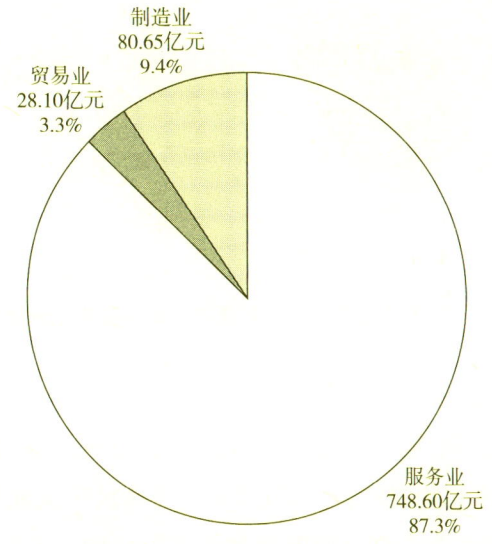

图2 2016年武汉市文化创意产业增加值构成

从区域分布看，2016年武汉市文化创意产业呈现中心城区稳步增长，功能区、新城区加速发展的态势。① 中心城区文化创意产业增加值为

---

① 江岸区、江汉区、硚口区、汉阳区、武昌区、洪山区、青山区为7个中心城区；武汉经济技术开发区（汉南区）、东湖新技术开发区、东湖生态旅游风景区、武汉化学工业区和武汉新港为5个功能区；东西湖区、蔡甸区、江夏区、黄陂区、新洲区为5个新城区。

502.26亿元，比上年增长5.4%，占全市文化创意产业增加值的比重为58.6%，仍占据主导地位；以东湖新技术开发区为首的功能区文化创意产业增加值为243.40亿元，比上年增长17.1%，占比为28.4%，功能区增速最快，科技乘数效应明显；新城区文化创意产业增加值为111.69亿元，比上年增长16.3%，占比为13.0%（见图3）。

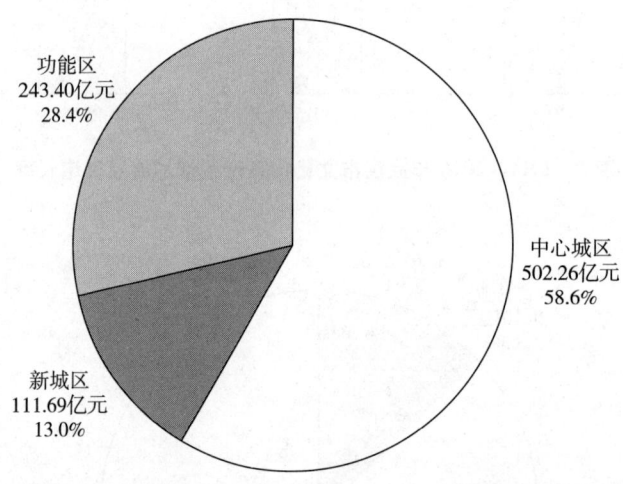

图3　2016年武汉市文化创意产业增加值分区域情况

从行业分布看，根据"四上"企业①统计数据，2016年武汉市十三大行业分类中文化创意服务、文化传输服务和管理咨询服务实现增加值602.21亿元，占文化创意产业的70.2%，是武汉市文化创意产业发展的支柱性行业。其中，文化创意服务增加值比上年增长8.8%，文化传输服务增加值比上年增长32.5%，在总量规模较大的情况下，仍保持高速增长（见表1）。文化传输服务中的软件开发行业是新兴业态高度集中的行业，从业人员数比上年增长45.9%，增加值增加2.9倍，呈爆发式增长态势。

---

① "四上"企业是规模以上工业企业、资质等级建筑业企业、限额以上批零住餐企业、规模以上服务业企业四类规模以上企业的统称。

表1 文化创意产业十三大行业增加值及其增幅

行业分类	2016年增加值（亿元）	2015年增加值（亿元）	增幅（%）	增幅排序
新闻出版发行服务	40.37	39.75	1.6	8
广播影视服务	11.48	11.67	-1.6	10
文化艺术服务	35.51	49.16	-27.8	12
文化传输服务	179.39	135.42	32.5	3
广告会展服务	28.30	26.59	6.4	6
文化创意服务	234.00	215.17	8.8	5
文化休闲娱乐服务	38.39	19.40	97.9	1
文化艺术品的生产	11.10	28.86	-61.5	13
文化产品生产的辅助服务	39.15	24.94	57.0	2
文化用品的生产	34.12	34.89	-2.2	11
文化专用设备的生产	4.83	4.58	5.5	7
管理咨询服务	188.82	189	-0.1	9
教育培训服务	11.89	10.12	17.5	4
总计	857.35	789.56	8.6	—

资料来源：武汉市统计局：《文化与科技融合创新　传统与新兴比翼并进——2016年武汉市文化与科技融合产业发展分析》，2017。

从各区规模看，2016年武昌区、东湖新技术开发区、江岸区文化创意产业增加值规模位居前三，依次为178.52亿元、174.51亿元、90.46亿元（见表2）。与上年相比，硚口区、洪山区、东西湖区、江夏区、新洲区增加值规模位次有所提升，均提升1位；汉阳区、江汉区、东湖风景区位次有所下降，分别下降3位、1位、1位。文化创意产业增加值增速最快的三个区是东湖新技术开发区、蔡甸区、武汉经济技术开发区（汉南区），增速分别达到36.1%、24.7%和23.7%。

从发展活力看，产业市场主体中，规模以上法人单位户均实现增加值289.56万元，户均增加值比上年提高24.78万元。东湖新技术开发区、武汉经济技术开发区（汉南区）、黄陂区、东西湖区、江夏区和武昌区户均增加值高于武汉市平均水平（东湖生态旅游风景区和武汉化学工业区未参与计算）。其中，东湖新技术开发区和武汉经济技术开发区（汉南区）户均增加值高于武汉市平均水平1倍以上。

表2　2016年武汉市各区文化创意产业增加值与规模以上法人单位户均增加值

区域	增加值（亿元）	位次	区域	户均增加值（万元）	位次
武昌区	178.52	1	东湖新技术开发区	904.20	1
东湖新技术开发区	174.51	2	武汉经济技术开发区（汉南区）	693.52	2
江岸区	90.46	3	黄陂区	341.09	3
洪山区	78.81	4	东西湖区	324.96	4
江汉区	71.57	5	江夏区	308.88	5
武汉经济技术开发区（汉南区）	46.60	6	武昌区	298.24	6
硚口区	46.39	7	硚口区	274.63	7
东西湖区	42.11	8	蔡甸区	210.33	8
江夏区	29.84	9	江岸区	208.63	9
汉阳区	26.04	10	洪山区	191.48	10
黄陂区	24.46	11	江汉区	168.88	11
东湖生态旅游风景区	22.28	12	汉阳区	160.52	12
青山区	10.46	13	青山区	130.14	13
蔡甸区	8.81	14	新洲区	94.38	14
新洲区	6.46	15	—	—	—
总计	857.35	—	总计	289.56	—

资料来源：武汉市统计局：《文化与科技融合创新　传统与新兴比翼并进——2016年武汉市文化与科技融合产业发展分析》，2017。

从规模以上、限额以上企业增长情况看，2016年武汉市拥有文化创意企业1071家，比上年增加134家；从业人员有21.1万人，比上年增长7.1%；实现增加值509.26亿元，占武汉市文化创意产业增加值的近六成。2016年武汉市营业收入超亿元的文化创意企业共有219家，比上年增加12家；实现增加值431.76亿元，比上年增长7.3%，占据武汉市文化创意产业的半壁江山。2017年5月第九届文化企业30强公布，长江广电传媒和长江出版传媒两家企业上榜，这是历届文化企业30强评比中武汉首次有两家企业同时上榜。①

---

① 武汉市统计局：《文化与科技融合创新　传统与新兴比翼并进——2016年武汉市文化与科技融合产业发展分析》，2017。

(二)武汉市文化创意产业发展的新举措

1. 宏观经济稳中提质,文化创意产业发展全面化

2016年,武汉市面对经济持续下行压力和特大暴雨洪涝灾害的双重考验,牢固树立和贯彻落实新发展理念,扎实推进供给侧结构性改革,狠抓稳增长、调结构、促创新、转动力,经济社会保持平稳健康发展,实现了"十三五"良好开局[1],进一步夯实了文化创意产业的发展基础。

《武汉市2016年国民经济和社会发展统计公报》数据显示,2016年武汉市GDP为11912.61亿元,比上年增长7.8%(见图4)。其中,第一产业增加值为390.62亿元,比上年增长3.4%;第二产业增加值为5227.05亿元,比上年增长5.7%;第三产业增加值为6294.94亿元,比上年增长9.9%。第一产业增加值占全市GDP的比重为3.3%;第二产业增加值占比为43.9%;第三产业增加值占比为52.8%,比上年提高1.8个百分点(见图5)。三次产业对GDP增长的贡献率分别为1.4%、33.7%和64.9%。三次产业结构由上年的3.3∶45.7∶51.0调整为3.3∶43.9∶52.8。[2]

2016年,武汉市经济稳中向好,经济结构调整取得新进展。第三产业增速比第二产业快4.2个百分点,实现了产业结构的调整升级;工业经济中高新技术产业比重不断上升,传统高耗能行业比重不断下降,落后产能淘汰加速,工业结构得到改善优化。信息技术制造、装备制造、能源及环保、生物医药占规模以上工业总产值的比重为38.8%,比上年提高1.1个百分点。六大高耗能行业增加值比上年增长3.3%,增速较上年回落5.2个百分点;占全部工业增加值的比重为19.8%,同比下降0.3个百分点。[3]

---

[1] 武汉市统计局、国家统计局武汉调查队:《武汉市2016年国民经济和社会发展统计公报》,《长江日报》2017年3月27日。
[2] 武汉市统计局、国家统计局武汉调查队:《武汉市2016年国民经济和社会发展统计公报》,《长江日报》2017年3月27日。
[3] 武汉市统计局、国家统计局武汉调查队:《武汉市2016年国民经济和社会发展统计公报》,《长江日报》2017年3月27日。

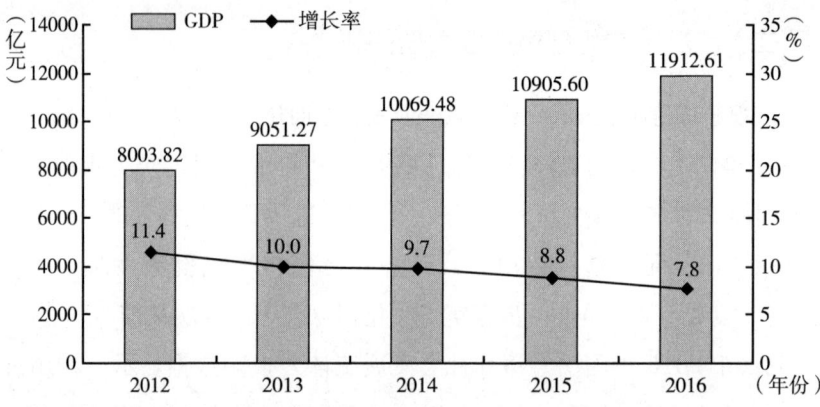

图 4 2012~2016 年武汉市 GDP 及其增长率

注：增长率按可比价格计算。
资料来源：武汉市统计局、国家统计局武汉调查队：《武汉市 2016 年国民经济和社会发展统计公报》，《长江日报》2017 年 3 月 27 日。

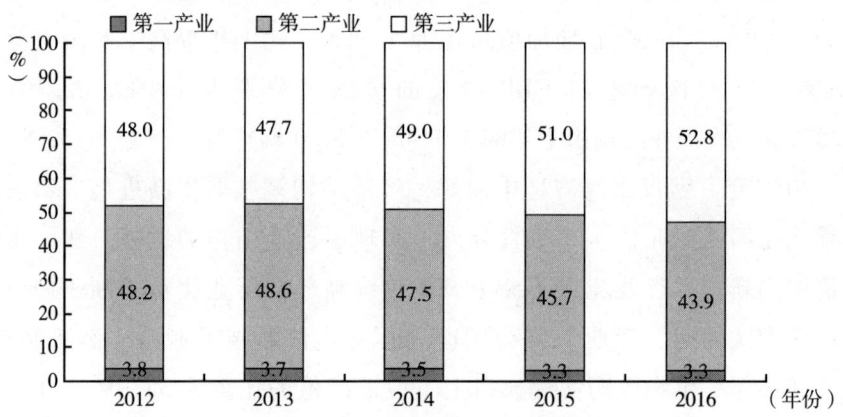

图 5 2012~2016 年武汉市三次产业增加值占 GDP 比重

资料来源：武汉市统计局、国家统计局武汉调查队：《武汉市 2016 年国民经济和社会发展统计公报》，《长江日报》2017 年 3 月 27 日。

国家统计局统计数据显示，2016 年我国 GDP 达 744127 亿元，同比增长 6.7%。[①] 2016 年，上海、北京、广州、深圳、天津、重庆、苏州、成都、

[①] 《中华人民共和国 2016 年国民经济和社会发展统计公报》，国家统计局网站，2017 年 2 月 28 日，http://www.stats.gov.cn/tjsj/zxfb/201702/t20170228_1467424.html。

武汉、杭州、南京、青岛12个城市的GDP在万亿元以上。武汉市GDP连续三年突破万亿元大关，居全国第九位，在15个副省级城市中居第四位，成为中部地区唯一一个GDP过万亿元城市，经济规模和质量效益同步提升（见表3、图6）。

表3 2016年全国GDP排名前十位的城市

单位：亿元，%

序号	城市	GDP	增长率	序号	城市	GDP	增长率
1	上海	27466.15	6.8	6	重庆	17558.76	10.7
2	北京	24899.30	6.7	7	苏州	15400.00	7.5
3	广州	19610.94	8.2	8	成都	12170.20	7.7
4	深圳	19492.60	9.0	9	武汉	11912.61	7.8
5	天津	17885.39	9.0	10	杭州	11050.49	9.5

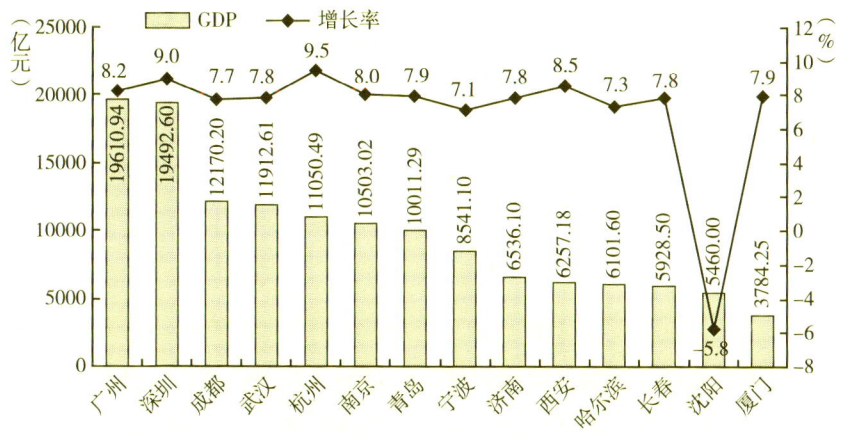

图6 2016年全国副省级城市GDP及其增长率

注：大连市2016年国民经济和社会发展统计数据暂未公布。
资料来源：我国14个副省级城市《2016年国民经济和社会发展统计公报》。

2016年湖北省GDP首次突破3万亿元，达到32297.91亿元，武汉市对全省GDP的贡献率超过1/3，达到36.88%。分区域看，中心城区江汉区、武昌区、江岸区、汉阳区和洪山区GDP依然居前五位，其中江汉区GDP达到 1034.62 亿元，在中心城区率先突破千亿元大关，稳居第一（见表4）。①经济水平的提高推动了居民可支配收入和消费支出的增加。2016 年武汉市城乡居民人均可支配收入为 35383 元，比上年增长 8.94%。其中，城镇常住居民人均可支配收入为 39737 元，比上年增长 9.06%；人均消费支出为 26535 元，比上年增长 10.8%。农村常住居民人均纯收入为 19152 元，比上年增长 8.07%；人均消费支出为 14750 元，比上年增长 14%。②

表4 2016 年武汉市各区 GDP 及其增长情况

GDP 排名	区域	GDP（亿元）	比上年增长（%）
1	江汉区	1034.62	9.0
2	武昌区	971.64	7.4
3	江岸区	960.99	9.1
4	汉阳区	867.26	-0.8
5	洪山区	834.79	8.7
6	江夏区	681.73	12.8
7	东西湖区	655.65	4.1
8	黄陂区	634.93	8.1
9	新洲区	607.52	7.2
10	硚口区	599.36	7.3
11	青山区	471.09	-0.9
12	蔡甸区	357.84	7.1

2016 年"三新经济"（新产业、新业态、新商业模式）成为武汉市经济增长的重要力量，推动经济增长动能转换的步伐不断加快。在经济发展稳中趋缓、稳中向好的背景下，武汉市文化与科技融合发展势头强劲，文化在经济发展中的地位日益凸显，创意设计、文艺创作、文艺演出、影视制作、出版发行、文化旅游、文博会展、动漫游戏、数字传媒、网络直播等文化创意行业发展进一步深化。2016 年，武汉市共接待国内旅游者 23096 万人次，

---

① 数据来源于武汉市统计局，汉南区并入武汉经济技术开发区（汉南区），数据暂未公布。
② 武汉市统计局、国家统计局武汉调查队：《武汉市 2016 年国民经济和社会发展统计公报》，《长江日报》2017 年 3 月 27 日。

比上年增长12.5%；实现国内旅游收入2398亿元，比上年增长13.4%。接待海外旅游者225万人次，比上年增长11.4%；实现国际旅游收入15.1亿美元，比上年增长13.0%。2016年末武汉市共有高新技术企业2177家，比上年新增521家。全年"四上"高新技术企业实现产值8446.11亿元，比上年增长12.6%；增加值为2423.18亿元，比上年增长8.4%，占GDP的比重为20.3%。[1] 此外，第四届"文化科技创新与文化产业发展"高峰论坛在华中师范大学成功举办，会上宣布成立湖北文化科技融合技术创新战略联盟，进一步推动了文化与科技融合发展。

2016年武汉市创意与科技优势持续凸显，在工程设计和创意设计等方面形成了完整的设计产业链，成为武汉"城市名片"。2016年，文化创意服务行业实现增加值234亿元，比上年增长8.8%，占全市文化创意产业增加值的比重为27.3%，居文化创意产业十三大类行业首位。2016年围绕申报"设计之都"、巩固工程设计产业全国第一方阵地位等工作，中铁大桥勘测设计院设计的马鞍山长江大桥荣获2016年乔治·理查德森奖，成为武汉设计的杰出代表。2016年10月，武汉市中山大道街区复兴规划获得世界城市规划领域最高奖"规划卓越奖"，成为亚洲唯一获奖项目。[2] 此外，2016年武汉市工程设计类营业收入在亿元以上的企业有37家，比上年增加3家；总营业收入为458.85亿元，比上年增长6.8%。

2017年6月22日，中国社会科学院与《经济日报》共同发布《中国城市竞争力第15次报告》，对2016年中国两岸四地294个城市的综合经济竞争力指数和289个城市的宜居竞争力指数、可持续竞争力指数进行了实证研究。报告显示，武汉位居综合经济竞争力指数十强[3]，是中部地区唯一一个跻身前十的城市，展示出武汉作为中部地区中心城市雄厚的经济实力

---

[1] 武汉市统计局、国家统计局武汉调查队：《武汉市2016年国民经济和社会发展统计公报》，《长江日报》2017年3月27日。
[2] 张晟、陈方宇：《武汉明年5月申报"设计之都"》，《长江日报》2016年12月25日。
[3] 李中平：《中国社会科学院与经济日报共同发布〈中国城市竞争力第15次报告〉》，中国社会科学网，2017年6月22日，http://news.cssn.cn/zx/bwyc/201706/t20170622_3558287.shtml。

和文化竞争力。

2. 文化体制改革纵深推进，文化创意产业发展创新化

为统筹推进文化体制改革工作，武汉市出台《关于2016年文化体制改革工作任务分解的通知》（武文改发〔2016〕1号），对文化体制改革专项小组2016年度重点工作进行任务分解。

其一，推动市属媒体、市属文化单位改革。积极开展系列专题调研，就媒体单位改革工作进行部署，市属媒体单位组成改革工作专班，在学习借鉴湖南等地媒体改革经验、分析梳理武汉市媒体单位现状的基础上，研究拟订长江日报报业集团和武汉广播电视台（集团）改革方案，进一步加强与中央、省、州主流媒体的联络和沟通，拓展新媒体传播平台。研究起草《关于深化市属新闻媒体单位体制机制改革的实施意见》，并召开专题会议，协调市直相关部门合力推进市属媒体改革。

在市属文化单位改革方面，长江日报报业集团、武汉广播电视台（集团）推进采编和经营分开、非时政类报网整合等改革工作；武汉晚报传媒有限公司整合《武汉晚报》、《武汉晨报》、汉网，组建武汉广播影视传媒集团有限公司，挂牌实体化；在原武汉市电影公司的基础上改制组建武汉天河电影集团；武汉出版集团公司集团化改革向纵深推进。

其二，深化国有文化资产监督体制改革。建立重大决策专家咨询论证机制，公开遴选"武汉市国有文化资产监督管理专家咨询委员会"专家。① 出台《武汉市属文化企业负责人经营业绩考核与薪酬管理规定（试行）》，规范市属文化企业负责人薪酬支付与管理。组织开展市属国有企业领导人员履职待遇和业务支出违规问题专项治理。加强国有文化企业日常监管，依法依规对市属文化企业产权转让、投融资、资产评估等事项开展审批、备案。

其三，创新文化创意产业投融资体系。根据《武汉市文化企业信贷风险池基金实施办法》，汉口银行共为10余家文化企业放贷3580万元，另有

---

① 武汉市国有文化资产监督管理领导小组办公室：《关于公开遴选"武汉市国有文化资产监督管理专家咨询委员会"专家的公告》，《长江日报》2016年3月2日。

20家企业完成初审，涉及信贷规模4000万元，小微文化企业的融资难问题得到有效缓解。自2015年《武汉市著作权质押贷款贴息暂行办法》出台以来，版权服务水平不断提高。2016年武汉市版权登记资助审核通过4838件，支付金额为223万元，计算机软件著作权登记数量跃居全国同类城市第五位，光谷创意产业基地、汉阳造文化创意产业园获国家级版权示范基地称号。版权质押成为文化创意企业融资的新途径。江通动画将33项《饼干警长》美术作品著作权进行质押，获得2000万元贷款；武大吉奥对2项软件著作权进行出质，获得贷款900万元；传神语联网通过3项计算机软件著作权质押，获得贷款1000万元。①

3. 地区文化资源深度挖掘，文化创意产业发展特色化

文化创意产业的发展基于对文化资源的开发，资源是基础，创意是手段，发展是目的。武汉作为国家历史文化名城，不断挖掘和整合文化资源，促进产业的特色化发展。

发挥重大项目的示范带动作用，差异化发展文化创意产业。各区通过挖掘本地区的文化资源，有侧重地推进重大文化项目建设，吸引和集聚一批优秀文化企业落户，发挥其差异性示范带动作用，特色文化产业的市场主体不断壮大，文化创意产业对经济的带动作用逐渐增强。如洪山区重点打造武汉创意天地项目，这是武汉市"十二五"和"十三五"重点打造的文化创意产业项目。项目一期已建成，面积为38万平方米，体验馆、合美术馆、艺术精品酒店、创意商街、创意工坊、高层研发楼等已投入使用，推动互联网+艺术+科技融合发展，探索经济转型升级的新模式，培育创客文化，搭建"大众创业、万众创新"的大平台。目前，园区已入驻企业、文化艺术机构169家，涵盖文化创意、设计、传媒、投资管理等领域，其中文化相关类企业占园区企业总数的60%。

发展文化旅游，激活特色文化产业。根据《2016年中国旅游城市吸引

---

① 汤广花：《版权质押贷款获贴息　武汉文创企业融资新途径》，《中国新闻出版广电报》2016年3月24日。

力排行榜》统计数据，武汉市吸引力指数排在第八位。2016年，武汉市积极挖掘文化资源，大力推进文化旅游的发展，为进一步提升旅游体验感、延伸文化创意产业链、带动周边产业发展提供了契机。黄陂区大力挖掘历史文化和生态旅游资源，着力打造木兰文化生态旅游度假区。2016年2月，黄陂区成功入选首批国家全域旅游创建示范区，现已建成5A级景区1个、4A级景区6个、3A级景区4个，正在申报A级景区5个，是全国拥有A级景区最多且最密集的区县。① 围绕"全域景观化、景观生态化、生态产业化、产业集群化、集群园区化"的发展方向，黄陂区融合民俗文化与自然文化开发旅游业②，文化旅游品牌影响力不断提升。

不断挖掘文化资源，开展特色文化节庆活动，提升文化创意产业发展水平。武汉市充分利用丰富的文化资源，开展特色文化节庆活动，丰富特色文化产业的内涵，推动文化创意产业多样化、特色化发展。2016年"环球大马戏"演出季共演出70余场。第三届中南剧场国际戏剧演出季还引进了英国、法国、德国等多个国家的剧目，共有20部国内外优秀剧目在武汉上映，其中国外剧目14部、国内剧目2部、本土剧目4部。第四届中华优秀戏曲文化艺术节共有30余场精彩演出，参演院团和演出场次均创历届艺术节纪录。除了剧场演出之外，还举办多项艺术导赏活动，包括戏曲节公开课、舞台参观，以及戏曲节进地铁、进高校、进社区等活动。③ 第五届琴台音乐节共举办剧场演出24场，还推出了琴台知音学术交流高峰论坛、古琴之夜雅集活动等丰富多样的群众音乐活动。第六届武汉国际钢琴巡礼音乐会共演出8场，为广大交响乐爱好者提供了高品质的音乐盛宴。第十二届武汉国际杂技艺术节共有13个国家的24个节目参赛展演。此外，2016年仅东湖生态旅游风景区就举办了包括国际名校赛艇赛、梅花节、樱花节、杜鹃花节、落雁"七夕文化节"等

---

① 吴坚、汪娅岚：《旅游精准扶贫激活黄陂乡村"美丽经济"》，湖北日报网，2017年3月29日，http://news.cnhubei.com/xw/jj/201703/t3808543.shtml。
② 《全域旅游激活美丽木兰》，黄陂区人民政府网站，2017年3月30日，http://www.huangpi.gov.cn/xxbz/lvj/201703/t20170330_76546.html。
③ 王娟、吴静：《第四届中华优秀戏曲文化艺术节4月启幕》，《长江日报》2017年3月3日。

在内的大型旅游节庆活动30余场,取得了良好的社会反响和经济效益。

4. 产业政策体系逐步完善,文化创意产业发展规范化

武汉市委、市政府高度重视文化创意产业的发展,市第十三次党代会明确提出"需求引领、特色引领、科技引领、融合引领"的工作要求和"加大投入,推动文化产业成为支柱性产业"的目标。围绕这一奋斗目标,武汉市相继出台了多项政策措施,推动文化创意产业发展(见表5)。

表5 2016年武汉市支持文化创意产业发展的主要政策措施

序号	政策措施	制定部门	制定时间
1	《关于进一步实施武汉老字号振兴工程的意见》	武汉市人民政府办公厅	2016年1月
2	《关于印发武汉市2016~2018年两江四岸旅游功能提升三年行动计划的通知》	武汉市人民政府办公厅	2016年2月
3	《关于印发武汉制造2025行动纲要的通知》	武汉市人民政府	2016年2月
4	《关于加快实施"创谷计划"的通知》	中共武汉市委、武汉市人民政府	2016年2月
5	《武汉市2016年文化和科技融合工作任务清单》	武汉市文化和科技融合工作领导小组办公室	2016年3月
6	《武汉市非物质文化遗产保护条例》	武汉市人大常委会	2016年5月
7	《关于推进供给侧结构性改革的实施意见》	武汉市人民政府	2016年6月
8	《关于印发武汉市建设国家级旅游业改革创新先行区实施方案的通知》	武汉市人民政府办公厅	2016年7月
9	《关于做好武汉市市级非物质文化遗产保护专项资金管理工作的通知》	武汉市文化局、武汉市财政局	2016年7月
10	《关于印发武汉市服务贸易创新发展试点实施方案的通知》	武汉市人民政府	2016年8月
11	《关于实施"十大计划"加快建设具有强大带动力的创新型城市的意见》	中共武汉市委、武汉市人民政府	2016年8月
12	《关于进一步加快推进国家中心城市建设的意见》	中共武汉市委、武汉市人民政府	2016年8月
13	《关于印发武汉市产业创新能力倍增计划(2016~2020年)的通知》	中共武汉市委办公厅、武汉市人民政府办公厅	2016年8月

续表

序号	政策措施	制定部门	制定时间
14	《关于促进科技金融改革创新工作的实施意见》	武汉市人民政府	2016年9月
15	《关于支持我市戏曲传承发展振兴武汉戏码头的通知》	武汉市人民政府办公厅	2016年10月
16	《关于印发武汉市战略性新兴产业发展引导基金管理办法的通知》	武汉市人民政府	2016年11月
17	《武汉市信息技术产业发展规划（2016~2020年）》	武汉市系统推进全面创新改革试验工作领导小组	2016年12月
18	《关于印发武汉市文化产业发展"十三五"规划的通知》	武汉市人民政府	2016年12月

　　围绕党的十八大提出的"五位一体"战略布局和国家"十三五"规划纲要提出的"公共文化服务体系基本建成，文化产业成为国民经济支柱性产业"的发展目标，武汉市人民政府颁布了《武汉市文化产业发展"十三五"规划》（武政〔2016〕57号），对"十三五"时期文化产业发展的重点领域、主要任务、空间布局、保障措施等内容做出顶层设计，成为指导未来文化产业发展的纲领性文件。① 该规划明确指出了"十三五"时期武汉文化产业发展的空间布局：一是打造琴台中央文化艺术区；二是打造文化商贸融合带和文化科技融合带，在汉口沿江张公堤园博园区域重点建设文化商贸融合带，在武昌古城环东湖、沙湖区域重点建设文化科技融合带②；三是打造五大文化产业战略区域，即大光谷片文化科技融合区、汉口沿江历史文化风貌区、武昌·长江文化创意设计产业区、华中智谷数字出版产业区和武汉中央商务区文化传媒商务区；四是打造十大文化产业功能板块，包括崇仁艺术

---

① 《以新理念引领文化产业转型升级——武汉市文化产业发展"十三五"规划解析》，武汉市人民政府网站，2017年2月24日，http://www.wuhan.gov.cn/hbgovinfo_47/szfggxxml/gzghjh/ghjhjd/201702/t20170224_102073.html。
② 《市人民政府关于印发武汉市文化产业发展"十三五"规划的通知》，武汉市人民政府网站，2017年1月20日，http://www.wuhan.gov.cn/hbgovinfo_47/szfggxxml/zcfg/szfwj/201701/t20170120_99600.html。

品交易板块、青山红房子创意设计板块、汉阳四新地区会展综合服务板块、东湖生态休闲旅游板块、盘龙城-木兰山文化旅游板块、新洲影视衍生产业板块、蔡甸文博收藏板块、东西湖民俗文化休闲板块、江夏文化传承综合板块和龙泉山大明文化旅游板块。

丰富的文化资源是武汉文化产业发展竞进提质的重要基础条件，2016年11月1日《武汉市非物质文化遗产保护条例》正式实施，武汉成为全国副省级城市中首个出台非遗保护地方性法规的城市。武汉相应出台了《关于建立市非物质文化遗产保护工作联席会议制度的通知》（武政办〔2016〕46号）、《关于做好武汉市市级非物质文化遗产保护专项资金管理工作的通知》（武文政发〔2016〕30号），不断健全全市非遗名录体系建设，深化非遗基地建设及人才培养工作。2016年6月，由武汉发起的全球首只"非遗"基金在香港启动，预计首期募集10亿元，用于投资中国优质非遗文化、旅游、娱乐项目，储备项目包括长江非遗小镇、荆楚漆器、汉绣、中国非遗研究院等，其中备受瞩目的长江非遗小镇项目选址武汉。[1] 这成为对"非遗+金融"模式的有益探索，将进一步拓展武汉文化创意产业发展的空间。此外，武汉市还发布了《关于支持我市戏曲传承发展振兴武汉戏码头的通知》（武政办〔2016〕146号）、《关于进一步实施武汉老字号振兴工程的意见》（武政办〔2016〕8号），以进一步推动武汉市非物质文化遗产的保护工作。目前，武汉非物质文化遗产四级名录体系已基本形成。

为实现文化事业及文化产业的均衡发展，推进落实《关于加快构建现代公共文化服务体系的实施意见》，武汉市加大了对基层社区（村）综合文化服务中心和农村文化广场建设的投入，加强对基层骨干群文团队的扶持。武汉市着眼于促进文化产业创新发展，出台了《关于加快文化产业创新发展的若干政策》（武政〔2017〕3号），包括市场主体培育、特色产业扶持、文化创新、文化投融资、土地供给、文化开放以及人才培养与引智七个方

---

[1] 《武汉"文化五城"建设硕果累累 城市文明迈向新高度》，中国文明网，2016年12月27日，http://www.wenming.cn/syjj/dfcz/hb_1679/201612/t20161228_3971909_1.shtml。

面，进一步完善了文化创意产业发展的政策保障体系。

政府的政策倾斜为武汉市文化创意产业的发展营造了良好的环境。根据《国务院关于武汉市系统推进全面创新改革试验方案的批复》（国函〔2016〕113号），武汉市发布《武汉市服务贸易创新发展试点实施方案》（武政〔2016〕33号），加快发展服务贸易业。为把旅游业培育成武汉市国民经济的战略性支柱产业和人民群众更加满意的现代服务业，把武汉初步建成国家旅游中心城市、长江黄金旅游带集散中心、全国知名的都市休闲旅游目的地①，武汉市发布了《武汉市建设国家级旅游业改革创新先行区实施方案》（武政办〔2016〕87号），深入推进国家级旅游业改革创新先行区建设。助推武汉申报联合国教科文组织"设计之都"，推进制定《武汉市申请加入联合国全球创意城市网络及申报设计之都工作方案》。

5. 大力加强人才资源储备，文化创意产业发展可持续化

2016年，武汉市出台《关于深化人才发展体制机制改革推动建设具有强大带动力的创新型城市的实施意见》（武办发〔2016〕41号），大力实施"城市合伙人计划""黄鹤英才计划""3551人才工程"，吸引更多人才积极投身武汉发展行列，成为武汉市吸引高端文化创意产业人才的重要举措。通过向毕业大学生提供住房、落户等一系列优惠政策，营造优良的城市文化氛围，吸引大学生在武汉创业就业。出台《关于支持百万大学生留汉创业就业的若干政策措施》，从为人才提供安居保障、打造大学生主题社区、开展创业教育培训、加大创业融资支持力度等方面入手营造人才留汉的良好环境。2016年，武汉市应届大学毕业生留汉人数由2012年的8万人上升到15万人，就文化创意产业而言，留住本地高校培养的文化创意产业人才是推进武汉由人才输出城市向人才高地城市转变的重要举措。

积极适应互联网时代人才新需求，加大高技能人才引进力度。其一，武汉市加大对企事业单位引进拔尖高技能人才工作的支持力度，出台了《武

---

① 《市人民政府办公厅关于印发武汉市建设国家级旅游业改革创新先行区实施方案的通知》，《武汉市人民政府公报》2016年9月8日。

汉市高技能人才引进工作实施办法》（武人社发〔2016〕47 号）。该办法从刚性引进和柔性引进两个方面，明确拔尖高技能人才引进的条件、程序和支持政策，引进的拔尖高技能人才可享受 30 万元的一次性安家补贴及其他政策优惠。其二，武汉市先后公布了第一批（60 人）和第二批（56 人）城市合伙人名单，其中第一批城市合伙人名单绝大多数具有博士学位，大多数具有海外工作经历，拥有国内外核心的领先技术，部分技术成果能够填补国内外空白，其在武汉创办的企业或研究领域主要集中在信息技术、生命健康、智能制造等战略性新兴产业。[①] 其三，精准编制"3+1"产业人才需求目录，实施专项引才行动计划。围绕"3+1"产业人才需求，通过国内知名人才中介服务机构的人才信息数据库，为产业人才需求岗位提供与之精准匹配的目标人才信息，建立全市"3+1"产业人才信息数据库。[②] 高技术人才的引进，契合了互联网时代文化创意产业对新型人才的需求。

打造人才高地，为文化创意产业的可持续发展提供内生动力。2016 年武汉市人社局对入围武汉首批"千企万人"支持计划的 226 家企业名单进行公示，这 226 家企业主要分布在重点发展的生命健康、信息技术和智能制造三大战略性新兴产业，其中有 16 家企业符合引进人才奖励补贴政策，武汉市拟发放引才奖励补贴 710 万元。[③] 武汉东湖新技术开发区举行第九批"3551 光谷人才计划"入选代表授牌仪式。面向全球遴选的 235 名人才及其团队共获奖励近 3 亿元，刷新湖北人才奖励纪录。此外，光谷聚集了 4000 多个海内外人才团队、326 名国家"千人计划"专家、4 万多名硕士及以上人才。依托 11 亿元光谷人才基金，2016 年光谷对人才项目的支持力度为历年之最。[④] 武汉市通过实施一系列人才吸引政策，形成了人才集聚效应，奠定了文化创意产业可持续发展的人才基础。

---

① 熊琳晖：《创业红利吸引大量人才回流》，《长江日报》2016 年 3 月 17 日。
② 李晓萌、章鸽、武人才：《我市启动"3+1"产业专项引才行动计划》，《长江日报》2016 年 5 月 25 日。
③ 余鲁西、陈欢：《16 家企业分享 710 万引才奖》，《楚天金报》2016 年 12 月 27 日。
④ 李墨、张珊妮、李铮：《光谷引智力度刷新湖北纪录 3 名人才各获 1300 万元重奖》，《湖北日报》2016 年 12 月 15 日。

6. 文化消费试点初显成效，文化创意产业发展多元化

2016年，武汉成功入选第一批文化消费试点城市，研究制定《武汉市开展引导城乡居民扩大文化消费试点工作方案》，旨在利用国家消费扶持资金，打破文化事业和文化产业长期分割的局面，让文化扶持资金发挥杠杆效应，形成公共文化与文化服务消费相互促进、共同发展的新格局。

消费平台的搭建拉动文化消费。2016年3月，武汉智慧文化消费平台上线，该平台是基于互联网模式与技术面向受众打造的集消费、演出、交易、技术、生产、运营、管理、预测、预警等于一体的标准化互联网消费服务平台，将对文化产业的内容数据、生产行为数据、消费行为大数据进行分析，探索文化市场（包括演出市场）大数据的建设管理，并推进其有效落地，引领互联网+文化消费，提升文化便民服务水平。[①] 智慧文化消费平台的搭建，推动了武汉市文化市场与社会机构资源跨平台、跨介质整合，实现了文化消费金融大数据内容汇聚和产品服务渠道汇聚的规模化、集约化发展，加快了文化演艺事业发展的信息化进程。

居民文化消费习惯逐渐养成，文化消费成为大众消费选择。为培养居民的文化消费习惯，大力推进文化惠民工程，政府"十件实事"财政投入近400万元，为全市498个基层群众文艺团队配置活动器材；投入300万元，完成60个区文化中心提档升级；投入700万元，建设140个百姓舞台；投入500万元，为各区开展公共文化购买服务。农家书屋提档升级，10家中心农家书屋试点实施。完成农村电影放映25000余场，1844个行政村"村村响"实现全覆盖。落实民办（行业）博物馆补贴资金400万元，落实实体书店扶持资金295万元。加大公益性演出场次补贴力度，坚持开展城市剧场"周周演"、慰问农民工、送戏下乡以及戏曲进江滩、进高校、进军营、进园博园等公益性惠民演出活动。截至2016年11月，共开展公益性惠民演出2000多场，其中城市剧场"周周演"727场，慰问农民工演出43场，送

---

① 肖璐欣、刘欢洋：《"武汉智慧文化消费平台"正式上线》，人民网，2016年3月3日，http://hb.people.com.cn/n2/2016/0303/c337099-27851717.html。

戏下乡演出464场,"2016年戏曲进校园·千校千场"活动957场。文化惠民工程使文化活动深入居民生活,拉动了市民文化消费的积极性。[①] 文化惠民活动的开展,为居民参与文化活动提供了机会;群众文艺团队的组建,为创作贴近群众生活的文化作品提供了班底;居民文化消费习惯的养成,为推进文化创意产业深入生活、融入生活、实现全面化的发展提供了机会。

公共文化服务设施逐渐完善,为市民进行文化消费和参与文化活动提供了丰富的场所和多样的舞台。2016年末,全市文化系统共有艺术表演团体8个,其中获国家奖的有6个;公共图书馆2个,藏书430万册,接待读者364.36万人次;文化馆1个;博物馆13个,总流通1065.3万人次。大力发挥图书馆"名家论坛""知识工程"等读书活动品牌作用,举办"全民阅读十周年暨江城读书节""读书与时尚——武图悦读""书香门第 耕读人家"等系列活动,共举办各类读者活动481场,参与读者达1045万人次。汤湖图书馆被全国图书馆协会评为"最美基层图书馆",全市街头50台自助图书馆与69台地铁图书馆成功对接,实现通借通还。24小时书店入驻武汉,将全民阅读推上新台阶。文化基础设施建设为全方位推进文化创意产业发展提供了保障。

二 2016年武汉市文化创意产业发展的主要特点

2016年,武汉市文化创意产业注重特色化发展,依托各区文化资源进行重点开发,文化产业园区和特色小镇建设引领产业特色化发展。武汉市出台各项政策,引导文化金融投资、分配规范化,产业发展方向更加明确,规划更加精细,公共文化服务品质不断提升,文化五城建设成效显著。在文化与科技融合方面,跨界发展成为新特点,平台建设更加完善,新兴业态如网络直播发展迅猛,科技与文化融合优势突出,武汉城市文化名片和文化品牌建设进一步深化,影响力逐渐提升。

---

① 数据来源于武汉市文化局。

（一）以区域文化资源为依托，促进文化创意产业特色化发展

2014年国家出台《关于推动特色文化产业发展的指导意见》（文产发〔2014〕28号），对特色文化产业进行了界定：特色文化产业是指依托各地独特的文化资源，通过创意转化、科技提升和市场运作，提供具有鲜明区域特点和民族特色的文化产品和服务的产业形态。① 2016年武汉市特色文化产业发展主线逐渐铺开，文化产业园区发展加速，特色小镇开发力度加大，动漫产业发展迅猛，引领产业特色化发展之路。

其一，充分发挥文化产业园区的带动作用。文化产业园区的发展是特色文化产业的重要组成部分，以特色产业为主导的产业园区的发展成为武汉市特色文化产业的重要向导。武汉东湖高新区成功创建"国家级文化和科技融合示范基地"，武昌·长江文化创意设计产业园成功创建"国家级文化产业试验园区"②，国家级文化产业示范基地达到8家。③ 作为武汉市两家国家级文化产业园区，东湖新技术开发区以光谷电子产业为主导发展信息技术，成为武汉市高新技术的集聚发展区；武昌·长江文化创意设计产业园则以创意设计产业为主导，文化创意与工程设计深度融合，产业特色鲜明，集聚效应明显。④ 武汉经济技术开发区（汉南区）积极打造太子湖文化数字创意产业园，将文化产业与智慧城市有机结合，打造现代科技背景下新型多维文化产品的经营模式，形成"文化艺术+数字创意+金融投资"的产业发展模式。园区规划用地面积为200亩，总建筑面积达10万平方米，总投资6亿元。⑤ 太子湖文化数字创意产业园的建成将成为武汉经济技术开

---

① 苏丹丹：《文化部、财政部印发〈关于推动特色文化产业发展的指导意见〉》，《中国文化报》2014年8月26日。
② 曾洁玲：《坚持文化自信　建设文化强省——访省文化厅厅长雷文洁》，《政策》2016年第11期。
③ 别鸣、余春洋、邢君成：《文化发展，滋养湖北精气神》，《湖北日报》2017年5月3日。
④ 许甫成、张伶、屠非：《武昌·长江文化创意设计产业园跻身国家队》，《湖北日报》2015年1月26日。
⑤ 数据来源于武汉市委宣传部。

发区（汉南区）新的经济增长助力，充分发挥园区的产业集聚作用，通过招商引资带动周边产业发展，为武汉市特色文化产业的发展提供样本。

其二，特色小镇开发助力特色文化产业的发展。2016年，武汉市提出打造首个"地铁小镇"的概念。6家国内外顶尖设计机构，以及来自规划、建筑、交通、轨道开发建设等不同领域的多位知名专家，共同为武汉首个"地铁小镇"——"黄家湖地铁小镇"描绘蓝图，力求打造"滨湖地铁示范镇，产城融合低碳城"，使之成为武汉市地铁特色小镇的典范。[①] 2016年8月，湖北省委、省政府组织的大型投资项目——武汉赛车运动文化旅游小镇项目投资协议签约仪式在武汉东湖宾馆隆重举行，武汉赛车运动文化旅游小镇正式落户黄陂区。这一项目是赛车运动文化产业与旅游产业相结合的一次有益尝试。[②] 赛车运动文化旅游小镇的构建将为武汉再添文化体育旅游名片。此外，武汉市还积极打造生态特色小镇，出台《武汉市生态小镇建设计划（2016~2018年）实施方案》（武办文〔2016〕48号），2017年7月武汉市城建委公布了首批生态特色小镇创建名录和培育名录[③]，黄陂王家河街铭泰赛车文化旅游小镇、蔡甸玉贤街园艺小镇、江夏乌龙泉街后湖海有机小镇入选武汉特色小镇，为武汉增添了新的文化名片（见表6）。

表6　武汉市首批生态特色小镇创建名录

类型	名录
武汉特色小镇(3个)	黄陂王家河街铭泰赛车文化旅游小镇、蔡甸玉贤街园艺小镇、江夏乌龙泉街后湖海有机小镇
武汉生态小镇(5个)	新洲仓埠街靠山店绿色小镇、黄陂木兰乡大余湾明清风情小镇、蔡甸大集街莲溪小镇、蔡甸侏儒山街六海赛生态小镇、江夏五里界月亮湾小镇

---

① 陶常宁、杨婧：《黄家湖地铁小镇瞄准世界一流》，《长江日报》2017年1月16日。
② 王成勇、晋晓慧、曹巧红：《我市再添文化体育旅游名片》，《长江日报》2016年8月10日。
③ 《市城建委关于公布武汉市首批生态特色小镇创建名录和培育名录的通知》，武汉市城乡建设委员会网站，2017年7月7日，http://zwgk.whjs.gov.cn/content/2017-07/07/content_421551.htm。

其三，动漫产业发展迅猛，产业特色化发展格局初显。目前，动漫产业初步形成了以动画片制作为核心，以动漫书刊出版与游戏软件开发为两翼的产业发展格局，正逐渐成为湖北文化产业新的增长点。①武汉市光谷创意产业基地涵盖了湖北省60%以上的动漫企业和游戏企业，成为国内创意产业最密集的园区之一；17家动漫创意企业获得国家认定，3家动漫游戏企业上市，3部原创动漫电影、27部动画片在全国播出，96款（部）网络游戏上线运营。2016年，中国光谷创意产业基地共聚集了350家文创企业，企业总产值达46亿元，已成为武汉市创意产业发展的核心集聚园区。②2016年，江通动画"八戒"系列作品《福星八戒之大年小怪》成功入围第24届"星光奖"，获得电视动画节目提名荣誉称号。该系列作品继2011年荣获第22届"星光奖"电视动画片大奖之后，再获殊荣。③2016年，武汉市还成功引入参与影片《疯狂动物城》《超能陆战队》制作的迪士尼影视动漫公司制片导演张少甫团队，创办了太崆动漫（武汉）有限公司，启动了首个3D动漫片《苍龙崛起》，为武汉动漫产业的发展注入了强大的活力。此外，以"互联网+"为形式特征，以互联网信息服务、软件开发、数字服务等新兴传媒为主要内容，武汉市文化传输服务业创新发展，连续多年保持高速增长，2016年实现增加值179.39亿元，比上年增长80.6%，增幅位居行业之首，成为武汉市文化传输的中坚力量。

（二）以政策驱动为引擎，加快城市文化软实力提升

2016年《武汉市文化产业发展"十三五"规划》的出台，为文化创意产业的发展指明了方向和目标，确定了"价值引领、文化强市、深化改革、

---

① 《省文化厅召开2016年推动全省动漫产业发展工作会议》，湖北省文化厅网站，2016年12月14日，http://www.hbwh.gov.cn/xwdt/zgyw/17619.htm。
② 周萍英、田萌、胡妍、王北京：《光谷创意产业基地聚集350家文创企业 全年产值46亿》，《楚天金报》2017年7月21日。
③ 安立：《江通动画"八戒"系列作品再次入围"星光奖"》，荆楚网，2016年9月24日，http://news.cnhubei.com/xw/wh/201609/t3704250.shtml。

释放活力、内涵发展、创新驱动、跨界融合、转型升级"的发展基本原则。武汉市加快建设创新型城市、促进科技金融改革创新和建设"三化大武汉"等政策利好为武汉市文化创意产业的发展提供了机遇,将促进城市文化软实力的快速提升。

其一,实施"十大计划",建设创新型城市。2016年武汉市出台《关于实施"十大计划"加快建设具有强大带动力的创新型城市的意见》,聚焦推动产业发展、提升创新能力、集聚创新要素、优化创新环境四个方面,全力组织实施高新技术产业倍增计划、产业创新能力倍增计划、创新型企业培育计划、"大学之城"建设计划、"光谷"和"车都"升级版计划、"创谷"计划、"城市合伙人"计划、"天使之城"建设计划、"智慧城市"建设计划和优化创新环境计划,努力建设具有强大带动力的创新型城市和具有全球影响力的产业创新中心。[1] 创新是文化创意产业的核心,"十大计划"的实施将进一步推动武汉市创新能力的提升,为文化创意产业的发展提供动力。

其二,建设科技金融特区,促进文化与科技、金融融合发展。2016年武汉市出台《关于促进科技金融改革创新工作的实施意见》(武政〔2016〕39号),指出要加大政策支持力度,制定适应科技金融改革创新要求的财税优惠、人才引进政策措施等,打造光谷科技金融特区,率先编制国内首个"科技金融指数",并建立年度发布机制[2],试行互联网+科技金融产业基金,推进投贷联动试点等,推动金融与文化科技融合发展。东湖新技术开发区作为继北京中关村之后的第二个国家自主创新示范区,多年来争做体制改革"排头兵"、政策先行先试"试验田"和创新发展"先行者"。"黄金十条""光谷创业十条""'互联网+'十条""支持众创空间建设"等一系列引领性创新创业政策相继出台,围绕创新部署资本链,初步形成了包括天使

---

[1] 中共武汉市委、武汉市人民政府:《关于实施"十大计划"加快建设具有强大带动力的创新型城市的意见》,《武汉市人民政府公报》2016年10月23日。
[2] 武汉市人民政府:《关于促进科技金融改革创新工作的实施意见》,《武汉市人民政府公报》2016年10月23日。

投资、创业投资、金融租赁等在内的全方位科技金融支撑体系。① 此外，东湖新技术开发区着力建设科技金融特区，促进人才、技术、资本等要素自由流动和高效配置，全面提升科技创新体系效能。② 2016年，武汉东湖国家自主创新示范区入选国家首批投贷联动试点，将进一步推动文化、科技与金融融合发展，为武汉城市文化软实力的提升提供强大的金融支撑。武昌区加大金融手段支持力度，组织武汉市首场文化创意产业资本对接会，火游网络、全乐科技两家企业获股权投资。同时，武昌区加大招商引资力度，引进大地风景信息技术有限公司、武汉昙华绘文化发展有限公司等7家企业入驻，实际到位资金达7800万元。

其三，加快建设"三化大武汉"，推动城市文化与国际接轨。武汉市第十三次党代会提出加快建设现代化、国际化、生态化大武汉。在建设现代化大武汉方面，打造全国重要的经济中心、科技创新中心、商贸物流中心、文化创意中心、综合交通枢纽，国家中心城市框架体系基本形成。③ 城市历史文脉延续，地域文化特色鲜明，多元文化融合发展，文化软实力明显增强，在长江经济带和中部崛起中的核心带动作用进一步凸显，在全国发展大局中的战略地位明显提升。在建设国际化大武汉方面，国际通达能力大幅提升，已成为连贯长江经济带、连接"一带一路"、连通世界的重要枢纽城市。打造国际交往中心、自由贸易试验区建设取得重大进展，营商环境、生活环境与国际先进城市接轨，更多的国外高端产业在武汉集聚，更多的国际性组织和活动在武汉落户，国际竞争力和影响力大幅提升，国际化大都市的独特魅力充分展现。在建设生态化大武汉方面，生态文明建设全面融入经济社会发展，生产生活生态统筹发展，滨江滨湖生态特色彰显，江河湖泊水质全面改善，空气

---

① 魏劲松、瞿凌云：《武汉东湖国家自主创新示范区：创新驱动崛起"中国光谷"》，《经济日报》2016年7月31日。
② 武汉市人民政府：《关于印发武汉东湖新技术开发区发展"十三五"规划的通知》，《武汉市人民政府公报》2017年4月23日。
③ 陈一新：《聚力改革创新 奋力拼搏赶超 高水平全面建成小康社会 全面开启复兴大武汉新征程——在中国共产党武汉市第十三次代表大会上的报告》，《长江日报》2017年2月3日。

质量优良天数大幅增加，使武汉成为"美丽中国"典范城市、国际知名宜居城市。① 同时，优化武汉长江主轴，打造世界级城市中轴文明景观带，进一步提升武汉文化软实力和城市竞争力。

（三）以文化五城创建为方向，助推现代化公共服务体系建构

读书之城建设成效明显。印发《2016 年"书香江城"——全民读书月活动方案》，精心组织全民读书月活动 176 场。读书品牌建设不断深化。江岸区组织开展"青春江岸·读书会""启明盲人读书会"等读书活动 30 余场，江汉区在茶社、咖啡吧开展"金桥书吧" 30 场，形成了地铁读书节、职工经典诵读大赛、中华传统文化课本剧展演等一批特色读书活动品牌。阅读基础设施不断完善。武汉地区图书馆联盟加盟馆有 52 家，24 小时自助图书馆（含地铁）达 119 台，建成图书漂流点 300 多个，拥有实体书店 800 多家。武汉市已初步形成覆盖中心城区 15 分钟、新城区 30 分钟的阅读圈。截至 2016 年末，全市共有公共图书馆 2 个，藏书 430 万册，接待读者 364.36 万人次。

艺术之城建设亮点频现。组织开展戏曲进校园活动 1035 场，在国内率先编辑出版《戏曲进校园普及读本》。创作演出交响乐《云中君》、贺岁喜剧《财神来敲门》、英文版歌剧《高山流水》等 10 部优秀剧目；精心组织"武汉系列"品牌创作，编辑出版"武汉印象·2016"丛书，组织"武汉·印象——美丽乡村"美术创作等活动。池莉出版首本诗集《池莉诗集·69》，"池莉诗组"被广泛转载；刘醒龙出版散文集《我的山河我的家》；李修文出版散文集《山河袈裟》；冷军创作"2016 画室写生"系列；等等。成功举办第五届琴台音乐节、第十二届武汉国际杂技艺术节，创办中华木偶皮影艺术节，挂牌成立全国（武汉）合唱基地。江夏区"谭鑫培杯"戏曲达人秀，汉阳区、蔡甸区知音文化艺术节，黄陂区木兰文化旅游节等节会活

---

① 陈一新：《聚力改革创新　奋力拼搏赶超　高水平全面建成小康社会　全面开启复兴大武汉新征程——在中国共产党武汉市第十三次代表大会上的报告》，《长江日报》2017 年 2 月 3 日。

动，为艺术提供了多样化的舞台。

博物馆之城建设扎实深入。武汉中共中央机关旧址纪念馆建成开放。以"5·18国际博物馆日"为契机，精心组织"走进博物馆"系列文博活动，全市共举办常规展览147个，新办展览20个，开展博物馆进社区、进校园活动近100场。出台《武汉市非物质文化遗产保护条例》，武汉市成为全国首个实施非遗保护地方性法规的城市。据统计，江汉关博物馆开馆仅一年，就已接待观众40万人次。截至2016年末，全市共有博物馆13个，总流通1065.3万人次。

设计之城建设统筹实施。印发《武汉市2016年文化和科技融合工作任务清单》，积极推进武汉申报联合国教科文组织"设计之都"工作，开展"2016文化创意展示月"活动，举办"武汉申都·设计创意市集"和"武汉中小学生创意设计大赛"，协调推进"一核两带"文化功能集聚区建设，推动中山大道文化景观提升和东湖绿道文化建设。"武汉2049——广电演播演艺中心"、武汉中心书城、傀儡音乐剧、电影"九头鸟"等项目建设继续深化，华中智谷一期全面建成，渤海商品交易中心、湖北省数字广告产业园等业内龙头企业成功入驻。中国光谷创意产业基地、汉阳造文化创意产业园被授予"全国版权示范园区（基地）"称号。武汉创意天地等获评省级文化示范园区，武汉同程文化有限公司等一批企业获评第五批省级文化产业示范基地。

大学之城建设城校有机融合。高校与地方创新合作不断深化，市政府鼓励高校创新成果转化，支持高校根据武汉发展需要设置新学科，为武汉建设国家中心城市提供智力支持、科技支撑、人才保障。继续实施"青桐计划"，推动建设大学生科技孵化器创业园区，引导大学生创业就业。深化高校与地方交流沟通。武昌区、洪山区、东湖高新区与辖区高校建立健全常态化的校地沟通联动机制。武昌区组织155个社区分别与一个高校院系建立结对帮扶联系。深化高校与地方人文交流。免费向在汉大学生开放武汉市博物馆、图书馆等公共设施，继续推动高校图书馆、博物馆和讲座等文化资源向社会开放；组织专业剧团进高校演出，支持高校文艺团队走进街道社区开展文化服务。持续开展"百万大学生看武汉"系列活动,通过举办专场音乐会、组织开展"新市民新武汉"体验游等活动,增进大学生对武汉的认同感和归属感。

此外,武汉"三镇三城"的三重地标性公共文化建筑引领全市公共文化建设迅猛发展。全市14个文化(群艺)馆、16个公共图书馆、25个国有博物(纪念)馆、77个专业和民间博物(纪念)馆、84个自助图书馆、163个街道(乡镇场)文化站、1249个社区文化活动室、2122个农家书屋全部免费对外开放,形成众星捧月之势。① 目前,公共图书馆、地面与地铁的24小时自助图书馆场实现了"通借通还",特别是蔡甸区将数字图书馆终端与电脑、手机、电视等各类数字终端相结合的"跨阅读"方式,不仅是"智慧城市"建设所需,而且为武汉全民阅读活动的开展提供了极大的便利。② 武汉文化五城建设持续发力,不断完善现代化公共文化服务体系,为建设国家中心城市提供了文化支撑。

(四)以跨界融合为渠道,引导文化与科技融合发展

2016年,武汉市围绕建设国家创新型城市和全面创新改革试验区的总体部署,加快跨界发展,积极实施"互联网+""文化+"工程,举办"互联网+文化"跨界融合专题报告会,拓展文化与科技融合发展深度,以创新平台建设和高企认定为载体,全面推进文化与科技融合,着力推动文化创意产业发展。

组织实施产业创新能力倍增计划,建设科技创新平台。新组建省级工程技术研究中心等省级科技创新平台65个,市级工程技术研究中心、企业研究开发中心等市级科技创新平台135个。全市科技创新平台累计达到1340个。③ 其中,涉及文化与科技融合领域的平台近80个。完成千万平方米孵化器建

---

① 熊朝锏、徐坚、胡怀存:《公共文化服务 每天不一样》,《中国文化报》2016年9月14日。
② 熊朝锏、徐坚、胡怀存:《公共文化服务 每天不一样》,《中国文化报》2016年9月14日。
③ 《2016武汉地区最具影响力十大科技事件》,《长江日报》2017年2月20日。

设工程。全市共有孵化器220家，总面积达到1000万平方米，其中国家级孵化器25家，在孵企业近9000家。全市建有创客空间、创业咖啡、创新工场三种类型的众创空间120余家，其中国家级众创空间35家、国家级专业众创空间2家。全市建成73家大学生创业特区，全部入驻满员，初步形成高校密集的鲁巷、街道口2个连片创业街区。

推进"创谷计划"建设工作。根据《中共武汉市委 武汉市人民政府关于加快实施"创谷计划"的通知》（武文〔2016〕12号）、《关于启动第三批创谷项目建设工作的通知》（武政办〔2016〕150号）等文件精神，确定武汉经济技术开发区（汉南区）"南太子湖创新谷"、洪山区"联想星空·智慧谷"作为首批"创谷"项目，武汉东湖新技术开发区"光谷移动互联创谷"、武汉临空港经济技术开发区"金银潭梦想特区"、硚口区"汉江湾·云谷"、汉阳区"龙阳湖健康谷"、江夏区"江夏阳光创谷"作为第二批"创谷"项目，江岸区"汉口文创谷"、江汉区"江汉创谷"、武昌区"中科武大·智谷"、黄陂区"木兰畅谷"、新洲区"武汉绿谷"作为第三批"创谷"项目，并启动建设。按照"1年形成雏形、3年建成"的目标，2016年全市共落地"创谷"建设项目13个，其中3个形成雏形，新（改）建实体空间80.05万平方米，引进企业303家。2017年，全市将加快"创谷"建设，实现新建实体空间300万平方米、新引进企业（团队）300家（个）、打造4个国家级创新平台和"双创"基地、新增国家级众创空间20个的目标。① 大力支持高科技文化企业创新发展。在以文化与科技融合为主体的高技术服务业领域，共投入科研经费逾453.8万元，组织实施项目40个，其中重点支持武汉大学承担的基于物联网的视触觉人机交互关键技术研究等应用基础研究计划3项（前资助），对湖北盛天网络技术股份有限公司等32家企业开展的研发项目进行研发补贴，支持武汉颂大教育科技股份有限公司等5家企业建立企业研发中心。通过无偿资助、研发补贴和创新平台奖励等多种方式对文化企业进行支持，鼓励文化企业与移动互联网、云计

---

① 万勇：《政府工作报告》，《长江日报》2017年2月27日。

算、大数据、物联网、下一代互联网应用、智慧城市的关联研究和融合应用，激发文化企业科技创新的原动力。①

加快传统大型文化企业跨界融合。2016年武汉市以文化艺术、广播电视、新闻出版类企业为代表的传统业态文化企业，在内容创意、科技融合上积极向上下游拓展，实现了跨界融合。长江出版传媒集团构建了以出版、印刷、发行、物资贸易等为主业的全产业链，开发了数字阅读、在线教育、国际贸易、文化旅游、健康、文化金融等新兴产业，数字出版业务收入达6298.95万元，同比增长48.88%，已在大众阅读、数字教育、幼儿教育、网络出版、影视动漫、大数据应用等领域形成了资源与服务、平台与终端、业态升级与产业延伸相结合的产业体系，获得国家新闻出版广电总局授予的全国"数字出版转型示范企业"称号。② 此外，长江日报报业集团旗下的"好医网"媒体融合项目，挺进国家新闻出版广电总局举办的全国报刊融合创新案例30强，排在第12位，是湖北省唯一入选案例。③

规范新型产业业态管理。2016年是网络直播的元年，面对各大网络直播平台的纷纷崛起，国家网信办发布《互联网直播服务管理规定》，对直播内容和平台进行规范性管理。2016年武汉市斗鱼直播在业内首次提出并实施"直播+"和"快乐+"的"双+"战略，以此推进泛娱乐战略，对传统的直播文化进行去粗存精，以新形式、新内容拓展直播文化的维度，让受众群体更加广泛。④ 斗鱼直播于2014年1月成立，力争3年内做到国内直播第一，市场份额比第二至第四名加起来还大。截至2015年底，斗鱼直播在Alexa的排名（全球网站排名）情况为全球第95名、中国前25名、视频类网站前5名；注册用户超过1亿人，月访问人数超过2亿人。2016年，斗鱼直播接连完成两轮融资，总金额超过22亿元，一举成为估值过百亿元的

---

① 数据来源于武汉市科技局。
② 姜天骄、韩秉志：《第九届中国"文化企业30强"（一）》，《经济日报》2017年5月12日。
③ 武汉市统计局：《文化与科技融合创新 传统与新兴比翼并进——2016年武汉市文化与科技融合产业发展分析》，2017。
④ 陈晓晟：《斗鱼直播首提"双+"战略 打造多热点一体综合型平台》，《通信信息报》2016年12月22日。

"独角兽"。① 2017年5月，首届武汉斗鱼嘉年华在汉口江滩举行，活动涵盖电竞、VR、科技等多个方面，吸引35万人次现场参加，全网累计有1.7亿人次在线观看，创直播行业有史以来规模和阵容纪录，新产业、新业态的突飞猛进，为经济增长汇聚了新动能。2017年6月，《武汉东湖新技术开发区关于推进文化科技产业融合发展的实施意见》出台，被称为"新文科十条"，明确了七大支持产业领域，直播、电竞、虚拟现实和增强现实（VR/AR）都是新增的重点支持产业。②

（五）以重点文化项目带动为战略，扩大产业品牌影响力

2016年武汉市积极推进文化"请进来""走出去"战略，加强文化交流与合作，着力扩大文化影响力。

借助文化载体，开展对外文化交流活动。武汉市共派出36个团组赴国（境）外开展访问、演出、展览等交流工作，接待了63个国（境）外团组来汉参加交流活动。与法国驻汉总领事馆共同举办了"中法文化之春"及第十届武汉中法音乐节活动；组织中山舰博物馆、辛亥革命博物馆联合参加国际二战博物馆协会；辛亥革命博物馆在长崎历史文化博物馆设立了"孙中山与武汉"展览，与俄罗斯中央卫国战争纪念馆联合主办了"武汉上空的鹰——纪念苏联空军志愿队特展"；武汉革命博物馆赴俄罗斯征集了共产国际和中共党史资料；武汉博物馆引进英国"杨格非与武汉"展览；少儿图书馆成功引进瑞典"千字屋"项目。通过加强文化交流与合作，推动武汉文化走向国际、走向世界。此外，由中国外文局组织的2016年度"对外传播十大案例"评选活动揭晓，武汉市城市形象国际传播的创新实践——李述永部长在剑桥大学英文演讲案例受到表彰。武汉是唯一有入选案例的副省级城市。③ 组建项目库，推进重点项目发展。2016年出台《武汉市文化产

---

① 肖娟：《斗鱼为互联网人才提供"武汉机会"》，《长江日报》2017年1月12日。
② 肖娟：《上千条政策建议升级光谷"新文科十条"》，《长江日报》2017年6月29日。
③ 武外轩：《武汉城市形象国际传播创新实践入选全国对外传播年度十大案例》，《长江日报》2016年12月2日。

业发展"十三五"规划重大项目库》（武文产办〔2016〕4号），入库项目共116个，计划总投资3373亿元。汉阳造产业园二期"汉阳造＋"项目突出工业遗产与科技融合的发展特色，保持良好原生态环境，打造工业遗产创意公园，加快广告云计算中心、影视棚二期等科技含量高的公共技术服务平台建设，引进培育影视广告、影视新媒体优质企业。交易在网上进行。汉阳区政府计划以该产业园为核心，打造"晴川创意谷"，实现发展规模升级、优势产业升级、环境生态升级、功能服务升级、品牌影响升级。[①] 汉阳造作为湖北省唯一一家国家级广告产业园，二期工程的开展将进一步提升汉阳造文化产业的品牌深度和影响力。除此之外，大力推动产业园区建设提档升级，搭建文化产品交易高端平台，拓展社会资本参与文化创意产业发展的渠道。武汉创意天地等获评省级文化示范园区，武汉精密铸造有限公司、武汉同程文化娱乐有限公司、湖北壹峰文化传媒有限公司等一批企业获评第五批省级文化产业示范基地，青山5.5互联网＋工业设计产业园、汉阳造创意谷、江汉区五号坊和"红T"时尚创意街区等呈现良好发展态势。华中智谷一期全面建成，渤海商品交易所、湖北省数字广告产业园、潮江集团、中国环境出版集团等业内龙头企业已签订入驻协议。新华社金融信息交易所、红中文化艺术品交易平台在新华网首页上线，完成投资1.1亿元。武昌文化产业基金首期募集资金35.5亿元并已正式开展项目招商。

（六）以投融资体系创新为手段，完善产业投融资体系

不断完善文化创意产业投融资体系建设。2016年，武汉市积极组织文化产业发展专项资金项目申报工作，出台《武汉市属文化企业国有资产评估管理暂行办法》，促进文化企业国有资产管理评估体系进一步完善。引入"拨改投""资金改基金"等市场化运作模式，做大战略性新兴产业引导基金规模，放大引导基金杠杆效应。改革科技等财政性资金管理体制机

---

① 陈名钰：《汉阳造创意产业园再升级打造"晴川创意谷"》，《楚天都市报》2016年11月30日。

制，整合市级各类科技财政资金。完善创新资金支撑体系，支持处于种子期和初创期的创新创业企业发展壮大。鼓励金融资本加大对民营中小企业发展与技术研发的信贷支持力度，设立小微企业贷款风险池，构建"政银保"合作贷款体系。①

积极拓宽融资渠道，推进风险池基金常态化运行。2016年，汉口银行为10余家文化企业完成信贷审批，合计放贷3580万元。为缓解小微文化企业的投融资难题，武汉市根据企业用款需求，对完成信贷初步审核的文化企业实行随时放贷，涉及信贷规模4000万元。从立项拨款到信贷为中小企业的发展提供了更多的机会。除此之外，武汉市积极推进文化企业知识产权质押贷款工作（见表7），建立激励机制，制定下发《武汉市专利权质押贷款贴息管理办法》，对取得专利权质押贷款的企业，以不高于专利权出资获得的贷款利息额的30%给予贴息。②

表7　2016年度企业著作权质押贷款贴息情况一览

项目	武大吉奥信息技术有限公司	武汉精测电子技术股份有限公司
著作权质押情况	计算机软件著作4件	计算机软件著作2件
贷款金额	1100万元	2000万元
还贷利息	71.27万元	141.63万元
放贷银行	汉口银行	民生银行
申请贴息比例	50%	50%
贴息依据	《武汉市著作权质押贷款贴息暂行办法》第九条 1. 国家火炬计划重点高新技术企业 2. 湖北省创新型企业建设试点单位	1. 国家火炬计划重点高新技术企业 2. 湖北省版权示范单位
核准贴息金额	35.63万元	50万元
合计	85.63万元	

资料来源：《武汉2016年度版权质押贷款贴息公示》，武汉市文化局网站，2017年6月2日，http://www.whswxgj.gov.cn/zwgktzgg/6536.jhtml。

---

① 《助创新　保民生　深改革　强监督》，武汉市人大常委会网站，2016年1月2日，http://www.whrd.gov.cn/html/dbgz/dbzs/2016/0112/10819.shtml。
② 张辉、周佳玲、张祥：《知识产权质押融资怎样惠及中小微企业》，《湖北日报》2017年7月12日。

培育多层次资本市场，推动文化企业"新三板"挂牌工作。2016年传神语联、江通传媒、华视股份、禾筑设计、培根文化等文化企业在中小企业股权转让系统（"新三板"）成功挂牌交易，资产划转、股权形成、国有资产经营管理授权、制订国有股权管理方案、增资扩股等工作顺利推进。"新三板"挂牌工作的推进是文化创意产业投融资体系手段创新的重要一环，推动了文化与金融的融合发展。

完善文化与金融管理架构，落实文化创意产业发展引导基金。2016年武汉市出台《武汉市战略性新兴产业发展引导基金管理办法》（武政规〔2016〕27号），明确引导基金资金来源主要包括：市级预算安排用于支持战略性新兴产业发展的财政专项资金，市各相关部门统筹安排的资金，引导基金资金存放银行或者购买国债所得等收益，引导基金投资退出返回的本金及收益，个人、企业或者社会机构无偿捐赠的资金，等等。[①] 该办法的出台进一步完善了文化创意产业与金融的管理架构，明确了管理的目标和方向。此外，依托武汉市各区特色金融发展的现有格局，大力培育发展"绿色金融""城镇化金融""民生金融""普惠金融""物流与供应链金融""互联网金融"等金融新业态，形成了武汉特色金融竞争优势。[②]

三 当前武汉市文化创意产业发展的关键问题

2016年武汉市文化创意产业规模持续扩大，创新能力逐渐提高，集聚发展初具规模，实现了"十三五"的良好开局。但发展机遇与挑战并存，仍然存在以下问题：文化创意产业大型骨干企业缺乏，竞争力不强；文化消费意愿不强，文化消费品位不高；区域发展不平衡，优质文化品牌缺乏，创新驱动力不足；与超大城市相匹配的产业功能体系尚未建成；等等。

---

① 武汉市人民政府：《关于印发武汉市战略性新兴产业发展引导基金管理办法的通知》，《武汉市人民政府公报》2016年12月8日。
② 《武汉金融业：为大城崛起提供澎湃资本动能》，《长江日报》2016年12月14日。

（一）文化创意产业资本力较弱，产业竞争力有待提高

国家统计局数据显示，2016年我国文化产业实现增加值30254亿元，比2012年增长67.4%，年均增长13.7%，比同期GDP现价增速高5.4个百分点，文化产业增加值占GDP的比重由2012年的3.48%提高到2016年的4.07%，上升了0.59个百分点，占比呈逐年上升的态势，对GDP增量的贡献率年均达到6.0%。① 在国民经济增速放缓的新常态下，文化创意产业以文化创意为引擎，以新模式、新技术为加速器，成为我国经济发展的新亮点。武汉市统计局调查数据显示，2016年，武汉GDP为11912.61亿元，比上年增长7.8%。武汉GDP在中部六省省会城市中位于前列，2016年武汉市文化创意产业实现增加值857.35亿元，比上年增长8.6%，高于同期全市GDP增幅。增加值占全市GDP的比重为7.2%，与上年持平。② 虽然成绩喜人，但是与我国文化创意产业发展的"排头兵"北京、上海、杭州、深圳等城市相比仍有较大差距。2016年，深圳市文化及相关产业实现增加值1100.91亿元，比上年增长15.4%③；杭州市文化创意产业实现增加值2541.68亿元，比上年增长21.2%。④ 总体来看，武汉市文化创意产业基础整体较为薄弱，大多数文化企业规模较小，缺乏大型骨干企业，严重影响了武汉市文化创意产业增加值的提升。

2016年10月，由中国人民大学主办的北京文博会品牌活动——"文化中国：2016中国文化产业指数发布会"顺利举行。⑤ 中国文化产业综合指数

---

① 国家统计局社科文司：《文化强国建设稳步推进 文化改革发展成绩显著》，《中国信息报》2017年7月28日。
② 武汉市统计局：《文化与科技融合创新 传统与新兴比翼并进——2016年武汉文化与科技融合产业发展分析》，2017。
③ 深圳市统计局、国家统计局深圳调查队：《2016年深圳市国民经济和社会发展统计公报》，深圳市统计局网站，2017年4月28日，http://www.sztj.gov.cn/xxgk/tjsj/tjgb/201705/t20170502_6199402.htm。
④ 杭州市统计局、国家统计局杭州调查队：《2016年杭州市国民经济和社会发展统计公报》，中国杭州网，2017年3月10日，http://www.hangzhou.gov.cn/art/2017/3/10/art_812262_5885634.html。
⑤ 《2016中国文化产业指数在京发布 综合指数北京位列第一》，中国经济网，2016年10月31日，http://www.ce.cn/culture/gd/201610/31/t20161031_17349618.shtml。

排名由生产力指数、影响力指数、驱动力指数三个分指数综合排序得出。2016年中国各省份文化产业综合指数排名中,湖北省并未跻身前十(见图7)。而在各省份生产力指数、影响力指数、驱动力指数三个分指数的增速排名中,与综合指数排名类似,东部地区省份占据绝对优势,湖北省无一上榜(见表8)。2016年中国各省份文化产业综合指数排名为第7次发布,除了2010年山西进入前十,2014年湖南进入前十,2011年、2012年、2013年、2015年、2016年四川进入前十,以及2014年、2016年江西进入前十外,其他前十都是东部沿海省份①,由此可见,城市经济发展水平对文化创意产业发展有着显著的助推作用。湖北省文化创意产业近年来发展较快,但与东部沿海省份甚至中部六省其他省份相比,综合竞争力仍有待进一步提高。武汉作为国家级中心城市和湖北省省会城市,对湖北省文化创意产业的发展起到了引领作用,同时不可避免地受到整个湖北省文化创意产业发展水平的掣肘,产业规模、发展水平、综合竞争力等依然有较大的提升空间。

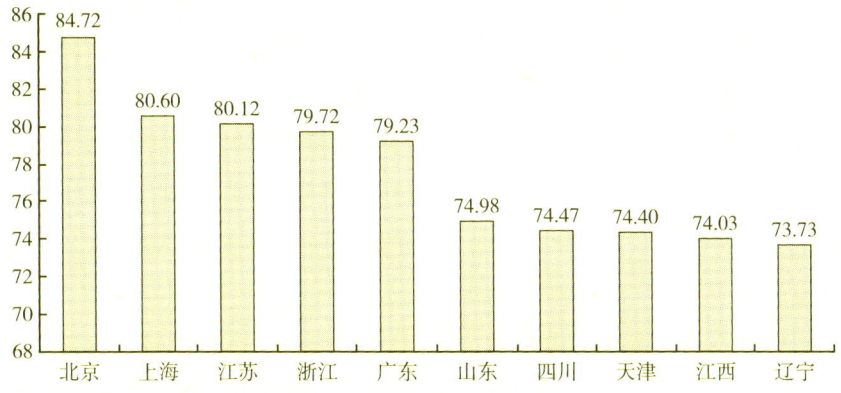

图7　2016年中国各省份文化产业综合指数

资料来源:《2016中国文化产业指数在京发布　综合指数北京位列第一》,中国经济网,2016年10月31日,http://www.ce.cn/culture/gd/201610/31/t20161031_17349618.shtml。

---

① 《2016中国文化产业指数在京发布　综合指数北京位列第一》,中国经济网,2016年10月31日,http://www.ce.cn/culture/gd/201610/31/t20161031_17349618.shtml。

表8　2016年中国各省份文化产业分指数增速排名

增速排名	生产力指数	影响力指数	驱动力指数
1	广东	辽宁	上海
2	山东	贵州	浙江
3	四川	甘肃	天津
4	浙江	内蒙古	青海
5	江苏	广西	广东

资料来源：《2016中国文化产业指数在京发布　综合指数北京位列第一》，中国经济网，2016年10月31日，http://www.ce.cn/culture/gd/201610/31/t20161031_17349618.shtml。

由深圳管理创新对话论坛发布的"2016中国城市创意指数"显示，北京、上海、深圳、广州、杭州、苏州、天津、南京、青岛、武汉跻身中国城市创意指数榜前十。① 中国城市创意指数是首个国内城市间文化创意产业竞争力对比指数，武汉虽然首次跻身榜单前十，但是与榜单前五组成的第一梯队差距较为明显。数据显示，榜单前五城市的创意指数遥遥领先于第二梯队城市，位列第一的北京创意指数领先位列第十的武汉近20分；第二梯队城市的创意指数得分趋近，位列第十的武汉领先位列第三十的烟台仅4.17分（见表9）。可见，武汉市文化创意产业发展势头虽然迅猛，但与第一梯队城市的文化创意产业发展水平、综合竞争力等相比仍有较显著的差距，与第二梯队其他城市的文化创意产业发展水平相比也无明显优势，竞争激烈，进位赶超难度较大。

2017年3月，新元智库正式对外发布《2016年我国31省市文化产业资本力指数研究报告》，通过对我国31个省份文化产业吸引、使用、运营资本的能力进行分析与评价，反映出各省份文化投融资服务体系的健全程度和文化产业发展的前景。2016年我国31个省份文化产业资本力指数排行榜前五为第一梯队，分别是北京、广东、上海、浙江和江苏。数据显示，第一梯

---

① 孙颖：《2016中国城市创意指数发布　北上深广杭名列五强》，南方网，2016年12月3日，http://kb.southcn.com/content/2016-12/03/content_160937730.htm。

表9 2016年中国城市创意指数榜

序号	城市	创意指数	序号	城市	创意指数
1	北京	90.90	16	宁波	70.02
2	上海	90.46	17	温州	69.83
3	深圳	83.65	18	成都	69.54
4	广州	80.39	19	济南	69.21
5	杭州	79.09	20	长沙	69.14
6	苏州	75.14	21	绍兴	68.84
7	天津	73.85	22	泉州	68.78
8	南京	72.34	23	常州	68.43
9	青岛	71.30	24	南通	68.34
10	武汉	70.99	25	福州	68.17
11	重庆	70.90	26	无锡	68.07
12	佛山	70.90	27	合肥	67.77
13	厦门	70.88	28	长春	67.14
14	西安	70.70	29	哈尔滨	66.92
15	东莞	70.51	30	烟台	66.82

资料来源：孙颖：《2016中国城市创意指数发布 深圳广州名列前五强》，《南方日报》2016年12月4日。

队省份的文化产业资本力指数遥遥领先于后五位省份。而在创新融资力、资产融资力、产业整合力、资本运营力、创意筹资力这5个分指标上，总体来看第一梯队省份的数据也远优于第二梯队省份。湖北的文化产业资本力指数虽然跻身第二梯队，但与第一梯队的北京、上海等省份相比仍有较大差距，且在第二梯队也无比较优势（见表10）。可见，湖北省文化产业在文化与资本资源方面均存在一定的欠缺，武汉市作为湖北省省会城市，其文化创意产业的快速发展同样受到湖北省文化产业资本力的制约。

（二）文化消费意愿未被充分激发，文化消费品位有待升级

2016年，武汉市城乡居民人均可支配收入为35383元，比上年增长8.94%。其中，城镇常住居民人均可支配收入为39737元，比上年增长9.06%；

表10　2016年我国31个省份文化产业资本力指数十强

排名	省份	创新融资力	资产融资力	产业整合力	资本运营力	创意筹资力	资本力
1	北京	18.12	3.04	9.87	4.89	2.90	38.82
2	广东	2.29	0.42	8.30	2.79	2.65	16.45
3	上海	3.66	0.83	3.69	1.64	0.86	10.68
4	浙江	2.29	1.55	1.64	1.15	1.36	7.99
5	江苏	0.79	2.38	0.62	0.85	0.64	5.28
6	山东	0.91	0.79	0.89	0.15	0.34	3.07
7	湖北	0.37	1.44	0.48	0.23	0.08	2.61
8	福建	0.44	0.05	0.67	0.99	0.24	2.39
9	四川	0.17	0.88	0.39	0.34	0.24	2.01
10	西藏	0	0	1.56	0.01	0.01	1.58

资料来源：新元智库：《2016年我国31省市文化产业资本力指数研究报告》，今日头条网，2017年4月6日，http：//www.toutiao.com/i6405834292332593666/。

人均消费支出为26535元，比上年增长10.8%。农村常住居民人均纯收入为19152元，比上年增长8.07%；人均消费支出为14750元，比上年增长14%。①武汉市城乡居民人均可支配收入、城镇常住居民人均可支配收入、农村常住居民人均纯收入三项指标虽然远超全国平均水平，但是武汉市城乡居民人均可支配收入绝对额增长速度较慢，在15个副省级城市中始终排在第11位，农村常住居民人均纯收入也始终排在第10位，排名相对靠后。②与中部六省其他省会城市相比，2016年武汉城镇常住居民人均可支配收入和农村常住居民人均纯收入也落后于长沙居第二位。而农村常住居民人均纯收入增长率仅为8.07%，在中部六省省会城市中同样落后于南昌与合肥居第三位（见图8、图9）。

武汉市消费市场巨大，消费潜力有待挖掘，文化消费品位仍需提档升级。2016年武汉市城乡居民人均消费状况统计显示，衣食住行仍是消费市

---

① 武汉市统计局、国家统计局武汉调查队：《武汉市2016年国民经济和社会发展统计公报》，《长江日报》2017年3月27日。
② 徐家松、熊叶馨：《武汉如何补齐短板?》，《武汉宣传》2016年第2期。

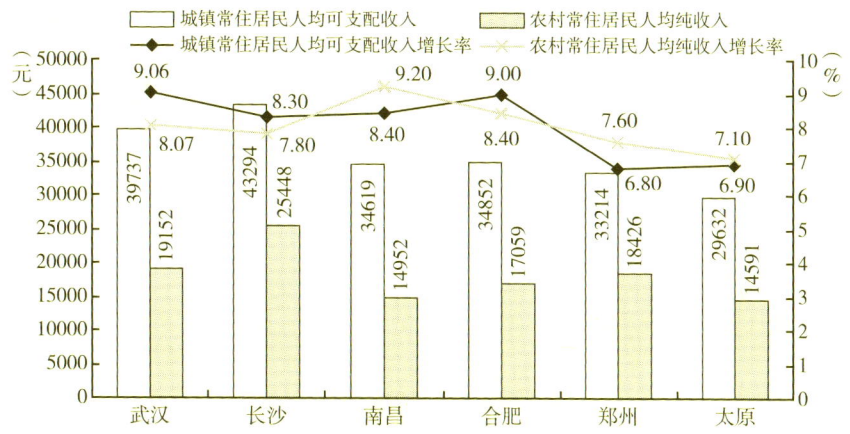

图8 2016年中部六省省会城市城镇常住居民人均可支配收入和
农村常住居民人均纯收入及其增长率

资料来源：中部六省省会城市《2016年国民经济和社会发展统计公报》。

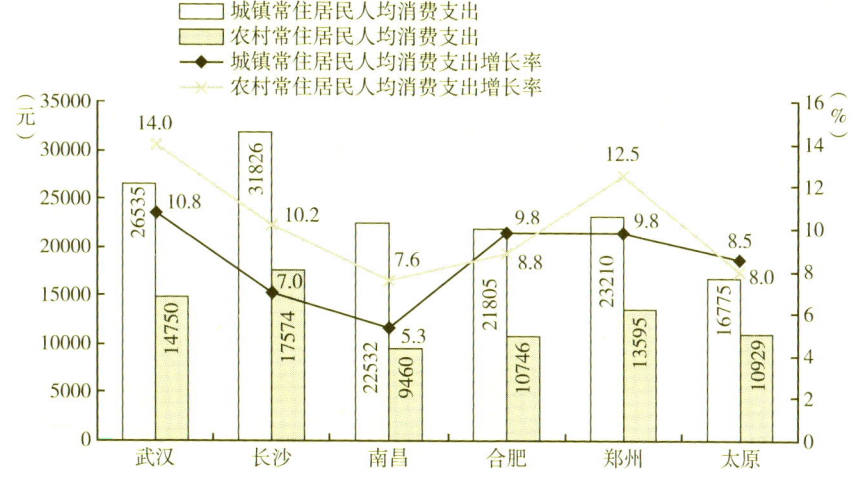

图9 2016年中部六省省会城市城乡居民人均消费支出及其增长率

资料来源：中部六省省会城市《2016年国民经济和社会发展统计公报》。

场的重点，文化消费状况不容乐观。从消费金额看，城镇居民人均教育文化娱乐服务支出为2464元，仅占城镇居民人均消费支出的9.3%；农村居民人均教育文化娱乐服务支出为1112元，仅占农村居民人均消费支出的

7.5%。在发达国家和地区,人均消费金额往往占消费支出总额的30%以上,这说明武汉市城乡居民的文化消费意愿未被充分激发。从消费增速看,城镇居民人均教育文化娱乐服务支出比上年增长3.88%,远低于城镇居民人均消费支出的增长率;农村居民人均教育文化娱乐服务支出比上年增长14.61%,略高于农村居民人均消费支出的增长率。从城乡差距看,城乡居民人均教育文化娱乐服务支出差距达1.2倍,差距依然明显(见表11)。武汉市文化产品的供给体系有待完善,文化消费水平有待进一步提升。

表11 2016年武汉市城乡居民人均消费状况

单位:元,%

指标	城镇居民	比上年增长	农村居民	比上年增长
消费支出	26535	10.83	14750	13.99
食品烟酒支出	8190	8.49	4646	12.55
衣着支出	2105	16.75	679	3.91
居住支出	7415	20.16	4314	19.29
生活用品及服务支出	1372	0.44	746	10.51
交通通信支出	2944	11.56	1543	12.15
教育文化娱乐服务支出	2464	3.88	1112	14.61
医疗保健支出	1554	4.16	1462	16.78
其他商品和服务支出	491	-10.89	248	-7.72

资料来源:根据武汉市统计局提供数据整理。

市民主要消费的文化产品和服务与人均收入情况、消费支出水平、学历高低、文化品位等有着密切的关联。从已经形成的文化消费习惯来看,目前武汉市城乡居民的文化消费类型多为基础性消费、娱乐型消费和享受型消费,而知识文化型消费较少。娱乐型、享受型消费过热,容易导致大众文化消费的低俗化、低端化,误导文化产品和服务向媚俗化发展。而高层次的知识文化型消费不旺,容易造成文化消费结构与城市定位脱节,"码头文化""市井文化"盛行,进一步阻碍普通市民与中高端文化消费的联系。由此可见,武汉市城乡居民的文化消费结构有待优化,文化消费品位有待提升,文化消费理念亟须更新发展。

（三）区域发展不平衡，供给侧结构性改革有待深化

文化创意产业区域发展水平与该区域经济发展水平、产业扶持政策、产业链完善程度、资源富集程度等有着密切联系。武汉市统计局提供的资料显示，江汉区、东西湖区、武昌区、洪山区、江岸区、东湖高新区等依托强有力的文化创意产业扶持政策、产学研一体化建设、完整的产业链体系等有利因素，在武汉市文化创意产业发展道路上一马当先，有力地提升了武汉市文化创意产业发展的层次。2016年，洪山区被确定为武汉市大学之城，大学之城建设升级为市级核心发展战略。积极实施"创谷"计划，融创智谷成为全市首批"创谷"之一，烽火创新谷被科技部授予首批国家级"专业化众创空间"，武汉创意天地成为全国最大的新建文化创意产业园区。建成国家级孵化器3家、国家级众创空间4家，引进联想之星、3W咖啡、OVU创客星等国内知名孵化机构，创新载体面积达到92万平方米，累计孵化企业4000余家。全区高新技术企业总数突破160家，位居全市前列。[①] 武昌区依托资源、人才、地域等优势，深入挖掘宗教文化、首义文化、黄鹤文化、红色文化等，推动长江文化创意设计产业园成为全省唯一一家国家级文化产业园区，加速昙华林历史街区改造建设，促进文化旅游、出版传媒等产业联动发展，不断完善公共文化服务体系，提高消费者对文化产品和服务的满意程度，保持了文化创意产业发展的迅猛势头。江汉区扎实推进文化创意产业创新改革，积极向高新技术服务业转型，创建了东湖自主创新示范区江汉科技创新产业园、文化与科技融合示范园区等高新产业示范园区，2016年江汉区GDP高达1034.62亿元，成为中心城区首个突破千亿元大关的区域，体现了"敢为人先、追求卓越"的武汉精神，助力武汉市文化创意产业发展转型升级。东西湖区则以武汉极地海洋公园、园博会公园为发展载体，打造沿江沿湖生态带，建设美丽乡村，积极推进文化旅游产业融合，促进地区文化创意产业高速发展。

与之相对应，黄陂区、江夏区、蔡甸区、新洲区等城区经济发展增速较

---

① 刘元聪、陈非：《大学之城 文化洪山》，《长江日报》2016年12月5日。

慢,经济发展长期落后于中心城区,缺乏地区经济对文化创意产业发展的有力支持。经济发展水平落后阻碍了地区文化消费水平的提高和消费层次的跃升。知识智力型文化消费理念、需求、能力等与中心城区相比仍有较大差距,文化消费结构有待提档升级。同时,缺乏全区文化创意产业统筹发展的顶层设计,文化体制机制改革有待深入。欠缺创客空间、产业园区、孵化基地等创新载体,催生产业新业态、新动能的产业发展环境有待优化。科教、资源、区位优势相对模糊,文化资源挖掘、整合力度有待加大。文化资源产业化程度不高,特色文化品牌欠缺,缺乏吸引文化消费的优质文化产品和服务,进而制约了文化消费结构的升级和品位的提升。另外,产业结构亟待调整,第一、第二产业占比较大,创新型高科技文化创意产业、文化服务业等新兴产业发展相对滞后。文化与科技融合程度需要进一步提高,大数据技术、互联网科技应用能力有待进一步提升。

(四)特色文化资源产业化程度不高,优质文化品牌有待挖掘

武汉市距今已有3500余年的历史,1986年被国务院列为第二批国家历史文化名城。丰富的非遗文化、楚地文化、辛亥革命文化内涵,深厚的地方文化资源底蕴,对推动武汉市文化创意产业实现弯道超车、建设国家级中心城市、推进文化五城建设打下了坚实的基础,但是这些特色文化资源有待深度挖掘和整体开发。

与北京、上海、深圳、杭州等文化创意产业发展较好的城市相比,武汉市特色文化资源产业化程度不高,缺乏能够发挥带头作用的龙头骨干文化企业和项目,中小微企业发展势头缓慢,缺乏号召力强的文化品牌。文化品牌是一种无形而又强大的企业资产和社会资产,塑造优质文化品牌,对于提升城市文化软实力、提高城市文化创意发展水平作用明显。武汉市虽然拥有汉秀剧场、琴台剧院、"知音号"邮轮、知音漫客等行业内领先的文化品牌,但在展现武汉地域文化特色、提升地方文化软实力等方面还有较大的发展空间。例如,同为中部六省省会城市的长沙近年来在挖掘自身特色文化资源、打造优质文化创意产业品牌上异军突起,"文化湘军"名声大噪。以影视、

出版、演艺、动漫为代表的媒体艺术产业集群快速发展,金鹰电视艺术节、橘洲音乐节、国际雕塑文化艺术节等一系列品牌活动①获得了较高的关注度,为长沙市文化创意产业的快速发展增砖添瓦。而作为西部城市的成都,在动漫领域已形成完整的产业链,被称为比肩"北上广"的"中国手游第四城"。特别是在音乐与影视方面,"321梵木创艺区"已形成"创意设计+音乐产业"的"双产业链"模式,聚集了李宗盛、郑钧、谭维维、赵雷等50多位原创音乐名人工作室。②

(五)创新生态体系不够优化,创新驱动力有待增强

创新是一个民族进步的灵魂,是城市发展的永恒主题。在全面深化改革的历史时期,创新驱动发展战略已经成为国家战略。③ 2016年,武汉市委、市政府出台《中共武汉市委武汉市人民政府关于实施"十大计划"加快建设具有强大带动力的创新型城市的意见》《中共武汉市委武汉市人民政府关于加快实施"创谷计划"的通知》等一系列完善文化创意产业创新产业链、拓展文化企业创新发展空间的综合及专项政策。同时,积极向联合国申报"设计之都",加入创意城市网络,但是要想实现弯道超车,创新生态体系还需要进一步优化。

武汉市作为国家工业基地,制造业基础坚实,区位优势明显。而在经济新常态下,传统产业亟待转型升级,战略性新兴产业创新能力不足,依然处在追赶者的位置上。战略性新兴产业体制机制改革的顶层设计和新兴产业发展保障政策有待进一步完善,在研发和孵化层面的投入与一线城市相比尚有差距,企业投融资渠道有待疏通。作为市场主体,文化企业创新的主体意识不够明晰,创新动力不足。

武汉市大型文化企业以传统国有企业为主,转型存在一定的难度和风险,创新意愿不强,相对严格的审批程序和管理制度阻碍了科技创新成果的转化

---

① 卢平川、杨然:《江城文创产业如何引爆?》,《湖北日报》2017年6月5日。
② 卢平川、杨然:《江城文创产业如何引爆?》,《湖北日报》2017年6月5日。
③ 朱缨、田雪枫:《创新型城市科技成果转化机制与政策研究》,《学习与实践》2016年第12期。

和创新生态的构建，高新技术研发设备更新换代急需大量的资金支持。而中小微企业在"大众创业、万众创新"的城市氛围中，虽然拥有较强的创新意愿，但企业融资困难，难以留住复合型高端创新人才，而创新创业资源信息共享服务平台的缺失使投资人与创业者缺乏直接有效的沟通桥梁，成长中的科技创新型中小微企业由于缺少投资机构和融资渠道，容易错过发展的黄金期，同样阻碍了企业创新发展的步伐，不利于中小微企业的长期发展。

武汉市现有80多所高校和130多万名在校大学生，高科技产业和科研院所发达，院士数量排名全国第三，科教一直是武汉市的优势。但开设文化创意相关专业的院校凤毛麟角，华中师范大学、武汉大学、江汉大学、武汉轻工业大学等高校纷纷顺应时代潮流，开设文化产业专业，为文化创意产业的发展输送专业人才。然而高等院校的人才培养模式与市场需求不能完全切合，产学研一体化建设相对滞后。武汉文化创意企业普遍存在"高人请不来，能人留不住"的问题，一直存在高端人才"用人荒"，企业尤为缺乏既具备文化创意产业理论素养，又具有经营能力和创新能力的高端复合型人才。因此，促进创新链与产业链无缝衔接，推进政产学研一体化建设，还需社会各界通力合作，共创辉煌。除此之外，武汉市各科研机构与大专院校的市场敏锐度欠缺，研究成果产业化程度不足，且研发活动与市场严重脱节。目前，武汉市创新主体之间的互动性、创新链条内部的承接性、产业链与创新链之间的衔接性都不够完善，各类要素之间的资源配置效率较低，有些制度性安排也不利于创新生态体系的建设。①

（六）大型骨干企业偏少，市场主体规模有待扩大

武汉市文化创意产业基础与北京、上海、广州、深圳等城市相比整体还较为薄弱。首先，文化创意企业规模偏小。2016年文化和科技融合产业中，"四上"企业仅占全部文化产业法人单位的3.6%。② 武汉市文化创意企业

---

① 徐家松、熊叶馨：《武汉发展如何补齐短板?》，《武汉宣传》2016年第2期。
② 武汉市统计局：《文化与科技融合创新 传统与新兴比翼并进——2016年武汉文化与科技融合产业发展分析》，2017。

多为处于初创期、成长期的中小微企业，缺乏较通畅的投融资渠道，人员流动大，抗风险能力较差，复合型高层次管理人才缺乏，品牌建设意识较为淡薄，阻碍了文化创意企业的发展。其次，缺少大型骨干企业发挥带头作用。2016年，营业收入在10亿元以上的企业有50家，只占全部"四上"法人单位数的4.7%；营业收入为50亿~100亿元的企业有9家，其营业收入占"四上"法人单位总营业收入的32.1%；营业收入在百亿元以上的企业只有1家，其营业收入占"四上"法人单位总营业收入的5.4%。①

2016年12月28日，世界媒体实验室编制的2016年度（第四届）"世界媒体500强"在美国纽约正式对外发布。中国大陆共有70家媒体入选，位列美国之后，排名第二。中部六省媒体中，安徽出版集团有限责任公司和湖南出版投资控股集团有限公司跻身2016年度（第四届）"世界媒体500强"中国大陆上榜媒体前10名。武汉市仅有长江出版传媒股份有限公司、湖北省广播电视信息网络股份有限公司两家媒体上榜，较上年减少1家，与同为中部城市的南昌（3家上榜）、长沙（4家上榜）、合肥（2家上榜）相比，在上榜数量、营业收入、净利润方面尚无优势，而且排名较为靠后（见表12）。这充分说明武汉市骨干文化企业缺乏，市场主体规模有待扩大，继而导致难以形成优质文化品牌，文化创意产业发展较为滞后。

表12　中国大陆中部地区上榜媒体基本情况

单位：百万美元

排名	子行业	上榜媒体	营业收入	净利润	所在城市
80	图书	安徽出版集团有限责任公司	3089.27	103.39	合肥
86	图书	湖南出版投资控股集团有限公司	2916.71	289.21	长沙
117	图书	江西省出版集团	2144.93	192.29	南昌
134	图书	中文天地出版传媒股份有限公司	1787.56	163.01	南昌
136	图书	长江出版传媒股份有限公司	1727.18	47.95	武汉
155	图书	中南出版传媒集团股份有限公司	1553.95	261.17	长沙

---

① 武汉市统计局：《文化与科技融合创新　传统与新兴比翼并进——2016年武汉文化与科技融合产业发展分析》，2017。

续表

排名	子行业	上榜媒体	营业收入	净利润	所在城市
198	图书	江西新华发行集团	973.78	89.67	南昌
200	图书	安徽新华传媒股份有限公司	957.30	113.13	合肥
310	有线宽屏或卫星	湖北省广播电视信息网络股份有限公司	371.04	57.26	武汉
396	互联网新媒体	芒果TV	154.08	—	长沙
449	图书	天舟文化股份有限公司	83.86	27.12	长沙

资料来源：根据《2016年度（第四届）"世界媒体500强"排行榜》整理，http：//media.icxo.com/summit/2016media500/brand/dalushangbang.htm。

2017年5月11日，第九届中国"文化企业30强"名单由经济日报社和光明日报社联合发布。此次"文化企业30强"的评选按照产业链层面的不同，分为内容创作生产、投资运营、综合经营和传播渠道四个类别，入选企业净资产和主营业务收入均需过10亿元，净利润也需过亿元。与往届相比，本届"文化企业30强"综合效益、市场规模、核心竞争力较往届均有较大幅度的提升，总体实力更强，主营业务收入为3515亿元，净资产为4318亿元，净利润为381亿元，分别比上届增长8%、29%和21%，均创历史新高，且净资产首次突破4000亿元大关。① 横向比较来看，北京、杭州等城市在入选企业数量上占相对优势，分别为9家、4家，武汉有湖北长江出版传媒集团有限公司和湖北长江广电传媒集团有限责任公司2家入选，在提名企业名单（20家）中武汉的文化企业未入选。从历届入选情况看，武汉入选4家（含重复入选），排名并列第13位，在中部城市中也远远落后于长沙（19家）（见表13）。纵向比较来看，完美世界股份有限公司已是第6次入围，长沙的中南出版传媒集团股份有限公司已连续9年入围。湖北长江出版传媒集团有限公司和湖北长江广电传媒集团有限责任公司均为第2次入选。在"互联网+"思维模式引导下，当前泛娱乐风潮正盛，跨行业间

---

① 张玉玲、李慧、严圣禾：《第九届"文化企业30强"名单发布》，《光明日报》2017年5月12日。

表13 历届中国"文化企业30强"区域分布情况

所在城市	第一届(2008年)	第二届(2010年)	第三届(2011年)	第四届(2012年)	第五届(2013年)	第六届(2014年)	第七届(2015年)	第八届(2016年)	第九届(2017年)	合计(含重复入选)
北京	9	9	11	8	10	11	10	8	9	85
南京	2	4	4	4	3	2	3	2	2	26
上海	3	2	1	4	5	2	2	2	2	23
杭州	1	2	2	2	2	4	3	3	4	23
长沙	2	2	3	2	2	2	2	3	1	19
合肥	2	2	1	2	1	2	3	3	2	18
深圳		2	2	2	1	2	1	2	1	14
南昌	1		1	1	1	1	1	1	1	9
广州	3	1	2	1	1	1				8
西安	1			1		1	1	1		7
济南		1	1	1	1	1	1	1	1	7
成都	1		1	1			1		1	6
沈阳	1	1	1	1						4
石家庄						1	1	1	1	4
武汉								1	2	4
厦门						1		1	1	3
郑州									1	3
青岛					1					1
南宁										1
桂林										1
昆明	1									1
丽江	1									1
莆田	1									1
大连									1	1

资料来源:根据《历届文化企业30强回顾》整理,中国经济网,http://www.ce.cn/culture/whqyssq/。

的泛娱乐产业链日益完善，泛娱乐产业联动模式逐渐成熟，"影漫互动""影游联动"甚至影视、游戏、小说、动漫、游乐等多元综合发展的企业日渐壮大。华谊兄弟传媒股份有限公司、完美世界股份有限公司、北京万达文化产业集团有限公司、浙江华策影视股份有限公司等骨干泛娱乐文化企业纷纷入选，得到业界认可。相比之下，武汉入选的2家骨干文化企业均为传统媒体行业大型国有文化企业，虽然在传统媒体向新兴媒体转型发展道路上成就突出，但是在跨行业泛娱乐大型文化企业发展上有所滞后。在文化创意产业体制机制改革的浪潮中，抢占泛娱乐文化创意产业发展高地，将武汉文化资源打造成武汉独有的IP，构建泛娱乐新生态产业链，武汉市文化创意企业在发展观念、发展模式创新上还有很长的路要走。

四 武汉市文化创意产业发展的对策建议

2017年是武汉市建设国家中心城市、率先全面建成小康社会的关键时期。文化在推动全市经济社会发展中的重要地位日益显现，文化创意产业稳步发展对调整经济结构、促进城市品位升级、复兴大武汉的助推作用巨大。在全面创新改革试验区建设、长江经济带建设、湖北（武汉）自由贸易试验区建设等国家战略的保驾护航下，武汉市文化创意产业的发展面临千载难逢的历史机遇，必须主动适应文化创意产业发展的新航向、新模式，不断深化文化创意产业体制机制改革，积极推动武汉市文化创意产业实现弯道超车、快速发展。

自2014年国家出台《关于推动特色文化产业发展的指导意见》之后，我国特色文化产业发展势头强劲，有力地推动了中华优秀传统文化的传承和保护，促进了经济社会的转型发展。特色文化产业具有较强的区外辐射力、影响力和区域性特征。要进一步促进武汉市文化创意产业的发展，应从特色着手，充分挖掘"汉派"文脉精髓，依据地方资源禀赋实现特色文化产品和服务的有效供给，塑造地方特色文化品牌，加速文化消费提档升级，在

"创新、协调、绿色、开放、共享"五大发展理念的指导下，促进武汉市文化创意产业更好更快发展。

（一）助推特色文化产业发展，打造与众不同的开发范式

特色文化产业是蕴含该地区共性的价值内涵和风格特色的文化创意产业形态，是文化创意产业的重要组成部分，也是文化创意产业发展繁荣的助推力。特色文化产业具有自发性、传承性和区域性等基本特征，也被称为某一民族和地区中的"草根文化产业"。发展特色文化产业，对于深入挖掘地方优秀传统文化的时代价值、推动区域经济社会稳健发展、加快经济结构转型升级和促进新型城镇化建设有着极为重要的作用。

当前，武汉市特色文化产业发展前景较好，但仍然存在产业集聚化程度不高、产业基础薄弱、高端复合型人才不足等问题。为推动武汉市特色文化产业稳步发展，应做好以下几个方面的工作。

首先，应根据地方文化资源禀赋的不同，实现特色文化产品和服务的品牌化发展。武汉市拥有3500余年的历史，是国家级历史文化名城，特色文化资源丰富，在推动地方特色文化资源产业化的道路上，应从供给侧结构性改革着手，以需求和供给的均衡发展谋求特色文化产业的提质升级。研究特色文化消费规律，以国际化视野配置文化资源，形成特色文化产品和服务的有效供给，推动特色文化产业的品牌化发展，使其成为区别于其他产品的识别符号和保质保量的象征性形象。

其次，提供特色文化产业发展的保障措施。加大财税金融扶持力度，重点培育和支持优秀工艺品创意设计、演艺剧目创作、文化旅游开发等项目，通过项目补贴、信贷贴息和奖励等方式，完善和制定税收优惠政策，以差别财税政策吸引资源要素流入特色文化产业市场，促进武汉市特色文化产业快速发展。

最后，推动特色文化产业集聚发展。依托龙头企业，以强带弱，以大带小，集聚诸多上游、中游、下游企业，不断完善和延伸产业链，推动特色文化产业集群式发展。另外，通过同类企业、产品集聚，形成专业化生产、供

给和销售平台,加快提高产业集中度。降低企业的生产成本,减少市场信息不对称,提升经济竞争力,形成经济增长极①,促进特色文化产业全面发展。

(二) 发展特色数字内容产业,凸显泛娱乐力量

文化和科技的高度融合催生了数字内容产业,其中包括数字传媒、数字学习、数字娱乐、数字出版和面向专业应用导向五大类。数字内容产业作为信息产业的重要组成部分和文化创意产业发展的新业态,与社会、经济、民生等建设关系密切,对经济增长的贡献明显,有助于扩大有效文化消费和提升文化创意产业发展质量。在经济下行的巨大压力下,我国经济发展面临不少困难和挑战,数字内容产业以其科技含量高、复制成本低、资源消耗少等集约型发展方式为优势,对培育新的经济增长点、稳步调整经济发展结构具有重要作用。

首先,大力发展数字内容产业需要贯彻落实国家相关扶持政策和战略规划,依据武汉市的实际情况和发展优势,加强数字内容产业的地方性战略规划。合理规划数字内容产业发展的路线图和时间表,发展扶持一批骨干企业、示范基地和重点项目。加快数字内容产业基地和园区建设,促进数字内容产业集约化、专业化、规模化发展。建设以企业为数字内容产业技术研发主体、以市场为导向、产学研相结合的创新体系。

其次,打造以动漫游戏业为代表的特色数字内容产业。目前,北京、上海、广州、杭州等城市是我国数字内容产业发展的"领头羊"。以杭州为例,截至2016年,杭州市数字内容产业实现增加值1499.21亿元,比上年增长35%。每年在杭州举办的中国国际动漫节被誉为国内当下人气最旺、规模最大、影响最广的动漫嘉年华。2017年第十二届中国国际动漫节共有139.45万人参与各项活动,实际成交及意向成交金额达153.28亿元。② 在《武汉市文化产业发展"十三五"规划》中,数字内容服务被列入武汉市"十三五"时

---

① 《施俊玲:特色文化产业发展要注意产业集群效应》,中国经济网,2016年7月28日,http://www.ce.cn/culture/gd/201607/28/t20160728_14259620.shtml。
② 《杭州文化创意产业十年长成参天大树》,《西安日报》2017年6月20日。

期文化产业发展的重点领域。武汉市历史文化、红色文化、工商文化、宗教文化等文化资源十分丰富，可以为打造独具特色的"汉派"动漫游戏品牌提供丰富的历史和文化题材。优化创新创业环境，促进高新技术产业园区科学布局，吸引高端复合型人才高度集聚，进而推动建设可与北京、上海、杭州等全国第一梯队城市比肩的动漫游戏产业创新基地，打造集策划创作、产品制作、影视播映、出版发行、文化演艺、人才培训、衍生产品开发于一体的动漫游戏产业链。构建动漫产业公共支撑体系，建立原创动漫素材库①，对原创动漫的制作、经营、推广等给予相应扶持。鼓励中小微动漫游戏公司与骨干龙头企业开展业务合作，营造行业内既合作又竞争的良好氛围。积极拓展国内外市场，通过参与或主办动漫节、文博会等一系列会展活动，支持原创动漫游戏"走出去"。加入动漫游戏行业协会，实现资源互补，构建共通市场，打通产业链条，推动动漫游戏产业跨区域融合发展。打造国内一流、具有国际影响力的游戏直播平台，构建以游戏为核心的泛娱乐产业生态圈。到2020年，争取动漫游戏产业实现产值200亿元，涌现2~3家年收入超过10亿元的游戏企业，年均打造5部在国内外具有一定影响力的动漫原创精品。② 与此同时，打造文化软件创新高地，建设移动互联文化应用产业优势集群，推动虚拟现实相关产业联动发展，助力武汉市特色数字内容产业发展提档升级。

最后，泛娱乐浪潮下，积极推进跨行业全产业链发展模式。经济日报社和光明日报社联合发布的第九届中国"文化企业30强"名单中，北京万达文化产业集团有限公司、完美世界股份有限公司、浙江华策影视股份有限公司、上海东方明珠新媒体股份有限公司、华谊兄弟传媒股份有限公司等一批具有完善的泛娱乐产业链的文化企业入选，且均具有核心竞争力。以上海东方明珠新媒体股份有限公司为例，该公司拥有电视购物、主机游戏、影视内容、文化旅游、

---

① 《市人民政府关于印发武汉市文化产业发展"十三五"规划的通知》，武汉市政府门户网站，2017年1月20日，http://www.wuhan.gov.cn/hbgovinfo_47/szfggxxml/zcfg/szfwj/201701/t20170120_99600.html。
② 《市人民政府关于印发武汉市文化产业发展"十三五"规划的通知》，武汉市政府门户网站，2017年1月20日，http://www.wuhan.gov.cn/hbgovinfo_47/szfggxxml/zcfg/szfwj/201701/t20170120_99600.html。

数字营销等业务,已搭建出一个线上线下全覆盖的泛娱乐文化创意产业平台。由此可见,跨行业全产业链式的发展模式已成为文化创意产业发展的新趋势,在"互联网+"的浪潮下,泛娱乐力量日渐凸显,武汉市应在这方面有所作为。

(三)保护和利用好文化遗产,大力推进特色文化创意产品创新

武汉市是全国文明城市、国家历史文化名城,一直位列传承和引领中华文化发展的第一梯队。非遗文化、首义文化、佛道教文化等文化内涵中积淀着广大武汉市民最深层的精神追求,代表着武汉市民独特的精神标识,武汉市在发展特色文化产业中应在保护好这些文化遗产的基础上,大力挖掘这些文化遗产资源的经济价值。

首先,加大对文化遗产保护的力度。2016年武汉市颁布实施了全国副省级城市中第一部非遗保护地方性法规——《武汉市非物质文化遗产保护条例》(以下简称《条例》),确立了各级政府在非遗保护工作中的主体地位,将非遗保护作为主线贯穿始终,是一项具有武汉地方特色的非遗保护法规。各级政府应按照《条例》规定,依照"政府主导、社会参与"的基本原则,鼓励社会力量兴建非遗基础设施。[①] 对非物质文化遗产施行分类保护,启动武汉市市级非遗代表性传承人抢救性记录工作。保护传承汉剧、汉绣、汉阳高龙等非物质文化遗产,建设非物质文化遗产传承园区,不断增设国家级非物质文化遗产保护项目和生产性保护示范基地。认真开展传统节日、文化遗产日等非遗宣传活动,持续扩大全社会非遗影响力,推动非遗成为武汉市旅游形象宣传内容,提升城市品位,让非遗"活"起来。继续办好长江非物质文化遗产大展,推进优质"汉派"文化遗产保护传承创新,将武汉创建成为国内文化遗产保护传承和产业化创新的重要基地。[②] 此外,

---

[①] 郑汝可:《〈武汉市非物质文化遗产保护条例〉11月1日施行》,《长江日报》2016年8月25日。

[②] 《市人民政府关于印发武汉市文化产业发展"十三五"规划的通知》,武汉市政府门户网站,2017年1月20日,http://www.wuhan.gov.cn/hbgovinfo_47/szfggxxml/zcfg/szfwj/201701/t20170120_99600.html。

武汉市应继续推进万里茶道申报世界文化遗产，实现世界文化遗产零的突破，争取该项申遗项目列入国家预备名单。以昙华林艺术区、武汉创意天地为重点，加快艺术资源集聚，通过各类论坛、艺术展会等活动，加强武汉与国内外的艺术交流，推动武汉原创艺术的发展。推进武汉文艺创作中心等艺术设施的规划建设，培育在国内具有较大影响力的文物交易、拍卖企业。建立健全艺术品交易征信体系，建设交易和拍卖电子商务平台，探索建立艺术品鉴定备案数据库，将武汉建成国内重要的艺术品交易中心。①

其次，大力推进武汉特色文化创意产品的突破创新。2016年5月，文化部、财政部、国家发改委、国家文物局颁发《关于推动文化文物单位文化创意产品开发的若干意见》，武汉市委、市政府应以该意见为基本要求，推动地方文化文物单位开发文化创意产品，将底蕴深厚的武汉元素融入文化创意产品中，扩大武汉文化的影响力。武汉地域文化的优秀特质集中表现在品行独立、开放包容、重教趋新、务实进取等方面。武汉市文化文物单位应积极响应习近平总书记"让文物活起来，讲好中国故事"的号召，让文物工作对武汉市经济社会发展做出相应贡献，提高博物馆的发展能力，加快"博物馆之城"建设，建立以国有博物馆为骨干、非国有博物馆为重要组成的博物馆体系②，在行业和民办博物馆发展方面实现新突破。根据《武汉市促进民办和行业博物馆发展实施办法（暂行）》，持续加大对行业和民办博物馆的扶持力度。推动"博物馆小镇"建设，发挥博物馆的集聚效应，努力推进文化与旅游相结合，实现民办和行业博物馆健康、可持续发展，护卫住市民的"文化乡愁"。近年来，台北"故宫博物院"的翠玉白菜伞、"朕知道了"胶带纸，以及北京故宫博物院的顶戴花翎官帽伞、朝珠耳机等文化创意产品闯入大众视野，掀起了大众化文化艺术品消费热潮，让博物馆瑰宝走进

---

① 《市人民政府关于印发武汉市文化产业发展"十三五"规划的通知》，武汉市政府门户网站，2017年1月20日，http://www.wuhan.gov.cn/hbgovinfo_47/szfggxxml/zcfg/szfwj/201701/t20170120_99600.html。
② 《市人民政府关于印发武汉市文化产业发展"十三五"规划的通知》，武汉市政府门户网站，2017年1月20日，http://www.wuhan.gov.cn/hbgovinfo_47/szfggxxml/zcfg/szfwj/201701/t20170120_99600.html。

大众的日常生活。台北"故宫博物院"仅2015年一年就将销售额接近10亿元的813种新增文化创意产品推向市场，将古典元素与现代时尚感完美融合，助推了博物馆文化创意产业的快速发展。武汉市文化文物单位应借鉴北京故宫博物院、台北"故宫博物院"等文化文物单位开发文化创意产品的先进经验，坚持社会效益和经济效益相统一，讲好武汉故事，扩大武汉影响力。

（四）推进文化企业体制机制改革，壮大市场主体力量

创新是文化创意产业发展的驱动力，而文化企业毫无疑问是创新的主体。当前，武汉市文化企业创新存在诸多障碍，主体地位不够明晰。只有在体制机制和治理体系上不断创新才能根本解决全局性难题，助推武汉市文化创意产业长期稳定发展。

首先，应大力推进国有文化企业体制机制改革。按照《关于深化国有文化企业分类改革的意见》，全面实施武汉电影集团、出版集团改制方案，做好改革涉及的人员安置、清产核资等基础性工作，推进建立具有文化特色的现代企业制度，深化集团所属企业内部机制改革工作，革除国有企业创新驱动发展的体制机制壁垒，增强企业发展活力。突出企业创新的主体地位，加大技术研发和设备更新改造的资金投入，减少资产处置、成果转化需要面对的繁复审批流程，严格执行国有资产管理制度。创新国有文化企业管理体制机制，大力推动文化创意产业供给侧结构性改革。以国有文化企业体制机制改革推动传统企业改造升级，促使大型骨干企业成为引领文化创意产业高速发展的动力引擎。充分发挥"文化企业30强"如长江传媒的创新引领示范作用，加快推动报业传媒、广电影视、出版印刷等文化骨干企业跨地区、跨行业兼并重组，形成旗舰级"航母"企业，提高品牌影响力[1]，进而壮大市场主体力量。

其次，促进文化与金融跨界融合，拓宽中小微文化企业投融资渠道。中小微文化企业虽有较强的文化创新意愿和灵活性，但缺乏投资机构和融资渠

---

[1] 武汉市统计局：《文化与科技融合创新　传统与新兴比翼并进——2016年武汉文化与科技融合产业发展分析》，2017。

道，阻碍了处于初创期、成长期的中小微文化企业的快速发展。在"文化+"浪潮下，促进文化与金融跨界融合，加快发展文化创意产业新型业态，推动文化创意产业链向价值链高端进发刻不容缓。搭建创新创业信息资源共享服务平台，为投资人和创业者提供沟通桥梁，解决科技型中小微企业投融资难的问题。创新财政投入方式和服务机制模式，加大财政资金对初创企业项目的引导支持力度，建立创业投资引导机制、信贷风险补偿机制和科技保险补贴机制。①

再次，完善文化信贷产品和服务，构建文化金融专业服务体系。发挥武汉市文化企业贷款风险池基金的融资担保作用，引导金融机构开发著作权、知识产权、文化企业信用贷款以及股权质押贷款等金融服务。构建文化金融专业服务体系，组建文化金融专营机构、文化银行。优化文化投融资服务体系，加强武汉文化创意产业投资基金对社会资本的引导作用，鼓励各类担保机构、保险公司加大对文化创意产业担保、保险业务及产品的开发力度，支持依法设立文化小额贷款公司。畅通企业直接融资渠道，引导私募股权投资基金、创业投资基金以及各类投资机构加大对文化创意产业的投资力度，鼓励文化企业通过资本市场上市融资、再融资和并购重组，支持文化企业在股份转让系统等挂牌交易，规范引导文化众筹等互联网金融业务健康发展。②在壮大市场主体规模的基础上，扩大文化企业的市场影响力和生产传播力。

最后，深入挖掘细分行业中规模虽小但发展潜力较大的文化企业，鼓励企业之间开展多种形式的股权合作、融资合作、项目合作。在行业细分领域，参考滴滴、优步的做法，同质企业组建股份制企业，成为"大而优"的行业龙头，避免同业竞争，主导行业话语权，提升规模档次。③

---

① 徐家松、熊叶馨：《武汉如何补齐短板？》，《武汉宣传》2016年第2期。
② 《市人民政府关于印发武汉市文化产业发展"十三五"规划的通知》，武汉市政府门户网站，2017年1月20日，http://www.wuhan.gov.cn/hbgovinfo_47/szfggxxml/zcfg/szfwj/201701/t20170120_99600.html。
③ 武汉市统计局：《文化与科技融合创新 传统与新兴比翼并进——2016年武汉文化与科技融合产业发展分析》，2017。

（五）实现大数据技术创新，促进传统媒体与新兴媒体深度融合

党的十八大以来，习近平总书记对新闻舆论工作发表了一系列重要讲话，多次强调新闻舆论工作是定国安邦、治国理政的大事，在互联网时代，为壮大主流思想舆论，巩固宣传思想文化阵地，应大力推动传统媒体与新兴媒体融合发展，更好地发挥舆论引导作用，渗透媒体的传播力。

首先，深化市属新闻媒体体制机制改革。武汉市政府早在2015年就出台了《关于加快传统媒体和新兴媒体融合发展的实施方案》，从政策层面以行政力量助推传统媒体与新兴媒体加速融合发展，实施了武汉云生活、文化帮、九派、文化汇等重点项目。在此基础上，武汉市应出台优化传统媒体与新兴媒体融合的保障政策，加速推进武汉市市属新闻媒体体制机制改革，不断修订完善《关于深化市属新闻媒体单位体制机制改革的实施意见》，深化武汉广播电视台（集团）和长江日报报业集团的体制机制改革，推进采编和经营"两分开""两加强"。加快武汉广播影视传媒集团有限公司、武汉晚报传媒有限公司等企业实体化运作。推进供给侧结构性改革，整合市属媒体所属非时政类报刊网和"小散弱"文化企业，提高传媒产品和服务质量。

其次，促进媒体创新内容生产和传播机制。由世界媒体实验室（World Media Lab）编制的2016年度"世界媒体500强"排行榜可以看出，在世界范围内媒体还是朝阳产业。全球广告总量逐年增长5%左右，而网络广告特别是移动广告增长势头强劲。2016年全球范围内移动广告的营业收入增长48%，达到800亿美元，占数字广告营业总收入的45%。[1] 如今的电视台、电台、报纸、杂志等传统媒体为抢占互联网时代媒体发展的高地，纷纷建立新媒体平台，宣告步入全媒体和跨平台时代。入选2016年度"世界媒体500强"榜单的人民日报社就是典型案例之一，除纸质《人民日报》外，人

---

[1] 《世界媒体实验室发布2016年世界媒体500强 人民网入选》，人民网，2016年12月29日，http://media.people.com.cn/n1/2016/1229/c14677-28984929.html。

民日报社旗下还拥有人民日报官微、人民日报微信、人民网等跨平台的媒体集群网络。以内容为根本、技术为驱动，抢占互联网舆论阵地和产业融合发展高地。促进媒体创新内容生产和传播机制，坚持正确的政治方向和舆论导向，通过全媒体渠道传播全媒体内容，赢得了最广大的用户，实现了最大化的社会效益。由人民网研究院推出的《中国媒体融合传播指数报告》综合评估了国内382家报纸、140家杂志、37家拥有上星卫视的电视台、250个广播频率的电台在传统传播渠道和新媒体传播渠道中用户数量、内容数量、影响力等方面的融合传播力[1]，一级指标设定为微博、客户端、微信、传统终端、网站五个维度。评价结果表明，以中央电视台、中央人民广播电视台、《人民日报》为代表的央媒位居媒介融合传播力排行榜前列。数据显示，从各类媒体"两微一端"的传播情况看，移动端成为媒体融合传播的主战场。自有APP成为媒体融合传播的重要阵地，融合传播百强报纸和百强杂志的自有APP创办率均超过90%。湖南电视台安卓APP的下载总量超过5亿次，中央电视台安卓APP的下载总量超过1.6亿次。[2] 在广播、电视、报纸媒体融合传播排行榜前十中，仅有湖北电视台一家媒体入选电视台媒体融合排行榜，排名第七，与排名第一的中央电视台得分相差近20分。应当紧跟时代步伐，进一步促进媒体创新内容生产和传播机制，实现传统媒体与新兴媒体深度融合。

最后，大力推进大数据产业的发展。大数据以存取速度快、类型多、应用价值高、容量大等为主要特征集合数据，正深刻影响着世界各国产业创新和科技创新方式的转变。武汉市应高度重视大数据技术的推广和应用，建立完整的大数据产业链，运用互联网、大数据、云计算等技术建设媒体融合云平台（中央厨房），发挥九派新媒体的引领作用，提升长江网、掌上武汉等新媒体平台的影响力和传播力，加快开发各具特色的媒体融合产品和服务。

---

[1] 《人民网总编辑余清楚发布〈2016媒体融合传播指数报告〉》，人民网，2016年12月5日，http://media.people.com.cn/n1/2016/1215/c120837-28952077.html。

[2] 《人民网总编辑余清楚发布〈2016媒体融合传播指数报告〉》，人民网，2016年12月5日，http://media.people.com.cn/n1/2016/1215/c120837-28952077.html。

在企业利益与社会效益相统一的前提下，争夺手机移动端这个媒介融合的主战场，创建品牌APP、微信、微博等客户端，依托大数据技术所获悉的共享信息，把握舆论热点和受众需求，增强自媒体时代受众互动参与体验感受，促进新兴媒体的迅猛崛起。另外，还应抓好大数据技术发展的顶层设计，细化专门的大数据产业规划，全面推进全市的信息采集、整理规范、共享应用等工作。定期召集行业内政策专家、产业协会负责人、企业家、投资者举办大数据产业发展问题论证会议，为大数据产业快速发展提供政策咨询服务。大力推动大数据的开发和开放，搭建产学研创新平台，孵化大数据核心企业，建立健全大数据产业配套服务体系，借鉴大数据产业优先发展的国家和地区的先进经验，加速武汉市大数据产业的发展。

五 武汉市文化创意产业发展的愿景

2016年9月，中共中央发布的《长江经济带发展规划纲要》将武汉列为"超大城市"；12月，国家发改委正式发布《促进中部地区崛起"十三五"规划》，原则同意武汉建设国家中心城市。作为我国中部地区唯一人口超千万人、GDP超万亿元的城市，武汉市文化创意产业迎来了加快发展、实现弯道超车的黄金机遇期。未来武汉将继续弘扬"敢为人先、追求卓越"的武汉精神，遵循"创新、协调、绿色、开放、共享"五大发展理念，结合全力打造经济、城市、民生三个"升级版"的发展要求，深化"文化五城"建设，推进文化体制改革，大力发展特色文化产业，加快文化创意产业融合转型升级，构建与超大城市相匹配的文化创意产业功能体系，推动文化创意产业成为国民经济的支柱性产业，为建设具有强大带动力的创新型城市和国家中心城市、复兴大武汉提供文化支持和精神动力。①

---

① 《市人民政府关于印发武汉市文化产业发展"十三五"规划的通知》，武汉市政府门户网站，2017年1月20日，http://www.wuhan.gov.cn/hbgovinfo_47/szfggxxml/zcfg/szfwj/201701/t20170120_99600.html。

（一）优化产业发展空间布局，实现产业集聚和差异化发展

由于各区资源禀赋、文化创意产业发展水平等不尽相同，武汉市将依托原有产业资源优势，整体规划和统筹布局，实现分区产业集聚和差异化发展。依据《武汉市文化产业发展"十三五"规划》的相关要求，主城区将形成"一核、两带"总体格局，在琴台－龟北区域打造具有世界影响力的琴台中央文化艺术区。围绕以琴台为标志的"知音文化"、以张之洞汉阳造为标志的"创业文化"，提升现有文化设施服务功能，推动文化业态升级创新。[①] 以大光谷片文化科技融合区、汉口沿江历史文化风貌区、武昌·长江文化创意设计产业区、华中智谷数字出版产业区和武汉中央商务区文化传媒商务区五大文化产业战略区域为产业集聚优势区域，建成崇仁艺术品交易板块、青山红房子创意设计板块、汉阳四新地区会展综合服务板块、东湖生态休闲旅游板块、盘龙城－木兰山文化旅游板块、新洲影视衍生产业板块、蔡甸文博收藏板块、东西湖民俗文化休闲板块、江夏文化传承综合板块和龙泉山大明文化旅游板块十大文化产业功能板块，推动文化创意产业区域差异化发展，加快文化创意产业提档升级。

（二）加快传统传媒业态转型升级，跻身全国传媒第一方阵

依据《关于深化市属新闻媒体单位体制机制改革的实施意见》的要求，未来武汉将加快传统传媒业态转型升级。支持长江日报报业集团、武汉广播电视台等市属传统媒体单位建立"内容＋平台＋终端"的现代传播体系，建成形态多样、手段先进的新型主流媒体（集团），打造具有地区影响力的新型出版发行传媒集团，跻身全国传媒第一方阵。推动长江传媒大厦、华中图书交易中心和武汉出版产业园项目管理运营提档升级，建成武汉2049－广电演播演艺中心、武汉中心书城，在文化创意、园区运营、文化综合体等

---

① 《市人民政府关于印发武汉市文化产业发展"十三五"规划的通知》，武汉市政府门户网站，2017年1月20日，http://www.wuhan.gov.cn/hbgovinfo_47/szfggxxml/zcfg/szfwj/201701/t20170120_99600.html。

领域培育新的增长点,以多元发展反哺传媒主业。① 形成位居全国前列的"天河影业"综合产业品牌,全面提升天河电影集团的综合实力,将其打造成在全国具有较大影响力的电影综合产业集团。打造具有全国影响力的"九派"新媒体平台,持续增强与国家中心城市相匹配的话语权。

(三)传承"汉派"文脉精髓,促进文化与科技融合创新

随着武汉建设国家中心城市步伐的加快和供给侧结构性改革的深入,特色文化产业和高科技文化产业将迎来发展的黄金期,武汉将坚持需求引领、特色引领、科技引领、融合引领,实施"文化+"战略,加快文化与科技融合发展,大力发展数字创意、设计服务、传媒影视、文化旅游、运动休闲等新型业态,壮大文化市场主体。② 在"创新、协调、绿色、开放、共享"五大发展理念的指导下,促进区域性文化资源优化整合与配置,实现优势文化资源规模化、集聚化发展和文化资源产业化开发运作,完善东湖国家级文化和科技融合示范基地建设和服务机制,将武汉东湖国家级文化和科技融合示范基地打造成国家文化科技创新的引领示范区。不断提升武汉市"汉派"文化创意产业核心竞争力和文化软实力,为推进文化强市建设、实现高水平文化小康贡献力量。

(四)打造城市文化旅游品牌,助推"武汉故事"走向世界

未来武汉市将把握"一带一路"倡议机遇,借助武汉马拉松、WTA武汉网球公开赛、武汉国际渡江节、水上马拉松、龙舟赛艇、沿江环湖自行车赛等重大赛事活动,广泛开展城市形象全球推介,引进和承办具有国际影响力和品牌效应的高端体育赛事,举办世界飞行者大会和第七届世界军人运动

---

① 《市人民政府关于印发武汉市文化产业发展"十三五"规划的通知》,武汉市政府门户网站,2017年1月20日,http://www.wuhan.gov.cn/hbgovinfo_47/szfggxxml/zcfg/szfwj/201701/t20170120_99600.html。
② 陈一新:《聚力改革创新 奋力拼搏赶超 高水平全面建成小康社会 全面开启复兴大武汉新征程》,《长江日报》2017年2月3日。

会。打造国内首个以长江游览为主题的开放式国家 5A 级旅游景区——江汉朝宗景区，形成"最美江滩"都市滨江景观、渡江文化和运动主题景观、知音主题景观、"梦幻江城"长江灯光秀、"天问"科普主题景观、晴川阁历史文化景观、江汉关历史风貌景观、红色革命旅游景观八大主题景观，成为支撑国家旅游中心城市和长江景观轴的核心旅游品牌，以水为媒，以"梦幻江城"长江灯光秀、长江首部漂移式实景剧《知音号》为名片，通过以旅游船、码头趸船为载体串联的水陆联游产品和线路，将多种功能的景观资源通过旅游主题整合在一起，打造武汉长江文化品牌，助推"武汉故事"走向世界。

（五）全面申报"世界创意城市"，打造产业发展的"武汉高地"

基于历史文化资源、科技人才、工程设计的比较优势，武汉将创意设计作为可持续发展的关键驱动力之一，武汉拥有 20 万人的创意设计从业人员和完整的创意设计产业链，在工程设计和创意设计等方面，已形成千亿元产值规模。在工程设计领域，多个项目获得国际大奖。目前，国内除了深圳、上海、北京三大设计之都外，武汉成为第四个申报"设计之都"的城市，武汉将以此为契机，推进文化创意企业"走出去"和国内外优秀理念"引进来"。支持龙头设计企业走向海外，参与国际标准的制定。支持优质设计企业做大做强，形成一批产业带动力强的十亿元级行业领军企业，建成全国工程设计交易中心和资源配置中心。以工业设计提升实体产业"创意附加值"。实施一批"工业设计提升传统产业"示范项目，鼓励国内外龙头骨干设计企业在武汉设立工业设计创新中心[①]，以时尚设计提升城市"生活品位"，将武汉打造成为国内时尚之都。武汉工程设计产业和创意设计产业的发展必将推进城市发展，让这座"设计之都"更加具有国际范儿，迈向一条文化复兴之路。

[①] 《市人民政府关于印发武汉市文化产业发展"十三五"规划的通知》，武汉市政府门户网站，2017 年 1 月 20 日，http://www.wuhan.gov.cn/hbgovinfo_47/szfggxxml/zcfg/szfwj/201701/t20170120_99600.html。

行业报告

Industrial Reports

B.2
武汉大力发展时尚产业研究报告*

甘德安　金婕　金勇　陶沁　罗玉洁**

摘　要： 近年来，时尚产业已成为武汉最具发展潜力的新兴产业之一，本报告在梳理武汉发展时尚产业的现实意义的基础上，剖析了武汉时尚产业发展的现状，运用SWOT分析法分析了武汉发展时尚产业的优势、劣势、机遇和威胁，并在此基础上提出了武汉发展时尚产业的路径和对策。

关键词： 时尚产业　武汉市　SWOT　路径

---

* 本报告为武汉研究院招标重点课题。
** 本报告由北京德成经济研究院承接，金婕副教授、金勇教授以及陶沁、罗玉洁老师完成，甘德安教授为本报告提供了框架性设计。

本报告为武汉研究院委托的重点课题"武汉打造时尚之都的前瞻性研究——从时尚产业到时尚之都"的阶段性成果。

本报告分为七大部分，包括武汉大力发展时尚产业的现实意义、现状分析、SWOT分析、战略选择、路径选择、对策建议及保障措施。

本报告得到武汉市委宣传部、中国地质大学（武汉）珠宝学院、爱帝服饰、猫人集团、子和诚服饰等单位的支持与帮助，在此一并表示感谢。

一 武汉大力发展时尚产业的现实意义

随着全球经济的不断融合，时尚引领、创造和拓展消费需求，加快消费结构升级，激活经济增长内生动力，促进社会经济效益飞速增长，时尚产业已成为武汉当前最具发展潜力的新兴产业之一。发展时尚产业，打造中部地区时尚之都，是武汉主动顺应国内市场消费需求和城市经济转型的客观要求，对建设现代化、国际化、生态化大武汉具有重要意义。

（一）促进武汉产业结构快速转型

随着经济的日益繁荣，时尚的发展已经覆盖和渗透于社会生活的各个领域，日益成为驱动居民消费的重大商业元素，推动消费观念不断更新和消费结构持续升级，从而促进整个社会投资结构发生变化和产业结构快速转型。

2016年武汉GDP为11912.61亿元，人均GDP约为16859.12美元。发达国家经济发展经验表明，当人均GDP达到3000美元左右时，经济增长模式基本进入消费主驱动阶段，同时消费结构也在持续升级，高端消费开始产生，人们逐渐有能力消费时尚产品。而当城市人均GDP达到5000美元以上时，消费结构开始由必需型消费向享受型、娱乐型等高端消费升级，时尚价值取代使用价值，时尚消费逐渐萌动，成为大众消费中最具生命力的消费形式，在买方市场中凸显得更加活跃。因此，大力发展时尚产业，能够转变过度依赖投资拉动经济增长的模式，注重产业投资结构的调整，实现消费和投资协调发展,以消费为主导,带动科技、人才、管理要素协同驱动的经济增长方式。

(二)促进武汉现代服务业水平提升

随着居民收入水平的不断提高,以及移动互联网、大数据等新技术新业态的迅速兴起,居民的生活方式、消费观念和消费能力得到了极大的提升,时尚产业的内涵不断丰富。发展时尚产业有利于加快形成以服务经济为主的产业结构。时尚产业作为一种新兴的产业形态,不仅保留着传统制造经济的大部分实在内容和物理载体,而且通过"制造服务化"和"服务型制造"模式的变革,坚持创意设计、消费引领和拉动,整合和延伸制造业供应链诸多重要环节,日益具有现代服务业的特性,促进第二、第三产业高度融合,是生产性服务业的重要范畴之一。因此,时尚产业在某种程度上是经济发展的稳定剂与缓冲剂,既依靠实体产业,又融合服务行业,通过整合资本要素和智力资源,拓展现代服务业,带动传统产业,实现产业结构优化和产业可持续发展。

(三)催生武汉新的产业业态

以互联网为核心的信息技术的发展,促进新产业、新业态、新模式不断涌现并加速成长。从产业融合来看,时尚产业与商业零售业、信息业、教育文化业、餐饮业、休闲养生业、旅游业等相互融合,不断创造出多种多样的新产业、新业态,给传统产业注入了新的活力。从产业链延伸来看,时尚产业是一个跨界发展的产物,以制造为基础,以资本为纽带,强化产业链的两端,特别是对服务、渠道、零售、物流等产业链环节进行延伸和整合,形成一种多产业集群组合的独特产业链,提升了产业链价值。从功能拓展来看,时尚产业以其巨大的渗透力、广泛的辐射力以及强大的感召力,在商务、金融、商贸、旅游、餐饮、休闲娱乐、生态、文化等都市功能拓展和提升方面展示了自身独特的价值。因此,大力发展时尚产业,能够创新发展新产业、新业态、新模式,培育经济发展新动能,为武汉经济持久发展注入活力。

（四）促进武汉城市竞争力提高

时尚是典型的都市产业的表现形式，与经济、文化、教育高度融合，是新时期城市发展的脉搏和城市生活的方式，将引领城市未来的发展。武汉正面临多重政策叠加的机遇，依托现实优势，激活潜在动能，一方面，以时尚产业为切入点，加速推进城市产业结构调整和转型升级，通过生产要素的优化组合，提高经济发展的质量和效益，实现城市发展转型升级。另一方面，加快培育、发展有较强实力和国际竞争力的时尚经济与时尚产业，大力引进人才、外资、技术和项目，不断提高开放型经济水平，加快实现武汉从中部地区中心城市向国家中心城市和世界城市的跨越，提升城市建设品质。

（五）提升武汉城市文明程度

时尚反映了一个城市的独特性和价值观，代表了城市的精神面貌和一代城市人全新的思维理念，成为城市活力的象征，同时也折射出城市的历史文化底蕴和时代气息。环顾全球，时尚是城市现代化的主要标志之一。时尚产业通过对与人紧密相关的生活环境进行装饰和美化，使人的生活更加美好，更好地满足人们的心理需求和审美需求，表现出超经济的文化特征。[①] 由此可见，把时尚文化与武汉的工业文化、科教文化和商贸文化深度融合，对武汉城市文化的发展和城市名片的打造具有深远的意义和影响。与此同时，大力发展时尚产业，打造时尚之都，开发与时代发展相适应，并能引领社会生活、文化娱乐与消费潮流的时尚，将促进武汉城市文明的繁荣，扩大楚汉文化的影响力和辐射力，进一步提升武汉的城市品牌影响力。

二 武汉时尚产业发展的现状

2013 年 10 月，武汉市政府常务会议原则通过《武汉市工业重点产业链

---

① 赵洪珊、李晓：《"世界城市"建设中北京时尚产业的发展策略》，《经营与管理》2014 年第 6 期。

构建工程规划》，首次将时尚产业确定为武汉重点发展的支柱性产业，由此带动了服装服饰、珠宝、汽车等一系列时尚产业的蓬勃发展。

（一）产业规模效益不断提升

2015年，武汉共有规模以上纺织服装、服饰企业48家，总产值达到108.72亿元，比上年增长11.22%；规模以上汽车制造企业303家，销售产值为2600.51亿元，比上年增长15.24%；全年文化创意产业实现增加值789.56亿元，比上年增长11.42%，占GDP的比重为7.24%，比上年提高0.2个百分点。由此可以看出，武汉时尚消费产业发展势头较好，并在产业园区、品牌设计、个性化培育、企业制度改造和时尚活动推广等方面具备了较为完善的发展基础和条件，对全市经济的贡献度稳步提升。

（二）具有较为完善的产业园区集群基础

武汉充分利用有利的地理位置和丰富的资源优势，积极打造了汉正街品牌服装批发产业园区、以武汉经济技术开发区（沌口）为依托的汽车及零部件产业集群、光谷动漫产业园、"江城壹号"文化创意产业园以及（地大）时尚珠宝产业街等时尚产业集群。随着汉派服装加速集群化发展，武汉逐渐成为时尚产业创意设计、品牌推广和时尚活动的"发源地"。此外，武汉充分利用其地理位置优势，以100公里为半径，沿长江两岸成功打造了鄂东服装走廊产业密集区。这一园区的建设与"8+1"武汉城市圈的理念不谋而合：以纺织服装业为核心，通过完善纺织服装设计、生产及销售等环节，搭建独具武汉特色的服装平台。基于此理念，一个以武汉市为纺织服装设计和供应的集散地，以周边市为纺织服装生产、加工及出口基地的纺织服装产业园区集群已初具规模，且发展前景较好，在一定程度上提高了武汉地区纺织服装业的竞争力。对于光谷动漫产业园而言，其最大的特色是实现了相关专业人才培养、动漫技术研发、动漫制作以及动漫企业孵化的一体化。从规模上来看，作为动漫成果展览、体验、交易和技术交流的综合服务平台，光谷动漫产业园当属国内最大的动漫城之一。

(三)具有较强的文化创意设计能力

武汉是设计之都,是中国重要的动漫人才培养基地之一,文化创意设计能力在全国处于先进水平。武汉大学、中国地质大学(武汉)、湖北美术学院、中南民族大学等15所高校均开设了动漫专业,以培养不同层次的动漫人才,且招生规模较大。武汉东湖高新区在华中师范大学的专业协助下成立了武汉数字媒体工程技术中心,重点为武汉动漫产业的发展提供高水平的技术支撑,同时也为武汉时尚产业的发展提供了有力的人才保障。

在文化创意设计方面,武汉市在国内也处于较为领先的地位。从企业角度来看,由东风汽车公司与法国PSA集团合资兴建的神龙公司采用"场景地图桌面+无缝连贯服务体验"的架构和生态,其自主品牌新车全线搭载了AliOS操作系统,实现了"互联网+智联网汽车"的全覆盖;作为汉派服装企业的"领头羊",乔万尼公司打造了武汉首个集时尚展示、时尚发布、创意设计和生产制作于一体的乔万尼时尚创意中心,设立了外国专家设计工作室,聘请了意大利的品牌设计顾问和专业团队。从高校角度来看,武汉理工大学利用人才和科研优势,以国内外市场需求为导向,为科龙、海尔、美的等集团公司研发了相关新产品;湖北工业大学艺术设计学院、湖北美术学院、华中师范大学美术系等为武汉文化创意设计行业提供了雄厚的人力资源,促进了武汉时尚产业的发展。

(四)拥有一批全国知名的品牌

汉派服装在全国女装品牌60强中占了15%,包括Gowani、I'd、TAHAN、HONRN、Zuoermei等一批知名品牌。此外,武汉服装产业拥有的中国驰名商标已达17个,并且服装业不断由"区域品牌"向"高端品牌"挺进。近年来,武汉纺织服装业以市场需求为导向,深入挖掘消费群体的需求,积极打造个性化品牌,彰显特色品牌魅力,逐渐重视产品的附加价值——品牌及质量,强调自主创意设计。如乔万尼公司每年投入千万元商品研发资金,到国际时尚之都收集最新时尚流行资讯,精心打造具有个性化的品牌,实现了自主品牌在国际市场上零的突破,汉派服装的国际影响力也越来越大。

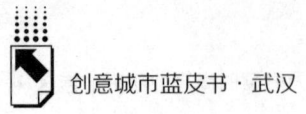

（五）广泛使用现代化生产管理方式

随着服装市场的竞争越来越激烈，为顺应市场发展的需要，紧跟时代变化的步伐，Zuoermei、TAHAN、HONRN等服装集团公司纷纷采用CAD/CAM技术，不断提高其生产能力。此外，HONRN集团率先建立了自己的企业资源规划（ERP）系统，其他服装企业纷纷效仿，结合自身发展现状，建立了管理信息系统（MIS）。为了进一步扩大市场占有率，HONRN集团通过IPO方式逐步从商品市场过渡到资本市场，通过自主品牌设计，打造百年企业，在国际产品市场中"站稳脚跟"，进一步提升了汉派服装的整体发展水平。

（六）具备较为完备的时尚展示平台

时尚活动和时尚传媒是武汉时尚产业中不可或缺的组成部分，通过时尚活动和会展，武汉可以将潮流趋势和时尚文化辐射到其他省份乃至全球。

目前，作为武汉时尚产业的重要组成部分，武汉国际时装周、动漫文化节、国际博览会以及汽车博览会等在武汉时尚产业发展中发挥了重要作用，既是国际品牌辐射中国的集聚地，也是国内品牌走向国际化的服务平台，还是本土品牌和原创设计师的孵化基地。

此外，武汉在深度发展农博会、旅博会、汽车博览会等传统展会的基础上，加强"展、会、节、演、赛"的有机结合，延伸会展产业链，培育了一批专业化、国际化的知名会展品牌。大力发挥武汉国际博览中心的辐射作用，使其成为中部会展业的龙头和核心，与国际会展中心、科技会展中心和各类商务会展中心一起，构建了合理的会展格局。

三 武汉大力发展时尚产业的SWOT分析

（一）武汉发展时尚产业的优势

一是具有优越的地理位置。武汉素有"九省通衢"的美誉，是中国的腹地中心。一方面，武汉是中部地区的经济发展中心，也是连接全国不同地区的重要枢纽城市，具有承东启西、接南转北的作用。另一方面，武汉是众多河流的交汇处，目前有六大港区，即沌口港区（以汽车滚装为主）、左岭港区（以化工、危险品装卸为主）、杨泗港区（以集装箱、散货装卸中转为主）、汉口港区（以旅游客运休闲为主）、青山港区（以钢铁、矿石为主）、阳逻港区（以集装箱、综合物流为主），其中阳逻港区是华中地区最大的综合物流港区。此外，武汉也是交通运输的中转站，建有汉口火车站、武汉高铁站、武昌火车站、汉阳火车站以及天河机场，已具备完善的海陆空交通运输系统。因此，武汉可充分利用得天独厚的地理位置优势，整合"北上广深"等时尚都市的特色资源，结合现有资源以及经济发展情况，大力发展时尚产业，打造兼具汉文化特色的时尚之都。

二是具有较好的时尚产业发展基础。武汉是最早一批经历洋务运动和中国工业化进程的城市，是我国近代工业发展的起源地。新中国成立后，国家提出东部沿海地区带动中西部地区经济的发展，实现中部崛起和西部大开发，借此契机，武汉大力发展武钢、武船、武重等一批重工业企业以及纺织工业，推动重工业城市和纺织基地的建设进程。目前，武汉拥有完整的产业链资源储备，以服装市场为例，汉派服装销量在全国省会城市中占据较大的市场份额，其中女装的销量遥遥领先于其他城市。相关数据显示，在品牌数量方面，武汉服装产业拥有中国驰名商标17个、中国品牌9个，全国女装品牌60强中汉派服装占了15%。随着武汉服装产业市场地位的不断提升，为满足自身发展的需求，汉派服装遵循"新工艺、新面料、新精裁"的创意设计理念，不断由"区域品牌"向"高端品牌"挺进。国家统计局数据显示，2016年我国服装行业规模以上服装类商品零售额累计达10218亿元，同比增长6.8%，汉派服装在全国市场中的表现不俗，在全国产量排名中位列前十。在珠宝业方面，武汉依托光谷资源优势倾力打造珠宝千亿元级产业——"宝谷"，旨在打造国内珠宝原创设计集聚地，通过整合世界各地相关珠宝行业资源，在珠宝经销商、设计师、消费者三者之间搭建起一座桥梁。

三是集聚了强大的科教力量。武汉作为典型的大学城，是全国高校集聚程度较高的都市之一。武汉市教育局数据显示，武汉市教育主体多元化且结构多样化，拥有"211""985"高校7所，普通高校89所，普通高校本科、专科、研究生在校生达106.95万人，在校生规模居全国同类城市前列。此外，拥有科研机构96所，数量居全国第一。在服装产业领域内，武汉被誉为"中国服装业人才的集聚地"，众多高校开设了与服装相关的专业课程。据不完全统计，高校及科研院所每年向社会输出的专业人才多达8000人。湖北工业大学、武汉纺织大学、湖北美术学院等高校开设的服装设计专业数量居全国前十，在国际级设计比赛中，武汉纺织大学有11人在服装设计比赛中获得冠军，30多人获得设计金奖，提升了武汉高端设计人才的质量。在珠宝设计方面，作为我国最早开设宝石学教育和专业的学校，中国地质大学（武汉）每年向社会输送一大批珠宝创意、设计、切割、销售等方面的专业人才。在工程、创意、平面、室内等设计方面，武汉市的综合设计能力高于其他城市，除深圳、上海、北京外，武汉是名副其实的"设计之都"。如此强大的科技和人才力量投入时尚产业，势必为武汉提供强大的人才储备。

四是具备了完善的配套设施。随着汉派服装加速集群化发展，武汉逐渐成为时尚产业创意设计、品牌推广和时尚活动的"发源地"。中国超模精英赛、华创会、华中车展、东湖樱花节、武汉国际时装周，以及武汉时尚男装产业发展论坛暨秋冬产品展示会等是展示武汉时尚元素的国际名片，也是与国际时尚潮流接轨的平台。此外，武汉通过发挥自媒体的传导作用，及时向广大消费者发布时尚资讯，促使武汉市民树立时尚消费理念。

五是具有深厚的汉文化底蕴。时尚产业的发展与文化密不可分，文化作为时尚产业发展的基础，为设计人才提供了宝贵的灵感来源。武汉以"楚文化"闻名，拥有深厚的城市文化底蕴。武汉不仅有古琴台、黄鹤楼、归元寺等名胜古迹，而且有湖北渔鼓、武汉木雕、武汉剪纸、汉绣等非物质文化遗产，其中黄陂区因其楚剧和泥塑、汉阳区因其高龙而被文化部命名为"中国民间文化艺术之乡"。设计师将独具特色的荆楚文化融入时尚产业，形成"武汉设计""武汉品牌"效应，在全国城市中产生了强大的影响力。

(二)武汉发展时尚产业的劣势

一是缺乏面向市场的高端设计人才。在时尚产业的发展中，设计是其关键的一环，其中设计师是设计灵感的主体。尽管武汉设计能力很强，设计人才主要集中在高校、研究院，但面向市场的高端设计师比较缺乏。对于武汉1600多家纺织服装、服饰企业而言，高端设计人才的缺口较大，据统计，只有不到10%的服装企业拥有设计师团队，但是团队中的核心职位通常是聘请意大利或法国等时尚之都的设计师担任，且这些设计师同时服务于多家公司，而本土专业人才只能担任助理设计师等职位，导致本土人才大量流失，从而造成武汉的创意设计人才得不到良性发展，企业也缺乏高端设计人才，这种恶性循环成为制约武汉时尚产业发展的一大瓶颈。

二是技术创新力度不够。时尚产业的发展离不开科技的支持。武汉市统计局数据显示，2015年，武汉市纺织服装、服饰业规模以上工业企业中仅有1家企业将资金用于科研创新，拥有35名研发人员，仅占服装行业从业人员总数的0.2%。在研发投入方面，2015年，武汉市纺织服装、服饰业用于研发的经费支出占该行业总产值的比重不足1%，比全国该行业平均研发投入水平低0.11个百分点。此外，武汉市纺织服装、鞋、帽制造业申请的专利数量仅有22项，新兴产品销售收入占总产值的比重为4.82%，比全国该行业平均新产品销售水平低7.1个百分点。这些数据表明武汉市纺织服装行业在科研投入和创新方面未引起足够的重视。

三是规模经济水平相对较低。时尚产业的内核产业，如纺织服装、服饰业具有典型的规模效应，适合大批量生产。武汉市经信委走访调查的统计结果表明，武汉市1600多家纺织服装、服饰企业中，规模以上工业企业仅有48家，相比杭州的1250家、青岛的748家、宁波的437家，武汉市纺织服装、服饰企业整体规模偏小，并且机械化程度较低，批量生产能力不足。从产业产值方面来看，爱帝集团是武汉市唯一一家年产值过10亿元的企业，相比即发集团（青岛）100亿元的年产值、雅戈尔集团（宁波）40亿元的年产值，如此大的差距成为武汉发展时尚产业的劣势之一。在珠宝行业中，武汉虽然在倾力打造中国的"宝谷"，建设珠宝产业园区，但是本土珠宝行业的影响力在全国同类行业中仍较小，其主要差距在于珠宝加工制造方面，究其原因是武汉的珠宝行业企业数量较少，生产、设计、人才等资源没有整合成产业链，没有形成一定的产业规模。

四是品牌建设相对滞后。就中国服装整体发展而言，中国服装企业以生产加工为主，创意设计型产品为数不多，处在时尚产业价值链末端。中国服装成为"制造"的代名词，而不是"品牌"的专有名词。因此，缺乏自主品牌意识以及创新设计意识，导致我国的设计力量较为薄弱，只能按照客户要求进行订单批量化生产，无法生产自主产品。对比分析宁波服装市场品牌数量的相关数据显示，中国驰名商标中宁波拥有11个，武汉只有5个；中国名牌产品中宁波拥有11个，武汉只有3个。数量上的巨大差距表明武汉的品牌建设相对滞后。珠宝、手表等奢侈品消费中，武汉市场不断受到国际品牌的"抢占"，消费者更倾向于购买国际大牌产品，对本土品牌的了解少之又少，无法形成"武汉设计"品牌效应。

五是尚未形成完整的产业链和产业集群。国际时尚之都发展时尚产业的整体流程，主要包括人才培育、创意设计、产品研发、生产加工、营销宣传等环节，各环节之间有序、协调发展才能使时尚产业链发挥最大作用，更好地促进时尚产业的稳健发展。从武汉市时尚产业发展流程来看，各环节之间存在明显的"断层"，各环节的工作由不同部门负责，在执行过程中由于各部门为追求自身利润最大化，只考虑对自己有利的环节，未能考虑与其他环节之间的衔接性，不利于统一协调发展。从产业集群程度来看，由于服装企业分布较为分散，坐落在三镇各地，各项资源无法有效整合，难以形成产业集群。因此，产品的设计、运营成本居高不下。

六是时尚文化和时尚教育发展不充分。从城市发展的历程来看，武汉是一座具有深厚历史文化底蕴的大都市，武汉城市化进程的加快，给社会经济的发展注入了强大的生命力，但也会使武汉逐步弱化本土元素，被迫接受外来元素,缩小城市之间的差距。从产业发展的角度看,国内从时尚品牌到时尚媒体再到消费者都习惯以他国(先是欧美国家,再是日韩等国)的时尚标准为原则,常常采取拿来主义。随着时尚产业的发展,各种各样的时尚人群、时尚活动和地标性的时尚建筑不断涌现,也无法阻挡中国的时尚审美对国外时尚文化的推崇。武汉虽然有武汉纺织大学和中国地质大学(武汉)作为依托,但是专业型、高端型的人才缺口较大,时尚产业一体化的教育体系仍处于滞后状态,制约了武汉时尚产业的发展。

(三)武汉发展时尚产业的机遇

一是国家重大战略发展的机遇。相关政策的提出对产业的发展具有明显的引导和扶持作用。在"中部崛起"战略、"1+8 城市圈"以及 2016 年《政府工作报告》等诸多宏观政策中,都将武汉作为重点发展城市。国家级和省级政策为武汉时尚产业的发展提供了充足的政策支持和财政保障,充分挖掘了武汉市的时尚消费潜力,推动时尚产业又好又快发展,为武汉打造时尚之都提供了坚实的保障。

二是湖北自贸区武汉片区建设的国际化窗口机遇。建设湖北自贸区武汉片区,有助于进一步提升武汉的辐射带动能力,是企业实现"走出去"的一大契机,也是武汉迈向更高层次发展的历史机遇。随着武汉对外开放战略地位的不断提升,开放型经济不断发展,通过自贸区建设倒逼深化改革和扩大开放,推进贸易便利化、投资自由化、金融国际化和监管法治化,不断扩大对外合作交流,全面提升武汉对外开放水平,打造中部地区改革开放的新标杆。

三是时尚产业市场前景广阔。武汉市统计局数据显示,2016 年武汉市城镇常住居民人均可支配收入高达 3 万元,远远高出国际制定的时尚消费所需的最低水平,这意味着消费者拥有更多的闲置资金,具有较强的购买能力。市场经济飞速发展、消费者行为习惯显著改变等,为武汉发展时尚产业提供了有利的条件。另外,2015 年"中国城市 60 强"统计资料显示,武汉在全国城市中的各项排名均靠前,城市影响力和吸引力越来越大,国际时尚品牌纷纷入驻武汉，时尚品牌的汇聚提升了武汉时尚产业的发展能力。由此可见，居民消费能力和城市竞争力的提升为武汉时尚产业的发展奠定了良好的基础。

四是发展武汉新的产业业态的政策利好机遇。武汉市政府通过出台一系列产业政策大力支持时尚产业发展。2013年10月，武汉市政府常务会议原则通过《武汉市工业重点产业链构建工程规划》，首次提出将时尚产业作为促进武汉经济发展的支柱性产业。2014年8月颁布的《武汉市振兴服装产业专项规划（2015~2020年）》旨在加快武汉服装行业良性发展，促进武汉服装行业产业升级和结构转型，将武汉打造成为中国服装名城基地。2017年4月，湖北省确定了首批14个"大众创业、万众创新"示范基地，"爱帝集团'双创'示范基地"被列为2个企业示范基地之一。爱帝集团为适应新的时代发展需求，在政策措施推动下进行新民营经济转型，对厂房进行改造，致力于打造红T时尚创意街区，实现传统行业的转型升级。

（四）武汉发展时尚产业的威胁

一是时尚产业时效性的威胁。基于对时尚产业的分析，其时效性威胁主要如下。其一是时尚消费的不确定性。时尚消费是一种非渴求的消费，依赖于消费者的精神需求和消费理念，而这种精神需求和消费理念在一段时间内会发生变化，无法预知。其二是经济条件的制约。时尚产品的消费取决于消费者的购买能力，当收入水平提高时，消费者会将注意力转移到时尚产品上，从而带动时尚产业的发展；当收入水平下降时，消费者的时尚需求得不到满足，时尚产业则呈现滞后状态。因此，影响消费者收入水平的因素在一定程度上会对时尚产业的发展带来威胁。其三是知识产权的盗用。设计在时尚产业的发展中居于核心环节，其中设计师是设计灵感的工程师，但是设计师的知识产权可能面临被盗用的风险，这在一定程度上会打消设计师的创作积极性，造成巨大的经济损失。

二是时尚产业国际化竞争加剧的威胁。一方面，由于人力成本较低，中国成为全球最大的服装生产加工基地；另一方面，我国高端顶尖设计人才匮乏，导致我国自主研发设计的时尚产品在国际市场中的竞争能力不强。"世界 500 强"的不同种类排名显示，中国品牌在服装、手表、珠宝等行业中缺位，国际竞争的整体实力较弱，中国是时尚产品的进口大国，而非出口国，因此中国在时尚产业方面的国际化竞争日趋激烈。日本品牌优衣库在两年前进驻武汉市场，便拥有了相当高的占有率。随着中国国内经济水平的不断提高和全球经济一体化进程的加快，越来越多的国外品牌将进入武汉市场，这势必对武汉地区的服装品牌造成一定程度的冲击。

三是时尚产业对"互联网＋"适应性的威胁。目前，互联网的迅速发展给时尚产业带来了无限商机，同时也产生了较大的威胁。线下的实体店由于物流、租金、运营等成本的不断上升，大大压缩了企业的经营利润，实体店逐渐演变为产品展示区；线上的购物平台如淘宝、京东等 APP 的兴起，导致线上销售量日趋超过线下销售量。由于电商平台进入门槛较低，电商同质化竞争趋势越发明显。由此可见，"互联网＋"并不是简单地将两者相加，如果不能实现互联网与传统行业深度融合，则很难利用信息通信技术以及互联网平台优势，实现线下和线上的统筹发展。

四 武汉大力发展时尚产业的战略

（一）指导思想

深入贯彻落实武汉市第十三次党代会"发展时尚产业，打造中部时尚之都"的决策，紧紧围绕"全国领先、世界一流"的战略目标，发挥产业基础、科教人才、区位交通、发展空间、生态禀赋等优势，坚持设计、智造和消费三轮驱动，以商贸流通、创意设计、展示传播为主导，以智能制造为基础，形成错位互补、融合联动、有机协调、统筹发展的多层次时尚产业发展格局。

（二）基本原则

一是坚持设计引领，创新发展。集聚优质资源，加大科技投入，强化设计研发能力，推进科技创新，着力推进体制机制创新，引培时尚设计人才，扶持时尚设计产业发展，激发社会创新活力，增强产业发展的内生动力，以创新谋求时尚产业发展。

二是坚持重点突破，有序推进。坚持从武汉的客观实际出发，着力在重点领域、重点项目、重点企业等方面实现突破，把整体推进和重点突破结合起来，分阶段、按步骤、有重点、持续性地推进时尚产业发展。

三是坚持融合联动，协调发展。以供给侧结构性改革为着力点，以构筑时尚产业链为主攻方向，加强上下游配套延伸，精心打造高增值、宽辐射、联动发展的时尚产业链。

四是坚持生态优先，绿色发展。增强环保意识，把时尚产业发展与生态保护相结合，将绿色理念贯穿于时尚产业全生命周期（时尚产业链全过程），适应全球时尚产业低碳化、绿色化和可持续发展的趋势，促进人与自然和谐共生。

（三）主要目标

一是坚持产业规模和效益同步发展的目标。以高端化、高附加值为目标，形成设计、智造、消费等环节协调完善的时尚产业链，打造具有国际竞争力的时尚集聚地。实现时尚产业销售收入8500亿元以上，时尚产业全产业链销售收入15000亿元以上，位居全国前列。

二是促进重点品牌和重点企业同步发展的目标。打造若干个具有自主知识产权和国际影响力的时尚品牌，培育形成20个有较强竞争力的国内知名时尚品牌龙头企业，其中百亿元以上大企业达到10家。

三是打造创新领军人才与企业家队伍双要素的目标。进一步推进人才体制机制改革，加快促进人才高度集聚，培养一批时尚产业创新领军人才，引进一批国外著名设计师，培养一批优秀企业家，形成由设计师创新引领、企业家运筹帷幄的时尚产业发展新局面。

四是塑造时尚之都与时尚产业基地的战略双目标。打造时尚之都，进一步有效整合设计、生产与流通、品牌、技术、文化、情感、传播、消费、市场、服务等诸多资源要素，营造有利于产生时尚产业集聚效应和辐射效应的环境，重点打造4个特色鲜明、要素集聚的具有较大影响力的时尚产业集群，形成时尚产业与时尚之都融合互动发展的良好格局。

（四）产业重点

根据目前国内外时尚产业的概念界定，结合武汉现有产业基础、未来发展趋势以及产业发展空间布局规划，选择一批具有较快成长性、较强辐射力的产业作为重点发展领域，主要包括服装服饰产业、时尚汽车产业、文化创意产业和珠宝文化产业四大领域。

一是服装服饰产业。服装服饰产业是时尚产业的核心部分或者最主要的部分。依托武汉棉纺织业基础，以女装和针织服装高端加工为核心，以服装贸易为纽带，以产业园区为平台，打造集教育、设计、展示、媒体、营销、物流于一体的完整服装产业链，扶持壮大一批骨干企业，积极培育发展一批具有市场影响力的产品品牌。打造"中国服装名城"，把武汉市建设成为我国服装产业的品牌管理中心、技术研发中心、商贸营销中心、创意设计中心、时尚展示中心。①

二是时尚汽车产业。时尚汽车产业是武汉的重要支柱和优势产业，依托武汉先进制造业基础，打造互联协作的智能制造体系，加快提升时尚汽车设计水平和关键零部件开发能力，自主设计具有一定知名度和影响力的新能源汽车、智能网联汽车和先进节能汽车，形成具有较强国际竞争力的企业和品牌。加快发展汽车服务领域，着力完善汽车后市场配套功能，进一步整合上下游产业链。注重培育"武汉·中国车都"这一区域品牌，把武汉市打造成为我国重要的先进汽车制造业基地和现代汽车服务业基地。

三是文化创意产业。文化创意产业是武汉创新型产业重要的一环。依托武汉传统文化产业基础，以文化创意设计为核心，以文化传输服务、管理咨询服务为重点，引培一批有较强创新力的文化创意人才，构建一批专业性、

---

① 《武汉市振兴服装产业专项规划（2015~2020年）》。

实效性强的公共服务平台，培育一批国内外知名的文化创意企业，形成一批特色鲜明、影响力大的文化创意产业集聚区，建设一批主体突出、优势明显的文化创意产业园区，把文化创意产业发展成为支撑武汉经济创新发展、构建"高精尖"经济结构的重要引擎，努力把武汉建设成为具有一定影响力的文化创新、运营、交易、体验中心和充满活力的文化创意名城。

四是珠宝文化产业。珠宝文化产业是武汉重要的经济产业。武汉将以中国地质大学（武汉）珠宝学院为依托，结合珠宝饰品业基础，以珠宝设计、检测和交易为核心，重点培育两个以上拥有自主品牌、自有知识产权和具有国际竞争力的龙头企业和集团。进一步提升珠宝饰品创意设计理念和水平，扩大品牌增值空间；进一步提升珠宝检测的专业地位，珠宝鉴定专业的知识以及精于珠宝价值的评估体系将为武汉在华中地区构筑最具实力的珠宝商业体奠基坚实的基础；积极打造专业珠宝交易市场，使其兼具产品展示、拍卖、批发、配送和零售等功能；紧紧围绕建设珠宝加工基地，加快发展一批高档黄金首饰、饰品及日用饰品；加大政策扶持力度，加大人才引进、培训力度，紧密结合文化旅游业的发展，将武汉建设成为集研究设计、生产加工、贸易、展览、拍卖等功能于一体的综合性、规模化珠宝文化城、国际珠宝首饰交易中心和全国最大的珠宝拍卖行。

（五）主要任务

一是着力提升时尚产业设计创新能力。以市场为主导，以企业为主体，促进产学研设计资源有效整合，形成能面向市场、引领时尚风向的自主创新核心竞争力。加快发展基于互联网的个性化定制、众包设计、在线创客平台等设计创意模式。着力搭建国际合作交流平台，积极推动时尚产业与国际时尚接轨。着力打造"创意·武汉"平台项目，统筹规划各项赛事、会议、展览、体验和参观等活动，实现各项目活动的集中有序开展，坚持专业创意、大众创意和群众参与相结合，强化市民的创意、创造、创新意识，营造"设计之都"社会氛围。

二是着力拓展时尚产品营销渠道。加快发展移动电子商务、众筹营销、网上定制、大数据精准营销等新型营销模式,推动形成基于消费需求的新业态。加快复兴传统商业中心,着力建设时尚专业市场,以潮流为核心,以文化为根本,打造一批集产品设计、展示、旅游、体验、购物、娱乐休闲等于一体的生态时尚圈(街、廊、馆、店、场)。积极引进一批具有国际影响力的发布会(著名品牌、潮流趋势、新锐设计师作品)、比赛、论坛和专业活动,搭建充分展示时尚企业形象、宣传时尚产品、传播汉派文化元素的平台。

三是着力加快时尚产业智能制造。积极鼓励和引导企业进行新一代信息技术与制造技术深度融合创新,通过智能装备、智能工厂等智能制造引领制造方式变革,通过协同设计、大规模个性化定制、电子商务等重塑产业价值链体系,实现从企业研发、设计、采购、生产到仓储、物流、营销等全方位的智慧化供应链支持,提升工艺技术装备水平,提高生产效率和产品质量,促进管理方式创新。

四是着力培育重点时尚品牌。鼓励企业实施品牌发展战略,支持企业通过研发核心技术形成具有自主知识产权的产品,改进产品外观设计以提升品牌质量和形象,改进包装质量与售后服务以提高产品市场竞争力,精心打造具有国际影响力的世界级品牌。完善设计师人才发展与促进机制,在实施设计师"孵化体系"的基础上打造一批具有独特风格和品牌内在基因的设计师品牌。深入拓展营销渠道,着力创新技术和管理,加快完善服务功能,促进已有品牌不断提档升级,力争形成一批具有国际影响力的品牌及一大批国内著名品牌。

五 武汉大力发展时尚产业的路径

(一)打造武汉时尚产业集群

一是打造服装服饰产业集群。武汉将依托中心城区现有的产业基础及商业圈,建设服装创意、研发、设计、展示及营销基地;依托黄陂区、东西湖区等产业集聚较好的新城区,建设服装企业总部基地及高端生产加工中心；依托新洲区、蔡甸区等新城区，建设纺织生产加工配套基地，形成产业链完整的纺织服装产业集聚区；引入国内外服装原辅料、配饰及其他高端加工配套厂商，逐步形成商业化的服装材料流行趋势信息和交易中心。促进服装产业的区位梯度转移，逐步将一般性生产加工中心向武汉城市圈其他城市转移。在企业技术创新上，充分发挥科教优势，加大设计研发力度，增强企业技术创新能力，形成一批技术含量高、附加值高、影响力大的知名产品。①

二是打造时尚汽车产业集群。进一步发挥武汉在新能源汽车推广应用领域的先发优势和示范带动作用，加快新能源汽车整车及关键零部件项目建设，全力打造中国新能源汽车生产高地。进一步加快专用车特色化发展，实现关键上装部件、专用底盘开发能力和制造能力达到国际先进水平，形成竞争力强、影响力大的专用车企业集团。进一步加快武汉经济技术开发区智慧生态城建设，打造国内智能网联汽车测试、创新和产业化应用的标杆城市。进一步加快发展与汽车产业链相关的汽车信息、汽车文化、汽车展示、汽车商务、汽车金融、汽车物流等生产性服务业，推动产业价值链从生产领域逐渐向服务领域延伸，实现现代服务业与制造业融合发展。

三是打造文化创意产业集群。武汉将依托两江交汇、湖泊分布的自然地理优势和历史文化名城的人文优势，以文化产业重点项目、区域为节点，结合各区优势和未来发展方向，主城区形成"一核、两带"的总体格局，市域内形成"多区域、多板块"的分布格局。围绕以琴台为标志的"知音文化"、以张之洞汉阳兵工厂为标志的"创业文化"，打造具有世界影响力的琴台中央文化艺术中心；"汉口沿江-张公堤园博园"区域重点建设文化商贸融合带；"武昌古城-环东湖、沙湖"区域重点建设文化科技融合带；以产业链、供应链、服务链为纽带，重点建设大光谷片文化科技融合区、汉口沿江历史文化风貌区、武昌·长江文化创意设计产业区、华中智谷数字出版产业区和武汉中央商务区文化传媒商务区五大文化产业战略区域；

---

① 《武汉市振兴服装产业专项规划（2015~2020年）》。

依托各区域文化产业发展优势，按照空间整合、产业集聚、功能拓展的原则，构建崇仁艺术品交易板块、青山红房子创意设计板块、汉阳四新地区会展综合服务板块、东湖生态休闲旅游板块、盘龙城－木兰山文化旅游板块、新洲影视衍生产业板块、蔡甸文博收藏板块、东西湖民俗文化休闲板块、江夏文化传承综合板块和龙泉山大明文化旅游板块十大文化产业功能板块，构建运转高效、独具特色的多层次、复合型功能区产业支撑体系。

四是打造珠宝文化产业集群。依托武汉现有的产业基础，建设集珠宝鉴定、生产加工、展示、零售、批发、商务交流于一体的珠宝产业链；依托黄陂区周大福黄金珠宝首饰产业园，建设集珠宝生产、物流、全国配货、展销、培训、电子商务及珠宝业配套于一体的综合生产服务与发展基地；依托中国地质大学（武汉）珠宝鉴定和设计专业优势，着力打造"珠宝＋文化＋旅游＋科教＋贸易＋金融"产业综合体的千亿元级珠宝产业集群——"武汉·中国宝谷"，形成"一核（教育与研发极核）、一街（鲁磨路珠宝一条街）、三区（珠宝创意设计与科教游览区、珠宝文化鉴赏与休闲度假区、珠宝展示交易与旅游购物区）"的空间布局，打造中国珠宝第四极。

（二）拓展武汉时尚产业发展载体

一是打造一批时尚消费集聚区。针对武汉现有的商圈分布，重点打造时尚消费发展的核心区域——以武广、江汉路、光谷为"时尚地标"，将武汉历史文化与时尚潮流深度融合，全力打造时尚消费风向标。通过引进国内外优质品牌、培育本土新生代设计师品牌，以及推进系列个性化定制服务组合，引领时尚潮流和时尚消费。着力推进时尚消费集聚区发挥"窗口"作用，展示最新时尚潮流，聚焦"时尚生活体验"，搭建设计师零距离对话平台，不断强化时尚消费集聚区的带动作用。

二是建设一批特色时尚产业基地。围绕产业深度转型，充分发挥武汉科技创新、人才、产业环境方面的优势，吸引优势资源集聚，建设一批特色时尚产业基地，进一步做大做强时尚产业。着重推进服装、时尚汽车、文化创意和珠宝四个产业集群，进一步提升产业集聚水平，构建具有较强竞争力的产业支撑体系，将其打造成为国内外具有较大影响力、特色鲜明的时尚产业基地。

三是建设一批时尚产业园。坚持提升和新建相结合，进一步提升现有时尚产业园区的创新能力，推进产业结构升级，优化园区内功能布局，拓展园区功能，形成相对完整的产业链；进一步规划建设一批集研发设计、总部经济、时尚展示以及信息服务、技术服务、检测服务等公共服务于一体的时尚产业园，打造综合性、集聚高端资源的产业服务链。

四是培育一批时尚重点企业。培育一批创新能力强、行业领先的时尚重点企业，在技术创新、人才引进、市场拓展、要素保障等方面加大扶持力度，鼓励龙头企业加大研发投入，加快推进设备更新、产品升级、品牌创建和产能扩张，充分发挥龙头企业的产业引领作用，实现产业集群联动发展。鼓励有条件的企业向集设计研发、运营管理、集成制造、营销服务等于一体的企业总部转变，形成有较大影响力和较强竞争力的知名品牌企业。

五是开展一系列时尚活动。开展一系列具有世界影响力的时尚活动，重点支持中国（武汉）超模精英赛、武汉国际时装周、武汉国际儿童时装周、武汉时尚男装产业发展论坛、武汉珠宝展、华中车展、武汉民俗文化产品创意设计大赛、武汉创意产业博览会、东湖樱花节等活动或赛事。以会展、发布会、论坛、赛事等为载体和平台，着力推广、宣传本土品牌和设计师，进一步促进全球设计领域的精英交流分享，加速推进创意设计产品与时尚企业零距离对接，进一步提升时尚产业的国际影响力。

（三）打造中部时尚之都

充分发挥产业基础、科教人才、区位交通、发展空间、生态禀赋等优势，积极构筑时尚创新设计名城、时尚精品制造名城、国际时尚消费名城，培育一批具有核心竞争力的时尚企业，形成一批拥有自主知识产权的时尚产品，打造一批本土原创设计师品牌，搭建一批规模大、实力强的时尚发展平台，逐步建成设计领先、智造发达、品牌荟萃、消费集聚、市场活跃、影响力大的国际时尚之都。

在空间布局上，以长江大道为主轴线，东至光谷新城，北连武汉机场，形成一条垂直于长江和汉江的延伸线，途经珞瑜路、武珞路、长江大桥、龟山南路、鹦鹉大道、江汉桥、武胜路、青年路、常青路，沿线囊括武汉三大名胜（古琴台、黄鹤楼、晴川阁）、商圈及各大高校，将寺庙、街道、广场、园林、桥梁、交通等标志性地标串联，承载武汉城市发展各个阶段的印记和年轮，串联武汉市各个时期重要的功能区和标志点，承载武汉市城市发展的时间长轴和空间画卷，体现文化、科教、商贸和景观的高度融合。

六　武汉大力发展时尚产业的对策

大力发展时尚产业，是促进第二、第三产业融合和构建服务型经济体系的有力举措。武汉应抓住当前经济发展的黄金机遇期，充分发挥武汉文化资源和设计资源的优势，塑造时尚产业价值链，形成武汉品牌力量，提升时尚产业竞争力，从而引领和带动武汉时尚产业飞速发展。

（一）政府的大力扶持和积极推动

一是成立专门的机构，进行协调运作管理。在武汉市委、市政府的指导下，借鉴上海市共商运作机制的成功经验，根据武汉时尚产业发展的实际情况，成立时尚产业发展领导小组，下设"武汉时尚产业发展促进办公室"常驻办事机构，通过整合现有资源以及相关时尚资源，设置从目标提出到政策措施与效果评价、从外部环境到内部服务等系统完善的工作机制，翻开武汉时尚产业发展的新篇章。此外，建立国内外时尚理念交流合作的互助机制，加强与米兰、巴黎、北京和杭州等国内外时尚城市的互访，深化时尚产业各层次、各领域的交流与合作，推进时尚产业全面发展。

二是搭建时尚产业公共服务平台，实现资源的开放性重组。围绕时尚产业价值链的关键环节，依托共享网络，将政府、企业、公立机构、行业协会、科研院所、传媒、相关高校等涵盖的创意设计、产品加工、成果展示及销售等各环节进行有机组合。由政府部门牵头,其他组织机构协助,搭建以扶持培育重点企业及产业项目为抓手,集融资担保、财政补贴、人才培养、国际合作等于一体的武汉时尚产业公共服务平台,顺应市场需求和经济发展的要求,完善时尚产业发展纲要及相关的财政政策,先试先行,为武汉时尚产业发展提供强有力的支撑。

(二)时尚企业的规划发展和创新驱动

一是加强时尚企业顶层设计和战略谋划。时尚企业要充分重视顶层设计和战略谋划,从经济发展方式转变的全局出发,通过理性设计、科学决策,明确企业愿景、总体发展思路和目标定位,设计清晰的阶段性目标,使企业上下思想统一、信念坚定,为企业长远发展指明道路。

二是强化面向市场的创新设计力量。首先,企业应尽量专业地衡量设计能力指标体系,这样有助于企业对设计师进行准确定位,在此基础上,为设计师量身定制职业发展规划。其次,不断提升企业设计团队的创新能力。企业通过国内外教育深造资助、校企联合人才培养、参加各种赛事和对外交流等形式,提升具有一定忠诚度的设计师的设计能力。再次,打造协同创新设计团队。以项目为依托,与设计院、高校建立长效的协同创新机制,促进学界与时尚产业界的良性互动合作,促进研究成果商业化,壮大企业的创新设计力量。最后,创新设计业务流程。创新设计环节要与消费市场、原材料供应市场以及采购、仓储和生产等环节进行有效的协同,达到既能够引领时尚,又能够抢占市场先机的目的。

三是着力培育时尚品牌。首先,企业应立足自身资源,制定实施品牌战略的目标,大力进行品牌创新,着力推进时尚产品的个性化培育和品牌升级,形成一批具有自主知识产权和较高市场占有率的知名品牌。其次,应坚持设计师品牌和公司品牌共同发展,彰显时尚品牌的特色和价值,提升品牌的社会影响力和企业形象。最后,挖掘符合企业自身发展的社会化媒体营销模式,拓展知名品牌营销渠道,通过各项活动营销,展示企业品牌,提高产品的知名度和美誉度。

四是创新商业模式。首先，推进时尚设计模式创新。鼓励时尚企业顺应时代发展要求，转变思维方式，从传统的设计理念过渡到"互联网+"思维创新模式，根据客户的在线体验和时尚需求，加强客户的个性化定制及众包设计。其次，推进时尚产品营销模式创新。在互联网快速发展的背景下，增强企业营销模式的创新能力，通过搭建电子商务交易平台和采取个性化定制等方式提高时尚企业的经营效率。最后，推进时尚企业制造模式创新。传统文化和工艺是各地的特色产业，加强传统工艺和高新技术的融合，并利用先进适用技术改造提升传统工艺，引导并支持时尚产业相关企业运用"互联网+"、物联网以及大数据等高新技术提高产业链协同网络化水平，立足特色传统文化，综合运用现代信息技术，实现网络（绿色）制造方式的全覆盖。

五是打造特色产业链。首先，依托武汉设计中心、信息中心、体验消费中心和展示发布中心等平台优势，以产业园区为平台，龙头企业通过科技创新、文化创意、品牌经营，打造能控制产业链发展的集设计、制造、营销于一体的完整产业链。其次，对于中小企业来说，通过打造具有竞争力的关键环节来依附一条有效的产业链，从而提升整条产业链的价值。

（三）时尚体系的大力构建和积极培育

一是建立时尚产业协会。由政府主管部门牵头，整合现有的各类时尚产业协会资源，按照武汉市时尚产业发展的实际要求，精简职能，成立武汉时尚产业协会，主要负责承接政府相关政策实施、时尚信息咨询等业务，包括提供时尚产业人力资源培训、开展时尚活动与举办展会等，使其在推进时尚产业发展的过程中发挥实质性作用。

二是打造一流的时尚媒体。首先，提升媒体的公信力和影响力，确保发布内容的真实、准确、全面、深度和权威，以吸引民众注意力。其次，提升媒体的传播力和引导力，在着重提升编辑的文字功底和时尚审美水平、起用时尚专业人员作为时尚媒体编辑人选、提高摄影师的表达能力和总体编排水平的基础上，实现时尚专业人员、编辑和摄影师等的协同办公，更好地迎合国内消费者的消费需求和审美需求，用中国人喜闻乐见的方式宣传国内外流行趋势，提高认可度。最后，重视传统媒体和新兴媒体的融合发展，传统媒体和新兴媒体各有其优劣势，要以先进技术为切入点，以工具为媒介，推动这两类媒体在内容建设、平台组建、经营管理等方面进行有机融合，在此基础上，加快建设形态多样、具有强大影响力和市场竞争力的新兴媒体，争创国际先进水平。

三是开展具有一定影响力的时尚活动。第一，做优做强现有品牌会展，并策划和实施一批有重大影响的会展项目，包括武汉国际时装周、动漫文化节、国际博览会和汽车博览会等一批具有汉文化的大型展会。第二，引进和培育一批综合性、专业性、国际性大型会议。重点举办达沃斯青年领袖论坛、第四届全球汽车论坛、武汉国际友城高峰论坛、世界新兴产业大会、世界潮商年会、中国国际固体废弃物技术与设备展等活动。继续办好华创会、武汉市人民政府国际咨询顾问团会议等国际性会议。第三，积极承办国内外重大赛事和文化盛会。承办国外重大赛事和文化盛会是武汉向全球彰显汉派文化和武汉形象的重要途径，包括举办琴台音乐节、国际旅游节和长江文明论坛等赛事，提高武汉文化在世界文化体系中的知名度。第四，培育发展武汉网球公开赛、国际马拉松赛以及国际女子职业网球协会（WTA）电子竞技项目、航空项目、水上项目、赛车等赛事活动。第五，发挥国际园林博览会的影响力，努力打造一批本土高端会展品牌，着力引进一批国际知名会议展览活动和高端专业学术会议落户武汉。

四是加强时尚产业人才教育。首先，通过校企合作、产学研结合的形式，由企业和高校分别作为校外导师和校内导师，双方联合开展时尚教育，重点培养一批兼具理论知识和实践技能的时尚产业管理人才、研发设计人才与策划营销人才。其次，积极与国内外各类著名教育培训机构、互联网平台等加强合作，优化时尚产业课程体系，引进国内外时尚产业优秀教师，开展更高层次和更高水平的教育。最后，支持各类时尚企业根据自身经营状况创办培训机构，作为高校专业人才培育的校外实训基地，通过"名师培育计划"进行企业导师一对多的培训，并且对纳入该计划的相关企业和高校人才予以适当的财政补贴。

五是营造时尚环境。首先，提升市民的时尚文化素质。借助自媒体平台，在网络、电视、杂志中设置时尚资讯专栏，定期向武汉市市民宣传时尚理念和最新的时尚消息，使市民树立时尚消费的观念。同时，通过举办各种大型、免费的时尚活动和展会，让更多的人能够无成本地接触时尚产品，提升武汉市市民整体的时尚素养，为武汉时尚产业的发展奠定坚实的群众基础。其次，实施培养一代时尚汉娃计划。通过政府传媒营造良好的文化环境，家庭要发挥积极的引导作用，学校要承担主要的教育职责，把时尚文化的生命意蕴和审美价值融入一代人的成长历程，培育和提升一代人的时尚文化素质，并不断进行传承，为武汉时尚产业发展和时尚之都建设奠定良好的人文基础。

七 武汉大力发展时尚产业的保障措施

（一）加强组织领导协调

成立武汉市时尚产业发展领导小组，下设办公室，明确产业发展责任主体，定期组织研究时尚产业发展的重大问题和事项，加强各办公室之间的沟通，健全时尚产业发展协调联动机制；加快研究时尚产业工作方案和绩效考核制度，对市级相关责任部门和各地区实行量化考核评分，配套实施切实可行的奖惩制度；成立时尚产业推进工作专家组，邀请该领域内在理念、政策、产品设计、质量管理、基地建设等方面具有丰富经验的专家学者给予指导；推进时尚产业相关组织机构建设的规范性，鼓励行业协会积极为本行业的发展提供完善的服务。

（二）加大政策扶持力度

重视政府对产业的引导和扶持作用，积极争取并运用国家级和省级相关产业扶持政策，通过设置专职机构、设立服装科研税收奖励、给予金融支持、开展员工培训、协助企业建立品牌经营模式等,不断完善时尚产业发展的政府管理和产业政策支持体系;通过整合优化武汉市相关财政专项资金,为时尚产业的发展提供充足的财政保障,尤其是省级、市级示范企业及其科研项目。此外,大型的时尚活动和时尚媒体是传播时尚资讯的重要渠道,因此要大力投资于时尚媒体及服务平台的建设,建立鼓励中小企业和创新创意团队的扶持机制,在增加贷款和降低利率方面给予帮助。

(三)加强设计人才的引进与培养

基于武汉高校雄厚的人力、智力资源优势,积极推动校企双方充分发挥自身特色,联合培养专业高端的设计人才。如支持武汉大学、武汉理工大学等高等院校与知名企业加强产学研合作,建立服装、珠宝、汽车等设计研发中心和新技术应用实验室,提供高端创意、设计管理与咨询等服务;面向市场,根据企业需求培养营销管理、创意设计、品牌电商等专业人才,加强研讨与交流,成为多所高校的科研成果转化基地;为国内外大型服装珠宝设计获奖者提供丰厚的奖励,继而吸引更多优秀的创意设计团队参与各项含金量较高的设计比赛;加强与国际知名服装设计院校的交流与合作,定期组织相关专业研发人员进修和考察交流,不断吸取国际时尚之都的创意设计理念。

(四)加强时尚媒体的培育与宣传

发挥主流媒体的作用,鼓励广播、电视、报刊、网络等媒体开辟设置专门的时尚栏目,对武汉市时尚理念、时尚品牌以及时尚活动进行全方位的宣传,重点宣传武汉市绿色低碳的时尚消费理念,提升武汉时尚品牌知名度,扩大武汉时尚活动的社会影响力,营造时尚产业发展的良好氛围。

(五)加大知识产权保护力度

知识产权保护力度对于鼓励自主创新、加强创意设计具有重要的意义,因此,武汉市应不断加强创意设计、专利技术、商标品牌等知识产权的法律保护，增强企业对自主设计品牌的维权意识，并鼓励其进行知识产权登记，加大对侵权行为的惩戒力度，构建企业、行政和司法三方保护的完善体系。

（六）加强配套支撑

从技术支撑角度来看，整合并完善国家级、省级各类科技创新服务平台，重点建设示范企业及项目的创新服务平台，提高关键技术和共性技术的研发能力，进而为时尚产业及相关企业的发展提供有力的技术支撑。

从交通设施角度来看，武汉素有"九省通衢"的美誉，基于武汉有利的地理位置优势，应不断完善海陆空等交通设施的建设，包括港口、公路、铁路以及航空等基础设施，实现武汉港口功能的多样化发展，提升武汉空港国际化水平，构建更加便捷的立体型交通网络体系，为时尚产品的贸易以及外地人来武汉旅游和消费提供交通上的便利。

B.3
武汉文化装备制造业发展研究

吴天勇　黄爱华*

摘　要： 装备制造业促进了武汉在全国经济位次的前移，文化装备制造业也理应成为促进武汉文化产业崛起的支撑板块。本报告在全国文化装备制造业发展的大背景下，深入剖析武汉文化装备制造业发展的现状、存在的问题以及面临的机遇，并在此基础上提出加快武汉文化装备制造业发展的思路和建议。

关键词： 文化装备制造业　演艺装备　印刷装备　广播影视装备　游艺游乐装备

作为我国的老牌工业基地，武汉近年来在科技创新的支撑和引领下，先进装备制造业加速集聚，已成为全国重要的现代装备制造磁极。用于制造螺旋桨的"重型七轴五联动车铣复合加工机床"、核电冷水机组、载人深海潜水器水面支持系统、自航绞吸挖泥船等一大批汉产现代装备正在迅速装备中国，海洋钻井平台激光维修机器人等一大批先进装备远销欧美，形成了中国装备制造的"武汉板块"。装备制造业促进了武汉在全国经济位次的前移，文化装备制造业也理应成为促进武汉文化产业崛起的支撑板块。因此，在全国文化装备制造业发展的大背景下，剖析武汉文化装备制造业发展的现状、

---

* 吴天勇，中共武汉市委宣传部副部长，研究方向：文化体制改革、文化产业发展、国有文化资产监管。黄爱华，中共武汉市委宣传部改革发展办（文资监管办），研究方向：文化体制改革、文化产业发展、国有文化资产监管。

存在的问题以及面临的机遇，并在此基础上提出加快武汉文化装备制造业发展的思路和建议，对于推动武汉文化产业成为重要支柱性产业具有重要而深远的现实意义。

一 文化装备制造业的概念演变与界定

（一）文化装备制造业的概念演变

"装备"一词最早用于军事领域，是指配备的武器、军装、器材、技术力量等，随后逐渐向其他领域扩展。"装备制造业"这个概念由我国提出，1998年中央经济工作会议明确提出"要大力发展装备制造业"。① 装备制造业也称为装备工业，通常是指资本品制造业，一般表述为为满足国民经济各部门各行业发展和国家安全需要而制造各种技术装备的产业的总称，是经济和社会发展不可或缺的基础性、支柱性产业，是提升综合国力的基石。② 根据国民经济行业分类标准，装备制造业产品范围广泛，主要涉及机械、电子和兵器工业中的投资类制成品，分属通用装备制造业、专用设备制造业、金属制品业、电气机械及器材制造业、通信计算机及其他电子设备制造业、交通运输设备制造业、仪器仪表及文化办公用装备制造业7个大类185个小类。③

在我国，文化、科技、经济等部门曾经使用"文化物资""文艺演出物资""演艺设备""印刷设备""广播电视设备""电影放映设备""文化用品与专业文化设备""专业文化产品和设备"等指代"文化装备"的概念。各部门关于"文化装备"的不同定义，反映了文化产业从游离于我国国民经济之外到逐步发展成为国民经济的一个重要组成部分的不平凡历程。2012

---

① 《中央经济工作会议》，《经济日报》1998年12月10日，第1版。
② 严荣添：《基于密值法的企业技术创新绩效评价研究》，《装备制造技术》2010年第8期。
③ 严荣添：《基于密值法的企业技术创新绩效评价研究》，《装备制造技术》2010年第8期；王海峰、方军：《关于装备制造业发展的研究文献综述》，《商场现代化》2009年第23期。

年发布的《国家"十二五"时期文化改革发展规划纲要》首次提出"文化装备业"的概念,赋予文化装备制造业具有时代意义的内涵,对实践具有重要的指导作用。

(二)"文化装备制造业"命题的现实意义

文化的发展离不开科技的支撑,现代科技的发展和应用在不断衍化出科技消费产品和服务的同时,也无时不在塑造和影响着人类文化的内容与形态。① 文化生产和再生产要跟上科技发展的步伐,在技术、设备、材料、工艺、流程等方面都需要革新。② 科技对文化的渗透和影响,是通过文化装备环节实现的,文化和科技的融合度也是通过文化领域的技术装备水平体现出来的,文化装备制造已成为驱动传统文化产业转型升级的支配性力量。③ 可以说,在当前技术装备创新与文化产业跨界融合发展的时代背景下,"文化装备制造业"命题对实践具有更为重要的意义。

一方面,文化装备制造业是文化和科技融合的最佳接口。从文化再生产的角度考量,从创作到生产、传播、消费直至文化遗产的保护利用与开发,科技都发挥着支撑作用。④ 当下,文化再生产的各个环节都在技术装备创新的驱动下经历着深刻和深远的变革,既不断催生新兴文化业态,又不断提高生产效率,还极大地提升了传播的渗透力和穿透力。同时,技术装备创新还驱动自身变革,进而展现出重塑和再造整个文化再生产流程的能力。

追溯我国文化装备制造业的发展历程,可以发现相对于西方发达国家来说其整体起步比较晚,规模也不大,在整个装备制造业中的占比也不高。同时,我国文化装备制造业在发展初期相当长的一段时间内处于跟跑地位,长期处于追逐国外同行的地位,制约和影响了产业整体的发展。但是,伴随文

---

① 张伟:《推进文化科技创新 加强文化与科技融合》,《青海科技》2016年第6期;程奎文:《充分发挥科技支撑作用 推动文化产业创新发展》,《天水行政学院学报》2012年第6期。
② 高书生:《我国文化产业发展的总体状况和主要特征》,《经济与管理》2015年第3期。
③ 高书生:《文化数字化与文化建设2.0时代》,《文化软实力》2016年第4期;张静:《"一带一路"国际文化装备产业项目落地西安》,《西安晚报》2016年9月21日。
④ 高书生:《文化再生产——兼论文化和经济融合》,《行政管理改革》2011年第7期。

化与科技的融合，文化装备制造业也迎来了宝贵的发展机遇。在科学技术一日千里的当下，文化与科技跨界融合发展极大地缩小了我国文化装备制造业与国际领跑者之间的差距。可以说，我国文化装备制造企业在技术创新方面与国外同行已基本上处于同一起跑线，实现了从跟跑到共同跑的历史跨越。通过推进文化与科技融合，我国文化装备制造业完全有能力实现弯道超车或换道超车，也完全有实力占领发展的制高点。

另一方面，文化装备是国民经济支撑和介入文化产业发展的主要体现方式与链接点。[①] 文化装备制造业是为文化产业全产业链提供技术支撑的关键行业，大力发展文化装备制造业，逐渐实现文化装备的国产化，特别是高端文化装备的国产化，是把文化产业打造成国民经济支柱性产业的重要抓手和着力点。可以说，文化装备制造业与国民经济的发展呈高度正相关性，这与我国文化装备制造业发展的轨迹和趋势也是相符的，从某种意义上讲是相互印证的。文化装备制造业作为工业行业的组成部分，当然也是国民经济的一个组成部分。要借鉴其他行业的发展历程，推进传统文化产业升级和新兴文化产业发展，做大做强文化产业，尽快提升文化市场主体的技术装备水平。[②] 而且，发展以文化装备制造业为代表的先进装备制造业，有利于为装备制造业的进一步发展开拓新领域、新空间。因此，文化产业与国民经济的融合发展成为推动文化装备制造业发展的关键因素。

（三）文化装备制造业的内涵和外延

文化装备制造业是装备制造业的一个组成部分，但是现阶段文化装备制造业还未像其他产业那样进行独立统计。实践中，《中国文化及相关产业统计年鉴》根据国家统计局发布的《文化及相关产业分类（2012）》，把游艺

---

① 管理：《文化装备制造业发展报告》，载张晓明等主编《中国文化产业发展报告（2014）》，社会科学文献出版社，2014，第184页。
② 张晓明等主编《中国文化产业发展报告（2014）》，社会科学文献出版社，2014；高书生：《感悟文化改革发展》，中信出版社，2014，第110页。

器材及娱乐用品的制造、视听设备的制造、印刷专用设备的制造、广播电视电影专用设备的制造、乐器制造以及其他文化专用设备的制造等行业作为文化装备制造业的具体体现和主要部分。从文化再生产的角度来看，文化装备制造业可以被看作文化再生产的技术支撑系统，可以被定义为提供文化生产与传播的各类专用材料和设备的研发、制造、销售、使用咨询以及相关系统集成服务的产业的总称。① 本报告以《中国文化及相关产业统计年鉴》为依据，把演艺装备、印刷装备、广播影视装备、游艺游乐装备作为文化装备制造业的主要门类，统计框架见表1。

表1 文化装备制造业统计框架

分类	包含的国民经济行业及统计代码	文化生产活动的内容
演艺装备	中乐器制造（2421）、西乐器制造（2422）、电子乐器制造（2423）、其他乐器及零件制造（2429）	—
	照明灯具制造（3872）	装饰用灯（圣诞树用成套灯具、其他装饰用灯）和影视舞台灯制造
印刷装备	印刷专用设备制造（3542）	
	复印和胶印设备制造（3474）	—
	机械纸及纸板制造——文化用机制纸及纸板制造（2221）	文化用机制纸及纸板制造，包括未涂布印书写用纸制造、涂布类印刷用纸制造、感应纸及纸板制造
	油墨及类似产品制造（2642）、颜料制造（2643）	文化用油墨、颜料制造
	信息化学品制造（2664）	文化用信息化学品制造，包括感光胶片制造，摄影用感光纸、纸板及纺织物制造，摄影用化学制剂、复印机用化学制剂制造，空白磁带、空白磁盘、空盘制造

---

① 《上海自贸区设立文化装备基地 整合文化装备"全产业链"》，《文汇报》2014年10月21日；《"一带一路"国际文化装备产业项目落地西安》，凤凰网陕西频道，http://sn.ifeng.com/。

续表

分类	包含的国民经济行业及统计代码	文化生产活动的内容
广播影视装备	广播电视节目制作及发射设备制造（3931）、广播电视接收设备及器材制造（3932）、应用电视设备及其他广播电视设备制造（3939）、电影机械制造（3471）、幻灯及投影设备制造（3472）、电视机制造（3951）、音响设备制造（3952）、影视录放设备制造（3953）、照相机及器材制造（3473）、其他电子设备制造（3990）	—
游艺游乐装备	露天游乐场所游乐设备制造（2461）、游艺用品及室内游艺器材制造（2462）、其他娱乐用品制造（2469）	—

资料来源：《文化及相关产业分类（2012）》，百度文库，http://wenku.baidu.com。

二 中国文化装备制造业的现状与发展趋势

（一）现状

近年来，中国文化装备制造业发展迅速，呈现持续增长态势。《中国文化及相关产业统计年鉴》数据显示，2012～2015 年，中国文化装备制造业年均工业总产值达到 1.06 万亿元，年均增长 11.07%；年均工业销售产值达到 1.04 万亿元，年均增长 10.89%；年均出口交货值达到 4735.99 亿元，年均增长 5.39%。[1] 2017 年第二届全国演艺装备行业最新产品及应用技术交流巡展会发布的数据显示，仅演艺装备行业全国就有厂商 10 万多家，从业人员近千万人。[2]

---

[1] 臧志彭、崔煜：《中美文化装备制造业 3 倍盈利差距从何而来》，《经济观察报》2017 年 5 月 2 日。

[2] 臧志彭、崔煜：《中美文化装备制造业 3 倍盈利差距从何而来》，《经济观察报》2017 年 5 月 2 日。

（二）发展趋势

1. 文化装备制造产业集群发展趋势日益明显

基于制度创新、技术引进、金融开放等利好因素叠加及其放大效应，我国文化装备制造业产业集群发展趋势日益明显。

上海国际高科技文化装备产业基地。该基地位于上海自贸区洋山保税港区，2014年10月开始建设，是文化部2011年正式命名的"国家对外文化贸易基地"的延伸，也是我国第一个国际高科技文化装备产业集聚平台[①]和上海自贸区内专项发展文化装备产业的要素市场和服务平台，主要包括上海国际高科技文化装备应用示范中心、国际高科技文化装备产业大厦。该基地充分利用自贸区独有的金融政策、税收优惠政策，依托世界吞吐量最大的洋山深水港码头、浦东国际机场和自贸区国际中转、现代物流、商品展示、仓储租赁、期货交割业务等国际贸易配套服务体系，为国内外文化装备企业提供进口代理、产品展示、设备租赁、商贸咨询、融资、企业入驻等全方位的服务与支持，已经有文化装备制造产业链上不同环节的一大批国内外重要企业落户，涵盖舞台演艺、影视影院、游艺游戏、高端印刷等装备业务。[②] 该基地采取产业联盟的方式整合国内外高科技文化装备制造链上的优势资源，引领带动我国高科技文化装备上下游产业融合协调发展。2014年10月15日，上海国际高科技文化装备产业联盟成立。2015年8月14日，上海国际高科技文化装备应用示范中心开馆。

天津国家级新闻出版装备产业园。该产业园位于天津北辰经济技术开发区内，占地面积为4.1平方公里。2013年3月经国家新闻出版广电总局批准，成为国家级新闻出版装备产业园，是目前国内唯一一个以新闻出版装备为特色的产业园区。园区定位为以数字化出版技术装备、高端印刷装备、现

---

① 《"一带一路"国际文化装备产业项目正式落地西安》，凤凰网陕西频道，http://sn.ifeng.com/。
② 《文化装备基地入驻沪自贸区 跨界整合建一站式平台》，中央政府门户网站，2014年10月12日，http://www.gov.cn/xi。

代包装印刷装备为主导①，集研发设计、装备制造、金融投资、交易展示、总部经济于一体，打造成内容装备、技术创新、生产服务"三位一体"的新型综合性高端数字新闻出版技术装备制造产业园区，建成国家新闻出版技术装备孵化区、3D打印技术装备引领区和云印刷示范区。

西安"一带一路"国际文化装备产业项目。2016年9月20日，西安曲江新区和上海国际高科技文化装备产业基地签约共建"一带一路"国际文化装备产业项目。② 该项目旨在发挥上海国际高科技文化装备基地的重要窗口功能，整合国内外高科技文化装备制造链资源，吸引优秀高科技文化装备企业落户西安，打造辐射"一带一路"沿线国家和城市的先进文化装备制造产业。

中国游戏游艺产业（中山港口）基地。该基地位于广东省中山市港口镇，规划占地面积为3000亩。中山游戏游艺行业起步较早，改革开放初期，中山市就已建成长江游乐园，这是全国第一家游乐园，由此带动了中山游戏游艺机行业的起步。③ 目前，中山市已成为全国最大的游戏游艺机生产基地和集散地，集聚了以世宇、金龙、金马、智乐、华立、希力、凯昌为龙头的300多家游戏游艺机制造企业，并从过去单一的机械制造发展成为覆盖研发、制造、安装、主题项目策划设计、工程施工以及游乐游艺场所投资经营④的完备产业链。目前，中山游戏游艺装备产业占全国的份额已达70%左右。目前，港口镇正在打造面积为3平方公里的集游戏游艺研发、展示、交易、体验、创意设计、会展以及工业文化旅游、水乡文化风情等于一体的在国内外具有重要影响力的游戏游艺文化特色小镇。⑤

广东演艺装备产业。广东目前集聚了国内70%以上的演艺设备生产企业，广东企业在国内演艺设备行业中的份额超过80%，形成了番禺、恩平、

---

① 《北辰开发区_ CLARK日记》，新浪博客，http：//blog.sina.com。
② 《"一带一路"国际文化装备产业项目正式落地西安》，凤凰网陕西频道，http：//sn.ifeng.com/。
③ 戴军：《广东中山集聚发展游艺产业》，《中国文化报》2008年10月10日。
④ 《中山游戏游艺产业》，中山网，http：//www.zsnews.cn。
⑤ 谭志红：《广东中山：游戏游艺产业实现里程碑式发展》，《中国文化报》2017年8月10日。

佛山、花都、东莞及深圳六大产业集聚地,产业优势明显。例如,东莞作为著名的现代制造业城市,被誉为"世界音响基地",拥有曼臣音响、三基音响、爱高音响、顺泽宝、瑞升电子等一批在国内外均有一定影响力的著名企业,其自主研发、品牌拓展、市场开拓、企业管理等在业内形成了明显的示范效应,引领着音响产业未来的发展方向。番禺区舞台灯光产业集聚了600多家企业,年产值超过150亿元,产品专利化程度高、附加值高,锐丰音响、浩洋电子、河东智能、艾迪音响、锐声灯光、珠江灯光、河东企业等占据行业领先地位。领头企业及品牌在国内外市场都具有较高的知名度,番禺区已挂牌广东省出口舞台灯光音响质量示范基地和广东省灯光音响外贸转型升级示范基地。广州浩洋电子有限公司参加了北京奥运会、国庆60周年庆典、上海世博会、广州亚运会、深圳大运会、伦敦奥运会、央视春晚、NFL美国超级碗决赛、奥斯卡颁奖典礼、《美国偶像》、阿根廷国家大剧院等重大国内外活动的演出和场馆建设。

天津演艺装备产业。天津是演艺装备技术与生产比较集中的城市,乐器制造、舞台机械及数字化装备在国内外市场占据一席之地。天津乐器产业已形成宝坻、静海两大生产基地,年出口量位居全国前三。龙头企业天津市津宝乐器有限公司始建于1984年,公司占地面积达12万平方米,现有员工2000多人,已是全球知名的乐器生产企业,主要产品有铜管乐器、军鼓、爵士鼓、木管乐器、乐器支架、乐器包6个系列近370个品种①,"津宝"牌乐器畅销全球90多个国家和地区,年产值为4.3亿余元。天津电影银幕系统设备产值占全国的70%。

值得关注的是,天津演艺装备核心技术研发处在全国前列。2014年5月22日,我国第一家"演艺装备产业技术创新战略联盟"在天津成立,联盟由天津舞台科学技术研究所、天津工业大学等21家科研院所、演艺装备重点企业发起组建,通过产学研用的有机结合,共同研发新型演艺装备关键

---

① 刘建武:《以创新驱动提升竞争层级——宝坻区人大常委会视察提升企业核心创新能力情况纪实》,《天津人大》2017年第8期。

性技术和撒手锏产品。天津舞台科学技术研究所由舞台艺术专家和工程技术专家相融合,是一家专门从事演艺剧场、影视演播剧场、大型专业剧院、体育场馆、会议中心等建筑科学、舞台机械、舞台灯光、舞台音响及相关专业科学技术的科研机构,是文化部定点设计单位和舞台艺术工程设施建设行业标准制定单位。多年来,天津舞台科学技术研究所设计研制了大量的舞台机械工程产品,获国家及文化部多项科技进步奖,工程业绩遍布国内外。在国内有梅兰芳大剧院、天津体育中心、吉林通化体育中心、天津大剧院、塘沽大剧院、中国大戏院、上海艺术剧院、上海东方电视台演播大剧场、中国剧院、深圳华夏艺术中心大剧场、山东杏坛大剧场、北京亚运村国际会议中心、上海广播电视中心、广州中山纪念堂、深圳世界之窗、温州科技文化发展中心、宁波广播电视中心、郑州大会堂、天津青年京剧团中华剧场、延安解放剧场等。在国外有科特迪瓦国家大剧院、缅甸国家大剧院、新加坡黄金大戏院、莱索托国家大剧院、索马里会议中心、圣多美普林西比议会堂、科摩罗议会堂、埃及开罗国际会议中心、加纳国家宫、刚果人民宫等。

2. 依托行业商会协会搭建专业展会平台成为各地促进文化装备制造业集聚的标配

综观国内文化装备制造业先进地区和城市,行业商会协会的影子随处可见,其发挥的作用举足轻重。

中国(北京)国际专业音响·灯光·乐器及技术展览会(PALM EXPO)。该展览会由中国演艺设备技术协会主办,已成为我国演艺设备行业的年度盛会,分乐器展和音响灯光展。其中,"PALM EXPO 2017"(乐器展)展览面积为35000平方米,来自中国、美国、德国、法国、意大利、印度、奥地利、罗马尼亚等国家和地区的近800家企业和组织参展,覆盖乐器制造企业、文化教育机构、琴行、乐器研究机构、专业协会组织及相关的大众和专业媒体。① "PALM EXPO 2017"(音响灯光展)于2017年6月2~5日在中

---

① 杜青、张冠华、王芳:《汇聚中西看发展 多元办展宽视野——PALM EXPO 2017 北京乐器展圆满举办》,《演艺科技》2017 年 6 月 25 日。

国国际展览中心（老馆）举行，展会囊括当下国际演艺设备行业的最新产品和高新技术，涵盖专业灯光、专业音响、舞台机械、音视频系统、会议系统等领域的设备和器材。

上海国际专业灯光音响展览会（Prolight + Sound Shanghai）。该展览会于2003年创办，致力于搭建商贸对接、行业交流、技术培训"三位一体"的精而专的会展平台。2016年上海国际专业灯光音响展览会展示面积达38000平方米，参展品牌覆盖全球22个国家和地区，共吸引全球523家参展企业展示新锐产品及技术，AKG、奥雷、铁三角、百灵达、拜亚动力、新亚胜、dB Technologies、德广信、传新等500多个全球大牌精品荟萃，共有来自80多个国家和地区的26527名专业观众参展。2017年10月11~14日举办的第15届展会，展品覆盖专业音响设备、专业灯光设备、专业视听设备、激光演示设备、舞台机械设备①等十二大产品类别。

中国（中山）国际游戏游艺博览交易会（G&A）。该交易会于2008年创办，最初由中山市游戏游艺行业协会主办，已成功举办10届，现已发展成亚洲规模最大的游戏游艺行业盛会。2017年第10届中国（中山）国际游戏游艺博览交易会于2017年8月11~13日在中山博览中心（主会场）和广东游戏游艺文化产业城（分会场）举行，展览面积达10万平方米，来自中国、美国、法国、韩国、瑞士等30多个国家和地区的超过500家行业主流企业参展。

广州（国际）演艺设备、智能声光产品技术展览会（GET Show）。该展览会是由拥有300多家会员的广东演艺设备行业商会主办的涵盖专业音响、灯光设备等的综合性展会，于2011年创办，已成功举办7届，参展企业与产品涉及国内外专业灯光设备、专业视听设备、专业音响设备、大型舞台设备、舞台周边设备等领域。GET Show已成长为演艺设备产业中新锐产品和技术的全国性乃至全球性展贸平台。

---

① 《2016上海灯光音响展　为你而来》，慧聪音响灯光网，2015年11月12日，http://www.audio.hc360.com。

中国（深圳、北京）国际3D影视技术及影院设备展览会①（Chinese International 3D Television Technology and Cinema Equipment Exhibition）。该展览会由中国高科技产业化研究会、深圳市3D影视协会联合主办，2016年在深圳举办，2017年在北京举办，展览范围包括3D电影制作拍摄设备、3D影剧院播放设备、移动影剧院放映设备、影剧院灯光音响设备等。

成都国际音乐（演艺）设施设备博览会（Music Culture Industry Expo）。成都与国内龙头行业商会——广东演艺设备行业商会合作，于2017年9月举办"首届成都国际音乐（演艺）设施设备博览会"，定位为打造全球音乐产业领域集音乐、乐器、创意于一体的重要国际交流和产业促进博览会，涵盖设施设备展览展销、乐器展示销售、产业发展高峰论坛、产业项目招商推介等。

3. 文化装备制造业正在向高端化、高附加值方向发展

与装备制造业其他板块一样，文化装备制造业也在向高端化、高附加值方向发展，而且趋势越来越明显。例如，投资25亿元的中国首个舞台秀剧场——汉秀剧场，除了土建、内容制作费用等之外，很大一部分投入投向了演艺装备，包括全球首个能移动、旋转和升降的观众座席，全球首个可结合剧情升降、移动、倾斜和错落变化的梦幻舞台，以及全球首个可飞行移动的LED巨型屏幕。② 汉秀剧场舞台机械自动化控制系统的承包商是英国的ST（Stage Technologies）公司。该公司的自动化控制系统产品是基于其自主开发的eChameleon自动化控制软件、西门子公司的Simotion运动控制系统、西门子公司新型的S120驱动器来实现舞台机械传动轴的自动化控制及驱动的。可以说，文化装备制造业向高端攀升的趋势是明显的。杭州国家动漫游戏公共服务平台由杭州国家动画产业基地、杭州动漫游戏公共服务平台有限公司联合浙江大学、浙江传媒学院等高校建设，项目总投资为7380万元；武昌船舶重工集团承揽的北京奥运会开闭幕式舞台设备制造加工工程合同金

---

① 《2017亚洲国际3D影视技术及影院设备展览会》，搜狐圈子，http：//quan.sohu.com。
② 叶军：《大型室内水舞台表演建筑武汉汉秀剧场演出水系统设计介绍（一）》，《给水排水》2015年第5期。

额为 4207 万元，安徽广电中心舞台设备加工工程合同金额为 5854 万元，武汉中央文化区汉秀剧场非标设备加工工程合同金额为 4090 万元；上海动漫公共技术服务平台建设的国家级动漫及数字影视制作公共技术服务平台投资额为 5500 万元；中国普天信息产业股份有限公司承揽的中国动漫集团动漫游戏综合服务平台动漫内容集成管理系统硬件集成项目的中标金额为 2994.95 万元。

三 武汉文化装备制造业发展现状分析

（一）发展现状

文化装备制造业的几个主要板块——演艺装备、印刷装备、广播影视装备、游艺游乐装备，武汉都有企业涉足。据不完全统计，2016 年武汉文化装备制造业规模以上企业有 14 家，营业收入为 17.68 亿元，从业人员为 1777 人。目前，武汉文化装备制造领域包括规模以上企业在内的主要市场主体分布情况如下：演艺装备板块主要有武昌船舶重工集团、海平乐器、艾立卡、致嘉乐器、艺科达舞台设备、佑图物理、麦塔威等企业；印刷装备板块主要有东运制版、裕同印刷包装、镭德杰科技发展等公司；广播影视装备板块主要有捷成世纪、中电华瑞、宏金达、金铭通讯设备、力飞科技等企业；游艺游乐装备板块主要有宁美国度等企业。[①] 由于各种原因，还有不少文化装备制造领域的市场主体未纳入统计范围。

（二）主要企业

武昌船舶重工集团（以下简称武船）。该集团隶属中国船舶重工集团公司，创办于 1934 年，是"一五"期间国家 156 个重点建设项目之一，如今的武船是一个军民互融、动态保军的大型现代化综合性企业。其中，武船通

---

① 根据武汉市统计局提供的相关资料整理。

过把并行工程（Concurrent Engineering，CE）、精良生产（Lean Production，LP）、敏捷制造（Agile Manufacturing，AM）等最前沿的制造管控系统和虚拟信息技术、生产自动化技术等装备制造业先进技术应用于非标舞台设备的研发制造，确立和巩固了其在全国非标舞台制造行业的领军地位。现在的武船是我国两大主要舞台制造基地（南方的武船重工、北方的太原重工）之一，近年来先后承揽了北京奥运会、中博会、国家大剧院、上海东方艺术中心、重庆大剧院、福建大剧院、广州歌剧院、深圳锦绣中华园、深圳电视中心剧场、武汉汉秀剧场、成都欢乐谷、苏州演艺中心等近30项重大舞台工程制造任务，提供了数百套总重超过1万吨的舞台设备。其中，武船承担了迄今我国最大的钢结构舞台——2008年北京奥运会"鸟巢"舞台中心升降母台和子台、最富创意的核心设备"九环地球"、地面活动盖板、升降补偿台、画轴机械装置、五洲乐台等七大类共70多台（套）设备的制造和运行保障工作。[①]

佑图物理应用科技发展（武汉）有限公司（以下简称佑图物理）。该公司位于武汉经济技术开发区，专业从事大型文体设施和场馆专业灯光、环境灯光控制系统及视频设备的开发、生产与销售，并为电视台、电台、剧场等场馆提供系统设计、设备供应、工程安装和技术服务，1999年一次性通过中国方圆标志认证委员会、德国DQS及IQNET等机构的ISO9001质量管理体系认证，2008年通过ISO14001环境管理体系认证，是中国调光行业中第一家获得国家新闻出版广电总局入网认证的企业和2013年度中国演艺设备行业20强企业。佑图物理已为中央电视台、上海电视台、湖北电视台、湖南电视台、河南电视台、辽宁电视台等全国上百家电视台，以及人民大会堂、首都剧场、中国剧院、海淀剧场、民族文化宫大剧院、湖北剧院、安徽剧院、宁波大剧院等众多重点场馆提供了一系列装备、工程安装和技术服务。

楚天激光集团。该集团位于武汉·中国光谷，成立于1985年，下辖工业激光、医疗激光、创意激光三大产业集团，在北京、苏州等城市建有生产

---

① 龙琼子、陈铁：《"九环地球"震撼全球》，《中国质量报》2008年8月23日。

基地，为全球客户提供激光应用解决方案。公司拥有的专利数量居国内激光行业首位，并且率先在全国激光行业通过ISO9001质量管理体系认证，被评为"国家火炬计划重点高新技术企业"。[①] 其中，楚天激光·创意激光产业系楚天核心产业之一，其代表公司泛亚楚天光电文化有限公司（位于武昌区楚天181号文化创意产业园）以激光科技与文化创意融合为核心，主要从事激光主题公园建设、城市新型激光亮化、旅游景观设计、激光文化艺术品开发、激光娱乐演示设备制造等业务，是目前亚洲同行业规模最大、综合实力最强的激光创意机构和激光高精密度加工服务商，集创意、研发、制造、销售于一体，拥有132项国家专利。公司已成功打造新中国成立60周年天安门激光工程、上海世博会闭幕式激光项目、西安大唐芙蓉园"天阙"实景剧、恩施利川腾龙洞"盛世腾龙"激光剧、2015年武汉东湖元宵灯会激光秀、宜昌三游洞"三峡·绝代风华"光影微剧场等一批经典旅游、文化、商业现代光影工程。

武汉麦塔威科技有限公司（以下简称麦塔威）。该公司于2011年4月成立，总部位于武汉东湖新技术开发区中国光谷创意产业基地，主要从事新媒体技术的研发、信息系统集成以及光机电一体化产品的研发、生产、销售等业务。麦塔威以武汉设计本部为中心，辐射北京、上海等全国主要城市，秉承"文化与科技融合·创新引领产业发展"的宗旨，围绕"光影互动体验+"的核心理念，以传统文化为基础，开创"Show（光影活动）、Kids（儿童创新体验）、Park（夜间旅游）、Mall（商业综合体）、Exhibition（互动展）"等业务领域，已积淀起新中国成立64周年北京天安门广场花篮夜景亮化工程、2013年武汉元宵光影秀、2014年北京APEC会议期间北京奥林匹克公园瞭望塔光影秀、2014年东湖光影狂欢节、2017年北京国际设计周·武汉之夜光影秀等成功案例。

武汉艾立卡电子有限公司（以下简称艾立卡）。该公司位于武汉市东西湖区金银潭工业园，创办于1995年12月，专业生产、销售ELECA（艾立

---

① 邓刚：《电信大客户个性化营销方案研究》，华中科技大学硕士学位论文，2004。

卡）品牌电吉他、吉他音响、广场舞音响、效果器、乐器支架等文化装备。艾立卡已从创业时的代工生产、贴牌，发展到现在的自主品牌、自主营销，是中国电声乐器行业国家标准制定单位、国家文化产业示范基地、国家文化出口重点企业和湖北省高新技术企业，ELECA 被评为湖北著名商标、湖北名牌产品、湖北出口名牌。艾立卡拥有建筑面积为 16600 平方米的现代化研发、生产基地，拥有 5 条自动化新型生产线。公司自有品牌 ELECA 产品畅销国内外，与美国、欧盟等地国际知名公司保持长期合作关系，拥有国内营销网点 115 个、国外营销网点 373 个。艾立卡通过了 ISO9001 质量管理体系、ISO14000 环境管理体系、OHSAS18000 职业健康安全管理体系认证和国际权威专业机构按照 SA8000（社会责任国际标准）认证标准进行的验厂，自主开发的各类产品获得 28 项国家专利，通过中国 3C 认证、欧盟 CE 认证、美国 UL 认证和加拿大 CUL 认证等 41 项认证，符合国际 ROHS 法规要求。

武汉市海平乐器制造有限公司（以下简称海平乐器）。该公司位于武汉市黄陂区，创办于 1984 年，原为"武汉高家河锣厂"，占地面积为 30000 平方米，现有员工 70 余人，大多数为祖传艺师，制作的铜响器具有造型美观、工艺精湛等特点。目前，海平乐器产品品种达上百种，主要包括各种系列的西式吊镲和传统的抄锣、风锣、广钹、虎音锣、苏锣、武锣、小京钹、包锣、手锣、马锣、白锣、佳锣、云锣、单打锣等乐器。公司年产量为 360 多吨，旗下三大品牌"芳鸥""东声""海平"产品销往全球 40 多个国家和地区，深受国内外客户的青睐，已成为中国领先的铜响乐器制造商。其中，每年经各种渠道出口的锣钹占中国行业出口量的 60%。海平乐器于 2007 年通过 ISO9001—2000 质量管理体系认证，连续 29 年获得湖北省、武汉市"重合同、守信用企业"称号。其中"芳鸥"品牌在 2014 年荣获"中国驰名商标"称号。

武汉天歌电子有限公司。该公司位于武汉东湖新技术开发区，厂房面积超过 6000 平方米，主要生产数码钢琴、电子琴、机械钢琴、乐器附件和其他电子产品，拥有数十年的电子产品设计开发、生产管理经验。在数码钢琴领域，于 20 世纪 90 年代生产出我国第一批数码钢琴。目前公司产品拥有 4

项国家专利、1项软件著作权。

武汉致嘉乐器有限公司（以下简称致嘉）。该公司位于武汉经济技术开发区民营工业园，是一家专业生产数码钢琴的公司，其前身为1998年成立的武汉致嘉钢琴制造有限公司，厂房面积为10680平方米。致嘉于1999年开发出中国第一台数码钢琴，成为被纳入科技部重点科技成果推广计划的乐器制造企业。致嘉拥有先进的电声设计和装配生产线、外壳生产复膜和涂装生产线、机械锤感键盘生产线，通过了ISO9001—2000质量管理体系、CCC、CE、CUL等认证。[①] 致嘉数码钢琴有四大系列产品，分别是教学系列、娱乐系列、精灵系列和家庭系列。

武汉精密铸造有限公司。该公司位于武汉市硚口区汉正街都市工业园，成立于1965年，原为武汉精密铸造厂，占地面积为30亩，厂房面积为9000多平方米，是全国首家熔模精密铸造专业生产企业和专门从事复（仿）制编钟等礼乐器生产的重点企业，2002年创导并参与中国第一部青铜艺术（响器、乐器）铸造行业标准的制定。该公司拥有陶瓷型、失蜡法精密铸造等先进的工艺技术，具备完全创制、复制、仿制大中型演奏编钟和十弦琴、古瑟、古筝、古笙、竽、篪、骨笛、铜铃、錞于等几十种古乐器的生产能力，已为中国科学院、中国音乐研究所、湖北省博物馆、河南省博物院、南京博物院、台北"故宫博物院"、美国孔子学院、中国音乐学院、中央音乐学院等复制、仿制曾侯乙编钟等乐礼器。目前，该公司正努力打造中国首家以编钟文化为主体的金属艺术文化产业园。

武汉宁美国度科技有限公司（以下简称宁美国度）。该公司于2013年12月成立，是全国电脑渠道建设的先驱者和开创者之一，多年稳居DIY电脑行业第一。宁美国度与全球一线硬件品牌厂商（Intel、AMD、NVIDIA、技嘉、华硕、微星、七彩虹、影驰、三星等）长期合作，广泛吸收游戏发烧友、大型网络工作室等电脑使用者的信息需求反馈，在资深电脑性能体验

---

① 《武汉致嘉钢琴作为中国第一台数码钢琴弥补了中国数码钢琴缺口》，新浪微博，http：//blog.sina.com。

师的精心体验下，根据各类客户群体的实际需求，提供个性化解决方案，为广大消费者提供 DIY 整机装备。现有 Intel 系列、AMD 系列两大类，下分 Nice 家惠、Keen 锋锐、Solo 异能者 G、Solo 征服者 X 四大系列。公司入驻天猫商城、淘宝网、京东商城、苏宁易购、国美在线、亚马逊、当当网等各大电商平台，连续多年保持行业销量第一。

武汉得利高印刷器材有限公司。该公司位于武汉市江夏区，拥有一批经验丰富的研发工程师、特殊印刷设计技师、销售服务和生产工人，专业研发、生产和销售超过 200 种型号的移印机、丝印机、烫金机、自动化设备及相关配套设备，同时根据客户的要求特制各种机器或自动生产线，提供包括钢板、菲林画稿、钢板蚀刻、丝网制作、管位制作、移印油盅、标准及特制移印胶头等在内的各种自制配件和服务。公司产品畅销世界各地，在美国、德国、加拿大、意大利、俄罗斯、南非、澳大利亚等国家有 30 多个专业的得利高产品代理商，在国内设有 30 多个全资的销售经营部，为客户提供完善的销前和售后服务。

（三）与国内先进地区和城市比较

目前，与国内先进地区和城市相比，武汉文化装备制造业对文化产业的支撑作用还不够大。在演艺装备、印刷装备、广播影视装备、游艺游乐装备等文化装备制造业主要板块中，武汉缺乏一批有影响力的企业，在某些方面还留有空白。从某种角度看，武汉文化装备制造产业发展空间还很大，武汉有文化装备制造企业而无文化装备制造产业集聚区，有文化装备制造行业而无完备的文化装备制造产业链。

武汉文化装备制造业领域的市场主体数量少、规模小，这在很大程度上导致武汉文化装备制造业领域的商会、联盟等行业协会和市场中介组织发育缓慢，相对于广东、上海、北京等文化装备制造业发达地区和城市蓬勃发展的行业协会商会与市场中介组织及其展现出的对行业发展的整合、集聚作用来讲，武汉在这方面还有大量工作要做。以广州为例，广州市舞台灯光音响行业协会等直接促成了 2016 年第一届和 2017 年第二届全国演艺装备行业最新产品及应用技术交流巡展会，组织广州100多家演艺装备企业抱团，携带最新装备、技术方案在上海、武汉、西安、成都、沈阳、南京、青岛等53个重要城市开展了为期12个月的巡展，有力地推进了广州演艺装备企业与全国其他地区演艺装备行业工程商、租赁商、演出商等的合作。

另外，武汉需要搭建文化装备制造业专业展会平台。目前，武汉缺乏类似中国（北京）国际专业音响·灯光·乐器及技术展览会，上海国际专业灯光音响展览会，中国（中山）国际游戏游艺博览交易会，广州（国际）演艺设备、智能声光产品技术展览会，中国（深圳、北京）国际3D影视技术及影院设备展览会等具有全国乃至世界影响力的博览交易平台，自然也就缺少了这类专业权威平台所具有的集聚行业企业、客商、人才、信息、产业的磁场效应。

当然，武汉文化装备制造业还存在其他一些短板，但上述问题可能更为突出，亟待去补齐。

四 武汉文化装备制造业的发展机遇

就行业大环境和武汉实际来讲，武汉加快发展文化装备制造业正当其时。

2014年2月，国务院印发实施《关于推进文化创意和设计服务与相关产业融合发展的意见》（国发〔2014〕10号），其中促进文化创意和设计与装备制造业的融合是其重要内容。

2016年9月，文化部发布《关于推动文化娱乐行业转型升级的意见》，要求从八个方面推动文化娱乐行业转型升级，对推动游戏游艺设备生产企业发展等做出了专门规定。

2017年，中共中央办公厅、国务院办公厅印发《国家"十三五"时期文化发展改革规划纲要》，提出要"提高文化核心技术装备制造水平"，"推动文化装备制造技术标准走出去"。《文化部"十三五"时期文化发展改革规划》进一步提出"提高文化科技装备国产化水平"，"实施文化装备系统提升工程，重点提升公共文化机构以及舞台演艺、动漫、游戏、非遗保护等领域的技术装备系统水平"。《文化部"十三五"时期文化科技创新规划》对"文化装备系统提升工程"做了具体规划,包括制订文化装备行业技术成长方案、加强重点方向文化装备系统的技术供给、着力提高演艺装备水平、促进国家重大科研设施和科研仪器开放共享四个方面。

同时,湖北省和武汉市都出台了一系列政策和措施,努力推进文化产业发展成为支柱性产业。如武汉市2017年以来正在深入推进的"四大资智聚汉工程"和出台的《关于加快文化产业创新发展若干政策的通知》(武政〔2017〕3号)等,对文化装备制造业发展起到了重要的促进作用。

五 加快武汉文化装备制造业发展的思路和建议

(一)大力招引一批文化装备制造领域企业

在做大做强存量文化装备制造业骨干企业的同时,积极做大文化装备制造业企业增量。根据《国务院关于扩大对外开放积极利用外资若干措施的通知》(国发〔2017〕5号)、《省人民政府关于新形势下进一步加大招商引资力度的若干意见》(鄂政发〔2017〕14号)、《武汉市招商引资奖励办法》等文件精神,大力推进"招商引资"一号工程在文化装备制造领域的落地落实,结合武汉文化装备制造业发展实际,着力破解文化装备制造业招商引资工作中的"痛点"。指导协调全市相关区和承载园加大文化装备制造业项目招引工作力度,尽快招引一批文化装备制造业领域的高端项目。同时,加快形成"项目签约—动工建设—建成投产—绩效评估"的良性闭环运作体系,促进项目早日落地投产。

(二)着力打造文化装备制造业集聚区

产业集聚能形成良好的产业链效应,可以提升产业整体的生产效率,节约企业生产成本,促进企业技术创新。建议加快实施文化装备产业链布局和空间布局,进一步加强文化装备制造业发展载体建设,以不断提升集聚、承载、服务产业发展的能力，加快建成一批具有规模发展、集聚发展、整体发展优势的先进文化装备制造业集聚区，努力形成文化装备制造企业在武汉扎堆发展的局面。建议在打造文化装备制造业集聚区、加快实施文化装备产业链布局的进程中，充分发挥各类产业投资基金在引进文化装备制造业龙头企业、核心企业，特别是在整合文化装备制造业产业链、集聚文化装备制造业上下游企业进而形成集聚区等方面的重要作用。例如，2016年12月由北京市发改委发起设立的北京大数据产业投资基金，首期募集100亿元，旨在通过支持大数据及相关领域的上市公司并购、股权投资等方式，重点支持大数据交易平台，传感器及存储芯片，数据资源、技术及行业应用等领域，助推大数据产业集聚和产业链整合发展。国内外很多城市都在采取类似的做法，推进目标产业链整合和目标产业发展。武汉文化产业特别是文化装备制造业在这方面也可以有所作为，可以依托武船、楚天激光、麦塔威、佑图物理等具有核心竞争优势的企业，打造高端演艺装备、印刷装备、广播影视装备、游艺游乐装备等特色产业集群。

（三）尽快搭建文化装备制造领域专业性展示交易平台

专业展会是行业生产商、经销商和贸易商等进行交流、沟通与商业合作的重要平台，是所代表的行业的缩影，在某种程度上就是一个市场。对于企业来讲，可以在展会上建立并维持与利益相关者的关系，融洽客户关系，树立在市场中的整体形象。而对于展会举办城市来讲，除了看重会展经济1∶9甚至1∶10的产业带动系数和宣传、营销城市的功能之外，更为重要的是持续举办的专业展会能起到集聚行业领头企业、领军人物，完善产业链，掌握行业话语权的作用。综合考量国内文化装备行业现有展会情况和武汉实际，建议将武汉VR/AR国际论坛升级为"中国（武汉）国际虚拟现实与增强现实博览会暨VR/AR国际论坛"，主要基于以下考虑。一是国家对包括VR/AR技术进步在内的高新科技予以重点关注与政策支持，VR/AR成为下一个风口的趋势已经明朗。《中国VR用户行为研究报告》显示，中国VR的潜在用户规模已达2.86亿人，而在过去一年接触过或体验过VR设备的浅度用户约为1700万人，购买过各种VR设备的用户约为96万人。[①] 随着技术的突破与商业模式的确立，VR/AR 在未来2~3年内将由目前的"沉淀积累期"走向真正的"爆发期"，"VR/AR+"模式的确立将极大地改变人们的生活与生产方式，带来一场深刻的变革。预测到2025年全球VR/AR产业将达到1820亿美元的市场规模，将撬动包括各行业应用领域在内的上万亿美元的庞大市场。二是VR/AR技术是自2016年才开始与各行各业深度结合的，作为高端文化装备制造产业，武汉·中国光谷已集聚起思勤智能装备、明科智慧科技等一批VR/AR企业，这些企业产业基础好，集聚度较高，在这一领域，国内与国际不存在技术差距，商业模式也处在同一起跑线上。三是武汉已成功举办两届VR/AR国际论坛，在业界已具有一定的知名度和影响力。同时，国内类似展会大多处于初创阶段。例如，旨在推动我国VR/AR技术进步与行业应用的国内首个B端展会——VRSD系列展会之"厦门国际虚拟现实与增强现实博览会"于2017年3月24~26日在厦门举办首届，第二届在北京举办，名为"2017北京国际虚拟现实与增强现实博览会"，举办时间为2017年11月16~18日。其他城市的类似平台，如上海国际文化装备博览会等，大多也刚搭建，处于起步阶段。

（四）积极发展高端文化装备制造业

高端文化装备制造业是以高新技术为引领、处于价值链高端和产业链核心环节、决定整个产业链综合竞争力的战略性新兴产业。大力培育和发展高端文化装备制造业是抢占未来经济和科技发展制高点的战略选择，对于推进供给侧结构性改革、加快经济发展方式转变、实现由装备制造业大市向装备制造业强市转变都具有重要战略意义。要大力提升文化装备技术创新能力，鼓励研发具有自主知识产权，引领新型文化消费的可穿戴设备、智能硬件、沉浸式体验平台、应用软件及辅助工具，推进智能制造、增材制造、人工智

[①]《第二届中国VR&AR国际峰会举行 VR&AR大咖云集蓉城》，东方网，2017年5月10日，http://news.eastday。

能、机器人等先进技术成果服务应用于文化创意内容生产。除了推进武汉VR/AR产业发展外，我们也欣喜地看到，武汉在高端文化装备制造业方面正在不断发力。2017年8月10日，京东方科技集团股份有限公司发布公告，公司与武汉市人民政府、湖北省长江经济带产业基金管理有限公司签署了《武汉高世代薄膜晶体管液晶显示器件（TFT—LCD）生产线项目及配套项目投资框架协议》①，建设高世代液晶显示面板生产线，生产8K超高分辨率液晶显示器。项目投资总额为460亿元，投产后消费者可买到更加优质实惠的液晶电视。武汉金运激光投资10.5亿元建设智能装备园项目，从事激光、3D打印等智能化装备制造、产业链配套。深圳市浪尖工业设计有限公司投资10亿元建设武汉D+M工业设计小镇，其中很多项目涉及文化装备制造业。

（五）加快发展文化装备制造业行业协会商会等中介组织

从国内文化装备制造业发展比较好的地区和城市来看，协会商会都起到了不可替代的作用。这些地区和城市的协会商会，除了"发挥政府与企业之间的桥梁和纽带作用，深入开展行业调查研究，准确掌握行业动态，积极主动为企业反映问题，为政府谋划思路"等一般职能外，更为重要的职能是：整合拉长文化装备制造产业链条，完善产业整体功能；组织企业开展各种形式的国际技术经济交流活动，举办本行业的国内及国际展览，为企业开拓国内外市场创造条件。例如，中国演艺设备技术协会主办中国（北京）国际专业音响·灯光·乐器及技术展览会，中山市游戏游艺行业协会主办中国（中山）国际游戏游艺博览交易会，广东演艺设备行业商会主办广州（国际）演艺设备、智能声光产品技术展览会，中国高科技产业化研究会、深圳市3D影视协会联合主办中国（深圳、北京）国际3D影视技术及影院设备展览会，通过持续打造，这些展会在国内外都已产生了重要影响。建议推进建立武汉文化装备产业联盟等类似行业组织。

---

① 毕磊、杨波：《京东方投460亿在武汉建第二条10.5代液晶显示器生产线》，人民网，2017年8月11日，http://homea.people.com.cn/n1/2017/0811/c41390-29464421.html。

B.4 武汉工业遗产现状与文化产业发展

严 鹏*

摘 要： 随着经济发展方式的转型升级和更新换代，一些废旧的厂房、设备、生产工艺、工业区虽然逐渐退出经济舞台，但是从文化的角度来说，作为历史的见证者，它们是很好的工业遗产，做好对这些工业遗产的传承、保护和利用工作，既有利于对历史的传承和创新，也有助于城市的规划建设和合理化开发，还能对人们正确认识和对待工业遗产起到一定的精神指引作用。武汉是中国的工业重镇，武汉的工业在中国工业体系中具有举足轻重的地位。本报告以武汉为例，在分析现有工业文化遗产的特点和利用模式的基础上，为现有的工业文化遗产进行文化产业化开发进行了些许思考并提出了若干构想。

关键词： 工业遗产 武汉市 保护与利用 产业化

工业遗产已是一个为人所熟知的概念。最近10年来，工业遗产的保护与利用在中国得到了越来越多的关注。2017年1月，工信部、财政部联合发布《关于推进工业文化发展的指导意见》（以下简称《指导意见》），明确提出"工业文化"这一概念，其中也包含工业遗产保护与再开发的相关内容。2017年3月，工信部产业政策司在武汉召开了首次工业文化工作会

---

* 严鹏，华中师范大学中国工业文化研究中心讲师，研究方向：工业遗产。

议，将工业遗产认定的相关工作作为2017年推进工业文化发展的重点。此后，工信部陆续召开会议，紧锣密鼓地推进相关工作。工信部的工业遗产政策与规定将于2017年底出台，这意味着工业管理部门将成为工业遗产保护与利用更为积极的主体。而从《指导意见》的内容和各次会议召开的情况看，地方的积极主动性与自主实践仍然是被重视与鼓励的。在此背景下，从文化产业发展的角度探讨武汉工业遗产的现状，提出切合市情的保护与利用思路，具有重要意义。

一 多元诉求：工业遗产的理论与价值评估

工业遗产是工业发展的必然产物。与传统农业经济不同，现代工业经济具有革命性的生产力。恰如马克思、恩格斯在《共产党宣言》里所指出的那样，工业革命在极短的时间里，创造了超越以往千百年社会积累的巨大财富。但是，这种革命性的生产力也具有极大的自我革命性。现代工业生产在大规模地淘汰了传统生产方式后，也在大规模地自我更新，技术代际更替的速度大大超过以往的农业时代，市场竞争的残酷性更是农业经济时代难以想象的。这也就意味着，工业经济的基本物质要素，诸如厂房、设备、生产工艺乃至整个工业区，都有可能在很短的历史时期内失去最基本的经济功能。事实上，这也正是当代世界每天都在上演的剧情。而失去经济功能的工业经济生产要素，就构成了工业遗产的基础。当然，工业遗产与其他文化遗产一样，既分为物质遗产，又分为非物质遗产。工业精神、工业历史、工业价值观等无形的非物质元素同样是工业遗产的重要组成部分，甚至是决定工业遗产本身价值的核心元素。但是，从人们的一般认识和日常感知来说，有形的物质生产要素的遗存才是工业遗产保护与利用的主体。而且，非物质工业遗产的传承在某种程度上比物质工业遗产的保护更加容易，因此本报告所探讨的工业遗产，除非特别说明，主要限定为物质工业遗产。

一旦将讨论的范围限定于物质层面的工业遗产，就不难认识到，根据工业经济自身的演化规律，在特定的地区内，工业遗产的形成不可避免。一方面，部分地区的工业企业在市场竞争中落败，会使其物质生产要素失去原初经济功能，成为无活力的遗存；另一方面，那些发展势头较好的地区与企业，也会因技术改造或厂址搬迁等而让原有的物质生产要素丧失功能，成为历史发展的遗留物。在这些物质生产要素中，最为重要也最难处理的是厂区和厂房等不可移动的空间。被淘汰掉的设备和不再生产的产品能够移动到博物馆进行展示，但厂区和厂房的再利用成本更大，首先就面临"拆"与"留"的抉择。而围绕空间再利用产生的争议，也基本上是工业遗产保护与利用问题中最大的难题。争议之所以会产生，是因为介入工业遗产保护与利用中的主体是多元的，其诉求也是多元的。

海耶克（Heike Oevermann）和哈拉尔德（Harald A. Mieg）区分了工业遗产问题中的三种话语：一是遗产保存（Heritage Conservation）话语，其核心目标是保护和维持遗存、遗址与建筑；二是城市发展（Urban Development）话语，其核心目标是保证城市的繁荣与生机；三是建筑生产（Production of Architecture）话语，其核心目标是将既存空间转变为新的建筑形式与表达。[1] 所谓的"话语"，也就是诉求。他们对每一种话语都进行了详细分析，并以表格的形式呈现出来（见表1、表2、表3）。[2]

很明显，不同的话语具有相异的诉求，对工业遗产的价值评估也不尽一致。简言之，结合中国的国情，可以将不同的主体及其诉求大致划分为如表4所示的类型。

任何理论都是对现实的模拟与抽象，故表4只是一个基本的模型，在现实中，不同的主体及其诉求与偏好，可能是高度交织且复杂的。然而，很明显的是，在目前中国的现实环境中，不同主体对于工业遗产有着不同的态

---

[1] Heike Oevermann and Harald A. Mieg, *Industrial Heritage Sites in Transformation: Clash of Discourses*, London and New York: Routledge, 2015, p. 17.

[2] 表1、表2与表3均译自 Heike Oevermann and Harald A. Mieg, *Industrial Heritage Sites in Transformation: Clash of Discourses*, London and New York: Routledge, 2015, pp. 18-20.

表1 工业遗产的遗产保存话语

项目	观念	目标	假定	价值
核心话语	例如：修复、最小干预	保存过去时代的证明	物质遗存是对历史的证明	真实性、完整性、遗产价值
次要话语：工业遗产	例如：发展导向性保存、来自底层的遗产	保护过去时代的证明、地标或资源	物质遗存是对历史的证明、地标或资源	可接近性、自下而上、特点、再利用、多情感

表2 工业遗产的城市发展话语

项目	观念	目标	假定	价值
核心话语	例如：一体化城市管理、可持续发展	保证城市的繁荣与生机	不同断的发展与转型必须适应不断改变的需求	发展、经济价值、环境价值、风景
次要话语：工业遗产与文化/创意产业	例如：城市再生、文化导向性发展、遗产导向性发展	利用文化/创意产业和遗产来发展	文化/创意产业和遗产是发展的工具	可接近性、自下而上、特点、想象、再利用

表3 工业遗产的建筑生产话语

项目	观念	目标	假定	价值
核心话语	例如：位置特殊的建筑、标志性建筑	设计新的建筑形式与表达	物质空间可以更新	设计、审美
次要话语：工业遗产	例如：位置特殊的建筑、标志性建筑	为新形式再利用既存物	既存物是设计的原材料	可接近性、特点、想象、再利用、多情感

表4 工业遗产保护与利用的主体及其诉求

主体	诉求	偏好	对应话语
工业企业（衰败型）	保护与利用	利用	城市发展话语
专家（人文社科学者）	保护与利用	保护	遗产保存话语
专家（建筑师、艺术家）	保护与利用	利用	建筑生产话语
房地产开发商	利用	利用	—
政府部门（经济管理·旧）	利用	利用	—
政府部门（经济管理·新）	保护与利用	利用	城市发展话语
政府部门（文化管理）	保护与利用	保护	城市发展话语
民间团体、热心公众	保护与利用	保护	遗产保存话语

度。例如，房地产开发商通常对工业遗产没有兴趣，如果能够直接把旧厂区完全开发成住宅楼盘，大部分房地产开发商会乐意为之。这是由明显的利益决定的。而与之形成极端对立的，则是相关领域的人文社科学者以及民间团体、热心公众，这类群体基本上对遗产持保护态度，而且希望进行复旧性保护，即不改变遗址原貌。同样作为专业人士，建筑师、艺术家群体与人文社科学者的立场就存在差异性，他们虽然也提倡保护，但更在意对旧有空间的再利用，而且出于功能性或艺术性的动机，他们并不介意对历史建筑的外观进行改造。至于政府方面，其态度则因部门而异。例如，文化管理部门会更重视对工业遗产的保护，尤其是当某些工业遗产被鉴定为文物后，保护本身也是法律的要求。但经济管理部门为了城市经济的发展，可能会希望对遗产所占据的空间进行更有效的利用，而这往往意味着对历史遗存的破坏。不过，自从2017年工信部开始推进工业文化发展事业后，相关部门的态度也发生了变化。过去，地方经济管理官员可能会直接把旧厂房拆掉，现在，工业遗产的保护也列入其工作中，就不能再一拆了之了。至于工业遗产的真正主体，也就是大量生产衰败或由于其他原因必须退出既有空间的工业企业，其考虑则是在遗产保护的框架下，取得政策支持，并发展第三产业，继续维持企业员工的生存。总之，工业遗产涉及的主体是多元的，各主体的诉求和偏好也存在差异。

从理想的状态来说，工业遗产的保护与利用，应在不同的话语间寻求共识,以协调各主体的诉求,但就现实而言,不同话语的重要性和地位显然是不一样的。例如,遗产保存话语通常代表了城市乃至社会、国家的长远利益,但城市发展话语则代表了更为迫切的议题。一方面,发展最终是为了民族文化的传承,否则发展将面临价值失范的危机;另一方面,没有发展提供物质基础,文化的传承将难以为继。因此,两者不应对立,但也不能完全等而视之。工业遗产作为文化遗产的特殊性在于工业经济的自我革命性使潜在的遗产生成具有高频性,换言之,工业遗产或潜在的工业遗产实际上处于不断生成的过程中,这种即时性和当下性与以古代文物为代表的传统历史遗产有天壤之别。于是,假如持极端的保护态度,则城市确实将丧失继续发展的空间与潜力。更为直接地说,在实践中要对工业遗产与一般的工业遗存进行区分,并非所有的旧厂房都值得保留。在现代社会里,失去原初经济功能的工业物质生产要素变为工业遗存是常见的现象,但此类工业遗存能否被视为具有文化意义的工业遗产,则需要经过严格的价值评估。同时,价值评估也意味着工业遗产的价值存在等级区别,同一城市的不同工业遗产的价值也是不一样的。毫无疑问,被认定为工业遗产的工业遗存一定具有历史、建筑、科技、景观、审美、社会等多方面的价值。从文化传承的角度看,工业遗产的历史价值应是第一位的。评估工业遗产的价值,首先必须在城市乃至国家发展的历史脉络中对具体的工业遗存进行定位,通过纵向与横向比较,予以综合鉴定。

因此,工业遗产保护与利用的前提在于对工业遗存进行价值评估,从而确立工业遗产的范围与类型,再根据其价值进行相应的规划,制订能最大化满足多元诉求的保护与利用方案。从理论出发,一个较为优化的价值评估流程为:首先,应基于遗产保存话语对工业遗存进行评估,判断其是否为遗产,若确属遗产,其价值具体体现在哪些方面,在综合性的遗产体系中其价值大小如何;其次,遗产保护与利用的主体,应结合现实情况,从城市发展话语的角度对遗产进行再评估,并进行适当的修正,以期理论上的价值评估最终能得到妥善落实;最后,由于绝大部分工业遗产涉及物质层面的空间再利用,故在前面两种评估的基础上,可由实际操作者基于建筑生产话语对方案进行微调。这样一个流程，既能预先对各方进行协调，最大限度地避免在推进过程中争执不下，又能较好地满足工业文化各个层面的功能需求，符合保护工业遗产之本意。

二 武汉市工业遗产的特点与利用模式现状

武汉是中国的工业重镇，无论在历史上还是现实中，武汉的工业在中国工业体系中都具有举足轻重的地位。武汉工业的重要地位也带来了丰富的工业遗产资源。根据对中国知网的检索，早在2007年，就有专门探讨武汉工业遗产的论文公开发表。[①] 2011年以后，武汉市规划研究院对武汉工业遗产进行了较为全面的摸底排查，制定了保护与利用规划。不过，工业遗产具有即时性的特点。不同于存放在博物馆中的文物展品，以建筑和景观为主体的工业遗产深深地嵌入日常生活中，因而会随着时间的流逝继续改变。不夸张地说，工业遗产的状态每年都不一样。而由于保护工作的相对滞后性，以及武汉目前正处于大建设阶段的现实市情，一些工业遗产并没有得到应有的保护，实地走访所见情景常与文献记载及新闻报道有较大偏差。因此，本报告的论述主要基于2017年的最新调研。

（一）武汉工业遗产的特点

武汉是中国的工业重镇，工业遗存资源较为丰富。就目前来看，武汉工业遗产具有以下特点。

1. 涵盖时间跨度长，资源类型丰富

中国的工业化始于19世纪60年代，武汉恰于19世纪60年代成为通商口岸，在引进工业文化方面得风气之先。19世纪末，张之洞在武汉创办了汉阳铁厂等大型企业，使武汉成为当时在亚洲也少有的近代工业城市。辛亥革命以后，民间资本进一步成长，武汉继续作为中国的工业中心之一得到发

---

① 胡怡婷、严鹏：《武汉近代工业遗产初探》，《中国集体经济》（下半月）2007年第7期。

展。新中国成立后，国家对武汉进行了大量投资，武钢、武重、武锅、武船等一批大型骨干企业兴起，与各类地方国有企业一起，构成了极具特色的"武字头"工业企业体系。改革开放后，武汉的经济开发区、"光谷"等成为新的工业增长点，制造业依然是武汉经济的命脉。而在整个武汉工业史上，不同代际的企业都产生了遗存，这就使武汉的工业遗产能够涵盖几乎整个中国工业史的各个阶段，在中国只有少数城市有此资源（见表5）。

表5 按时段划分的武汉工业遗产类型

历史时段	类型	代表
晚清	洋务运动工业遗产	汉阳铁厂遗存
民国	近代民族资本工业遗产	第一纱厂钟楼、南洋兄弟烟草公司大楼、荣家福新第五面粉厂
晚清—民国	近代外国资本工业遗产	平和打包厂、西门子洋行
20世纪50~70年代	新中国工业遗产	武汉长江大桥、武重大门、武锅厂房、武汉铜材厂、武汉轻型汽车制造厂、汉阳鹦鹉磁带厂、武汉电视机总厂

一般认为，中国的工业化开始于洋务运动创办的江南制造局、福州船政局等军工企业，张之洞在武汉创办的企业尽管时间稍晚，但影响力更大，"汉阳造"的美誉传遍天下，武汉能有洋务运动工业遗产是非常难得的。

2. 拥有具备原初经济功能的活态遗产

所谓"活态遗产"，学界有各种定义，此处使用这个概念，用来称呼那些仍然具备原初经济功能的工业遗产。例如，武汉长江大桥是名副其实的工业遗产，但迄今仍是一桥飞架南北、沟通大江两岸的国民经济大动脉，承担着设计、建造之初的经济职能。再如，汉口合作路的西门子洋行等建筑，虽然早已不再由原企业拥有、运营，但建筑本身仍然作为办公楼在使用，业态并未出现较大改变，这也是具备原初经济功能的典型。这类工业遗产在武汉数量不少，在保护与利用方面的问题一般不大，不存在转型难题。

3. 生产场所遗存偏少，非生产场所遗存较多

工业企业的运营，简略地说，主要包含车间生产与非车间生产的办公活动。目前，武汉工业遗产的特点是，厂房、车间等生产场所遗存偏少，而办公楼、仓库、住宅等非生产场所遗存较多。实际上，汉口原租界地区的大量近代工业遗产，几乎是非生产、制造场所。这一特点的优势在于，以办公楼为代表的大量遗存仍然具有原初经济功能，可以作为活态遗产很好地利用。但是，生产制造毕竟是工业经济的核心，生产场所在景观、教育等意义上是更为重要的工业物质遗产。或者说，以烟囱、厂房等景观为代表的工业遗存，是真正具有文化与美学意义上的工业风格与特征的。因此，生产场所遗存偏少，是武汉工业遗产的一个劣势。

4. 总量大而分布零散，单体建筑多于成片景观

武汉主城区由两江隔成三镇，在历史进程中逐渐形成了若干工业区。19世纪60年代，汉口开埠通商后，沿长江的租界区里开始有外资设厂，其后也引发了民族资本投资。在沿汉江的硚口区，民国时期以后逐渐形成了包括纺织厂、面粉厂与肥皂厂等企业在内的工业集聚区。汉阳的工业发展得益于张之洞督鄂期间的重工业建设，同时，张之洞还在武昌江边投资建设了纺织企业，民国时期也形成了纺织工业区。新中国成立后，三镇旧有的工业区继续发展，而在过去的青山、沙湖、洪山等近郊，武钢、武重、武锅等大型企业建立了起来。改革开放后，武汉的工业布局在市场经济条件下发生重组，市中心的工业企业或者衰落，或者向江夏区、东西湖区、经济技术开发区等处搬迁，这就形成了大量工业遗产。然而，由于保护意识不强等综合因素的作用，真正完整保留厂区的工业遗产并不多见，单体建筑遗留较多，这就使武汉工业遗产的分布更为零散。而零散分布的工业遗产在利用上存在更多规划与设计困难。

综上所述，武汉的工业遗产时间跨度长，历史类型资源种类丰富，而且拥有不少活态遗产，但具有典型工业风格的生产场所遗存偏少，且总量大而分布零散，单体建筑多于成片景观。

（二）武汉工业遗产的利用模式与潜力

武汉工业遗产的总量丰富，因此有各种利用模式。除仍具有原初经济功能的活态遗产外，其余工业遗产的利用模式主要有以下几种。

1. 楼盘开发与零星遗存

武汉市大部分已经得到利用的工业遗产，实际上都进行了楼盘开发，只留下作为不可拆除的零星建筑文物点缀其间。在较早阶段，武昌江边聚集着国棉二厂等成片纺织厂，后来因企业破产、拆迁等，被开发为住宅小区和商业楼宇，目前只有缺乏工业建筑特征的民国时代第一纱厂的办公楼保存下来，作为几乎唯一的工业遗存。此后，随着工业遗产保护意识的增强，在武汉重型机床厂、武汉锅炉厂等大厂搬迁重建过程中，老厂区的工业遗存得到了更多的保留。武汉重型机床厂整体搬迁后，对原厂区进行了地产开发，保留了作为文物的正门，在小区内部进行了具有工业风格的装饰，利用一处车间的框架建立了小型运动场，保留了最具工业风格的烟囱，并配备了运货火车。尽管这一孤立的工业建筑保留与再利用只能起到景观作用，但仍然发挥了工业遗产保存社会集体记忆的功能，只不过其作用范围有限而已。同样作为巨型企业的武汉锅炉厂的原厂区，也被开发成了大型住宅楼盘，但是较完整地保留了一处车间，被改造为文化创意产业办公用地，集合了书店、小剧场等，人气尚旺。

目前，除了仍在生产运营的武钢外，武汉主城区内基本再无原武昌成片纺织厂、武重、武锅式大型工业区，故短期内能够再进行同等程度楼盘开发的工业遗存资源几乎不存在。当然，包括武汉电视机总厂、中原无线电厂等在内的工厂厂区仍有住宅楼盘开发的潜力，但这类企业属于中小型规模的工厂，故不在此种类型之列。

2. 厂区整体利用为新产业园区

一般而言，工业企业的厂区被整体利用，转型为新的产业园区，是工业遗产再利用的较理想形态。在这种模式下，一方面，工业遗产的整体景观与风貌得到了保留；另一方面，工业遗产的空间与建筑得到了再利用，而且还能够产生新的经济功能，可谓同时切合了遗产保存、城市发展与建筑生产这三种话语。在中国，此类利用模式最著名的例子莫过于北京798园区，武汉也有若干类似园区。

（1）汉阳鹦鹉磁带厂的再利用

龟山脚下的"汉阳造"在武汉属于较早且较有名的文化创意产业园区，

在建设之初基本上仿效了北京798园区模式。目前的"汉阳造"实际上是原鹦鹉磁带厂的厂区，规模不大，工业景观不突出，但拥有可引发文艺怀旧情结的红砖房等建筑，又处在交通较为便利的龟山－月湖风景区内，加上最早借用了张之洞"汉阳造"的名号，故有形资源与无形资源均较为丰富。"汉阳造"园区的经营经历过战略调整，目前基本上确定了以广告产业园区为主的发展方向，从实地调研情况看，尚点缀有若干文创企业。可以说，利用"汉阳造"的名片与多年来积累的名声，鹦鹉磁带厂工业遗产的再利用有较大的发展空间。未来，龟山北片的汉阳特种汽车厂旧厂区或被一并划入，则园区体量将增大。

从工业遗产价值的角度分析，以鹦鹉磁带厂为主体的"汉阳造"创意产业园区的主要优势在于"汉阳造"的无形资产与便捷的交通区位，但其实际历史文化价值、建筑遗产价值与工业景观价值均有限。未来，"汉阳造"园区在确定将广告产业作为主业后，其商业色彩势将比文化色彩更浓，如何在保证主业盈利的同时仍保留过去的文艺吸引力，是园区必须思考的问题。

（2）武汉轻型汽车制造厂的再利用

位于硚口区的武汉轻型汽车制造厂是一家小型汽车制造厂，历史上以生产吉普车和客车为主，对以规模生产为特色和以轿车制造为核心的汽车工业来说，缺乏市场竞争力，故走上了衰败之路。不过，武汉轻型汽车制造厂的工业遗产保护与利用，从形态上看较为理想。首先，汽车是现代工业最重要的产品之一，本身就具有文化上的吸引力，这种可做文章的无形资源是武汉轻型汽车制造厂工业遗产的天然优势。其次，园区历史建筑保存较为完整，尤其是将汽车制造的厂房保留了下来，其建筑均标注了对原厂房车间及办公楼、仓库、食堂等的介绍，在遗产保护方面比较好地保留了厂区的历史原貌。最后，园区既包含一个硚口文化遗产的小型博物馆，又引进了餐饮、房车、娱乐、物流等企业，在经济上对工业遗产有充分的再利用。

目前来看，由武汉轻型汽车制造厂改造而成的"汉口壹号"具有一定的品牌效应，其主要发展方向应为中式餐饮及娱乐业，这两种行业虽与工业遗产通常的风格气质不符，但具有很强的经济上的可持续发展性，从城市工业遗产再利用多样性的角度考虑，也值得鼓励。

(3) 武汉铜材厂的再利用

武汉铜材厂是硚口古田工业区最具特色的工业企业之一，对武汉工业史来说，有时段与类型上的代表性，颇具文化价值，企业衰败后也转型为新园区。武汉铜材厂工业遗产的保护与再利用时间较早，而且分为公益与商业两部分。在公益部分，武汉铜材厂旧址较早建立了硚口民族工业博物馆。实际上，汉阳钢厂的"张之洞与汉阳铁厂博物馆"是全国较早倡议建立城市工业博物馆的主体，但由于直到目前为止，依然缺乏政府介入，故不仅未成气候，而且武汉的工业博物馆建设在规模与力度上早已大大落后于全国其他传统工业城市。硚口民族工业博物馆因有硚口区政府的介入，在规模与内容两方面，反而走在了"张之洞与汉阳铁厂博物馆"的前面。而除博物馆外，武汉铜材厂的基本建筑都得到了保留，包括具有典型工业景观的烟囱与厂房或车间等，因此，武汉铜材厂的工业遗产得到了较好的保护。不过，在园区运营方面，武汉铜材厂园区似乎遇到了一定的问题。据最近的调研看，园区仍在继续建设中，而未来的主导方向将是电子商务园区。

目前，在武汉的工业遗产中，明确由政府介入建立工业博物馆的案例仅武汉铜材厂遗址，这是该遗址在遗产保护上的极大优势。但是，武汉铜材厂工业遗产位置稍显偏僻，且周边仍为正在生产运营的企业，在文化产业的人气聚集方面处于劣势。至于园区拟订的电商方向，则须待实践检验。

(4) 荣家福新第五面粉厂的再利用

荣氏家族是近代中国最具实力的民营工业企业家，有"棉纱大王"与"面粉大王"之美誉。荣家在中国各地进行了广泛的投资，其中就包括硚口区的福新第五面粉厂和申新第四纺织厂。极为遗憾的是，申新第四纺织厂厂房已经荡然无存，只有汉江边的福新第五面粉厂厂房还得以保留。在最近的调研走访中，有消息称某房地产开发商希望拆除面粉厂厂房，若消息属实，无疑是极为短视的。目前，武汉市的工业遗产虽然号称数量多，但真正建立于1949年前的生产性空间遗存屈指可数，不少遗产可追溯时间较短。原租界区大量近代时期的优秀历史建筑,尽管也被相关机构视为工业遗产,但严格说来,很多建筑只是行政办公楼或住宅,不是工业遗产的核心组成部分,也不具备典型的工业景观。例如,中山大道上的南洋兄弟烟草公司大楼只是办公楼,而非工厂。再如,一般所认为的汉口金业里旁的荣家故居,只是住宅。事实上,1949年以前遗留下来的相对完整的工业制造场所遗存,目前只有福新第五面粉厂最具典型性,是武汉市屈指可数的真正的近代工业物质遗产之一。如果福新第五面粉厂遗址被拆除,武汉市的近代工业遗产将陷入徒有虚名的窘境。

目前,福新第五面粉厂厂房尚得以保留,并已出租给包括酒庄、摄影公司在内的若干企业办公。但整体来看,厂房内部的保护与再利用都不尽如人意,而且遗址仅为单体独栋建筑,无法构成真正意义上的园区。从遗址所处的地理环境来看,目前不仅交通不便,而且周边环境恶劣,人气亦不旺。因此,如何有效地保护与开发这一弥足珍贵的工业遗产,是一项艰巨的课题。

3. 在遗址基础上建立博物馆

将工业遗产打造为工业博物馆,是工业遗产保护与利用的通行思路。必须指出的是,国外不少工业遗产公园或博物馆要收取门票和其他游览项目费用,但中国目前的博物馆,一方面存在免费政策,另一方面也存在小众型博物馆收费后会降低参观吸引力的困境。因此,博物馆的建设主体与资金来源在此类利用模式中至关重要。

目前,武汉市的专门性工业博物馆不多,明确在馆名中带"工业"字样又建于工业遗址上的,只有硚口民族工业博物馆。该馆与新产业园区连在一起,从整体上对武汉铜材厂工业遗产构成了有效的保护。不过,该馆藏品偏少,且布展设计不尽专业,未能有效地突出硚口工业发展历史的特色,再加上交通不便,有待进一步完善。汉阳钢厂的"张之洞与汉阳铁厂博物馆"也属于工业博物馆,但该馆因与张之洞挂钩,冲淡了工业主题。除此之外,中山大道的南洋兄弟烟草公司大楼因曾作为武汉国民政府办公楼,也开辟了相应的博物馆,但与工业基本无关联性,严格说来不应视为工业遗产的再利用。真正与工业遗产有密切关系的博物馆是詹天佑故居,但该馆不涉及生产制造这一工业的核心内容。

因此,就建立博物馆这种工业遗产的利用模式而言,武汉滞后于上海、沈阳、北京、天津、唐山、青岛、重庆、柳州等城市,这与武汉工业在中国历史上的地位是极不相称的,也从侧面说明了武汉工业遗产保护缺失真正主体的现状。

三 利用武汉工业遗产发展文化产业的若干构想

工业遗产的保护与利用本身可以视为一种文化产业。由于诉求的多元性,工业遗产作为一种事业,兼具公益性与商业性,如何掌握两者之平衡至关重要。目前,武汉工业遗产虽然名义上资源类型丰富且总量大,但由于工业主体不突出且分布零散,眼前可用于开发的存量有限。而由于每处工业遗产的管理主体不同,也需要在建立统一管理机制的前提下因地制宜地进行规划。

(一)武汉工业遗产短期可用资源

武汉中心城区大量的工业遗产实际上已无再开发之余地,如武重旧址,目前仅能维持文物的保护现状,武锅旧址也只能维持所保留车间内的文创产业运营。汉阳鹦鹉磁带厂、武汉轻型汽车制造厂等工业遗产,已经有较为成熟的园区运营模式,只能进行细部完善。至于武汉长江大桥、武钢等活态遗产,尚在有效执行原初经济职能,也无法从整体上按照工业遗产保护与利用的思路进行再开发。因此,短期内武汉工业遗产可供大规模开发利用的资源是有限的。兹列表分析如下(见表6)。

(二)文化先行:创建工业博物馆的构想

文化产业既具有"文化"性,又具有"产业"性,但文化无疑是必须先行沉淀的基础与前提。就工业遗产保护与利用来说,如果不首先确认工业遗存的历史与文化价值,则各类时间上离当下不远、审美上缺乏突出优势以及

表6 武汉工业遗产目前可用资源

名称	文化价值	可开发价值	优势	劣势
汉阳钢厂	1. 从工业文化的角度传承"汉阳造"; 2. 车间、厂房已成功申报文物	1. 工业博物馆; 2. 文化产业园区	1. 尚保留完整厂房; 2. 文化传承意义与"汉阳造"知名度; 3. 工业景观特征鲜明; 4. 交通相对便利	1. 长期依托张之洞而冲淡工业主题; 2. 遗产主体为特困企业,自主开发有困难
荣家福新第五面粉厂	1. 武汉所剩无几的近代生产性厂房遗存; 2. 近代中国工业史的见证	1. 商业办公; 2. 工业博物馆	1. 保留完整厂房; 2. 文化传承意义与荣氏家族知名度; 3. 工业景观特征较明显	1. 交通不便; 2. 周围环境不协调; 3. 单体建筑,缺乏空间
龟山北工业遗址（汉阳特种汽车厂）	从工业文化角度传承"汉阳造"	1. 文化产业园区; 2. 工业博物馆	1. 保留旧厂房; 2. 文化传承与"汉阳造"知名度; 3. 毗邻"汉阳造"创意园区; 4. 交通便利	1. 历史价值有限; 2. 工业景观不够突出
平和打包厂	1. 优秀历史建筑; 2. 近代生产性厂房	文创产业	1. 历史悠久; 2. 交通与周边环境优越; 3. 具有一定可利用空间	1. 工业景观不够突出; 2. 历史上属于殖民经济产物,教育意义受限制
大智门火车站遗址	1. 工业文化传承; 2. 优秀历史建筑	工业（铁路）博物馆	1. 历史悠久; 2. 建筑美观; 3. 武汉尚无铁路博物馆; 4. 交通与周边环境优越	1. 建筑周边放置火车的空地有限; 2. 建筑所有者的意愿

空间用途功能受限的厂房、车间、仓库等工业遗存有何必须保留之必要性？因此，工业遗产的文化价值挖掘是保护与利用的前提。但在这一点上，目前武汉市尚未充分做好相关工作，且落后于其他同类城市。

如前文所述，目前武汉在工业遗产基础上建立的工业博物馆的规模不大，级别也不够高。硚口民族工业博物馆仅局限于硚口区，"张之洞与汉阳铁厂博物馆"则过于局限在张之洞这一人物身上。与之相比，沈阳工业博物馆则利用了铸造厂遗址的巨大空间，展示内容尽管不可避免地带有沈阳地方特色，但以武汉所不具有的雄心贯穿了整个中国工业发展史，并尽可能涵盖了各个门类。上海目前虽无综合性工业博物馆，但无论是烟草博物馆、电信博物馆、汽车博物馆、航海博物馆、纺织博物馆还是部分企业自设的博物馆，都已经体现出丰富的层次性与齐全性，且上海与武汉都是近代口岸城市和新中国成立后的工业重镇，其同类型工业遗产资源保存比武汉要多。天津、唐山等城市则依托地方资源，在工业遗址上建立起了机械工业博物馆、水泥工业博物馆、矿山博物馆等，其保留的生产现场遗存的专业性和展示价值要高于武汉的几家工业博物馆。而自从工信部推广工业文化事业后，明显可见重庆在工业遗产的宣传与文创方面不遗余力，但最早召开相关会议的湖北与武汉，迄今仍无声无息。因此，假如从文化产业的角度谈对标性竞争的话，武汉的工业遗产保护与利用工作可谓先行一步，但因缺乏实质性措施而有所滞后。

因此，为了对武汉的工业遗产有一个集中的展示，建议由市政府相关部门牵头，加速武汉工业博物馆建设。具体设想包括以下几个方面。

1. 建立武汉工业博物馆联盟体系

武汉工业遗产具有分布零散且单个遗址体量偏小的特点，因此，可以建立工业博物馆联盟体系，变遗址分散的劣势为全城遍布博物馆的优势。具体来说，可设立一个由市政府牵头的机构作为武汉工业博物馆联盟的中心，起协调、研究与对外统一交流（含申报各类项目）的作用，在中心之下，各工业类博物馆保持自主性与独立性，但须多挂一块"武汉工业博物馆·某某馆"的牌子，以显示一定的统一性。这样一来，既从名义上统一了分布零散、主体各异的工业博物馆，起到集中展示作用，又能不受各馆事实上难以实质性统一的束缚，将市政府的管理与财务成本降到最低。至于这样一个起中心作用的机构，既可在政府内单独设置，也可由政府依托高校研究机构共建。该中心最低限度必须由市政府相关部门牵头、挂名,以确保其权威性。而与高校共建,在智力资源、成本分摊上有额外的优势。同时,该中心组建后,可选择在一家博物馆内设置办公场所,以贴近现场,从景观、名气、人气和历史价值等方面考虑,建议在汉阳钢厂或龟山北工业遗址("汉阳造"创意园区)内设置办公场所。

2. 主体博物馆与多处展示厅相结合的体系

博物馆的建设与运营成本都很高,在武汉这种工业遗产散点分布的格局下,将每一个点均打造成组织、功能完整的博物馆,既无文化价值上的必要性,也会增加财政负担。因此,建议在联盟机制下,建立2~3家主体博物馆与多处简易展示厅相结合的工业遗产博物馆体系。事实上,展示厅的形式可以多种多样,从最简单的纯展板,到具有声、光、电设备的街头博物馆,可因地制宜地进行建设。例如,在平和打包厂内,可设置展板,对近代租界工业进行整体性的介绍。在武锅保留车间遗址内,可对"武字头"企业进行介绍。在荣家福新第五面粉厂、武汉轻型汽车制造厂遗址内,目前虽已有一些介绍,但还可加大介绍力度。而武钢博物馆这一企业博物馆,实际上并非严格意义上的工业遗产,但也是现成的可利用的资源。

至于主体博物馆,除前述武钢博物馆这一由企业运行的非遗产型工业博物馆外,可选择强化建设硚口民族工业博物馆与汉阳钢厂博物馆。硚口民族工业博物馆已有良好基础,需要强化的是藏品收集与整理,以及展示内容如文字介绍的充实。汉阳钢厂博物馆的建设则可以作为重点。目前,汉阳钢厂厂区整体上已被保护下来,这也是武汉主城区内最具工业景观价值的已成规模的工业遗存。然而,汉阳钢厂博物馆的问题在于,一方面,厂区边缘已由万科参与投资建设具有现代风格的新馆,新馆因风格过于现代,理论上本不适合作为工业遗产博物馆,且万科方面目前无意在馆名上加上"工业"二字;另一方面,汉阳钢厂工业遗址从文化上传承"汉阳造",具有与名人张之洞相关联的特定优势,但如果仅与张之洞相关联,实际上也会受到极大的限制,难以真正发挥其对武汉市工业遗产利用极为难得的价值。建议武汉市政府相关部门出面协调,利用汉阳钢厂转炉车间等文物的空间,真正在工业遗址的基础上建设一个不仅仅局限于张之洞博物馆的中小型工业博物馆，在突出"汉阳造"的同时，以武汉工业整体发展为脉络，反映整个中国的工业发展历程。这样一个博物馆如能建成，可作为武汉工业博物馆联盟的中心馆，其管理权也可由汉阳钢厂移交市政府。由于该转炉车间体量不大，且武汉市整体上采取联盟体系建设工业博物馆，以转炉车间为基础建立的中心馆交由市政府管理后，可实现公益化运营且财政负担不大。该馆建成后，场馆自身体量虽小，却能与万科投资所建张之洞博物馆相互照应，且嵌入整个厂区的景观之中，受到整个周边环境的天然补助与充实。

3. 利用科研优势打造非物质工业遗产中心

根据国际标准，档案、文书、图纸、文献、口述资料等也是工业遗产的重要内容，这类工业遗产不具备建筑厂房的直观性，也无法像机器设备或照片那样进行充分展示，但它们承载了工业遗产更为本质性的文化传承功能。因此，从国际上说，工业遗产的保护与利用向来就包含工业遗产的研究与教学。

工业遗产研究的基础是工业史，目前，武汉在该领域内处于国内学界领先地位。工信部工业文化发展中心在全国高校中率先与华中师范大学合作成立首家中国工业文化研究中心，该中心不仅具备强大的科研实力，而且在工业企业档案、文献、口述资料的收集上也具有全国领先的水平。建议武汉市利用该中心的这一优势，打造非物质工业遗产中心，在"汉阳造"园区或其他合适的工业遗址内设立工业遗产研究与资料中心，在科研的基础上开展咨询服务与培训业务，承接各级各地政府与各类企业的相关项目，组织或承接相关培训，建设数据库，充分挖掘与发挥工业遗产资源的实际价值。实际上，仅相关资料搜集与保存这一项，就足以使武汉在该类型工业遗产领域内起到引领作用。

文化是城市发展的软实力，文化创意转化为实际产品，还能创造经济效益。工业遗产不仅仅是那些老厂房、旧机器，在物质遗存的背后，还有很多故事可以挖掘，用来创作小说、戏剧、影视作品等，在传播先进文化的同时，还可以繁荣城市经济。目前，武汉工业遗产在这方面发挥的作用还非常有限，究其原因一是相关研究不够深入或不具有创新性，二是相关研究成果的转化缺乏相应的渠道与配合机制。因此，从科研优势入手，打造非物质工业遗产中心，也是提升武汉文化产业竞争力的一条途径。

4. 博物馆与文化产业园区建设相结合

博物馆与文化产业园区建设相结合是国际通行的工业遗产再利用的基本思路，可以兼顾保护与发展等多种诉求。前文的建议已多少涉及这个问题。更为具体地说，目前武汉市在该领域内的重点工作，应该是如何用好汉阳钢厂的工业遗产资源。首先，在万科所建张之洞博物馆新馆之外，利用转炉车间建设真正意义上的工业博物馆极为必要。其次，在转炉车间之外，将汉阳钢厂被整体保留下来的厂区改造为文化产业园区已是大势所趋，但该园区具体选择何种主要产业作为发展方向，建议仍由市政府相关部门牵头，广泛发动社会力量，群策群力，提供科学的决策依据。由于这项工作必须专门研究与推进，此处无法展开论述。最后，参考重庆等兄弟城市的先进经验，武汉市在具体推进工业遗产保护与利用工作的同时，应加强宣传，可依托研究机构，组织征集文物、口述材料等活动，在媒体上营造有利于工业遗产开发工作的社会氛围。

B.5
武汉汉绣产业发展报告
——遍地开花繁如锦,养精蓄锐待发力

王亚汝*

摘　要： 汉绣历史悠久,是湖北最具特色的绣种,具有很高的文化和经济价值。近年来,在政府的支持和引导下,汉绣在传承保护的基础上开始转化为产品并进入市场,汉绣产业也成为武汉独具特色的产业。本报告从汉绣产业的发展历程、发展现状以及存在的问题等方面对武汉汉绣产业进行剖析并提出了汉绣产业未来发展的对策建议,以期对武汉汉绣产业发展提供借鉴。

关键词： 汉绣产业　地理标志　发展路径

汉绣历史悠久,其源头可追溯到两千多年前的楚绣,它是以楚绣为基础,依托两湖长江中游地区民间刺绣,经历代绣娘传承发展,融汇南北诸家绣法之长而产生的富有鲜明地方特色的新绣种。汉绣是一种地域性的特色手工艺,以荆州、武汉、洪湖为主,广泛流传于江汉平原,并辐射到湖北广大地区。汉绣以"平金夹绣"为主要表现形式,分层破色,对比强烈。汉绣的地域性、传承性特征鲜明,具有很高的历史、科学和教育价值,于2008年被列为国家级非物质文化遗产。

---

* 王亚汝,华中师范大学国家文化产业研究中心硕士研究生,研究方向:文化资源与文化产业。

一 汉绣产业发展历程

汉绣始于汉代,兴于唐,盛于清。① 乾隆年间,汉绣在江夏地区迅速发展。据相关史料记载,从清初到乾隆年间,汉绣艺人遍布长江南岸的江夏、武昌等地,并集聚于武昌的塘角、督府堤、青龙巷以及白沙洲一带。1796年,逐渐开始传入汉口。咸丰年间,汉口设有刺绣局,集中各地绣工绣制官服和各种饰品供统治者使用。② 随着太平天国运动的爆发,大批汉绣艺人纷纷逃离武汉,曾任武昌绣局专职高级技师的吴氏汉绣创始人吴文琇举家搬迁,辗转到达今洪湖一带,并在此开办绣铺,自此汉绣传入洪湖,再传到荆州,最后形成在三地蓬勃发展的态势。1862年,武昌郑氏兄弟携艺在汉口长堤街开设绣铺,其后在大夹街、万寿宫一带陆续开设数家绣铺,自此刺绣重心移向汉口,各类绣坊开始云集汉口万寿宫周边。1875~1908年,汉口万寿宫一带共有32家绣铺,形成了一条远近闻名的绣花街。时有绣工500余人,连同店外做包活的绣工共计2000余人。③ 绣花街的形成进一步扩大了汉绣的影响力,绣品开始供不应求,使得周边的汉绣外加工地范围不断扩大。至清末,汉绣产业达到鼎盛,在武昌、白沙洲、积玉桥、汉口黄陂街、大夹街一带有许多绣铺和绣花一条街。

辛亥革命前后,武昌的粮道街、督府堤、青龙巷及汉口绣花街都设有绣局、绣衣社、学社、绣货公司、绣庄、绣铺、绣店、绣坊等,另设有绣货租赁公司等。④ 当时,绣业发展繁盛,绣品根据质量分为高、中、低档,绣费很高,高质量绣品的绣工可以靠绣费维持生计,所以当时武昌绣业出现"无女不绣花,无男不驾船"的盛况。汉绣行业还有自己的行业帮会,主要

---

① 胡嘉猷、邱久钦:《荆楚百项非物质文化遗产》,湖北教育出版社,2007,第124页。
② 湖北省地方志编纂委员会办公室编《湖北省志资料选编》(第一辑),内部资料,1983,第161页。
③ 胡嘉猷、邱久钦:《荆楚百项非物质文化遗产》,湖北教育出版社,2007,第124页。
④ 冯泽民:《汉绣与非物质文化遗产保护文集》,武汉出版社,2011,第16页。

有武昌帮和汉口帮。

第二次世界大战中，侵华日军将军火库建在距离绣花街不足千米之处。1943年，美军对日军军火库进行轰炸，名噪一时的绣花街毁于一旦，绣花厂随即转入农村，刺绣工艺幸免于难。随着抗日战争的结束，国民生活趋于稳定，又有20余家绣铺相继在万寿街重新开业，经营汉绣。但内战的爆发又让汉绣遭受劫难，生存面临危机。

新中国成立以后，汉绣得到一定程度的恢复，但绣铺数量逐减。到20世纪40年代末，汉口仅存万寿街9家绣铺勉强维持。[①] 随着新中国合作社运动的开展，汉绣产业又重新繁荣起来。汉绣产业生产规模不断扩大，各地汉绣艺人生产积极性高涨。武汉成立了汉绣戏剧用品厂，大量的优秀汉绣艺人在此进行生产、培训绣工，将汉绣艺术特色和技艺提升到了新高度，一些艺术精品曾被用来装饰人民大会堂，武汉汉绣艺术走向了辉煌。

"文革"结束以后，随着思想的解放，传统剧目开始恢复，戏剧服装及演出服的定制使武汉戏剧用品厂的传统剧装在全国有了一定的地位和影响，汉绣也得到了极大的繁荣。1981年武汉戏剧用品厂生产的汉绣大蟒袍在全国"剧装定制产品"比赛中获得第三名。这一时期武汉地区的汉绣产品由原来的戏衣发展到绣花帐帘、被面、枕套、服装等10多个品种。除此之外，在汉绣艺术品领域也出现了一些优秀作品。

20世纪90年代，随着市场经济的发展和企业改制的推进，传统手工艺技术受到巨大冲击，特别是洪湖、武汉等地的汉绣传统手工艺作坊、企业相继破产，汉绣产业走向衰退，主力军"绣娘"散落各地，纷纷转行谋求生计，汉绣几乎绝迹，只有少数艺人从事汉绣工作。2003年，武汉绣花街上汉绣第四代唯一传人任本荣先生在武汉成立了汉绣工作室，大力发扬汉绣技艺。2008年，汉绣入选国家级非物质文化遗产，被遗忘的汉绣重新回到人们的视野，对汉绣的抢救、保护和传承为汉绣产业的发展打开了局面。

---

① 左尚鸿、张友云：《荆楚国家级非物质文化遗产》，湖北长江出版集团，2008，第206页。

二 汉绣产业发展现状

近年来,随着对非物质文化遗产生产性保护力度的加大,以及推动特色文化产业发展的政策引导,武汉汉绣产业走出了"文化+旅游"的融合之路,产业发展取得了一定的成效。

(一)政府持续发力,推动汉绣产业化进程

为保护和传承汉绣技艺,促进产业发展,政府出台了一系列政策。2011年,湖北省人民政府审议通过《湖北省传统工艺美术保护规定》,指出"县级以上人民政府应当加强对传统工艺美术保护工作的领导,制定传统工艺美术行业发展规划,采取有效措施,促进传统工艺美术的保护和发展",从而确立了政府在发展工艺美术行业的地位,为各级政府的工作指明了方向。2012年11月6日,武汉市人民政府办公厅发布《关于加强汉绣保护工作的通知》,积极推进汉绣项目进行生产性保护和品牌化发展。2014年,湖北省出台《非物质文化遗产保护条例》,指出要充分发挥非遗资源的特殊优势,在有效保护的基础上,合理利用非物质文化遗产代表性项目,开发具有地方特色、民族特色和市场潜力的文化产品与文化服务,为汉绣产业发展指明了方向。2016年,武汉市政府审议通过了《武汉市非物质文化遗产保护条例》,鼓励、支持建立非物质文化遗产传承基地(园区),为非物质文化遗产代表性项目的代表性传承人设立工作室,开展传承、传播活动。鼓励、支持公民、法人和其他组织结合民族节庆、本地民间习俗等,开展非物质文化遗产代表性项目的展示、展演、体验等活动。

在一系列政策的指导下,各级政府高度重视汉绣的传承与保护,持续发力,推动汉绣产业化进程。2011年,武昌区在昙华林打造了汉绣基地。2012年,汉阳区在高龙城·国家非物质文化遗产生产性保护示范基地为汉绣非遗传承人任本荣先生设立工作室,并建立汉绣博物馆。2017年,江汉区将黄春萍汉绣艺术馆落户江汉区汉绣保护基地,进一步集中了优势力量,

提升了汉绣的影响力。除了设立基地、工作室等传承保护机构外，政府还通过支持开办展览、论坛、艺术节等形式宣传汉绣，扩大汉绣的影响力。在武昌区政府的大力促成下，2011年在湖北省工艺美术所举办了湖北省"首届楚风汉韵刺绣精品展"，2013年扩大为"汉绣文化节暨楚风汉韵刺绣精品展"，通过"汉绣论坛""汉绣讲堂进社区""汉绣作品展""汉绣服饰艺术时装秀"等活动，系统展示了汉绣文化的发展成果，进一步扩大了汉绣的影响力。2015年，汉绣文化节如期举办，唯美的汉绣服饰秀、精致的汉绣精品展，展示了传承创新的汉绣文化。

（二）大批绣坊涌现，汉绣产业构架基本形成

在武汉市各级政府的支持下，武汉汉绣产业坚持正确的导向，在传承、保护的基础上积极进行生产性开发，使汉绣产业得到进一步发展，汉绣产业构架基本形成。

1. 培养了大批绣娘，为产业发展提供人才基础

随着汉绣产业的几起几落，汉绣人才散落各地，且人数锐减。刺绣人才的缺乏成为汉绣市场发展面临的最大困境。黄春萍秉承传承汉绣技艺宗旨，自2008年就开始招收学员，培训汉绣人才。经过多年发展，累计招收学员超过7000人，为汉绣产业发展培养了大量的人才。昙华林汉绣基地也在杨小婷的带领下培养了大批刺绣人才。据统计，截至2013年，汉绣基地已由当初的不到50人发展到拥有上千名绣友。2017年，汉绣以昙华林为窗口向周边发展，已由当初的不到20人发展到过万人。同时，在政府的推动下，汉绣传承人任本荣及其团队积极与高校合作，并进入大学对相关专业学生进行授课培训，培养了一批高素质的汉绣人才，为汉绣产业的发展输送了源源不断的刺绣人才。

武汉高校在汉绣人才培养中也做出了诸多努力。武汉纺织大学成立汉绣湖北省非物质文化遗产研究中心，成功承办"首届汉绣与非物质文化遗产保护学术研讨会"，出版非物质文化遗产研究文集；在专业老师的指导下，学生创办汉绣研究与创业团队，入驻校大学生创业基地，深入武汉、荆州、

红安等地调研汉绣,获得了湖北省挑战杯特等奖、全国"挑战杯"大学生学术科研竞赛三等奖等奖项。经过前期的积淀,学院积极筹备、组织,武汉纺织大学从2012年开始面向全校学生开办汉绣研习班,让有志于此的学生在这里学习汉绣的传统技艺,了解汉绣的发展历程,传承汉绣文化。[①] 武昌理工学院举行汉绣户外秀,绣娘们在展示汉绣手艺的同时,还手把手地教前来参观的大学生学习汉绣技艺。参加活动的绣友都是湖北第二届汉绣高级研修班的学员,他们希望通过此次户外秀向大学生展示汉绣魅力,将汉绣艺人的手法与大学生的想象力相融合[②],培养创新型汉绣人才。

2. 形成了一批绣坊和工作室,市场初具规模

随着2011年汉绣基地暨杨小婷汉绣研究室落户昙华林,2013年第一家民营汉绣博物馆在汉阳江欣苑建立。武汉汉绣市场呈现遍地开花的繁荣景象,绣坊和工作室遍布武昌、汉口、汉阳三地。武昌区主要集中在汉绣基地昙华林和红巷艺术城黄春萍工作室锦绣坊,户部巷等古巷老街和旅游景点也有零散分布;汉口区主要集中在汉绣传承人工作室,如任本荣汉绣工作室、姜成国工作室等;汉阳区则主要集中在江欣苑的汉绣博物馆和2013年入驻的任本荣汉绣工作室。

(1) 武昌区——昙华林汉绣基地

2011年武昌区人民政府在昙华林打造了汉绣基地,由湖北省工艺美术大师杨小婷担任艺术总监,并牵头负责发展汉绣产业。同步开放的汉绣服务社、兰绣轩、红绣坊、媚绣苑四家绣坊积极开展汉绣产品的生产和销售,迈出了昙华林汉绣产业发展的第一步。汉绣作品在国家工艺美术大展中频频获奖,为汉绣产业发展奠定了基础。截至2017年,昙华林汉绣基地已有绣坊20多家、公司8家,昙华林成为汉绣再度崛起的发源地、根据地和窗口。[③]

[①] 杨念明、王晨晨:《纺大"汉绣研习班"开班》,《湖北日报》2012年6月5日,第10版。
[②] 《汉绣户外秀》,《湖北日报》2015年10月24日。
[③] 陈国泰、毛志亮:《"汉绣"首次亮相第十三届文博会》,中国经济导报网,2017年5月15日,http://www.ceh.com.cn/shpd/2017/05/1033944.shtml。

（2）汉口区——姜先生工艺美术制作部

位于汉口的"姜先生工艺美术制作部"是武汉代表性汉绣传承人姜成国在20世纪末创立的从事汉绣戏衣及舞台用品设计制作的汉绣工作室。他将传统汉绣技艺用于传统戏衣，使汉绣艺术中具有代表性的汉绣戏衣得到传承。他还积极开拓汉绣技艺使用领域，将汉绣技艺引入现代剧装之中。随着社会的发展，姜成国以传统文化为依托，将汉绣产品引向传统婚庆民俗方面。2013年，姜成国与武汉非遗文化传播有限公司签订合作协议，共同开发创作汉绣产品，其产品在非遗公司的直销和连锁门店中进行系列销售。

（3）汉阳区——江欣苑汉绣博物馆

江欣苑汉绣博物馆是江欣苑社区创办的汉绣博物馆，作为汉绣传承基地，成立了任本荣汉绣工作室，以生产性保护为主，进行市场化运营，产品在汉阳商场出售，形成了新的消费市场。

随着汉绣市场的不断发展，一些新兴的企业、销售平台开始出现，进一步扩大了汉绣市场的影响力。2013年，武汉旅游发展投资集团、武汉纺织大学等单位签署战略协议，组建武汉汉绣发展公司，成立汉绣产学研发展中心，成为武汉首个具有自主研发、设计、生产和销售能力的汉绣产业链发展平台。2017年，武汉旅投非遗文化传播有限公司打造了集生产、教学、研究、销售于一体的汉绣发展平台，并与10余位汉绣传承人签约，共同开发汉绣制品。商品种类涵盖服饰系列、家居系列、配饰系列、旗袍系列、高定系列、生活用品系列和衍生品系列等，商品种类多达500多种。黄春萍在汉口建立了集汉绣的展示、培训、交流等功能于一体的汉绣艺术馆，进一步融合"西北湖+"，发挥汉绣产业优势，将汉绣基地打造成为城市旅游景点，为汉绣产业发展提供全新的思路和尝试。一系列的基地、平台建设对扩大汉绣市场规模具有巨大的推动作用。众多的汉绣店铺呈现百花齐放的趋势，所覆盖的市场范围也不断扩大，汉绣产业市场初具规模。

3. 形成了多元化的产品结构，为市场提供多样化的选择

汉绣店铺百花齐放，其开发的产品也呈现多样化的趋势，其中最鲜明的特点是艺术风格的多元化。既有采用传统汉绣技艺绣制的传统题材的产品，保留了传统汉绣原汁原味的风格，具有极高的欣赏价值和丰富的楚文化内涵，也有吸收众绣法之长、融入现代绘画题材，以人物肖像、现代油画、当代艺术为主题的现代创新绣品。其中，传统汉绣类产品主要是任本荣恢复的四大种类，即民风民俗类、舞台戏剧类、宗教用品类和灯会庙会类，其产品大多色彩浓艳、图案古老，龙凤呈祥以及"福""寿""喜"等吉祥图案充满了浓郁的荆楚风味和民俗特色。杨小婷创新风格的绣品多细腻、时尚，将传统技艺与现代油画、肖像画相结合，图案栩栩如生，富有清新的艺术气息。汉绣产品开发种类多元化，既包含纯欣赏艺术的高档精品，也有汉绣手包、丝巾等旅游小产品。在服装方面，既有传统戏曲戏衣的制作，也有与现代服装相结合的高级汉绣服装的定制。"精工坊"的打造更是将汉绣产品的开发延伸到家居、生活用品等现代产业，为汉绣市场提供了更加多样化的选择。

4. 形成了"参加展会+店铺销售+技术培训"一体化的盈利模式

汉绣自繁荣发展以来就具有参加展会和各种比赛的传统。据《夏口县志》记载，1910年，汉口美锌学社、武昌彩霞绣品公司的绣字绣画荣获南洋赛会一等金牌奖；1915年，汉绣在巴拿马博览会上获得金质金牌殊荣，汉绣由此名扬中外；1928年，汉绣依然享誉全国，在湖北省第一次国货展览会上，武昌彩霞绣品公司和汉口广华绣铺的绣屏并列获得特等奖。汉绣的名声和影响力日渐扩大，在当时与苏绣、湘绣并称江南三大名绣。如今，汉绣市场仍然延续参展比赛传统，通过参展提高作品的知名度和附加值，从而实现产品盈利。以杨小婷为代表的昙华林汉绣作坊，积极参加各种展览，共荣获奖项200多个。汉绣作品曾多次在北京展出，还参加了巴黎、华沙等国际展览，受到一致好评。2015年，汉绣"凤凰"摘取中国工艺美术"百花奖"金奖，获得专家和观众的高度认可。通过参加比赛和展会弘扬汉绣文化，对汉绣技艺的传承和宣扬具有重要意义。一方面，展会是行业信息的聚集地，汉绣参展能够提高产品的知名度；另一方面，展会获奖的汉绣产品比一般产品具有更高的市场价值，展会为汉绣作品的后期销售提高了附加值。

店铺销售是汉绣直接面向市场的途径。无论是手工作坊还是工作室,汉绣的制作与销售是一体的,多为"前店后厂"的模式,处于市场开发的初级阶段,盈利水平不高。大部分汉绣从业者为了维持生计,开始边卖产品边办培训班。以昙华林肖兰工作室为例,据笔者调查,其技术培训收费模式共有三种,主要以每人1200元的价格招收学员,不分课时,直到学会为止。为了满足人们短时间体验的需求,采取完成一幅作品600元和绣一方手帕100元的培训模式,共招收学生近500人,还吸引了不少外国友人前来学习。在汉绣市场上基本形成了"参加展会+店铺销售+技术培训"一体化的盈利模式,对促进市场开发具有重要的意义。

(三)消费观念改变,汉绣市场潜力巨大

近年来,随着非遗保护进程的不断推进,社会对传统文化的关注度日益提高。经济水平的提高,也使人们注重精神享受,消费趋向个性化,汉绣越来越引起社会的关注。

据统计,截至2016年末,武汉市常住人口为1076.62万人,比上年增加15.85万人,其中城镇人口为858.82万人。2016年武汉市城乡居民人均可支配收入为35383元,比上年增长8.94%。其中,城镇常住居民人均可支配收入为39737元,比上年增长9.06%;人均消费支出为26535元,比上年增长10.8%。① 汉绣产品作为文化消费品与其他文化产品一样具有很高的精神性和消费性。只有在经济发达,且人们的物质需求得到满足以后,才会追求更高层次的精神需求,从而产生精神性消费。武汉作为经济发达的城市,多年来常住人口数量不断增加,经济发展迅速,人均消费水平不断提高,扩大了汉绣产业的消费群体。近年来,随着旅游业的发展,武汉旅游产业体系不断完善,越来越多的游客前来武汉旅游,2016年武汉共接待国内

---

① 武汉市统计局、国家统计局武汉调查队:《武汉市2016年国民经济和社会发展统计公报》,《长江日报》2017年3月27日。

旅游者 23096 万人次，比上年增长 12.5%；实现国内旅游收入 2398 亿元，比上年增长 13.4%。接待海外旅游者 225 万人次，比上年增长 11.4%；实现国际旅游收入 15.1 亿美元，比上年增长 13.0%。① 广阔的旅游市场为传统工艺旅游产品的开发带来了巨大的经济效益。汉绣作为独具特色的武汉刺绣工艺，随着其影响力的不断扩大，旅游开发产品也越来越受到市场的欢迎，汉绣市场呈现巨大的潜力。

三　汉绣产业发展存在的问题

随着时代的进步，人们的生活方式和审美观念都发生了巨大的变化，汉绣赖以生存的生态社会环境也发生了相应的改变，汉绣市场从消失到重建任重道远。在非物质文化遗产保护观念不断深入人心以及武汉各级政府的大力扶持下，汉绣产业取得了长足的进步，但仍然存在专业型人才缺乏、专业化分工程度不高、竞争激烈等问题。

（一）技艺传承困难，缺乏专业型人才

汉绣作为传统的手工艺，是在传统农业社会基础上发展而来的，长期以来主要通过特定方式传承，包括家族传承和社会传承。不管是家族内部传承还是师傅带徒弟的社会传承，都是经过长时间的潜移默化、耳濡目染来系统学习传承技艺的。这种传承方式培训人数少，培训时间较长，但是培训内容完整全面，参加培训的人都具有较高的技术水平，能够很快成为新一代的刺绣能手。然而，随着社会的发展，急功近利的社会风气使人们很少能够接受长达数年的技艺培训，从而导致传统的汉绣技艺传承困难。在经济利益的驱动下，培训班式的教育培训成为绣娘培训的重要方式。培训班技术培训是将数量众多的学员集中在一起，通过开设专业的课程进行培训。与师傅带徒弟

---

① 武汉市统计局、国家统计局武汉调查队：《武汉市 2016 年国民经济和社会发展统计公报》，《长江日报》2017 年 3 月 27 日。

一对一地传授方式相比,培训班培训人数众多,且多以短时间的速成学习为主,具有培训内容单一、技艺水平不高的缺陷。职业培训虽然培养了大量现代绣女,但依然存在绣女水平不高,只能生产中、低档汉绣作品的缺陷。与此同时,由于职业培训的内容单一,到目前为止市场上的绣娘多为绣工。汉绣产品的生产是画工、绣工与装裱工的完美结合,汉绣产品的销售管理也需要专门的人才。目前武汉对汉绣人才的培养从严格意义上来说只是绣工的培养,产品的画工多为绣坊主甚至机器,专业的装裱人才和销售管理人才更是寥寥无几。

(二)个体独立经营,专业化分工程度不高

汉绣市场除了少数集设计、生产、销售于一体的平台外,众多的经营实体是家庭作坊式的绣坊和工作室。这些绣坊大多是绣女自己开办的,自我经营、自负盈亏,属于个体私营企业性质。绣坊和工作室采用的均是生产和销售一体化的"前店后厂"的经营模式,即前面是店面,摆放各种绣品进行售卖;后面是工作室,绣坊主带领几个徒弟或优秀学员进行绣制。优秀绣女的作品装裱后,成为绣坊商品的主要来源。绣坊主通过作坊来培训绣女和生产作品。汉绣的生产过程不仅仅是绣女绣制,还包括传统的"一画二绣三装饰",具体可以分为选稿、画稿、配线、绣制和装裱等几道程序,其中绣女刺绣是最重要的环节,在刺绣店一般是绣坊主亲自选稿、画稿、配线,等绣女绣制完成之后找木工装裱,或者自己买来材料装裱后再进行售卖。这种经营方式的各道程序基本上是由绣坊主独立完成的,耗费时间长,绣坊主无法抽出时间进行创新设计,绣品产出少,质量参差不齐,严重影响了汉绣的生产效率和生产质量。

(三)销售平台不足,市场运营能力受到限制

汉绣产品的生产多为手工绣制,生产周期长,成本高,价格昂贵。长期以来,汉绣产品的生产和销售都是依靠绣坊、工作室自主完成的,缺乏专业的销售平台和专业化的市场运营。坐等顾客上门的运营方式严

重影响了产品的销售,使汉绣产品呈现"有价无市"的局面。与汉绣不同,江苏镇湖刺绣早在 2006 年就有绣娘 8000 多人,另有 3000 多人从事绣品销售、设计及原料供应等,形成了完整的产业链。镇上 1670 米长的绣品街汇集了 320 多家绣庄,陈列着大量绣品供顾客选购。此外,镇湖在全国 70 多个大中城市开设了绣品销售点,当地绣品远销海外几十个国家和地区。① 而汉绣的店铺多为绣娘开设,从事绣品销售、设计和原料供应的店铺几乎没有。苏绣发展得好,很大一部分原因是那里有一条完整的产业链,汉绣只有生产作品的手工工作室,产业链不完整,特别是缺乏销售人员。②

(四)市场竞争秩序混乱,削弱了汉绣整体的竞争力

武汉汉绣市场由数量众多的绣坊、工作室以及少数的销售平台集合而成。这些数量众多的汉绣作坊虽然有一定程度的集聚,但仍分散在武汉三镇,空间集聚程度不高。这种地理上的分散使得政府、协会的各项服务力度和监管力度被严重削弱。在缺乏行业协会统一指挥、协调的情况下,不同区域企业之间缺乏沟通,产品同质化严重,各个汉绣工作室、绣坊之间生产的产品种类具有很高的相似度,如果顾客缺乏专业鉴赏能力,产品就会缺乏区分度,从而加剧市场的竞争。为了降低成本,大量喷绘图案、针法散乱、色彩晕染过度的劣质汉绣充斥市场,以次充好,损害了汉绣的形象,挤占了汉绣的生存空间,造成市场竞争秩序混乱,顾客无所适从,从而削弱了汉绣的整体竞争力。这些汉绣工作室应该抱团发展,发挥合力效应,共同提高知名度以招徕顾客,而不应像现在这样"各自为政"。③

---

① 《苏州高新区镇湖苏绣产业集群的调查》,搜狐新闻,2006 年 10 月 19 日,http://news.sohu.com/20061019/n245894574.shtml。
② 《绣品"叫好不叫座" 汉绣有望踏上产业化之路》,长江网,2013 年 3 月 21 日,http://news.cjn.cn/24hour/wh24/201303/t2236811.htm。
③ 《绣品"叫好不叫座" 汉绣有望踏上产业化之路》,长江网,2013 年 3 月 21 日,http://news.cjn.cn/24hour/wh24/201303/t2236811.htm。

四 汉绣产业发展的对策

（一）遵循传承规律，加大人才培养力度

要遵循汉绣传承规律，不断创新汉绣人才培养体制，加大人才培养力度，多方位地培养专业人才。汉绣作为传统手工技艺，在日益现代化的今天，越来越远离传统的实用功能，审美功能和文化功能成为其存在的重要价值。汉绣的精神审美价值决定了其从业人员的受教育程度、审美能力和专业水准，这些因素会直接影响汉绣产品的质量和层次，因此，培养高素质、高水平的后备人才对汉绣艺术的创作以及汉绣行业的发展至关重要。绣工作为刺绣最重要的组成部分，在培养内容上，不仅要培养其劈线、走针、传承前人的技艺，而且要不断提升他们的艺术理论和艺术欣赏水平，加深其对色彩、技艺和针法的理解，启发其创新意识，使他们不仅会绣，而且能绣出精品。在培养时间上，可以采取专修班的形式进行长期、定期培训，形成完整的培训流程，使学员能够接受较为严格的、系统化的训练，让其在培训过程中不断学习、交流，从而提升自己的绣技水平，成为专业的刺绣人才。

汉绣人才的培养，不仅仅是绣工的培养，还要针对汉绣产品的开发，培养专门的设计人才、刺绣人才、装裱人才和销售人才，其中销售人才的培养是汉绣进入市场的关键。要重视对汉绣销售人员进行行业知识、销售技能等方面的培养，建立一支综合能力强、经验丰富的汉绣营销团队，为汉绣产业的发展提供更加专业的人才基础。

（二）实现专业化分工，提高汉绣生产效率

亚当·斯密在其分工理论中指出了分工对于技能、熟练程度和判断力的提升具有极大的作用，是对劳动生产力的最大改进。汉绣作为传统手工艺具有一系列完整的流程，专业化分工是其提高生产效率和技工熟练程度、促进技术改进的重要手段。传统汉绣制作工艺包括"一画、二绣、三装饰"三

个阶段,具体到细节流程则体现为设计、打版、绣制和装裱。历史上绣局、绣货公司和绣铺都有自己的画师,书画均由画师完成,他们坚持自己的风格,绝不与其他人雷同。还有一部分画师和成装工中的佼佼者是业界的共享人才,他们不属于任何一个绣局、绣货公司或者绣铺,他们隶属整个行会,在进行行业中难度较大的产品绘制时,他们对选料、配色、打样、打粉等全权负责。汉绣对成装工的技术要求也很高,除要求成装合拢成为合体得当的产品外,对"相""拼""滚""毪""盘""打"等高等技艺也有要求,若成装工达不到这些要求,在行业中也是站不住脚的。[①] 绣工、画工、装裱工的分工明确,专业化程度高。工艺流程内的专业化分工与协作,不仅能够降低各个环节的生产成本,而且刺绣工作者可以集中精力进行汉绣产品的创新设计,使更多的技术创新涌现,对汉绣行业技术创新、产业转型升级具有重大的推动作用。

目前,新发展起来的汉绣企业多为工作室形式的小企业,受自身规模和资金等因素的限制,单个企业难以囊括所有的生产流程。装裱工作的外包与合作成为汉绣产业专业化分工的最显著特征。考虑到与设计、打版和绣制环节不同,装裱需要专业的材料和技术,实现装裱阶段的专业化分工,有利于节约寻找装裱材料的时间和成本,从而降低生产成本。任本荣工作室继承了传统汉绣产业对汉绣工艺流程的分工,配备了专业的绣女团队,有专业的打版人员和长期合作的装裱机构,任本荣先生本人则负责画稿的设计和技艺的传承,为汉绣产业专业化分工指明了方向。

(三)充分利用创意价值,促进汉绣多元发展

随着创意经济时代的到来,文化产业乃至创意产业已逐步成为发达国家的支柱性产业,创意与文化资源的结合是推动文化创意产业发展的关键。武汉大力发展创意产业,为汉绣产业发展提供了新的机遇。目前,汉绣产品形成了多元化的产品结构,为市场提供了多种选择,但汉绣高端艺术品仍占很

[①] 冯泽民:《汉绣与非物质文化遗产保护文集》,武汉出版社,2011,第18页。

大的比重。汉绣高端艺术品为纯手工绣制，技术水平高，生产周期长，售价较高，属于小众化的消费品。汉绣要想走市场化路线，扩大消费群体，必须充分利用其实用价值，通过创意设计，进行汉绣衍生品的开发，使汉绣产品走入民众之中。作为国家级非物质文化遗产，汉绣在科学技术高度发达的今天是富有人性化的艺术品，具有巨大的审美价值和创造性价值，创意产品的开发对于汉绣的保护与传承具有重要作用。根据市场需求，充分利用汉绣的创意价值，使汉绣技艺与时尚领域、家居工艺和婚庆产业相结合，将其广泛运用于服装、家具、箱包等日常生活用品中，不断扩大汉绣的应用领域，延伸汉绣产业链，使其与人们的日常生活相结合，为汉绣产业发展注入无限活力。

武汉是一个旅游城市，每年接待大量的游客，这种得天独厚的条件为旅游创意产品的开发提供了良好的条件，设计开发各具特色的旅游产品，在旅游景点开拓汉绣销售市场，对汉绣的市场化具有重大的推动作用。同时，汉绣作为一项传统的手工艺，不管是生产场地还是汉绣产品，都具有一般产品所不具有的审美价值，五彩缤纷的丝线、数量众多的绣娘、精湛的绣技、各具特色的绣坊以及具有极高审美价值的刺绣品，都是人们在现代社会追求的兴趣点。以创意、创新为手段，将传统技艺与旅游资源相结合，充分利用汉绣集聚地的旅游价值，搭建汉绣展示平台，对推动汉绣传承与保护以及汉绣产业的发展都具有重要意义。

（四）加强市场营销，引导文化消费

关于汉绣的市场营销，首先，要树立"顾客至上"的营销理念。通过多种信息渠道，对汉绣市场进行调研，了解市场走向，挖掘消费趋向，以顾客的需求为导向进行汉绣产品的研发和设计。其次，要拓宽销售渠道。随着新技术、新设备的不断发展，网上消费已经成为新一代年轻人的重要消费方式，汉绣要想吸引新的消费群体，必须将实体店铺销售与网络销售相结合，拓宽销售渠道。最后，政府部门和企业要通过比赛活动、新媒体传播等渠道对汉绣产品进行宣传，以知识的宣传引导文化消费，从而提高汉绣的市场份额。

（五）加大监管力度，促进有序竞争

规范的市场秩序和良好的市场环境是保证汉绣产业健康发展的重要因素。劣质汉绣出现、精品汉绣贱卖是市场竞争秩序混乱、企业恶性竞争的主要表现。政府部门必须加强市场监管，规范市场秩序，加大对假冒伪劣汉绣产品的整治力度。同时，要充分发挥行业协会的监督、协调作用，实施湖北省质量技术监督局发布的汉绣行业湖北省地方标准，协调企业经营行为。只有越来越多的企业按此标准执行，全面提升服务质量，实现有序竞争，汉绣产业才能获得长远的发展。

（六）借助地理标志，打造特色品牌

品牌是企业的无形资产，良好的品牌形象能够赢得消费者的信赖，品牌的差异性更是企业区别于其他品牌、长期保持竞争优势的关键。因此，在汉绣市场化过程中，不仅要树立品牌意识，打造高端精品，而且要凸显汉绣品牌特色，塑造差异化的品牌形象。汉绣是荆楚人民智慧和劳动的结晶，具有浓郁的地方特色。2013年，武汉汉绣被国家工商总局获准注册为"中国地理标志商标"[1]，这是对汉绣品牌建设的地域特色以及商品质量和信誉的极大认可。要充分利用汉绣地理标志在特色品牌建设方面的重要作用，深化汉绣品牌的文化内涵，提升汉绣品牌价值，打造独具特色的汉绣品牌。

---

[1] 《湖北"非遗汉绣"获批国家地理标志商标》，中国新闻网，2013年10月28日，http://www.chinanews.com/sh/2013/10-28/5431280.shtml

B.6 武汉珠宝产业发展研究报告

邓宏兵 郝义国 杨树旺 杨明星*

摘　要： 区域创新和建设创新型国家是党中央做出的事关社会主义现代化建设全局的重大战略决策。区域创新和建设创新型国家的一个重要方面就是科技创新、体制机制创新、思想创新。大学在区域创新和建设创新型国家进程中作用巨大，远在美国的硅谷，近在北京的中关村，无一不是大学在充当创新的源泉，无一不是大学在推动区域创新的发展。当前，我国珠宝产业发展面临的挑战与机遇并存，依托武汉市的区位优势和中国地质大学（武汉）的珠宝、文化、旅游学科优势建设武汉东湖国家级珠宝文化旅游产业基地（"武汉·中国宝谷"），正是中国地质大学（武汉）服务地方经济建设、协助武汉寻找新的"千亿产业"增长点、助推武汉建设国家中心城市和国际化大都市的最好体现。

关键词： 珠宝产业　"武汉·中国宝谷"　产业规划

---

* 邓宏兵，中国地质大学（武汉）经济管理学院教授，博士生导师，研究方向：资源与环境经济学、区域经济与投资环境、旅游经济学。郝义国，中国地质大学（武汉）地质资源环境工业技术研究院院长、特聘教授，武汉地质资源环境工业技术研究院有限公司董事长，研究方向：企业战略管理、战略性新兴产业发展。杨树旺，中国地质大学（武汉）经济管理学院副院长、教授，博士生导师，研究方向：产业经济学、资源与环境经济学。杨明星，中国地质大学（武汉）珠宝学院院长、教授，珠宝检测中心负责人，研究方向：宝石矿物学、珠宝鉴定。

一 我国珠宝产业现状及面临的挑战

（一）我国珠宝市场现状与发展趋势

目前，全球范围内的珠宝首饰销售区域较为集中，50%的销售集中在美国、中国和印度，且中国是珠宝首饰消费增长最快的国家。

据官方统计，2013年我国珠宝产品销售总额已超过4700亿元（见图1），并在过去10年行业复合年均增长率保持在15%左右。预计到2020年，全国珠宝产品销售总额将突破8000亿元。

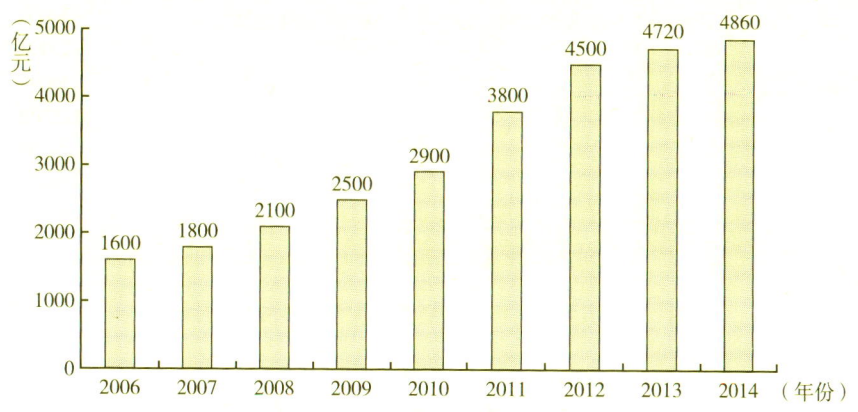

图1 我国珠宝产品销售总额

资料来源：国家统计局、深圳珠宝网。

由于珠宝行业的特殊性，其实际交易额难以被官方准确统计，非官方统计的传统珠宝品类交易量至少是官方统计数据的2倍。官方统计的数据并没有覆盖珠宝的广义范围，除了传统的天然珠宝玉石分类外，现阶段出现了诸多新兴的珠宝品类，如美观低价的人造宝石、富有文化内涵的佛教珠宝等，存在巨大的市场交易量。综上所述，保守估计我国珠宝玉石、观赏石、饰品的市场需求量为1.5万亿~2万亿元。

虽然我国珠宝产业总体产值较大，但从人均消费量上看，我国与世界发达国家相比显著偏低，与均值约有5倍差距，行业发展空间巨大。

我国人均GDP于2011年突破5000美元大关，步入消费升级阶段。2013年，我国人均GDP为6800美元，接近美国20世纪70年代初期的发展水平，然而，人均珠宝零售额仅为63美元。因此，参考20世纪美国珠宝产业发展的历史（见图2），可以判断，随着我国经济结构的转型，消费占GDP的比重进一步上升，我国珠宝行业已进入黄金期。

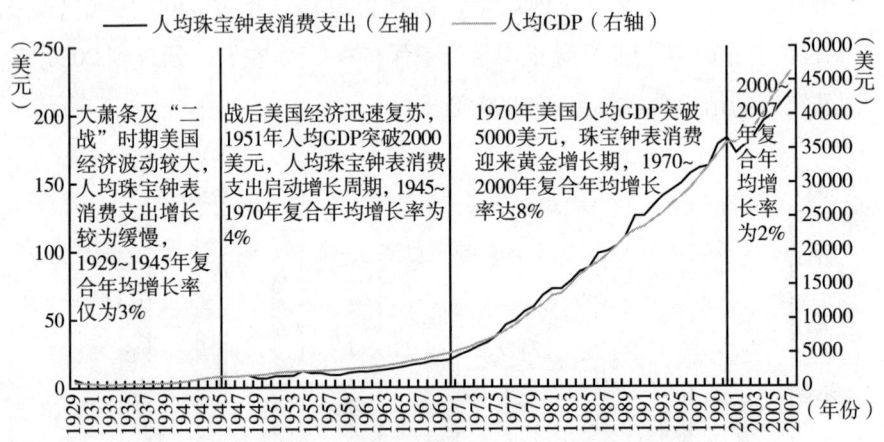

图2　美国人均珠宝钟表消费支出与人均GDP对比

（二）我国珠宝产业的分布现状

我国珠宝产业总体发展较快，但发展很不平衡。目前我国的珠宝产业市场基本呈现深圳、北京和云南"三足鼎立"的局面。深圳是我国珠宝首饰最大的制造中心和交易中心，共有珠宝首饰生产从业人员约12万人，珠宝企业约2300家，深圳珠宝制造加工产值已连续多年占国内珠宝市场的70%以上。北京是一个不折不扣的珠宝首饰消费城市，以菜市口百货大楼为首的百货商场销售额占全市珠宝销售总额的30%，以国土资源部为中心的珠宝专业市场销售额占全市珠宝销售总额的70%。云南珠宝产业具有与旅游互动的特点，随着云南旅游业的发展，云南珠宝销售增幅明显，珠宝经营企业有近万家。

总体上看，我国中部地区的珠宝产业发展相对滞后，这也是湖北珠宝产业经济发展的机遇。武汉市统计局数据显示，近年来，武汉金银珠宝等保值增值类商品销售增幅达到38%左右，奢侈品市场增幅超过50%。武汉是我国中部地区重要的工业基地、科教基地和综合交通枢纽。随着武汉的区位优势、人才优势日益凸显，以及中部地区消费者日渐富裕，中部地区珠宝市场发力的时机已经成熟。

（三）我国珠宝产业面临的挑战

我国珠宝产业经过30多年的发展，在实现快速增长的同时也呈现自由无序的竞争格局。从1982年开放市场来料加工开始，我国逐步取消了珠宝首饰的各项管制措施，政策放宽带来的是行业进入壁垒的逐渐降低，大量中小企业井喷式涌入瓜分市场，使得我国珠宝产业从业者良莠不齐，珠宝产业的发展处于自由竞争状态，普遍存在急功近利、重复建设、粗放发展、商品同质化严重、价格竞争激烈等现象，珠宝行业的发展面临严峻的考验。

另外，我国珠宝市场已从卖方市场转为买方市场，珠宝企业之间的竞争日趋激烈，珠宝首饰的艺术设计、工艺也越来越被消费者所看重。针对不同人群提供差异化的产品，已经成为珠宝企业获得市场份额的重要途径。但目前珠宝行业大部分企业自身设计能力薄弱，产品广泛雷同，附加值低，与日益成熟的消费市场极不协调。由于缺少创意设计等基础产业的支撑，珠宝产业的升级与转型也遇到了"天花板"。

1. 科技快速发展与电商新模式带来的挑战

互联网技术、新材料、新工艺和相关高新技术的高速发展，给传统的珠宝产业优势区域带来了新的挑战。

近年来，面对电子商务的蓬勃发展，珠宝企业纷纷试水电子商务，开拓商业营销的新模式、新路径和新市场，抢占商品销售的新高地。根据"淘宝指数"统计，截至2014年，入驻淘宝网的珠宝店铺已达3000多家，通过网络平台关注并购买珠宝的人数正在增加。另外，新兴的虚拟影像技术、

3D打印技术的逐步成熟,为珠宝行业的发展提供了新的方向。新材料的合成与优化技术、新加工工艺技术的成熟为珠宝设计制作提供了无限的想象空间,为跨界设计提供了多样性的选择,极大地拓展了珠宝行业相关市场。在新一波创业浪潮中,新商业模式和新科技将对传统珠宝企业带来巨大挑战。

2. 珠宝原材料进口与金融交易约束

部分珠宝玉石质量评价体系不健全导致原材料价值评估难度大,政府只能采用高税赋的方式对待原材料进口(见表1)。例如,我国现行的翡翠原料进口税赋高达33.9%(包括3%的关税、17%的增值税、10%的消费税和3.9%的所得税),而泰国、菲律宾、印度等致力于发展珠宝产业的国家长期以来一直采取3%以下的低关税政策对产业进行大力扶持。越来越多的翡翠以原材料或半成品的形式辗转进入低关税地区,再高价进入我国大陆地区。这种状况的持续势必大大削弱我国翡翠玉器的国际竞争与合作能力,并且导致走私猖獗,国家税收流失严重,从而制约行业健康发展。

表1 部分珠宝玉石进口综合税率

单位:%

税则号码	货品名称 (进出口税则)	商品名称及备注 (海关通关综合分类表)	最惠国税率	普通税率	增值税率	综合税率
7103.1000	未加工或经简单锯开或粗制成形的宝石(钻石除外)或半宝石	未加工宝石或半宝石(经简单锯开或粗制成形,未成串或镶嵌)	3	14	17	33.38
7103.9100	经其他加工的红宝石、蓝宝石、祖母绿	经其他加工的红宝石、蓝宝石、祖母绿(未成串或镶嵌)	8	35	17	57.95
7103.9920	水晶	水晶	8	35	17	57.95
7103.9930	碧玺	碧玺	8	35	17	57.95
7103.9940	软玉	软玉	8	35	17	57.95

3. 珠宝行业诚信保障体系缺失

珠宝行业普遍存在诚信缺失问题。例如,珠宝检测评估力量薄弱导致行业内偷工减料、以次充好、价格欺诈等现象屡禁不止;知识产权保护不力导致设计概念的抄袭模仿现象盛行。以上诚信缺失现象严重制约了行业的健康发展，给国家行业监管、珠宝产业发展、百姓日常消费等带来了诸多负面影响。

珠宝行业诚信体系亟待构建，"武汉·中国宝谷"通过第三方机构为进驻的矿石与珠宝玉石企业建立科学诚信档案体系，提高宝谷的公信力与品牌价值，为行业的健康发展提供正确引导和示范。

二 武汉发展珠宝产业的优势与机遇

综合上述分析，现阶段我国珠宝行业在经历了快速增长的同时，也面临经济转型、科技高速发展和不断涌现的新商业业态的挑战。挑战即机遇，2012年12月，中国地质大学（武汉）的王焰新、邓宏兵、杨树旺、郝义国等人提出"武汉东湖国家级珠宝文化旅游产业基地"项目（简称"武汉·中国宝谷"）建议方案。依托武汉市的区位优势和中国地质大学（武汉）的珠宝、文化、旅游学科优势建设"武汉·中国宝谷"，正是中国地质大学（武汉）服务地方经济建设、协助武汉寻找新的"千亿产业"增长点、助推武汉建设国家中心城市和国际化大都市的最好体现。当今"武汉·中国宝谷"珠宝行业面临四大挑战，相应地也带来了四大机遇（见图3）。

（一）依托中国地质大学（武汉）品牌打造中国珠宝文化创意产业高地

中国地质大学（武汉）珠宝学院是我国最早和最具规模的宝石学教育和研究专业机构，被海内外珠宝界誉为"珠宝教育的摇篮"。多年来，逐渐发展成多层次、多类型的集珠宝教育、珠宝检测、科学研究、技术开发等多功能于一体的教学科研机构，先后为珠宝业培养了各类专业人才3000余名，培养的数万名优秀校友现已广泛服务于全国各个省份的地矿系统，成为宝贵的校友资源，为整合国内矿产资源打下了坚实的基础。

利用中国地质大学（武汉）的品牌优势，整合国际顶级珠宝学院的设

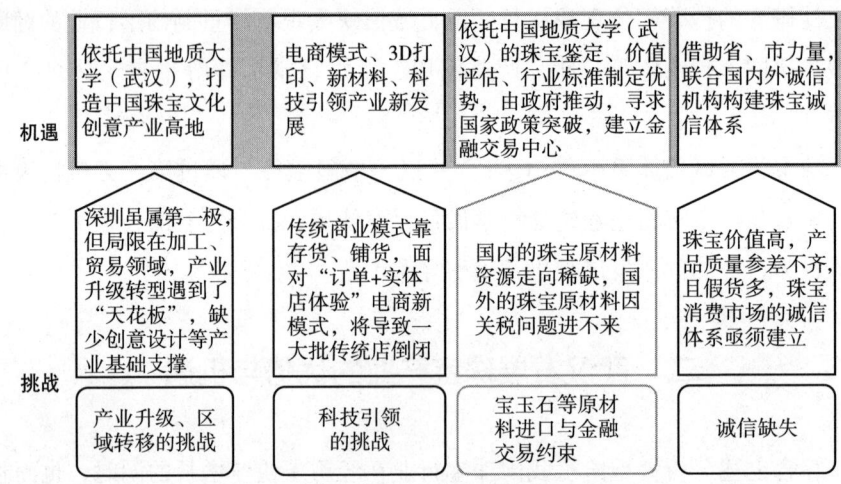

图3 "武汉·中国宝谷"面临的挑战与机遇分析

计教学资源和国内外知名设计师资源,引导设计新风向,以"武汉·中国宝谷"为项目基础,将武汉市打造成为国际珠宝设计之都。

(二)依托中国地质大学(武汉)学科优势引领珠宝产业科技新发展

中国地质大学(武汉)拥有与珠宝产业相关的所有学科,如珠宝首饰设计、宝石及材料工艺学、矿物学、艺术设计、机械电子工程、自动化、计算机科学与技术、信息工程、资源产业经济等,其中珠宝学院在亚洲排名第一,是我国珠宝产业人才的"黄埔军校"。

利用中国地质大学(武汉)学科齐全的综合优势,建设一批珠宝加工制造高端研发中心,着力研究与珠宝相关的工艺、材料、制造、3D打印、检测、鉴定、虚拟展示与沉浸式体验等高新技术,为"武汉·中国宝谷"引领珠宝科技的新发展提供支撑。

(三)依托中国地质大学(武汉)标准制定、价值评估和政策优势突破原材料进口约束

珠宝原材料进口约束的主要原因是标准不健全,导致珠宝原材料价值评

估难度大，从而使海关无法定税。"武汉·中国宝谷"依托中国地质大学（武汉）标准制定、价值评估的优势，再加上湖北省、武汉市政府的高度重视和支持，借助武汉东湖国家自主创新示范区的政策优势，先行先试，大胆地进行体制机制创新和探索，争取国家各部委的支持，最终建设矿石与珠宝玉石交易所，降低税收，突破原材料进口的限制。

武汉作为中部地区的中心城市，具有得天独厚的区位优势，具有成为中部地区珠宝集散地的区位条件。武汉历来被称为"九省通衢"之地，是长江经济带的核心枢纽，内陆水运、铁道、陆路和航空网络非常发达。原材料约束一旦被打破，武汉将成为中国珠宝的集散地，从而带动其他产业要素资源向武汉集聚。

（四）中国地质大学（武汉）鉴定和政府监管联合构建珠宝诚信保障体系

中国地质大学（武汉）珠宝学院是我国最早的宝玉石学教育和研究机构，其创建的 GIC 品牌在珠宝行业鉴定领域有颇高的可信度与话语权。

在政府的统一领导和支持下，依托中国地质大学（武汉）珠宝鉴定优势，一方面，整合市政府相关资源，可与武汉东湖综合保税区（以下简称综保区）合作，将"武汉·中国宝谷"的入驻企业信息与综保区工商部门进行对接，实现信息共享；另一方面，引入国内外知名的征信机构，为入驻的企业建立全面系统的信用体系。同时，由政府监管部门进行监控，保证征信机构的客观性与公正性。在中国地质大学（武汉）与政府的努力下，共同促进珠宝行业的健康发展，将"武汉·中国宝谷"打造成武汉市的新名片。

三 "武汉·中国宝谷"产业规划

（一）"武汉·中国宝谷"项目概述

"武汉·中国宝谷"项目跨东湖高新区、洪山区和东湖风景区，以中国地质大学（武汉）为核心，形成"一核（教育与研发极核）、一街（鲁磨路珠宝一条街）、三区（国际珠宝专区、珠宝文化产业孵化和总部基地，国际珠宝文化创意与科研产业基地，国际珠宝加工及进出口贸易基地）"的空间布局，规划总面积为6000亩。"武汉·中国宝谷"南与"中国光谷"毗邻，西与官桥湖地区规划中的"武汉东湖资本谷"对接，规划范围包括中国地质大学（武汉）校区、鲁磨路及其两旁街区、八一路延长线磨山景区南北低山之间平地。核心区选址于东湖风景区磨山景区南部南望山北部及毗邻地区，规划面积达2700亩。

"武汉·中国宝谷"建设采取政府主导、市场化主体运营的创新建设模式，由武汉市政府和中国地质大学（武汉）联合成立"武汉地大珠宝文化旅游产业投资有限公司"（以下简称"地大宝投"），作为市场化建设主体。

"地大宝投"作为"武汉·中国宝谷"的主要产业规划、开发与运营公司，借助武汉地质资源环境工业技术研究院的产业孵化平台，利用中国顶级珠宝学院与湖北、武汉（东湖）综合优势的叠加效应，推进"武汉·中国宝谷"全价值产业链建设，包括珠宝原石交易市场、3D打印珠宝加工产业基地、矿石与珠宝玉石交易所、珠宝文化旅游专业和技能人才培养基地等，以珠宝文化创意产业、珠宝新材料与新技术、原材料进出口集散地和珠宝资信体系为"武汉·中国宝谷"建设的制高点，推动武汉成为全球珠宝原材料、人才、技术、市场和创新型金融资本等战略资源的聚集地。同时，充分发挥中国地质大学（武汉）的珠宝鉴定、价值评估和行业标准制定优势，以及湖北省、武汉市政府层面的推动优势和东湖高新自主创新示范区的政策优势，把武汉建设成为国家宝玉石材料进出口集散地，推动矿石与宝石交易所建设，助推武汉大都市国际化，提升其金融属性。

（二）战略发展高端引领定位：重拳打造"创意设计+科技+金融+诚信体系"

"武汉·中国宝谷"不能照搬深圳珠宝加工、贸易集散地模式，更不能像西安、长沙、重庆等城市那样简单地复制深圳珠宝交易商城模式。武汉应占领行业制高点，引领产业转型升级，创新发展思路，发挥行业独占的核心能力与竞争优势，找准"武汉·中国宝谷"市场与功能定位的"定海神针"，推动全球珠宝原材料、人才、技术、市场和创新型金融资本等战略资源向武汉聚集（见图4）。

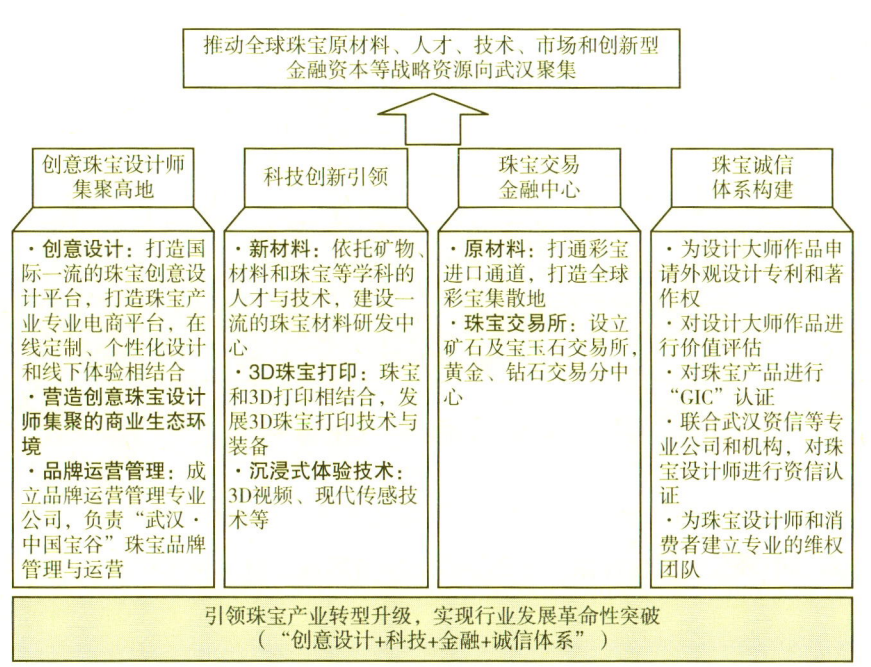

图4 "武汉·中国宝谷"的战略发展定位

（三）"武汉·中国宝谷"全价值产业链规划

基于前文所述背景，珠宝行业面临的挑战为武汉带来了重大发展机遇。以建设国家级珠宝文化旅游产业基地和中国珠宝国际化窗口为目标，依托中国地质大学（武汉）珠宝学院的知名品牌和珠宝鉴定、价值评估、行业标准制定优势，湖北省、武汉市政府层面的推动优势，以及东湖国家自主创新示范区的政策优势，根据珠宝全产业链方向开展珠宝原材料交易、加工、设计、鉴定、贸易、金融、保险、人才培养与集聚等方面的综合业务,抓住珠宝行业转型升级的发展机遇,打造中国珠宝第一极(见图5)。

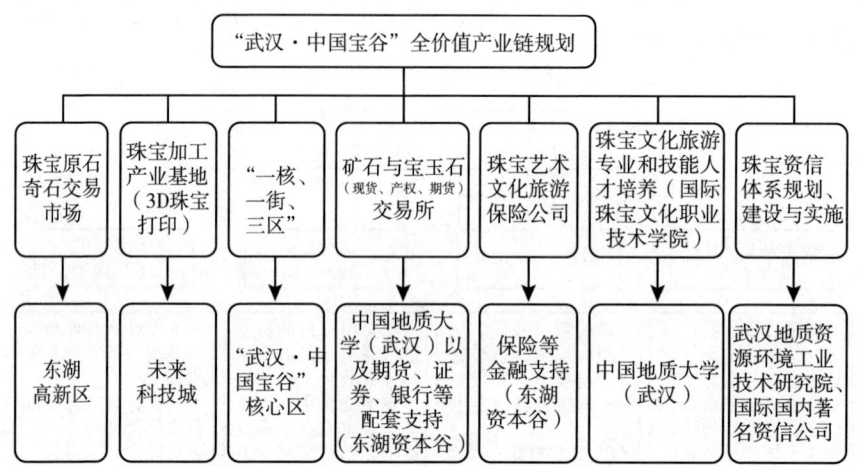

图5 "武汉·中国宝谷"全价值产业链

选址东湖风景区磨山景区南部南望山北部及毗邻地区作为核心区,推进"武汉·中国宝谷"全价值产业链建设,包括珠宝原石交易市场、3D打印珠宝加工产业基地、矿石与宝玉石交易所、珠宝文化旅游专业和技能人才培养基地等,以珠宝文化创意产业、珠宝新材料与新技术、原材料进出口集散地和珠宝资信体系为"武汉·中国宝谷"建设的制高点,推动武汉成为全球珠宝原材料、人才、技术、市场和创新型金融资本等战略资源的聚集地(见表2)。

表2 "武汉·中国宝谷"产业规划

项目	子项目
国际珠宝专区、珠宝文化产业孵化和总部基地	国际专区、国际国内大企业总部基地、行政中心、综合服务中心
国际珠宝文化创意与科研产业基地	创意大师园、在线设计联盟、珠宝跨界设计中心、DIY创意设计中心、珠宝产业孵化基地、国际珠宝设计师大学、宝谷学术交流中心、宝谷国际博览中心、博物馆、艺术馆、科技馆、珠宝加工技术与设备研发中心(3D打印)、知识产权服务中心、婚纱摄影基地

续表

项目	子项目
国际珠宝加工及进出口贸易基地(现货、期货、高端交易)	国际珠宝商中国(武汉)俱乐部/宝苑国际大酒店、珠宝贸易中心、珠宝玉石鉴定机构、珠宝原材料/原石交易中心、珠宝文化艺术品拍卖公司、保税仓储物流中心、行业协会、联盟、珠宝金融保险产业基地
宝谷大道	通过引进香奈儿、爱马仕、宝格丽、梵克雅宝等全球顶尖奢侈品品牌,将珠宝与服饰、箱包、传媒、时尚等文化艺术产业相结合,建立品位高雅、内涵丰富的集休闲购物、旅游观光于一体的宝谷大道,成为武汉市乃至华中地区的新名片

四 "武汉·中国宝谷"项目的重大社会效益

(一)助推国家中心城市建设,推进区域贸易自由化进程

对国家而言,"武汉·中国宝谷"通过中国地质大学(武汉)引进国内外珠宝产业资源,把武汉建成珠宝贸易与产业孵化示范基地,促进国际经济合作与交流,并推动武汉成为内陆水运、铁道、陆路和航空的交通与物流枢纽,从中部核心支点发力支撑长江经济带发展,助推国家中心城市建设。

"武汉·中国宝谷"通过矿石与宝石交易所的建设,积极响应国家关于加快推进区域贸易自由化进程的重大举措,有利于加快推进区域多边、双边贸易自由化进程。

(二)打造武汉城市名片,树立城市新形象

对武汉而言,打造中国珠宝第一极,构筑"武汉·中国宝谷",使之与光谷互为犄角,成为特色鲜明的旅游目的地,提升武汉城市品位。

不仅如此,"武汉·中国宝谷"的建设,还涉及房地产开发、文化创意旅游、金融服务等行业,并形成集研发、检测、加工、营销于一体的珠宝玉石产业链。届时,将对"武汉·中国宝谷"周边乃至整个武汉的建筑业、物流业、创意产业、旅游业、现代金融服务业、餐饮业等起到极大的带动提

升作用，同时还能解决3万~5万人的就业问题。这对于提振武汉经济、解决城市就业问题、增加政府税收来源等均具有重大意义。

（三）整合资源，创新模式，推动华中珠宝行业发展

对行业而言，"武汉·中国宝谷"将通过矿石与宝石交易所的建设，打开紧缺矿产资源、彩宝的进口通道，依托中国地质大学（武汉）引进国内外的珠宝相关产业，并通过国际合作、人才引进、专业技术人员培训等方式，为"武汉·中国宝谷"源源不断地输送各类"专、精、尖"人才，整合各界资源，极力打造中国珠宝第一极。"武汉·中国宝谷"的建设，不仅开创了国内珠宝产业运营的新模式，也必将掀起珠宝行业在标准制定、个性化定制、加工方法、创意设计等多领域的大变革，这将有利于珠宝行业资源的重新整合，提高行业市场微观运作效率，进而极大地促进中国珠宝产业的发展。

（四）繁荣珠宝文化旅游市场，方便广大市民

对市民而言，届时将为周边乃至整个武汉的市民营造一个绿荫葱葱、珠光宝气，集购物、休闲娱乐、主题公园等于一体的市民旅游度假中心。"武汉·中国宝谷"的建设，不仅能方便市民选购珠宝玉石类商品，而且将开阔市民的视野，提升市民的文化鉴赏水平；在为市民创造就业机会、拓宽就业渠道的同时，也通过各种培训用知识将他们武装起来。"武汉·中国宝谷"的建设将使市民学有所用、用有所得，通过繁荣市场、便民利家来共建和谐社会。

五 结语

我国珠宝玉石首饰产业拥有丰富多样的自然资源、博大精深的历史积淀、广泛普及的文化认同、规模庞大的需求群体。珠宝产业助推武汉作为华中地区交通枢纽的区位优势日益凸显，再加上中央对珠宝产业的升级发展，

在全国范围内已经形成了三大区域，包含京、津、冀、鲁、辽、沪、苏、浙、粤9个省份的20余个珠宝玉石首饰特色产业基地，而华中地区珠宝产业的发展相对滞后。随着高铁网络的密级覆盖，武汉着力打造长江经济带，将带来更多利好政策。

结合中国地质大学（武汉）珠宝鉴定和首饰设计等专业优势，推进"武汉·中国宝谷"全价值产业链建设。"地大宝投"在聚合、培育"武汉·中国宝谷"建设的核心资源与能力方面具有得天独厚的优势，目标是筹建珠宝贸易园区，推动矿石与宝石交易所建设，将武汉打造成为全球珠宝原材料、人才、技术、市场和创新型金融资本等战略资源的聚集地，实现经济效益和社会效益的和谐统一，助推武汉大都市国际化，提升其金融属性。"武汉·中国宝谷"作为大型珠宝产业集群的综合体，应看清趋势，迅速行动，有效推动华中地区珠宝产业和相关产业的快速发展，助力武汉倍增计划。

党的十九大指出，"我国经济已由高速增长阶段转向高质量发展阶段，正处在转变发展方式、优化经济结构、转换增长动力的攻关期，建设现代化经济体系是跨越关口的迫切要求和我国发展的战略目标"。这正是我国珠宝产业持续发展的基础和快速发展的保障。我们怀着一颗感恩的心，感谢政府部门、行业组织和珠宝企业的努力与贡献，"武汉·中国宝谷"珠宝产业基地的建设将迈上新台阶，"武汉·中国宝谷"项目也必将成为实现珠宝"千亿产业"的里程碑，我们的宝谷事业将会更加辉煌灿烂。

B.7
2016年度武汉市广告业发展报告

武汉市工商行政管理局

摘　要： 广告业作为文化创意产业的核心组成部分，在服务生产、引导消费、促进发展、推动创新、塑造品牌、展示形象、传播先进文化等方面发挥着积极作用。本报告通过分析2016年武汉广告业市场主体发展概况以及广告业市场服务和监管情况，进而提出促进武汉市广告业健康发展的对策建议。

关键词： 武汉市　广告业　服务和监管

一　2016年武汉市广告业市场主体发展概况

（一）广告业市场主体发展情况

1. 广告业市场主体保持持续快速发展

2016年，期末实有广告业市场主体注册户数超过4万户，达到40368户，同比增加7807户，增长23.98%，依然维持了快速增长态势。期末实有注册资本金1903.59亿元，同比增长17.5%（见图1）。从不同所有制广告业市场主体注册户数增速来看，外资广告企业和私营广告企业增长较快，其次是内资广告企业（见图2）。

2. 私营广告企业是广告市场中的主力军

受武汉市创新创业政策扶持带动，私营广告企业快速发展，在市场主体中的占比日益增大。期末实有广告业市场主体中，私营广告企业占了绝大部

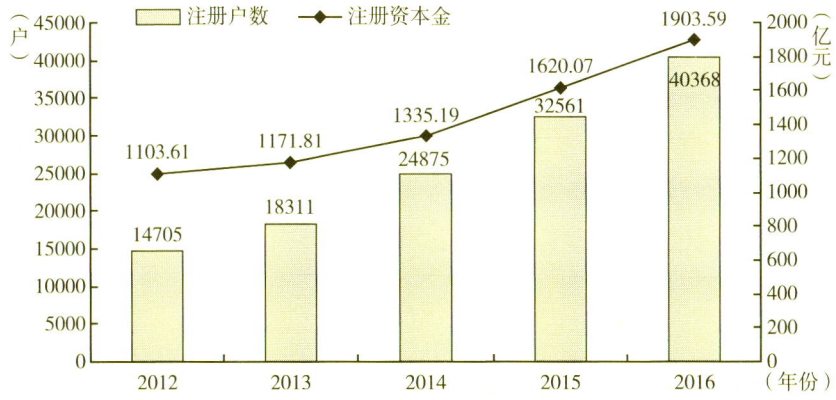

图1 期末实有广告业市场主体注册户数和注册资本金

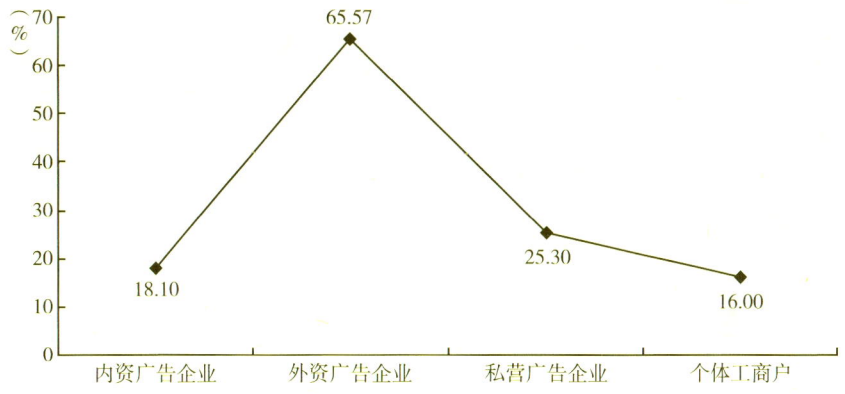

图2 2016年不同所有制广告业市场主体注册户数增速

分,占比达到85.64%;其次是个体工商户,占比为10.04%;内资广告企业、外资广告企业和新闻媒体的占比都较低(见图3)。

3. 内资广告企业的规模和实力较大

从2016年不同所有制广告业市场主体户均资本来看,最高的是内资广告企业,户均资本为5058.21万元,是排在第二位的外资广告企业的7倍多,是排在第三位的私营广告企业的16倍多,资本实力较大,体现了内资广告企业在市场上的行业龙头地位和影响力(见图4)。

4. 外资广告企业呈现快速增长态势

2016年,期末实有外资广告企业达到106户,同比增长73.77%,为近

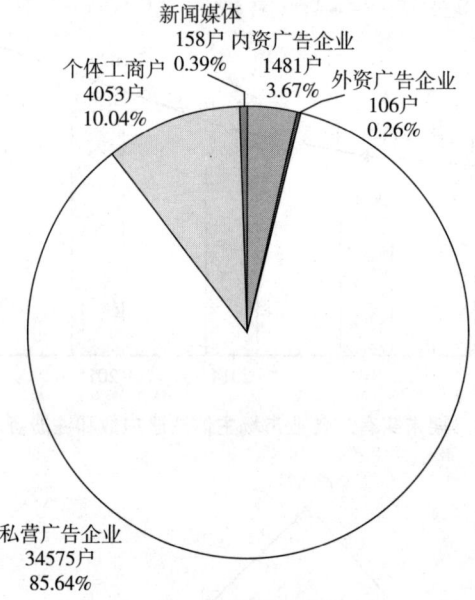

图 3　期末实有广告业市场主体所有制分布

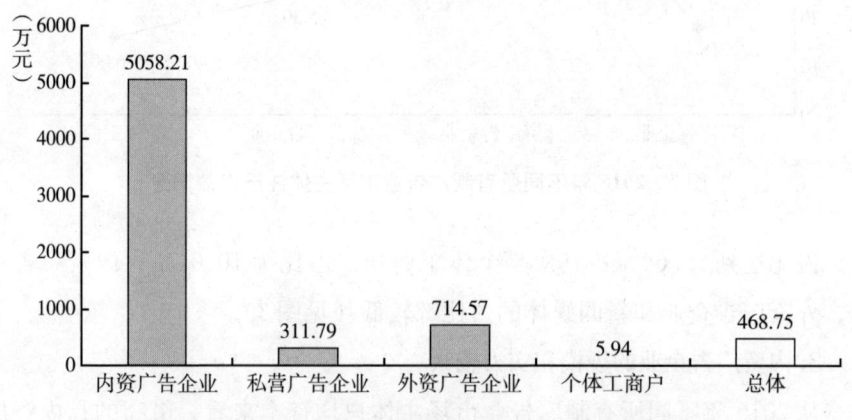

图 4　2016 年不同所有制广告业市场主体户均资本

年来的最快增速（见图5）。究其原因，一方面，2016 年 2 月国务院发布《关于第二批取消 152 项中央指定地方实施行政审批事项的决定》后，武汉市第一时间取消了外商投资广告企业审批等行政审批事项，降低了外资广告企业的准入条件，刺激了增长；另一方面，随着武汉市对外开放力度的加大，武汉市在吸引越来越多国际品牌企业投资的同时，也拉动了广告消费需求。

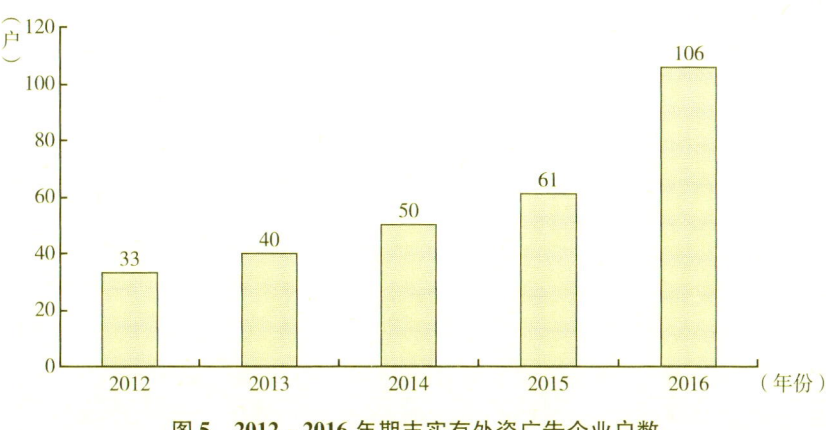

图5　2012～2016年期末实有外资广告企业户数

5. 中心城区成为广告业聚集地

截至2016年底，江岸区、江汉区、硚口区、汉阳区、武昌区、青山区、洪山区七大中心城区的广告业市场主体共有27553户，占总数的68.25%，中心城区是新增市场主体的主要来源地，成为广告业聚集地。2016年，中心城区广告业市场主体的增长率明显高于新城区。受国家自主创新示范区政策引领，东湖高新区广告业市场主体增长率达到33.2%，在全市居首位；传统的广告业聚集地江岸区因其完善的上下游产业链，受到广告创业者的青睐，广告业市场主体增长率也达到32.2%；武昌区、洪山区、青山区3个区的广告业市场主体增长率均超过20%；而新城区中，除了东西湖区广告业市场主体增长率接近20%外，汉南区、新洲区2个区的广告业市场主体增长率仅为个位数，蔡甸区、黄陂区和江夏区3个区的广告业市场主体增长率出现了负增长（见图6）。

（二）武汉市广告业发展水平评估

2016年，武汉市广告业发展实现稳步增长，广告业经营收入为116.48亿元，同比增长15.3%。从全国情况来看，北京、上海等一线城市广告业发展水平仍遥遥领先，北京广告业经营收入达到1802亿元，是排在第二位的上海的4.02倍，处于

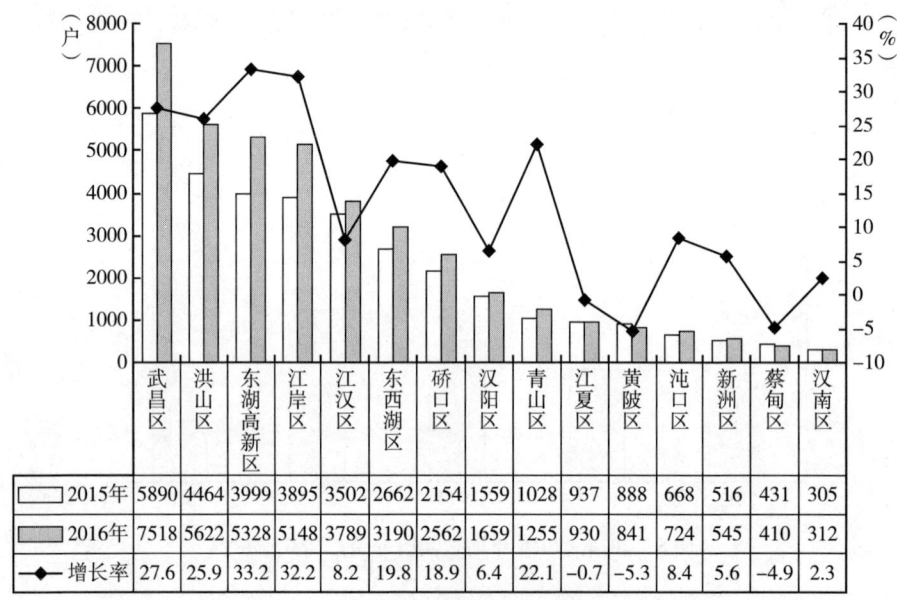

图6　广告业市场主体区域分布结构

无可撼动的龙头地位。全国15个副省级城市中,电商巨头阿里巴巴所在地杭州以420.00亿元的广告业经营收入居榜首;广告业发达城市广州、南京、深圳分别以302.00亿元、300.00亿元、252.36亿元紧随其后。武汉在15个副省级城市中排名第五,处于第一方阵,其广告业规模大于成都、宁波、西安、济南等城市(见图7)。

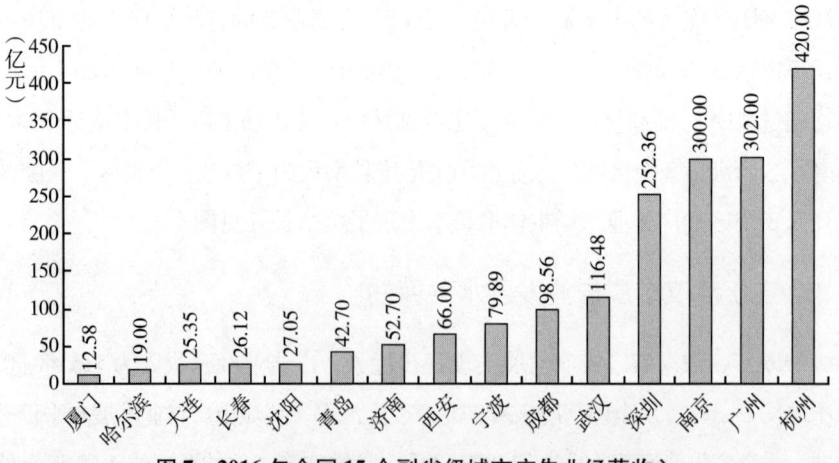

图7　2016年全国15个副省级城市广告业经营收入

(三)广告发展"四库三基地"建设情况

2016年,为鼓励广告业市场主体自主创业、培育高端人才和激发创作灵感,不断提升全市广告业创新能力和综合竞争力,进一步夯实广告业发展基础,武汉市工商局制发了《关于开展全市广告发展"四库三基地"培育创建工作的通知》和《市工商局关于培育建设全市广告产业孵化基地、广告人才培训基地、广告创作基地的通知》。目前,市级广告"四库三基地"已入库专营广告企业9706户、广告发展项目14个、广告领军人才24人、广告研究专家7人,认定武汉OVU创客星广告产业孵化基地等10个市级广告产业"三基地",其中6个广告基地被认定为省级广告产业"三基地"(见表1)。

表1 武汉市广告产业"三基地"名单

广告产业"三基地"	名单
广告产业孵化基地(4个)	武汉OVU创客星广告产业孵化基地(见图8)(省、市级) 武汉创意汇广告产业孵化基地(省、市级) 武汉文发传媒有限公司数字广告产业孵化基地 武汉优十广告产业孵化基地
广告人才培训基地(4个)	武汉道森广告人才培训基地(省、市级) 武汉当加源盛广告人才培训基地(省、市级) 武汉博瑞银福广告人才培训基地 武汉大唐广告人才培训基地
广告创作基地(2个)	湖北盛世德璐广告创作基地(省、市级) 武汉昙华林微电影广告创作基地(省、市级)

图8 武汉OVU创客星广告产业孵化基地外景

（四）市属主流媒体发展情况

2016年，武汉电视台、武汉广播电台、《长江日报》、《武汉晨报》、《武汉晚报》等市级主流媒体共实现广告收入4.45亿元（见图9），共有广告从业人员293人。从市级主流媒体广告收入行业分布来看，居前五位的分别是房地产、食品、医疗服务、汽车、保健食品（见表2、图10）。

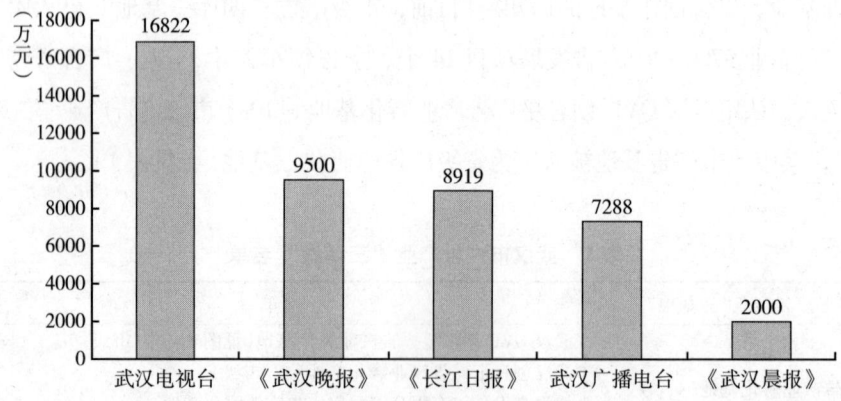

图9　2016年市级主流媒体广告收入

表2　市级主流媒体广告收入行业分布

单位：万元，%

行业	武汉电视台	武汉广播电台	《长江日报》	《武汉晚报》	《武汉晨报》	合计	占比
房地产	4928.8	628	754	1650	488	8448.8	18.97
食品	942	1065	59	1800	39	3905	8.77
医疗服务	1749.5	0	0	1300	13	3062.5	6.88
汽车	1244.8	821	224	630	125	3044.8	6.84
保健食品	0	2121	1	350	13	2485	5.58
化妆品	1547.6	0	0	900	0	2447.6	5.50
金融	84.1	658	641	450	103	1936.1	4.35
药品	1446.7	140	0	180	11	1777.7	3.99
家电	67.3	122	11	520	180	900.3	2.02
服装	67.3	2.5	0	260	0	329.8	0.74
医药	0	0	0	220	25	245	0.55
医疗器械	0	0	0	80	16	96	0.22
其他	4743.8	1730.58	7229	1160	989	15852.38	35.60
合计	16821.9	7288.08	8919	9500	2002	44530.98	100

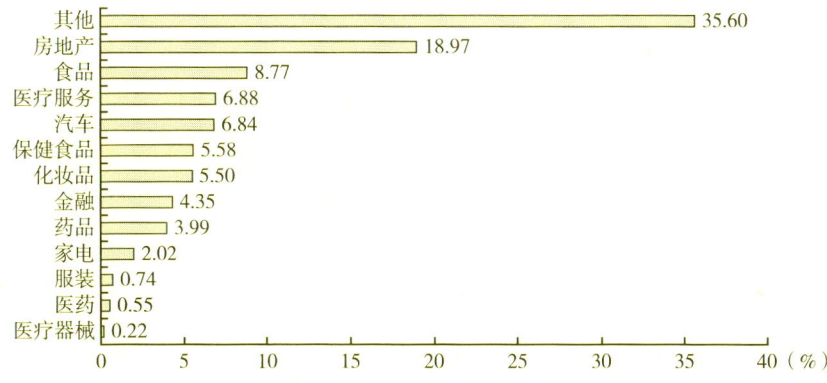

图10 市级主流媒体广告收入行业分布

(五)优秀广告企业发展情况

2016年,武汉市广告经营收入排名前十的广告公司业绩相比上年明显提升,均超过6000万元。其中,广告经营收入过亿元的广告公司有7家,比2015年增加3家。武汉百捷集团有限公司(百度网站湖北运营中心)以8.51亿元的广告收入位列榜首,武汉怡生乐居广告有限公司以3.03亿元的广告收入位居其次(见表3)。值得关注的是,这两家广告公司均以经营网络广告推广业务为主,互联网等新媒体广告公司异军突起,成为广告业界新的领跑者。

表3 2016年广告经营收入排名前十的广告公司

单位:万元

排名	公司名称	广告收入
1	武汉百捷集团有限公司	85100
2	武汉怡生乐居广告有限公司	30300
3	武汉合盛源广告策划有限公司	25600
4	武汉艺楠广告有限公司	25027
5	武汉公交集团广告公司	12000
6	武汉广厦同祥广告有限公司	10800
7	武汉武铁中力文化传媒有限公司	10200
8	武汉东方时代广告艺术有限公司	9500
9	武汉合源大象地铁广告文化有限公司	8400
10	北京首都机场广告有限公司湖北分公司	6900

（六）广告作品获奖情况

2016年10月，武汉市工商局指导市广告协会，组织全市广告企业选送优秀作品参加在海口举办的第23届中国国际广告节。武汉道森媒体股份有限公司等3家广告企业的8件作品入围2016年中国广告长城奖优秀奖，湖北联投传媒广告有限公司等3家广告企业或媒体的7件作品获得2016年"碧桂园"中国公益广告黄河奖优秀奖（见表4）。这是历年来武汉市广告作品在国家级广告奖项中获奖作品最多的一次，由此可看出武汉市广告业创意设计水平日趋提升。

表4 2016年武汉市广告作品获奖情况

奖项	获奖公司	获奖作品
2016年中国广告长城奖优秀奖	武汉道森媒体股份有限公司	健康的元凶系列；敬老之二十四孝系列；关爱老人系列——城市篇；诚信——排放适可而止；HELP（见图11）；被偷走的童年
	武汉锐特艺术设计工程有限公司	2015新花城之旅（见图12）
	武汉北辰印记标识有限公司	莫愁里
2016年"碧桂园"中国公益广告黄河奖优秀奖	湖北广播电视台交通广播部	关爱老人"手机"篇；关爱老人"卡拉OK"篇；吸毒明星对唱篇；拒绝盗版
	武汉道森媒体股份有限公司	敬老之二十四孝系列；被偷走的童年（见图13）
	湖北联投传媒广告有限公司	失信＝失心

图11 2016年中国广告长城奖获奖作品"HELP"

图12　2016年中国广告长城奖获奖作品"2015新花城之旅"

图13　2016年"碧桂园"中国公益广告黄河奖获奖作品"被偷走的童年"

（七）广告园区发展情况

1. "汉阳造"国家级广告产业园（见图14）

图14 "汉阳造"国家级广告产业园

（1）园区投资建设情况

截至2016年，园区共投资22360万元。其中，地方政府投资15000元，占67.08%；社会资本投入7360万元，占32.92%。已建成和在建8个公共服务平台，分别是广告影视棚、广告文化展示中心、企业广告LOGO墙、广告云计算中心、水下广告拍摄中心、人才实训基地、广告演播厅、景观艺术雕塑，进一步夯实了园区建设基础（见表5）。

表5　8个公共服务平台建设情况

平台	面积	定位或目标	建设情况
广告影视棚	1800平方米	打造华中地区一流的集摄影、制作、培训于一体的产业功能型公共服务平台	一期已建成,正启动二期建设
广告文化展示中心	3000平方米	打造园区企业宣传展示和交流合作的平台	一期已建成,正启动二期建设
企业广告LOGO墙	21个广告展位	打造园区企业品牌形象展示、信息发布的重要平台	已建成投入使用
广告云计算中心（见图15）	1400平方米	打造华中地区一流的全息3D视觉特效云制作基地、影视新媒体产业的核心存储分发数据中心	已建成投入使用

续表

平台	面积	定位或目标	建设情况
水下广告拍摄中心	50 立方米	建成武汉规模最大的水下广告拍摄基地	已建成投入使用
人才实训基地	—	打造成武汉市乃至华中地区最具影响力的广告人才的"摇篮"	已开始申报
广告演播厅	4000 平方米	打造集产品发布、影视节目拍摄于一体的多功能广告演播厅	在建
景观艺术雕塑	—	彰显历史文化底蕴，表现文化创意特色	已建成投入使用

图 15 "汉阳造"国家级广告产业园广告云计算中心

（2）园区运营情况

园区企业集聚度提高。截至 2016 年，园区共吸引和聚集了 169 家企业，资本总额为 38600 万元。其中，广告产业及直接关联产业企业共有 130 家，占比为 76.9%；广告产业及直接关联产业企业注册资本总额为 33000 万元，占比为 85.5%。

园区广告经营收入稳步增长。2016 年，园区内广告经营收入为 14.5 亿元，同比增长 3.6%。

公共服务平台功能增强。2016年，广告文化展示中心接待量达千余人次，企业广告LOGO墙已全部启用（21个），广告影视棚提供服务近500次，水下广告拍摄中心已与60余家企业达成长期合作意向，人才实训基地认定2015年度实训人才4人。

（3）园区经济社会效益情况

园区广告业集聚规模得到提升。园区集成政策，大力引进在国内具有影响力的广告龙头企业。目前已初步形成了以广告影视、新媒体等为特色的产业集群，聚集了凤凰文化、汉艺空间、零到壹、邻盛科技、时光故事、沐石文化、宜尚会展、得意生活等企业169家，并承办了省、市多项广告创意、设计、展览活动。园区引进了一批具有高科技含量的公司和行业龙头企业，聚集了一批创意类龙头企业和总部企业，支持孵化器、众创空间入驻，成为拉动区域经济发展的新的增长点。

2. "楚天181"广告产业园

园区已聚集文化企业113家，其中属于广告业及关联产业的企业有60家，占入驻文化企业总数的53.1%。2016年园区广告业及关联产业的企业收入为9.3亿元。

目前，园区内代表性的广告企业有湖北腾楚网络科技有限责任公司、湖北广电美嘉商贸有限公司、武汉云传媒广告有限公司、武汉火焱文化传播有限公司、武汉盛世在线广告传媒有限公司、湖北大武汉文化传媒有限公司、湖北日报数字传媒有限公司、湖北荆楚网络科技股份有限公司等（见表6）。

园区品牌影响力逐步扩大。园区以"楚天181"秀场为平台密集承接发布活动，自2011年7月投入使用以来，已承接了新车下线、时装发布、文艺演出、大型比赛、高档酒会、艺术展览、摄影展等大型公益和商业活动200余场次，接待参观人员6万余人次，行业影响力不断扩大。"大武汉·地铁时代"策划的"地铁微公益"系列广告，以及荆楚网、大楚网制作的"讲文明树新风"系列公益广告，在社会上均引起了很大反响。图16为"楚天181"广告产业园公益摄影展——婚纱潮流发布秀。

表6 "楚天181"广告产业园主要广告企业名单

序号	广告企业	序号	广告企业
1	湖北广电美嘉商贸有限公司	16	书法报书画频道传媒(湖北)股份有限公司
2	湖北腾楚网络科技有限责任公司	17	湖北书法报社有限公司
3	武汉云传媒广告有限公司	18	湖北日报传媒大武汉编辑部
4	湖北日报数字传媒有限公司	19	湖北楚商文化传媒有限公司
5	武汉合喜文化发展有限公司	20	武汉秦印文化传播有限公司
6	武汉大汉兴武文化发展有限责任公司	21	武汉远目文化传播有限公司
7	湖北大武汉文化传媒有限公司	22	武汉育豪体育文化传播有限公司
8	湖北荆楚网络科技股份有限公司	23	北京中视科华传媒技术有限公司
9	湖北文谷文化产业发展有限公司	24	光明日报湖北记者站
10	武汉火焱文化传播有限公司	25	中国日报湖北记者站
11	武汉盛世在线广告传媒有限公司	26	民主与法制时报湖北记者站
12	湖北与王文化传播有限公司	27	武汉诚铭广告有限公司
13	武汉导向文化传播有限公司	28	环球时报社(郭宏伟)
14	书法报互联网(湖北)股份有限公司	29	湖北特别关注传媒股份有限公司
15	湖北书法报社新媒体有限公司		

图16 "楚天181"广告产业园公益摄影展——婚纱潮流发布秀

二 2016年武汉市广告业市场服务和监管情况

(一)促进广告业发展的重大政策

1. 制定规划,明确今后五年广告业发展目标

2016年10月,市工商局与市发改委联合发布《武汉市广告业发展五年行动计划（2016年-2020年）》，提出到2020年，全市广告业市场主体、广告业经营额实现"双倍增"，分别达到5万户、200亿元，将武汉建设成为华中地区的广告产业集聚中心、广告人才培养中心、广告营销传播服务中心和广告科技创新高地（见图17）。

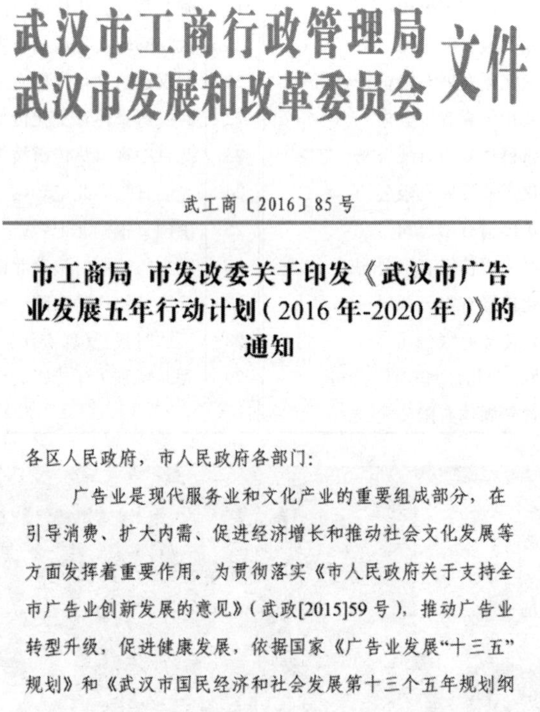

武汉市工商行政管理局
武汉市发展和改革委员会 文件

武工商〔2016〕85号

市工商局 市发改委关于印发《武汉市广告业发展五年行动计划（2016年-2020年）》的通知

各区人民政府，市人民政府各部门：

广告业是现代服务业和文化产业的重要组成部分，在引导消费、扩大内需、促进经济增长和推动社会文化发展等方面发挥着重要作用。为贯彻落实《市人民政府关于支持全市广告业创新发展的意见》（武政[2015]59号），推动广告业转型升级，促进健康发展，依据国家《广告业发展"十三五"规划》和《武汉市国民经济和社会发展第十三个五年规划纲

图17 《武汉市广告业发展五年行动计划（2016年-2020年）》

2. 抓基础，重培育，促发展

制发《关于开展全市广告发展"四库三基地"培育创建工作的通知》，引导和支持广告企业开展广告"四库三基地"创建工作，以基地为载体，鼓励广告市场主体自主创业，培育高端人才，激发创作灵感。

3. 注重公益性，引导企业参与公益广告活动，强化广告企业的社会责任

制发《关于进一步加强公益广告管理推动公益广告宣传的指导意见》，引导广告业市场主体坚持正确导向发布公益广告，传播文明，引领风尚，大力营造文明和谐的社会氛围。

4. 建立广告创新发展协调推进工作机制

（1）成立了工作机构

按照《市人民政府关于支持全市广告业创新发展的意见》要求，成立了市政府分管副市长任组长，市政府分管副秘书长、市工商局主要负责人任副组长，市委宣传部、市发改委等相关单位有关负责人为成员的市广告业创新发展领导小组，负责日常指导协调全市广告业创新发展工作并明确了责任分工。同时，对该意见明确的主要工作目标和任务进行了责任分工，并将2016年度工作任务细化为15项重点内容，要求各责任单位各司其职，共同推进。

（2）形成了工作合力

市委宣传部、市文明办在全市统一部署了户外公益广告专项检查，指导市城管委制定《武汉市户外公益广告设置规范》，全市累计发布公益广告9196处（块），累计清理画面陈旧、"残破花"等问题公益广告6152处（块）。市发改委、市人社局扶持微梦文化传媒张陪文、得意楚天陈国庆、道森媒体杨皆红3名广告人才入选武汉市"黄鹤英才"计划专项，获得创业资金支持。市科技局扶持湖北光谷天下传媒等3家广告企业获高新技术企业认定。市国税局积极兑现税收优惠政策，惠及全市广告业企业791户，减免的文化事业建设费约为6372万元，减免税额达639.55万元。

（3）实施专题督办督查

联合市政府督查室对市广告业创新发展推进情况进行专题督查。2016年7月28日，在《政务督查》（第6期）上予以通报（见图18）。

（二）规范广告业发展的市场监管

1. 加强广告监测工作，严格媒体广告发布监管

依托广告监测中心，对市属主流媒体实行24小时不间断监测。监测各类广告119万条次，发现武汉市主流媒体有关医疗服务、药品、保健食品、

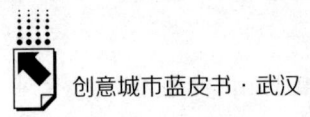

图18 《市人民政府关于支持全市广告业创新发展的意见》落实情况督查

医疗器械、化妆品五大类违法广告3496条次,平均违法率为0.29%,较上年同期(平均违法率为2.16%)下降了1.87个百分点,实现了市属主流媒体发布广告平均违法率均值≤3%的市级绩效目标。

2. 严格执法,查处虚假违法广告

2016年,继续把事关人民群众身心健康和财产安全且违法发生率较高的医疗服务、药品、保健食品、医疗器械、化妆品五大类广告,以及教育培训和投资理财类广告、低俗不良广告、户外广告等作为监管重点,全年组织开展七大项专项整治,维护了广告市场的经营秩序。全市广告投诉量较上年同期下降近52%。2016年共立案查处虚假违法广告案件278件,罚没金额2458.03万元。图19为工商执法人员检查户外广告。

3. 协同监管,共同治理

2016年,共向市属主流媒体发送周提示189份,下达责令改正通知书40份,及时叫停违法广告310条,行政约谈媒体相关负责人5次。修订完

图19 工商执法人员检查户外广告

善了《武汉市工商局涉嫌严重违法广告案件线索移送工作规范》，明确了移送标准、程序和工作要求，并向办案部门移送违法广告监测案件线索320条，向异地工商部门移送严重违法广告案件线索16条。

4. 充分发挥联席会议成员单位的作用

2016年，会同市委宣传部等七部门印发《关于贯彻落实新〈广告法〉完善整治虚假违法广告联席会议工作制度的意见》，进一步明确了目标任务和各成员单位的职责分工，完善了工作机制。增补市城管委为联席会议成员单位，强化部门协调联动配合；户外广告登记审批取消后，为落实户外广告事中事后监管职责，制定了《关于进一步加强和推进户外广告监管工作的指导意见》，构建了市局、区局、基层所户外广告监管体系；联合卫生、文化、食药等联席会议成员单位实地检查《武汉晚报》、武汉广播电台等主流媒体单位，督促媒体完善内部管理制度，把好发布关；联合市食药监局开展医疗服务、药品、保健食品、医疗器械、化妆品等虚假违法广告专项整治行动；联合市食药局在官网上曝光了"明目二十五味丸"等三条典型严重违法药品、医疗器械广告，供消费者识别。图20为全市整治虚假违法广告联席会议成员单位实地检查媒体。

图 20 全市整治虚假违法广告联席会议成员单位实地检查媒体

三 促进武汉市广告业良性循环发展的建议

（一）加大政府投入，采取激励措施

进一步加大政策扶持力度并严格执行落实到位。进一步增加对广告业的财税支持，对认定、审核的广告企业进行项目专项补贴或税收优惠；对于广告企业高管人才，其个人所得税可给予一定的财政补贴。鼓励广告企业改造存量土地或房屋开展广告经营业务，以划拨方式取得土地的单位利用工业厂房、仓储用房、传统商业街等存量房产兴办广告创意产业的，土地用途、房屋性质和使用权人可暂不变更。

（二）扩大广告领域，创新招商引资方式

落实市委"招商引资一号工程"，把广告业作为招商引资的重点领域，瞄准国内外知名互联网公司、新闻传媒公司、广告公司、广播影视公司等广告业主体，开展有针对性的一对一招商。创新招商引资方式，变土地招商、园区招商为以商招商、产业链招商、委托代理招商，聘请知名广告企业、广告业协会或咨询机构为招商大使，落实招商引资激励政策，利用好社会资源

进行招商。发挥广告业协会资源多、与企业关系紧密、了解行业发展动态的优势，与国家、省、市广告业协会建立战略合作关系，引导行业协会发挥桥梁作用，为武汉招商引资牵线搭桥。落实总部经济发展相关政策，对落户武汉的广告业龙头企业或区域总部给予相应的奖励。

（三）发挥行业协会的积极作用

指导广告业行业协会建设，充分发挥协会的第三方作用，以协会的力量来促进广告业规范健康发展。一是突出抓好行业自律，切实履行指导、协调、服务、监督职能，发挥行业协会提供服务、反映诉求、规范行为的作用。二是行业协会要协助有关部门开展广告行业统计、行业调查研究和行业理论研究等工作。三是行业协会要当好广告企业的"娘家人"，多组织企业进行交流与合作，多向政府部门反映问题和提出建议。四是做好领域人才培训和内容评定工作，提升广告从业人员的业务能力，提高广告行业的专业度。五是对广告企业进行定期评估，鼓励企业申报资质评定，培育优质广告企业。

（四）培育大型广告企业集团

一个行业的健康发展离不开标杆企业、龙头企业，面对广告业激烈的区域竞争，培育大型广告企业刻不容缓。按照"区别对待、择优扶持、效益优先"的原则，重点扶持武汉电视台、《长江日报》等传媒企业，以及广告收入排名前十的广告公司尽快做大做强。一是实施品牌战略，对获得中国驰名商标、湖北省著名商标的专业广告公司，以及被认定为国家一级、二级、三级的广告公司，由市财政给予相应的奖励。在政府采购活动中，要将广告企业资质纳入政府采购标准。二是鼓励企业采取多种举措开展融资，缓解中小企业融资难问题，提倡在全国中小企业股份转让系统、区域性股权交易市场挂牌交易，借助资本力量，加快做大做优做强。

（五）加快构建新兴广告业态

"互联网+"时代，在大数据、云计算、新一代互联网技术、新材料等的支持下，广告业加速产业迭代和业态转变，新模式、新业态蓬勃发展。武汉市要抢抓新一轮广告业转型机遇，大力发展新型广告。一是加快商业模式创新。主动适应市场环境与传播环境的变化，根据广告主和市场的需求及时调整服务战略，寻求互联网、物联网形势下广告业创新发展的新模式。利用大数据开展精准广告投放，精准锁定广告目标对象，点对点投放广告。二是推动科技和广告融合发展。运用现代科技点亮广告设计、制作、宣传的各个环节，这样既能节约资源、保护环境、降低成本，又能提高产品的服务质量。发展数字电视、移动视频、电子报刊以及其他新兴广告发布媒介。三是提高广告业新硬件、新软件、新平台的运用水平，加快对传统广告业的升级和改造。

（六）加强广告知识产权保护

有效的知识产权保护是促进广告业创新发展和维护广告企业及个人权益的重要保障，要把知识产权保护摆在促进广告业健康发展的突出位置。一是广告从业人员应增强自身的产权保护意识，在做好原创作品注册的同时自觉尊重和保护他人的产权与产品，尊重他人的劳动成果。二是优化产权注册、登记的流程，简化相应的工作审批程序，提高产权保护申请的工作效率和服务水平。三是建立广告业知识产权公益律师制度，为广大中小广告业企业提供法律咨询、救助服务，广告知识产权纠纷产生的诉讼费用，由财政埋单。四是鼓励广告业企业通过司法途径解决知识产权纠纷，提高法院立案率和侦办率，切实严格保护知识产权。

B.8
武汉动漫产业发展的现状、问题及对策

刘玉堂 张 蕊*

摘　要： 现代数字信息技术在深刻改变受众文化消费习惯的同时，也在瓦解传统媒体的商业模式、盈利模式和管理模式。在新媒体时代，动漫的生产和传受渠道更加丰富多样。虽然在前互联网时代积累起来的内容生产、专业队伍和优质资产等核心资源是助推武汉动漫产业进入移动互联网时代的基础，但互联网平台和平台型文化企业发展不足以及融资难等问题，增大了其发展的不确定性。当前，武汉动漫产业必须瞄准世界文化产业发展大势，充分把握数字信息技术调整发展所形成的机遇，创新发展理念与方式，建立与其他地区的比较优势，以便在国内外激烈的竞争中抢占先机。

关键词： 武汉　动漫产业　产业链

21世纪以来，随着经济和社会发展水平的提高，现代信息技术和传播技术的进步加快了大众文化的发展进程，以动画影视、漫画卡通、动画游戏等为代表的动漫产业得以迅速发展，动漫产品逐步渗透于人们的日常生活

---

* 刘玉堂，华中师范大学国家文化产业研究中心特聘教授，湖北省社会科学院研究员，博士生导师，研究方向：中国传统文化、文化资源与文化产业。张蕊，华中师范大学国家文化产业研究中心博士研究生，研究方向：文化资源与文化产业。

中，其所带来的巨大文化影响和经济价值，成为国家和地方政府大力推动的新兴产业。在美国、日本、韩国等动漫产业发达国家，动漫产业不仅成为推动经济发展的支柱性产业，而且成为彰显文化软实力与提升市场竞争力的重要标志①，动漫产业的重要性不言而喻。2017年2月，文化部颁布的《关于"十三五"时期文化发展改革规划》提出要"加快发展动漫、游戏、创意设计、网络文化等新型文化业态，支持原创动漫创作生产和宣传推广……扶持建设国家动漫产业综合示范园区建设等"，这表明了国家对动漫产业大力扶持的态度。近年来，武汉充分利用国家和地方政府的利好政策及技术优势，积极推动动漫产业成为国民经济的支柱性产业，推进动漫产业与其他产业融合，以提升武汉文化产业发展的竞争力与影响力。值得关注的是，尽管动漫市场潜力大、发展前景广阔，但动漫产品制作周期和投资回报周期长且不确定的特点，以及国内外激烈的市场竞争，也决定了武汉动漫产业发展面临挑战。

一 武汉动漫产业发展的现状

近年来，武汉动漫产业取得了长足的发展，"大动漫"产业业态初具规模，产业整体发展态势良好，正在进入以知识产权为核心，跨形态、跨媒介、跨行业融合发展的新时代。

（一）立足自身内容优势，推进与新媒体、新平台融合

新媒体采用数字技术、网络技术，通过互联网、无线网络等渠道，利用个人电脑、智能手机等终端，高效、快速、实时地向消费者提供信息和娱乐服务。当前，新媒体及互联网的快速发展，以及传播渠道的增加，为动漫产业发展带来了新的机遇。新媒体进入门槛降低、高开放性及消费者众多的特性，使传统的动漫制作、发行、销售及传播形式发生了较大变

---

① 石德生：《中国动漫产业发展模式与路径创新探析》，《现代经济探讨》2014年第9期。

化①，为动漫产业提供了更大的发展空间。在互联网环境下，基于大数据分析与运营，新媒体动漫得以掌握用户的行为数据、动漫消费习惯偏好，从而实现动漫产品的个性化服务，为动漫产业带来全新的发展局面。

随着网络时代的逐渐渗透和新媒体技术的不断推进，武汉动漫产业迎来了数字信息技术发展革新的浪潮，为动漫产业发展提供了全新的平台和创作语境。如漫画产业的发展，正随着新媒体阅读平台的普及，向互联网数字平台和手机阅读转移。武汉《知音漫客》是我国第一本全彩原创漫画周刊，曾获评"全国优秀期刊"，面对近年来营业收入、净利润呈现下降的趋势，正在积极谋求转型。《知音漫客》通过书、刊、网络与手机等多媒体整合，建设了以"知音漫客"网站为核心阵地的新媒体漫画平台，开发了"知音漫客"手机APP，并积极应用大数据等新技术，实现了更加科学精确的市场定位和运营发展，成为整合动漫资讯、衍生品营销、娱乐等多种功能的综合平台。通过与新媒体平台融合发展，2016年，以《知音漫客》为代表的武汉原创动漫期刊、绘本等少儿出版物发行总量继续引领全国，销售总收入超过5亿元。②

（二）依托核心知识产权，形成特色动漫文化品牌

创意是动漫产业发展的核心竞争力，独具特色的动漫形象是动漫产业发展的基础，知识产权是动漫产业发展的不竭动力。武汉动漫产业正在以知识产权（IP）建设为核心，整合各行业资源，加快推动动漫生产策划、传播发行、人才培养、融资投资等的相互协作与转化，构建起多种产业资源紧密协作的动漫产业新业态。在泛娱乐时代，漫画是文化产业发展重要的IP源头，不再仅仅局限于漫画本身的价值，其创作形式、盈利模式、推广渠道、消费用户等要素正逐步发生改变。以《今古传奇》、知音集团《漫客·小说

---

① 庞冲：《中国动漫产业链发展问题研究》，对外经济贸易大学博士学位论文，2016，第4~5页。
② 湖北省文化厅：《湖北动漫展团集体亮相第十三届中国国际动漫节》，湖北省文化厅网站，2017年5月3日，http://www.hbwh.gov.cn/sjb/xwdt/whdt/20153.htm。

绘》等青少年文学期刊为依托,武汉动漫构筑了完整的"漫画—动画—游戏"产业链条。例如,《漫客·小说绘》刊载的知名小说《龙族》《斗破苍穹》等,先后被改编绘制成漫画、动画和动画作品,继而被制作成手机游戏、电脑网页游戏等,产生了巨大的市场价值。

武汉动漫产业正快速转型,努力从以"外包""代工"为主的模式,向以建立自主品牌、创造拳头产品为主的生产运营模式转化。利用积累起来的原创动漫形象,依托以此建立的核心知识产权,武汉正在形成一批在全国具有一定影响力的动漫品牌,如江通动画的《饼干警长Ⅱ》获得"推荐优秀国产动画片"和第23届星光奖"电视动画片提名荣誉奖",海豚传媒的《米乐米可之神奇海豚岛》《我是中国的孩子》入列"2015～2016年度国家文化出口重点项目",博润通的《UP喵》获2013年中国国家动漫品牌建设和保护计划动漫创意奖并入选文化部"2016中国文化产业重点项目",玛雅动漫的《闯闯闯!我是闯堂兔!》入选"文化部弘扬社会主义核心价值观动漫扶持计划",今古时代出品的《武当虹少年》等5部原创动漫作品入选"2016年'原动力'中国原创动漫出版扶持计划"。

(三)促使产业转型升级,加速进入减量增质关键期

"十二五"初期,为有效推动动漫产业发展,湖北省政府实行了省、市、高新区动漫产业专项扶持政策,对在各级电视台播出的动漫产品,按照每分钟1000～3000元的额度进行补贴,吸引了大量动漫企业、从业者加入这一新兴产业。2009年9月,湖北省文化厅出台《关于推动全省动漫发展的意见》,对符合国家规定条件的小微型动漫企业,按减20%的税率征收企业所得税。2013年12月,湖北省文化厅颁布《湖北省扶持动漫产业发展专项资金管理办法(试行)》,进一步规范动漫专项资金管理,支持湖北动漫产业发展。随着政府相关补贴与扶持政策的陆续出台,武汉动漫企业积极利用这些利好政策,加快产业发展。2010年,武汉动漫企业数量为130家,年产值为12亿元,年产动画片3200分钟;到2014年,约有动漫企业200家,年产值为54亿元,年产动画片6000分钟。

自2013年底开始，为促使动漫产业优化转型升级，国家和地方政府陆续出台了新的指导性政策，从重视产量转变为重视质量，逐步取消了之前缺乏系统管理的补贴制度，鼓励采取更加多元的金融扶持手段促进动漫产业健康发展。① 湖北省政府陆续出台了一系列措施，如减税以扶持精品、支持原创等，支持区域内动漫产业发展。武汉动漫产业抓住政策机遇，利用自身技术优势，加快发展步伐。同时，更加注重动漫产品质量，动漫企业进入减量增质关键期，动漫产业结构日趋合理，原创内容逐渐增加。2015年，武汉动漫企业数量为150家，年产动画片7500分钟，年产值接近50亿元。

（四）注重企业抱团发展，呈现集群化趋势

产业集群是一种资源的集中配置方式，汇聚了产业发展所需的各个环节，吸引和整合各项资源形成集聚经济，它的出现是产业经济发展过程中的必然现象，在区域经济增长中起着重要作用。通过产业集聚，可以充分利用园区内的公共服务、人力资源优势，降低企业运营成本，发挥规模效应和集聚效应，激励园区企业实现技术创新。

武汉动漫产业主要集聚在光谷创意产业基地和洪山创意产业园动漫基地。光谷创意产业基地是东湖国家文化科技融合示范园区的核心基地，集聚了一大批在业内具有一定影响力的动漫企业，在武汉动漫产业发展中发挥着产业集聚和行业引领的作用。动漫企业通过抱团发展、集群发展，增强了企业凝聚力，扩大了影响力，能够推动产业更好更快发展。据湖北省文化厅统计，截至2016年第三季度，湖北省规模以上动漫、游戏类企业共139家（动漫企业72家、游戏企业67家）②，其中60%的动漫企业和70%的游戏企业集中在武汉光谷创意产业基地③；洪山创意产业园动漫基地在漫画图书

---

① 周家磊：《区域经济下的中国动漫产业发展模式》，中国艺术研究院研究生院硕士学位论文，2014，第2页。
② 别鸣：《鄂产动漫 如何快步抢市场》，《湖北日报》2016年12月13日，第10版。
③ 刘丹如：《新国家中心城市——武汉的动漫创业者》，百家号网站，2017年1月17日，https://baijia.baidu.com/s? old_ id = 756356。

出版、动画原创制作、网页游戏开发、门户网站运营及工程动画与应用等方面具有鲜明特色。武汉动漫产业的发展实践表明,走"企业集聚—产业链条—产业集群—发展基地"的道路,注重动漫企业抱团发展,加强企业间的交流与合作,是推动动漫产业融合发展、规模发展的重要途径。

二 武汉动漫产业发展存在的问题

武汉动漫产业拥有强大的创作、生产、技术实力,但外界对其印象始终停留在"代工""外包"阶段。武汉动漫产业的创新能力稍显落后,缺乏标杆式的企业、产品和品牌,尚未形成规模和竞争优势。

(一)动漫产业呈现同质化,综合实力不强

动漫产品不同于其他工业化产品,进入市场的动漫产品应该富有创作者的鲜明风格,能够引起受众的欣赏偏好,这样才能在激烈的市场竞争中占有一席之地。但是当前武汉动漫产业发展呈现同质化现象,主要表现在动漫产品定位的同质化。我国传统的动漫文化存在很大的局限性,大多将动漫产品及其衍生品的目标客户群定位为少年儿童,致使动漫内容简单,故事情节弱化,成熟作风和高知高年龄层次的细分产品较为缺乏,从而造成这一市场产品的缺失。如武汉本土的《饼干警长》《闯堂兔》等系列,都是围绕低幼儿童进行创作并规划相关衍生品的产业模式,其受众有限。

尽管武汉动漫产业近年来发展迅速,但是与先进地区相比,其综合实力仍然较弱。如 2015 年 1 月武汉玛雅动漫的《闯堂兔 2:疯狂马戏团》上映,其票房超过 2100 万元,显示出武汉动漫强劲的发展势头,创湖北原创动画电影票房纪录。① 而上海炫动传播股份有限公司出品的《十万个冷笑话》票房竟高达 1.2 亿元,上海腾讯影业文化传播有限公司出品的《洛克王国 4》和上海炫动传播股份有限公司出品的《喜羊羊与灰太狼之羊年喜羊羊》,票

---

① 别鸣:《鄂产动漫 如何快步抢市场》,《湖北日报》2016 年 12 月 13 日,第 10 版。

房也分别实现7000万元、6800万元。① 再如，在武汉动漫产业中发展较好的公司——江通传媒，2016年营业收入为5595.33万元，同比增长43.32%；净利润为847.43万元，同比增长286.43%。② 而国内领先的动漫企业——奥飞娱乐，2016年营业收入为33.6亿元，同比增长29.8%；净利润为4.98亿元，同比增长1.92%。③ 两者相比，差距十分明显。

（二）平台型企业缺乏，在市场竞争中处于弱势地位

在以大数据、移动互联、云计算、物联网为代表的行业前沿，武汉文化产业缺乏领军企业，尤其缺乏像BAT这样的平台型企业，在市场竞争中话语权较弱，从而限制了文化企业的成长空间。随着阿里巴巴、百度、新浪和腾讯等互联网巨头开放平台的逐渐形成，这些互联网巨头借助平台企业优势，纷纷进入文化领域，并不断创新文化产业的商业模式。武汉因缺乏这种平台企业，逐渐被挤入文化市场的低端，沦为资源和内容供应地。受此影响，武汉动漫产业发展也陷入被动状态。

动漫企业偏向于内容生产，武汉多家动漫企业的漫画后续开发对外依存度较高，如影视和动画制作需要到北京寻找合作公司，而前期与平台合作发布内容环节，话语权也更多地在于平台，内容相对处于弱势，占据渠道优势的武汉动漫企业，需要在"北上广深"的众多漫画平台中寻找最合适的发布渠道。但由于武汉的互联网公司较少，特别是没有在国内外具有较大影响力的大型企业，同一线城市以及杭州等动漫产业更集中的区域相比，武汉平台型企业的缺乏增加了传播、发行成本，限制了动漫产业的发展，使得武汉动漫产业在激烈的市场竞争中处于不利地位。

---

① 上海市文化广播影视管理局：《2015年度上海动漫产业亮点频现》，文化部网站，2016年3月31日，http://www.mcprc.gov.cn/whzx/qgwhxxlb/shanghai/201603/t20160331_461216.html。
② 《新三板漫企：看江通传媒如何争夺版权全产业链布局》，百家号网站，2017年6月22日，https://baijiahao.baidu.com/s?id=1570897462553034&wfr=spider&for=pc。
③ 杨梦莹：《奥飞娱乐2016年净利润增长1.92%，玩具收入占比过半》，亿欧网，2017年3月30日，http://www.iyiou.com/p/42135。

(三)动漫产业链不完善,衍生品开发不足

动漫产品是动漫产业链中最基础,也是国内动漫企业最看重的,是利润的主要来源。但是在美国、日本、韩国等动漫产业发达国家,动漫产品的直接利润只占总收入的一小部分,大部分利润来自动漫产品衍生环节,如授权在图书、文具、玩具等日常用品中,抑或与网络游戏嫁接、建设主题公园等,盈利模式的长尾化才是动漫产业盈利的关键。[1] 但是,目前武汉动漫企业虽然拥有内容和技术优势,但是大部分企业规模仍较小,且属于动漫产业链的中上游环节,即动漫设计和制作公司,参与产业下游的企业少,缺乏长线生产经营的思维,而这正是动漫产业链中附加值最高的部分。

美国迪士尼的米老鼠、唐老鸭等,以及日本的哆啦A梦、蜡笔小新等动漫形象在世界范围内大行其道,国内的喜羊羊、熊大、熊二、光头强等动漫形象也随处可见。相比之下,武汉原创动漫较为逊色,流行程度较低,衍生品开发模式单一,且主要集中在低端的消费品领域。究其原因,除了动漫企业对衍生品的重视程度不够,导致衍生品开发利用不足外,还在于武汉缺乏知名动漫品牌,影响力较小。

(四)动漫企业融资困难,资金成为重要发展瓶颈

动漫产业是知识密集型、劳动密集型和资金密集型相结合的产业形态,动漫产品制作周期长、投资回报周期长且具有不确定性,这就决定了动漫企业较难获得银行借款或贷款,也难以获取风险投资的青睐。但是,动漫产业的发展需要大量的资金作为支撑。对于大型动漫企业来说,融资之路尚且艰难,更不用说许多处于成长期的中小型动漫企业了,其发展则更会因缺少资金而受到影响。

武汉的动漫企业大多规模较小,虽然有政府的各项补贴和税收优惠,但

---

[1] 周家磊:《区域经济下的中国动漫产业发展模式》,中国艺术研究院研究生院硕士学位论文,2014,第20页。

是仅靠政府的支持是不足以支撑企业健康发展的，需要开拓投融资渠道，增加资金获取方式。相比北京、上海、广州、深圳等一线城市及动漫产业发展较好的杭州来说，武汉本地的投资机构和投资服务机构较少，无论是了解融资渠道还是寻找投资机构都存在困难，动漫企业发展常常因资金缺乏而陷入困境，从而影响动漫产业的长远发展。

（五）高端人才稀缺，人才培养机制不健全

经过多年发展，武汉虽然拥有《天上掉下个猪八戒》《闯堂兔》《木奇灵》等本土原创动漫品牌，并在国内具有一定的影响力，但其品牌效益与国内广受欢迎的动漫品牌《喜羊羊与灰太狼》《熊出没》等相比，仍存在较大差距。如《熊出没》在制作过程中，剧本与创意由其母公司提供，技术则是外包给武汉的动漫公司完成的。但动漫产品的核心价值在于其创造性和创新性，而这些离不开人才尤其是高端人才的支撑。武汉动漫产业的发展，仍然需要大量高水平的创意和管理人才以及高端的制作人才。

武汉是目前我国高校数量和在校大学生人数最多的城市之一，多所高校开设有动漫相关专业，但是武汉高校所培养的动漫专业学生，主要是针对中期的制作环节，偏向于技术领域，在前期的创作策划和后期的市场营销环节仍存在不足。由于武汉动漫产业在国内外的地位并不高，工资水平与一线城市相比仍有较大差距，毕业生更愿意到一线城市发展，人才流失的问题也较为严重，招聘并留住资深技术人员和高端人才成为最大的困难。

三 武汉动漫产业发展的对策

"十三五"时期，武汉动漫产业必须紧跟世界文化产业发展大势，充分把握信息技术调整发展所形成的机遇，建立与其他地区的比较优势，以便在国内外激烈的竞争中抢占先机。

（一）转变产业发展理念，寻求创新发展模式

20世纪80年代末期以来，国外动画进入我国并对动漫产业产生巨大冲

击。对于在美国迪士尼动画和日韩动画浸润中成长起来的 80 后、90 后乃至 00 后几个代群而言，其动漫鉴赏水准高，参照体系也是国外的精品动漫。因此，国产动漫实际上被放到了与国外精品动漫同一鉴赏体系中，接受观众的审视甚至挑剔。① 但是，当前我国动漫产业发展观念较为陈旧，如目标受众仍以少年儿童为主，武汉动漫产业发展也存在这样的问题。当今时代，没有哪个动画强国是靠"低龄化"作品立身的，成年观众对动画电影的接受程度和消费能力是衡量一个国家动画产业发展水平的重要指标。②

武汉动漫企业应转变发展理念，创新发展模式，以适应市场需求。如可以借鉴日本动漫产品的分级制度，根据不同年龄段受众群体的不同特征，生产符合其心理需求的内容。③ 动漫企业要进行发散思维，充分发挥想象力与创造力，全力开拓题材类型，扩大动漫产品的受众面，不能仅仅局限于儿童题材。此外，企业可以在内容生产、产品推广营销等环节融入新科技与创意形式，以便在国内外激烈的市场竞争中脱颖而出。

（二）打造动漫精品，提升动漫企业竞争力

虽然武汉动漫产业正在积极谋求转型，但是由于前期积累不足，仍然缺乏在国际国内具有较大影响力的原创动漫作品。要打造动漫精品，除了先进的技术外，还需要依靠创意设计和原创内容。武汉应提供良好的发展环境，鼓励和扶持原创内容生产，支持积极健康向上的网络文化产品的创意转化，创新产业发展模式，创作出更多具有民族特色、时代特征的精品，带动其他相关产业发展。

武汉动漫在深入挖掘中国传统文化、武汉地域文化的同时，也要借鉴其他优秀的文化。日本动漫作品之所以在世界范围内广受欢迎，在很大程度上是由于其深度融合了本民族的文化，同时又借用了包括中国传统文化在内的许多外

---

① 张波：《新媒体通论》，山东人民出版社，2015，第 185～186 页。
② 马涌：《做"全年龄"的动画电影》，《人民日报》2016 年 4 月 5 日，第 14 版。
③ 刘瑶：《日本动漫产业的发展历程、驱动因素及现实困境》，《现代日本经济》2016 年第 1 期。

来文化内容,具有深刻的文化内涵。美国动漫公司更是如此,常常将全世界的优秀文化内容"拿来"运用到自己的动漫创意当中,如中国的"花木兰""熊猫"等。因此,要鼓励原创,借鉴优秀文化,打造具有文化内涵的动漫精品,以此提升动漫企业的竞争力,实现动漫产业跨越式发展。

(三)完善动漫产业链,提升动漫产品双效益

众所周知,成熟的产业链是动漫产业获取经济利益的主要渠道。如同"微笑曲线"所描述的,处于产业链上游的动漫原创设计和高新技术的更新,以及下游的动漫品牌营销和衍生品的开发利用等,是动漫利润较高的环节,利润最低的是中间的制作环节。而当前武汉动漫的核心竞争优势是制作技术,尚未形成完善的产业链条,并且现有产业链条各环节之间的协调性较差,影响了企业间沟通交流合作的效果。

因此,武汉动漫产业亟须打造完善而灵活的产业链,企业要树立重视创意设计和衍生品的发展意识,加大对产业链上游和下游的投入力度,加强产业链各生产环节之间的联系,不断开拓新的领域。武汉动漫产业要充分利用《天上掉下个猪八戒》《木奇灵》《闯堂兔》等动漫作品带来的影响,积极开发富有创意的衍生品,通过授权图书、文具、服装以及游戏的研发等,提高动漫产业的收益,延长动漫产业链条,扩大动漫作品的经济社会影响力。

(四)拓宽融资渠道,加大对企业的支持力度

作为知识密集型、劳动密集型产业,动漫产业发展需要大量的资金支持,而融资难一直是束缚动漫产业可持续发展的枷锁。现有的投融资渠道逐渐增加,为动漫企业快速发展提供了资金保障,如自2013年始,武汉相继有4家动漫游戏企业集中登陆新三板,积极开拓融资渠道,增加获取资金支持的机会,最终实现资本市场融资2亿元。[1] 但这样的企业毕竟是少数,对大多数中小企业来说,依然存在融资难的问题。

---

[1] 别鸣:《鄂产动漫 如何快步抢市场》,《湖北日报》2016年12月13日,第10版。

为了促进动漫产业健康发展，为企业赢得更大的发展空间，一方面，政府要整合行政资源，从财政和税收等方面继续给予企业支持，搭建投融资平台、交易平台，鼓励民营资本、境外资本和金融资本加大投入，为武汉动漫企业发展创造良好的环境。另一方面，动漫企业应减少对政府的依赖，积极拓宽融资渠道。如2016年国内大获成功的《大圣归来》，在电影制作初期与电影获得成功后的衍生品开发时期，采用了网络众筹的方式，将群众的闲散资金集合起来加以充分利用。这样既分散了投资风险，又让大家获得了参与感，也绑定了一批忠实支持者。

（五）加强人才培养与交流，优化人才机制

动漫产业链各环节涉及诸多专业，如创作设计、制作技术、市场营销、衍生品开发等，这些环节都需要大量高素质的专业人才。而动漫产业人才的成长成才需要社会为其提供良好的文化环境，营造一个自由、宽松、民主的社会氛围，为人们内心创造冲动和创造思想的文化创新活动提供施展的空间，其核心是充分体现对人才的尊重、关怀和包容。①

武汉动漫产业具有广阔的发展前景，这离不开大量高素质专业人才的支撑，需要为人才成长提供必要的支持。武汉应建立规范的人才培养机制，着重培养具有独立创作能力和文化素养高的人才，同时注重优秀人才的引进工作。一是将人才培养与动漫生产市场紧密结合，积极推动高校、企业和科研院所进行交流合作，整合利用武汉高校综合资源，共同开展动漫产业发展过程中的共性技术研发及动漫实训平台建设。二是鼓励政府和高校共办与动漫相关的创意设计以及与文化策划相关的培训和竞赛活动，并通过动漫文化节、动漫会展等形式广泛吸引优秀人才。三是积极主动吸收国内外优秀的动漫人才留在武汉，为武汉动漫产业发展注入新力量，打造动漫人才战略高地，不断推动武汉动漫产业良性发展。

---

① 管宁：《中国文化创新发展问题再考量——基于理念、消费与环境之视角》，《山东大学学报》（哲学社会科学版）2016年第4期。

区域报告

Regional Reports

B.9
东湖高新区数字创意产业发展报告

侯西龙 童 丹*

摘 要： 数字创意产业被作为国家战略性新兴产业，是实现我国文化产业发展和经济增长的新动能。东湖高新区在文化与科技融合、创新驱动战略的引领下，数字创意产业继续保持强劲的发展势头。作为我国首批国家级文化和科技融合示范基地核心区，东湖高新区正在成为国内数字创意产业最密集的地区之一，已经形成了创意设计、光影互动体验、直播电竞与文漫影游、数字教育和出版、VR/AR特色产业竞相发展的格局。通过加大政策支持力度、规划产业空间布局、加大园区投资建设力度、积极培育产业集群等工作措施，数字创意产

---

* 侯西龙，华中师范大学国家文化产业研究中心博士研究生，研究方向：文化资源与文化产业。童丹，武汉大学生物化学与分子生物学博士研究生，研究方向：科技创新、文化科技产业发展。

业在文化产业发展中的引领作用更加突出，逐渐成为促进区域经济发展的主力。在此背景下，东湖高新区应根据现有产业发展条件，健全产业发展政策支持体系，释放文化生产力；发挥产业集群的规模效应，打造具有国际影响力的文化创意品牌；支持创新创业，培养和引进优秀的数字创意人才。

关键词： 数字创意产业　文化产业　文化科技融合　互联网

2016年国务院发布的《"十三五"国家战略性新兴产业发展规划》（以下简称《规划》）首次将数字创意产业纳入国家战略性新兴产业发展规划。数字创意产业成为与新一代信息技术、生物、高端制造、绿色低碳产业并列的五大新兴支柱产业。为贯彻落实《规划》，文化部积极配合国家发改委编制了《战略性新兴产业重点产品和服务指导目录（2016版）》，将数字创意产业分为数字文化创意、设计服务与相关产业融合应用服务三个重点方向，其中数字文化创意涵盖技术装备、软件、内容制作、新型媒体服务和内容应用服务五个重点子方向。数字创意产业在战略性新兴产业中的地位越来越重要，成为实现经济增长的新动能。

数字创意产业是以创意为核心、数字技术为引领的战略性新兴产业，包括动漫、游戏、影视、网络文学、创意设计和虚拟现实技术等细分领域。数字创意产业通过全民创意联动，挖掘优秀文化资源，融合先进技术，创作出优质的数字创意内容产品，不仅满足了群众不断提高的文化消费需求，而且为文化产业的发展注入了活力。《规划》将数字创意产业纳入国家新型产业战略发展规划，为数字创意产业领域企业的发展指明了方向，提供了坚实后盾。据《2016中国数字创意产业发展报告》统计，2015年我国数字创意产业规模达到5939亿元，增速为22.9%。从区域发展来看，长三角地区正处于飞速发展阶段，珠三角地区发展较为稳定成熟，京津冀地区产业发展分化现象明显。我国数字创意产业已经进入高速发展期，但与英国、日本等国家相比，我国数字创意产业占 GDP 的比重仅为 0.7%，还有较大的提升空间。

近年来，武汉市在文化与科技融合、创新驱动战略的引领下，数字创意产业继续保持强劲的发展势头，在文化产业发展中的引领作用更加突出，数字创意产业亮点频出，正在成为区域经济的主力。随着"互联网+""文化+"等新兴业态的加速成长，武汉市数字创意产业正向规模化、高端化和国际化的方向迈进。东湖高新区作为国家级文化和科技融合示范基地，是武汉市数字创意产业最密集的区域，拥有八大产业集聚园区，文化科技融合企业及机构达 600 余家，涵盖游戏、直播、动漫、数字出版、创意设计等领域。东湖高新区是我国首批国家级文化和科技融合示范基地核心区，正在成为国内数字创意产业最密集的地区之一，已经形成了创意设计、光影互动体验、直播电竞与文漫影游、数字教育和出版、VR/AR 特色产业竞相发展的格局。

一 东湖高新区数字创意产业发展现状

武汉东湖国家级文化和科技融合示范基地坐落在东湖高新区，即"武汉·中国光谷"。1988 年，东湖高新区创建成立；1991 年，被国务院批准为首批国家级高新区；2001 年，被原国家计委、科技部批准为国家光电子产业基地，即"武汉·中国光谷"；2009 年，被国务院批准为国家自主创新示范区；2011 年，被中组部、国务院国资委确定为全国四家"中央企业集中建设人才基地"之一；2012 年，被中宣部、科技部等五部委批复为"武汉东湖国家级文化和科技融合示范基地"；2015 年，武汉与上海、京津冀等 8 个地区被列为国家全面创新改革试验区，其中东湖高新区作为武汉国家全面创新改革试验区的核心区；2016 年，获批国家首批"双创"示范基地；2017 年，获批中国（湖北）自由贸易试验区武汉片区。

东湖高新区常住人口为 40 多万人，区内有企业 4 万多家，逐步发展形成了以光电子信息产业为主导，生物医药、新能源环保、高端装备制造、现代服务业竞相发展的"131"产业格局。武汉东湖高新区被划分为8个产业集聚园区：光谷生物城、未来科技城、光谷中心城、东湖综合保税区、光电子产业园、现代服务业园、智能制造产业园和中华科技产业园。

（一）东湖高新区文化科技产业发展基本情况

"十二五"期间，东湖高新区先后被认定为中宣部和科技部等五部委批复的"武汉东湖国家级文化和科技融合示范基地"、科技部"国家数字内容产业化基地"、原国家广电总局"中国东湖广播影视媒体内容基地"、工信部"国家数字家庭应用示范产业基地"、教育部"首批国家'教育云'试点单位"、国家新闻出版广电总局"国家级广播影视产业基地"。

"十二五"期间，东湖高新区文化科技产业产值年均增长30%以上（2011年总产值为320亿元），拥有国家版权示范单位1家、国家级版权示范园区1家、国家动画产业基地1家、国家级文化产业孵化器2家、国家级文化产业示范基地2家、省级文化产业示范园2家、省级文化产业示范基地22家，在多个行业领域实现了零的突破；组建了虚拟现实、动漫、游戏、电竞、数字家庭、3D打印、工业设计等产业联盟；长江广电传媒集团、长江出版传媒集团、省联发投、鄂旅投、国采科技、中建三局等纷纷在光谷布局文化及设计产业项目；湖北广播电视传媒基地、长江数字文化产业园、光谷里、长江书法博物院、中建光谷之星等一批重点项目落户。

2016年东湖高新区企业总收入为11367亿元，同比增长13%；固定资产投资为870亿元，同比增长16.1%；规模以上工业增加值同比增长14%；现代服务业总收入为2569亿元，占企业总收入的22.6%，同比增长21.2%；一般公共预算总收入为192亿元，同比增长17.3%。新增市场主体16652户，同比增长29%；新增企业12614户，同比增长28.8%，平均每个工作日新增企业51户。目前，光谷市场主体总数突破7万户，其中企业总数达4.7万家。

2016年高新区文化科技融合产业收入占总收入的7%，企业及机构近千家，规模以上入库文化产业企业80多家，其中创业板上市企业1家、新三板上市企业8家,已经形成了创意设计、光影互动体验、直播电竞、文漫影游、数字教育和出版、VR/AR竞相发展的格局。斗鱼直播、盛天网络、宁美国度、传神语联网、福禄网络、湾流科技等互联网文化企业快速成长为行业领头羊,光谷成为我国互联网文化产业最为集中的区域之一。

(二)东湖高新区数字创意产业发展情况

数字创意产业与百姓生活密切相关,数字内容创意产品已经成为广大群众文化消费的主产品。同时,随着互联网环境的改善、用户付费习惯的养成,数字创意产品的消费潜力巨大,市场价值也进一步提升。数字创意产业是一种高新技术产业,技术与创新是产业发展的驱动力。首先,数字创意技术在产业发展中起着重要的作用,虚拟现实技术、新一代数字媒体技术、大数据以及人工智能等技术成为产业发展的引擎。其中,虚拟现实技术的发展成为互联网产业闪亮的明星,为企业提供了新的手段和发展方向,给人们带来了前所未有的互动体验。其次,文化是数字创意产业发展的灵魂,数字内容的创作、创意设计都离不开文化,尤其是地方特色文化与优秀的民族传统文化。最后,数字创意产业与其他产业的融合发展,可以延长数字创意产业链。在数字创意产业的核心领域,产业融合要延伸到周边传统行业,如旅游、健康、智能家居等。

在此背景下,东湖高新区根据现有产业发展条件,规划重点发展方向对产业空间进行布局。东湖高新区重点优化产业结构,发展创意设计、影视制作、动漫游戏、数字传媒等数字创意产业。直播电竞、动漫游戏产业集群发展特征突出,互动体验、创意设计服务、文化信息服务等领域稳步提升。

1. 直播电竞、文漫影游产业集群

影视动漫领域形成了以影视动画为核心、以原创漫画为依托、以新媒体动漫为先导的"大动漫"产业生态体系。光谷聚集了湖北省70%以上的动漫游戏企业,形成了较为完善的产业链,精品力作不断涌现,已经获得了"星光奖""金鹰奖""华表奖""金猴奖"等国内该领域的最高奖项提名。近年来,传统动漫企业向"互联网+"快速转型,融合多元业态,探寻动漫产业发展的新方向,形成了以江通动画、玛雅动漫、博润通、两点十分等为代表的一批有实力的企业,在国内产生了较大影响。其中,博润通的《PU猫》获得第十一届中国国际动漫金猴奖提名;互联网动漫企业两点十分公司于2015~2016年获得知名创投机构的亿元投资,公司出品的"银之守墓人"互联网动漫,累计点击量已破42亿次,获腾讯动漫年度十大人气漫画,成为国内高度热门的动漫IP。

互联网直播产业、游戏产业快速发展,出现了斗鱼直播、盛天网络、传神语联网、文网亿联等互联网平台公司。其中,斗鱼直播的发展最为引人注目,成为游戏直播乃至整个直播行业的领头羊。斗鱼直播是全国最大的弹幕式直播企业,2017年1~5月,实现营业收入5.16亿元,同比增长110%;企业人员规模为1607人,同比增长182%。盛天网络主营网娱平台、电子竞技等业务,拥有2500万用户;2017年上半年,公司营业收入同比增长50.67%①,这主要得益于增值服务业务和游戏业务的持续稳定增长。

2017年端午小长假期间,由光谷企业武汉斗鱼网络科技有限公司主办,武汉市委宣传部、东湖高新区管委会支持的大型主题文化活动"2017年斗鱼(武汉)嘉年华"在汉口江滩举行(见图1)。通过线上线下互动打造直播界泛娱乐盛会,共吸引线下35万人次、线上1.7亿人次观看,全面展示了武汉市城市名片。通过举办嘉年华,欲打造属于武汉市城市标志性的文化品牌。本次嘉年华覆盖游乐、电竞、游戏、明星、娱乐、科技、美食、二次元八大亮点,"直播+主题乐园"的模式为线上线下观众提供了前所未有的娱乐体验,"互联网+实体经济"的形式带动了旅游休闲、餐饮与周边零售等衍生领域。在政府的支持与帮助下,斗鱼直播正通过"直播+"模式下的泛娱乐模式,打造全国首个直播平台产业集群,利用互联网将直播产业链的上下游聚集在武汉。

2. 文化创意和设计服务业

文化创意和设计服务业在文化产业中最容易和其他产业产生联系,并通

---

① 《盛天网络半年报解读》,凤凰资讯,2017年9月5日,http://news.ifeng.com/a/20170905/51881550_0.shtml。

图 1 2017 年斗鱼（武汉）嘉年华

过融合创造出巨大的价值。文化创意和设计服务与相关产业的融合，可以增加产业的文化内涵，提高文化附加值。当前，在制造业向设计业转型的过程中，注重提升创新设计能力，以设计产业的发展推进制造业的转型升级。文化创意和设计服务业的发展必须注重产业链整合和深度融合，促进影视、传媒、时尚等文化创意领域与互联网、信息技术和金融等产业全方位融合。

武汉市围绕建设"设计创意之城"，制定了一系列促进产业发展的扶持政策，重点扶持新业态、新技术的发展，在鼓励原创设计的同时培养引进创意设计人才。2017 年 6 月，武汉市正式向联合国教科文组织致函递交申请表，申请加入全球创意城市网络"设计之都"行列，一旦获批，武汉将成为我国继"北上深"之后的第四个"设计之都"。东湖高新区在工程建筑设计、通信传输与网络设计、软件设计、3D 打印快速成型、工业设计、文物再现等领域优势明显，武汉市工业设计协会 90% 的企业来自光谷。烽火通信坚持每年将收入的 10% 以上用于研究和开发企业独有核心技术，2015 年获批"国家级工业设计中心"，2016 年烽火通信国家级工业设计中心设计的通信模块化 PDP（电源分配单元）荣获工业设计领域国际性最高奖项"红点奖"，烽火通信的工业设计能力与国际品牌影响力得到了国际设计领域的权威认可。华夏星光作为我国高端装备领域顶尖的工业设计公司，是专业从事高端装备和军工产品的造型设计、结构设计与工艺设计的设计服务机构。其设计的激光切割机、瓦轴喷漆设备荣获 2016 年中国创新设计红星奖，这也是该公司荣获的第 18 项"红星奖"。武汉未来科技城新能源研究院获得 2017 年度全国绿色建筑创新奖，成为湖北省唯一获奖项目。

3. 光影互动体验产业

2016年被认为是虚拟现实（VR）爆发的元年，VR产业进入发展的黄金期。VR产业发展给游戏、娱乐、视频直播、教育与健康医疗等领域带来了巨大潜力与机遇。以VR为代表的互动体验产业，投融资热情高涨，相关企业快速跟进，积极布局产业生态。同时，从中央到地方政府对虚拟现实高度重视，出台VR产业相关的政策与规划支持产业发展。武汉市也积极进行VR产业的相关规划，启动筹建VR产业基地、兴建VR孵化器等。

东湖高新区在发挥激光、文化创意、传感器等领域产学研优势的基础上，提前布局互动体验产业，吸引大批VR/AR创业公司及优秀企业，构建VR产业生态圈。武汉首个VR产业基地已在光谷挂牌，同时，成立了中国光谷VR/AR产业联盟，联盟包括湾流股份、秀宝软件等相关企业以及武汉大学、华中科技大学等高校。通过抱团发展，打通了VR技术研发、硬件制造和分销渠道等上下游产业链，提升了武汉市VR产业的竞争力。

东湖高新区在VR、激光演艺、建筑数字皮肤、3D裸眼投影和智慧旅游等领域已步入国内领军方阵。在激光演艺和展览展示产业，拥有麦塔威、闪图科技等企业，麦塔威承接了新中国成立64周年北京天安门广场中心花篮多媒体亮化工程和2014年北京奥林匹克公园瞭望塔裸眼3D光影秀等项目。在VR/AR领域，涌现了湾流股份、秀宝软件等重点企业80余家。其中，湾流股份成为湖北省第一家专注于VR技术及其行业应用的新三板企业，在教育、文化娱乐、汽车运用、医学医疗、智能机器人、军事国防六大领域设计研发了20余款VR/AR产品，其核心技术与相关产品出口到欧洲、东南亚、中东等国家。秀宝软件是在AR领域具有代表性的企业，坚持AR技术研发与用户平台的搭建，在早教玩具市场推出20余款产品，同时推出了以AR产业生态建设为导向的"A+计划"，吸引了优秀合作伙伴、人才与优质产品。图2为AR卡片玩具。

4. 数字教育和出版产业

东湖高新区聚集了众多高等学府和研究院所，更有着上万名在校大学生，人才资源、教育资源丰富。东湖高新区是教育部首批国家"教育云"

图 2　AR 卡片玩具

试点单位,在数字教育和出版产业,拥有从幼教、中小学到大学、职业教育等相关企业 50 多家。颂大教育是一家主营基础教育信息化平台建设的新三板高新技术企业,主营业务包括教育软件及系统研发、教育云平台运营服务和学前服务等。公司业务已覆盖全国 19 个省份 70 多个地市 10000 余所学校的 2000 余万师生用户,2016 年实现营业收入 3.5 亿元,同比增长 38.97%。天喻信息承建了"国家教育资源公共服务平台",实现了现行教材章节全覆盖,资源总量超过 100 万份,已有 1000 所学校的 6 万余名教师和 20 余万名学生注册使用。

5. 现代信息服务业

现代信息服务业是利用现代信息技术提供信息内容与信息咨询等服务的。现代信息服务业是信息产业的主体,根据需求提供信息内容服务、网络服务以及信息系统的集成服务。现代信息服务业在国民经济中的比重日益提高,对产业结构的调整具有巨大的推动力和创造力。在现代信息服务业领域,东湖高新区重点培育互联网内容渠道和分发平台,形成了以福禄网络、传神语联网、迈异信息、百纳信息、文网亿联等为代表的互联网平台公司。其中,传神语联网已聚集全球近80万名译员、1000余家翻译公司,在30多个语种上形成了独特的竞争优势,日均产能达1000万字,语言服务能力居亚洲第3位、全球第19位。文网亿联是国内领先的网络安全服务提供商,其核心产品"文网卫士",日活跃用户达2500万人。福禄网络作为我国虚拟充值服务行业的领军企业,每年为超过2亿用户提供在线充值服务,目前已为300多家知名企业提供在线充值解决方案,包括京东、淘宝和苹果App Store。为加快传统媒体和新兴媒体融合,涌现了一大批新兴媒体及与网络文学相关的创业公司。迈异信息是华中地区知名的行业云服务提供商,公司运营着移动教育云、智慧园区云、MDM物联云等云平台。2017年8月,迈异信息与阿里云平台达成深度战略合作,联手打造全方位云服务,共创混合云市场。

6. 文化硬件与装备产业

文化装备产业是文化与装备融合的新产业,文化装备也为文化产业全产业链提供技术支撑,包括游艺娱乐装备、移动互联装备、影视装备等。高科技文化装备不仅能够为文化创意的实现提供基础,而且是文化创意的重要载体和体现。小到一副3D眼镜,大到舞台、建筑和展会布置,文化装备产业的市场巨大,处处呈现科技与文化创意的身影。高科技含量的文化装备制造成为推动传统文化产业升级的重要力量。

在文化硬件与装备产业,东湖高新区借助在光显示、光通信等领域的核心优势,加快了智能手机、虚拟现实设备、显示平板、定制电脑、数字教室等文化娱乐消费终端产品的研发和产业化。在新型显示产业上有了世界级突破,继华星光电第六代低温多晶硅(LTPS)显示面板生产线量产后,天马集团斥资120亿元在光谷建设第6代AMOLED生产线。天马集团和华星光电两大面板生产线的投产,使光谷迅速成为全球最大的中小面板研发与制造基地。武汉在高端显示产业的良好发展势头,吸引了从上游材料制作、设备制造到下游显示终端产业链中的大量企业入驻。从芯片到显示屏再到智能手机,以富士康、武汉华星光电、武汉天马集团、联想武汉基地等为代表的企业完成了信息产业的闭环,逐渐形成了"芯片—显示—智能终端"产业集群。在传统的电脑行业,也在用科技与创意进行着产业转向线上互联网的实践。被誉为武汉互联网企业"四小龙"之一的宁美国度,用科技与创新打造线上DIY电脑行业的新时代。宁美国度成立于2010年,以电子商务为载体覆盖全网,主打DIY电脑及周边产品,年销售个性化PC和游戏设备100余万台。2016年宁美国度大举进军泛娱乐产业,逐渐成为集成电脑界的领先品牌。

二 东湖高新区数字创意产业主要工作措施

(一)加大政策支持力度,加快产业发展

产业政策是政府引导产业发展方向、提升产业竞争力和发展水平、实现经济增长的重要手段。在文化创意产业和文化与科技融合方面,武汉市政府出台了《关于加快文化产业创新发展若干政策的通知》和《关于印发武汉市文化产业发展"十三五"规划的通知》,从规划设计到实施落地支持示范基地建设。早在2013年,东湖高新区就出台了文化科技融合的专项产业政策(简称"文科十条")支持企业发展。随后,根据产业发展现状对"新文科十条"等文件进行了修订,逐步完善了产业的各细分领域。2017年,东湖高新区开展了国内首个"政策众筹",让企业为产业发展建言献策,更新出台了《武汉东湖新技术开发区关于推进文化科技产业融合发展的实施意见(试行)》专项政策,每年安排财政资金5000万元,在支持优质原创内容生产、支持文化科技融合创新、鼓励建设示范工程等方面支持文化科技企业。

(二)规划产业空间布局,加大园区投资建设力度

合理规划产业发展空间,引导园区建设,将具体的项目落实到适合的产业发展空间,满足各类产业对发展要素和空间资源的需求。产业空间的合理布局,决定了产业发展的可持续性。2012年武汉市出台了《武汉东湖国家文化和科技融合示范基地核心区规划》,明确了"一心二轴多点"的三层次空间布局。随着产业结构的调整升级,2016年重新修订了《武汉东湖国家

文化和科技融合示范基地核心区规划》，拟着力分四个层次推动文化科技产业发展，并且按照"两轴一带"的三层次空间布局文化科技产业，为产业发展提供引导和规划。"两轴"即以"光谷新中心"为轴心，延伸文化科技融合特色产业发展轴；"一带"是形成光谷特色文化创意产业带。三层次的产业空间布局明确了产业定位，使各园区形成了自身特色，使布局分散的相关产业向园区集中。

（三）积极推动创新创业，加快企业孵化培育

武汉市实施了百万大学生留汉创业就业工程，计划5年内吸引100万名大学生留汉创业就业。在户籍新政、住房安居、创业融资与高效服务等方面推出一系列鼓励大学生留汉创业就业的政策，为大学生留汉提供更好的条件和环境。武汉市充分利用人才优势，为建设现代化国际城市提供人才支撑和智力支持。

东湖高新区内规模科技企业众多，可以吸纳更多高端人才创新创业，成为大学生创新创业的理想之地。同时，东湖高新区积极落实百万大学生留汉创业就业工程，加快对初创企业的孵化培养，形成了"光谷青桐汇""楚才回家""东湖创客汇"等知名的创业活动品牌，支持文化科技企业创新创业。东湖高新区共建成孵化器53家（其中国家级孵化器15家）、众创空间66家（其中国家级众创空间24家），孵化面积达到450万平方米，每年举办创新创业活动2000多场，形成了可持续的创新孵化生态体系，为创新创业者"找人、找钱、找技术、找场地、找市场、找圈子"提供便利。东湖高新区内优秀人才与团队集聚，包括326名"千人计划"人才、152名"百人计划"人才、1200名"3551光谷人才计划"人才，以及4000多个海内外人才团队和4万多名硕士及以上人才，还成功引进了迪士尼的动漫制作团队。

（四）积极培育产业集群，做大产业规模

2016年直播产业迅速崛起，随之产生了泛娱乐直播产业集群和"直

播+"的战略模式。直播内容更加多元，涉及游戏、科技、动漫、娱乐等领域，在产业链上与旅游、电商、教育、体育等产业的联系越来越密切。以"直播+"、动漫、虚拟现实为突破口，对上下游产业链进行整合，形成直播电竞、文影漫游产业集群。重点抓住龙头企业如斗鱼直播、盛天网络、宁美国度等，形成产业集聚效应。同时，打造直播小镇、电竞小镇等专业园区。在 VR/AR 与游戏领域，涌现了湾流科技、秀宝软件、铃空游戏等优秀的 VR/AR 企业，光谷已经形成了较好的虚拟现实技术、人才和产业基础。在积极培育产业集群的同时，发挥产业联盟和协会的积极作用，组建了 VR/AR、动漫、游戏、电竞、工业设计等产业联盟，通过联盟举办活动，组织企业参展，打通产业链，抱团发展。

（五）加大供给侧结构性改革，提供优质文化产品

从微观来说，数字文化创意产业是一个供给创造需求的行业。文化消费需求的日趋多样化，要求文化产品供给多元化，不断推陈出新。通过供给侧结构性改革，向市场提供更多高品质、有创意的文化产品，制造新的文化消费增长点。

在动漫、电竞游戏等休闲娱乐领域，借助领军企业的汇聚与活动的举办，创造出新的文化消费需求，释放市场活力。东湖高新区先后支持举办"斗鱼嘉年华""中国青年电子竞技大赛""中美文化科技泛娱乐论坛""光谷动漫节""光谷微电影创新日""光谷音乐节"等活动，结合"湖北大学生文化创意大赛"等活动，培育自主文化品牌活动。"斗鱼嘉年华"3 天共吸引 35 万人次；"中国青年电子竞技大赛"永久落户光谷，并于 2017 年在 ChinaJoy 上强势推介；"中美文化科技泛娱乐论坛"携手中美开创泛娱乐交流，搭建武汉原创 IP 进入好莱坞的桥梁。目前，东湖高新区正在筹备 2018 年"中国游戏节"。

（六）建立版权服务体系，推动版权产业化

知识版权的创造、保护、运用和管理能力，影响着经济、社会与文化的

协调发展，有助于产业核心竞争力的提升。版权服务是版权产业中重要的组成部分，版权服务体系包括版权登记、版权交易服务、版权产业合作交流、版权法律保护等。

东湖高新区深入实施国家知识产权、版权保护战略，形成了以版权作品为源泉、以创新为动力、以版权保护为重要手段的版权产业。鼓励知识产权服务机构入驻，为创业者提供市场化、专业化的服务，满足创业者多样性的需求。在光谷创意产业基地成立了湖北省首家版权服务工作站，为企业提供版权登记、版权推广和版权维权等服务。光谷文化创意产业基地版权资源与文化成果密集区通过建立工作站，推动版权资源优势向版权产业快速发展。华中国家版权交易中心落户光谷，该中心是经国家版权局批准建立的全国第二家、华中地区唯一一家国家级版权交易中心，旨在培育版权要素市场，孵化版权企业，延伸版权产业链，搭建集版权展示、交易服务于一体的平台。光谷努力建设一批国家级和省级版权示范单位，目前获批国家级版权示范单位1家、国家级版权示范园区1家；开展企业版权质押贷款贴息，鼓励银行与企业开展版权质押贷款。

（七）加强统计入库工作，明确文化产业分类

为全面、科学、准确地反映文化产业的发展状况，完善文化产业统计分析发布机制，根据产业发展的动向与趋势，调整文化产业细分领域和统计范畴。加强规模以上文化产业统计入库工作，汇总一批规模以上文化产业企业后备单位，将划分为其他产业的文化企业改标纳入文化产业统计范围，积极协调新增企业直接纳入规模以上文化产业统计库。据统计，2015年新入规模以上文化产业统计库的企业有27家，2016新入规模以上文化产业统计库的企业有18家，累计达84家。

三 东湖高新区数字创意产业发展的思路对策

新形势下，要加强对数字创意产业的引领，进一步提升对数字创意产业

重要性与特殊性的认识。首先，政府有责任为产业发展营造良好、公平的外部发展环境，建立完善的政策支持体系和健全的产业发展规划体制，突破传统体制机制束缚，积极借鉴先进国家与区域的产业发展举措，将数字创意产业提升到战略发展高度。其次，明确产业发展的特色与定位，通过数字创意产业集群的规模化发展，提升产业的整体竞争力。在进行产业园和产业基地建设的同时，注重培育特色产业集群和产业链条，将不同领域的企业进行集聚。利用"文化+"与"互联网+"促进文化与科技、金融、旅游等产业深度融合，形成具有武汉特色和国际影响力的文化创意品牌。搭建数字创意展示平台与信息服务平台，为活动举办、创意设计竞赛、交易展示等提供帮助，使企业借助平台扩大影响力和知名度。加强产业交流与合作，吸引更多的国内外相关企业入驻。同时，加大对数字创意人才的培育和引进，落实创新创业与大学生留汉工程，积极进行社会宣讲，制定吸引人才的政策，吸引产业管理人才和高端创意人才落户。另外，加强版权保护，拓宽筹融资渠道。

（一）健全数字创意产业发展政策支持体系

完善的产业政策支持体系，能够不断释放文化生产力，引领数字创意产业的发展方向，使数字创意产业保持良好的发展势头。产业政策支持体系的缺失，使文化产业主体得不到相关政策的有效支持，不利于产业建立平等竞争的市场体系。

东湖高新区要确立将数字创意产业作为文化产业中支柱性产业的目标，继续完善"黄金十条""光谷创业十条""'互联网+'十条"以及支持众创空间建设的一系列创新创业政策，开展瞪羚企业认定、科技企业孵化器建设、产业技术联盟建设等。在这些产业政策的基础上，加大财政、税收、金融、用地等方面对文化产业的政策扶持力度，鼓励文化企业和社会资本对接。同时，遵循文化市场发展的规律，以市场为主导合理配置资源，在追求经济效益的同时，要从地区资源和市场条件出发，完善数字创意产业政策。积极调整和改善现有的文化产业结构，打破以往体制机制的各种束缚，激发园区企业的创新创业热情，为武汉市数字文化创意产业的发展保驾护航。

（二）发展特色数字创意产业集群，打造本地文化创意品牌

优秀的文化品牌具有很高的文化价值、经济价值和社会价值。对发展较好的行业及企业，实施品牌战略，重视和引导品牌文化的塑造。结合东湖高新区在创意设计、光影互动体验、动漫游戏和影视、数字教育和出版、文化信息服务五大特色领域的发展特点，打造具有体现武汉特色的"武汉数字创意知名品牌"。加强相关产业品牌的建设，支持文化品牌的宣传与推广以及大型活动的举办。

形成数字创意产业集群化发展模式，集聚资源、人才、资本、企业等市场要素，形成完整的产业链，提升数字创意产业的竞争力和影响力。重点在直播、游戏电竞与动漫领域和虚拟现实领域打造产业集群，实现产业发展的规模效应。直播产业集群以斗鱼直播为带动，在"直播+"战略下，与影视动漫、游戏电竞等相关产业融合。以铃空游戏、山骁科技、秀宝软件、湾流科技等一批优秀的VR/AR企业为基础，组建技术创新联盟。借助在激光、中小面板、传感器等领域积累的产学研优势，搭建创新平台，设立投资基金等，迅速集聚国内外资源，力争成为国内虚拟现实产业知名的集聚地。

（三）支持创新创业，培养优秀数字创意产业人才

数字创意产业的发展离不开优秀的创意人才、技术人才和管理人才，强大的人才优势为产业的快速发展提供了智力支持。在武汉市百万大学生留汉创业就业工程的基础上，东湖高新区要加快建立完善人才培养体系和创造良好的创新创业环境，吸引更多的创意人才会聚高新区。首先，高新区内企业与高校、科研院所联合建立创意人才培养基地，通过产学研相结合，高校及时调整相关培养课程，培养更多的高端人才和复合型人才。其次，建立创业孵化器和创业服务体系，为留汉创业的大学生提供创业教育、创业投融资等服务。吸引国内外更多的高端人才，最大限度地发挥创意人才的作用。

B.10
极化文化功能　繁荣文化产业　打造文化品牌　全力建设示范性、标杆性、领军性文化产业园区

——武昌·长江文化创意设计产业园深化发展报告

中共武昌区委宣传部武昌区文体旅游广电局

摘　要： 文化产业是兼有文化属性和经济属性的产业形态，具有绿色环保、高附加值、消费群体广等诸多特点和优势。当前，文化产业越来越成为支柱性、先导性、引领性的产业形态，成为世界经济、文化发展的重要增长点。伴随着文化产业的蓬勃发展，建设高质量、高效率、高水平的文化产业园区已经成为国际国内文化产业迅速发展的必然趋势。武昌·长江文化创意设计产业园作为目前湖北省唯一一家国家级文化产业试验园区，在其发展进程中坚持产业规模化、集约化、专业化导向，注重提高创新创意能力，加快先进文化传播，有效促进政产学研融合发展，坚持传承文化内涵，推进文化资源整合，加快体制机制创新，打造武昌·长江文化品牌。本报告通过深度分析梳理武昌·长江文化创意设计产业园区现有发展优势、建设经验、实践探索，对标国内一流文化产业示范园区，分析当前园区发展建设存在的短板和不足，探讨把握长江经济带和长江主轴重大发展机遇，升级建设产业特色鲜明、结构布局合理、管理科学先进、竞争优势强大的国家级一流文化产业示范园区的思路对策。

关键词： 国家级文化产业示范园区 武昌区 长江经济带 长江主轴 文化产业

党的十八大以来，以习近平同志为核心的党中央高度重视文化产业发展，提出了推动文化产业成为国民经济支柱性产业、加快建设社会主义文化强国的一系列新理念、新思想、新战略，为我国文化产业健康快速发展提供了根本遵循。发展文化产业是满足人民群众多样化精神文化需求、提高人民群众生活品质和幸福感的重要途径，是推动中华优秀传统文化创造性转化和创新性发展、使中国梦和社会主义核心价值观深入人心的重要载体，是推动中华文化走向世界、提升国家文化软实力的重要渠道，是培育经济发展新动能、推动经济社会转型升级、促进创新创业的重要动力。

为培育文化市场主体，增强文化企业活力，发挥骨干文化企业的示范、窗口和辐射作用，从2004年至今，文化部先后分五批共命名了10家国家级文化产业示范园区和10家国家级文化产业试验园区，分六批共命名了339家国家文化产业示范基地。武昌·长江文化创意设计产业园是湖北省、武汉市和武昌区三级政府重点扶持、打造的特色文化产业园区，2014年底成功获批第五批国家级文化产业试验园区，实现湖北省国家级文化产业试验园区零的突破，目前是湖北省唯一一家被命名授牌的国家级文化产业试验园区。为进一步引导、规范文化产业园区健康发展，提高文化产业规模化、集约化、专业化水平，提升国家级文化产业园区的引领示范效应，文化部于2016年印发《关于进一步完善国家级文化产业示范园区创建工作的通知》，明确从2016年起分三批开展国家级文化产业示范园区创建工作，对现有试验园区申报升级创建示范园区的，期满经验收合格的，命名为"国家级文化产业示范园区"。无论从武昌·长江文化创意设计产业园打造国家级一流文化产业集聚发展新高地的定位，还是从肩负引领省市文化产业高水平创新发展新旗手的重任来看，都决定了武昌·长江文化创意设计产业园必须以升级创建国家级文化产业示范园区为契机，探索走出一条优化产业结构、创新产业布局、升级产业动能的发展新路径。

极化文化功能 繁荣文化产业 打造文化品牌 全力建设示范性、标杆性、领军性文化产业园区

一 武昌区情及武昌·长江文化创意设计产业园概况

武昌是辛亥首义之城、湖北省会之区,也是武汉的江南核心区,城区面积为107.76平方公里,下辖14条街道,常住人口为108.6万人。这里历史悠久、人文厚重、科教发达、生态优良,是湖北乃至中部地区的文化中心。近年来,武昌区坚持以武昌·长江文化创意设计产业园这一国家级文化产业园区为载体,深化文化精髓传承、文化内涵挖掘、文化资源整合、文化功能提升、文化园区建设等工作,推动文化产业成为武昌城市功能转型的引擎和经济发展的增长极。2016年,全区GDP为971.6亿元,同比增长7.4%;实现公共财政预算总收入187.5亿元,同比增长9.1%;地方公共财政预算收入为122.5亿元,同比增长13.4%,连续10年位居武汉市中心城区前列。武昌区已建立结构合理、门类齐全、科技含量高、富有创意、竞争力强的现代文化产业体系,形成了工程设计、出版传媒、文化旅游三大产业集群。2015年全区文化产业增加值占GDP的比重为11%。

(一)园区结构布局

园区按照"一心两轴四区"模式构建,规划总面积约为151公顷。"一心",即武昌·长江文化创意设计产业园总部中心。"两轴",即"长江—沙湖—楚河—东湖"生态水轴和"中南—中北路"设计文轴。"四区",即园区的四大功能组团,分别为:东湖西岸传媒设计产业集聚区,规划面积约为44公顷,重点发展新闻传媒、移动终端、动漫网游等传媒产业;世界工程设计产业集聚区,规划面积约为28公顷,重点发展工程勘察设计、工业设计、建筑设计等设计产业;楚河汉街创意生活体验区,规划面积约为34公顷,重点发展演艺娱乐、旅游休闲、商贸服务等高端文化及关联业态;武昌古城艺术设计产业集聚区,规划面积约为45公顷,重点发展文化旅游、艺术品创作与交易等相关产业,展示千年古城文化精髓(见图1)。

图1 武昌·长江文化创意设计产业园总体空间布局

（二）园区运营机制

园区运营坚持"政企联动、管办分离、市场运作"模式，区委、区政府通过成立园区管委会实现文化公共服务资源整合，由区委常委、宣传部部长兼任园区管委会主任，2017年初，区委还专门根据换届情况调整了园区管委会组成，各成员单位之间的协调配合得到进一步强化。与此同时，园区按照现代企业治理结构，由独立企业法人——武昌文化旅游发展有限责任公司（以下简称文旅公司）负责具体管理运营，文旅公司代表区政府对园区国有资产进行运营管理,通过政策引导、平台服务等方式,促进园区资源整合、产业集聚和功能互补。文旅公司下设平台运营中心,通过金融服务、技术服务、展示推广、文化交流、企业孵化五大公共服务平台,为入驻企业提供孵化、投融资、技术、信息、产权交易、企业展示、人才培训交流等全方位服务(见图2)。

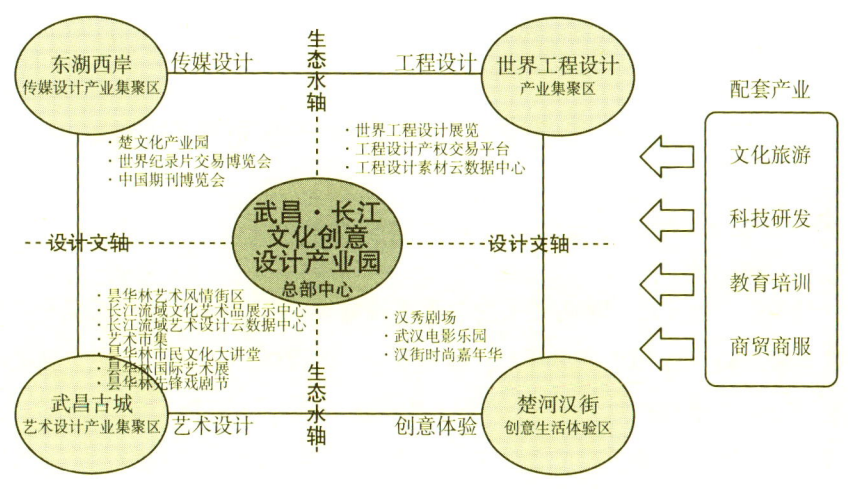

图2 武昌·长江文化创意设计产业园产业布局

(三)园区发展现状

经过五年的持续建设,武昌·长江文化创意设计产业园已成为湖北省文化产业发展的领军性园区和省文化厅重点扶持、推介的标杆性园区。截至2016年底,园区入驻企业共1865家,其中文化企业1519家,占园区企业总数的81.4%,实现文化产业增加值97亿元,园区内税收在百万元以上的企业共185家,实现税收23亿元;区内1家企业被文化部评为国家文化产业示范基地[①],24家园区及企业获湖北省文化产业示范园

---

① 指的是2014年12月26日,园区企业湖北视纪印象科技股份有限公司获文化部第六批国家文化产业示范基地命名。

区及示范基地称号①，5家园区及企业获武汉市文化与科技融合园区（企业）称号。② 园区文化创意与工程设计深度融合，产业特色鲜明，集聚效应明显，中铁第四勘察设计院集团有限公司、中煤国际工程集团武汉设计研究院等龙头企业扎堆汇集，并以武汉工程设计产业联盟的形式组成联合舰队，朝着具有国际影响力的"工程设计之都"全力进军，力争在"十三五"时期将设计产业培育成千亿元级产业。

二 武昌·长江文化创意设计产业园建设模式

（一）"长江+武昌"，谋定产城融合战略

《国家"十三五"时期文化发展改革规划纲要》明确提出"围绕长江经济带发展战略，加强重点文化产业带建设"，而武昌位于武汉长江主轴的核心示范段上，将抢抓这一重大发展机遇，高举"长江文化"牌，谋定"文化武昌"战略，着力推动文化产业与武昌发展深度融合，积极打造武汉市、湖北省乃至长江中游的标志性文化产业发展示范带，坚持以武昌·长江文化创意设计产业园为载体，深化文化精髓传承、文化内涵挖掘、文化资源整合、文化功能提升、文化园区建设等工作，推动文化产业成为武昌城市功能转型的引擎和经济发展的增长极。

（二）"文脉+水脉"，构筑功能融合空间

按照江湖水脉联动城市文脉的思路，结合产业特点和发展需要，沿

---

① 指的是2014~2017年，园区内的昙华林艺术区、湖北日报楚天181文化创意产业园、杨园产业园、5.5创意产业园4家产业园区获省级文化产业示范园区命名，湖北华中文化产权交易所、湖北剧院有限责任公司、万达武汉电影科技娱乐有限公司、尚格会展股份有限公司、湖北云锦文化传媒有限公司等20家文化创意企业获省级文化产业示范基地命名。
② 指的是园区内的湖北日报楚天181文化创意产业园、武汉邦维文化发展有限公司、武汉东创研发设计创意园有限公司、中南建筑设计院、湖北视纪印象科技股份有限公司5家园区（企业）获市级文化与科技融合园区（企业）命名。

"东湖—沙湖—长江"生态水系走向,规划布局传媒设计、工程设计、创意体验、艺术设计等产业功能片区,为文化项目落户、文化企业入驻提供集聚空间。目前,园区的项目策划、引进、建设工作进展良好。武昌古城艺术设计产业集聚区正积极谋划以武昌古城文化小镇建设为抓手,精准推介昙华林、斗级营等重点项目,开拓招商渠道,狠抓项目落地,与理工数传、中影集团、开心麻花等数字出版、影视制作、演艺娱乐领域的龙头企业达成了合作意向;东湖西岸传媒设计产业集聚区投资20亿元建设的湖北日报楚天181文化创意产业园已完成一期、二期建设,三期武汉国际文化创意产业城正在推进建设中。

(三)"文创+设计",彰显产业融合特色

重点扶持文化创意和设计产业做大做强、彰显特色、形成品牌,并取得明显成效。一是工程设计享誉全球。全国70%的高铁设计、70%的超高压输变电设计和70%的深基坑[①]设计来自武昌;中国武汉工程设计双年展成功举办三届,成为中国工程设计领域具有世界影响的国际博览会;借助2017年中国举办首届"一带一路"国际合作高峰论坛的重大契机,通过在北京举办的"'一带一路'上的武汉设计"系列活动平台,在京召开《武汉:全球工程设计之都》图书首发式及举办相关宣传活动,外交部原部长李肇星应邀出席首发式并致辞,众多联合国教科文官员、外国驻华使馆代表参加,充分展示了武昌国际化设计创意文化的魅力,在国内外引起强烈反响。二是传媒设计全国领先。知音传媒、湖北日报传媒、湖北广电等众多省级大型文化企业在园区内形成产业集聚效应,资产总额逾200亿元。三是艺术设计成为中部地区龙头。园区以湖北美术学院为依托,在视觉传达设计、工业设计、环境艺术设计、服装设计等领域不断发展,2016年艺术设计产值超过亿元。园区"文化+科

---

① 深基坑是指开挖深度超过5米(含5米)或地下室为三层以上(含三层),或深度虽未超过5米但地质条件和周围环境及地下管线特别复杂的工程。

技""艺术+技术""实力+魅力"的多重融合，成为华中地区文创设计产业服务经济社会发展的典范。

（四）"政企+平台"，放大市场融合效应

全面整合政府、企业优质资源，创新服务体系和工作机制，搭建金融服务、技术服务、展示推广、文化交流、企业孵化五大公共服务平台，形成以市场为基础、企业为主体、政府为保障的产业促进体系。园区联合200多家区域银行以及一批小贷公司、担保公司，构建园、企、银、保联动合作机制。2017年园区联合汉口银行推出年利率为5.22%的"文化贷"产品，开展以版权、著作权、专利权为担保方式的创新融资服务，每笔符合申请条件的贷款最高可达200万元，为广大中小微文化企业化解了投融资难题。园区五大公共服务平台不仅成为相互联系、相互促进、协同发展的有机统一体，而且成为加快文化产业发展的助推器和动力源。

（五）"功能+要素"，释放环境融合活力

文化产业的繁荣依赖于城市的大环境。武昌秉承"文化涵养城市、环境提升品质"的理念，深化对环境—文化—经济综合价值的全面认识，在大力保护和利用山水生态、文化遗存、历史古迹、旅游景点等禀赋资源的同时，通过实施"四工程、两计划"，即生态环境整治工程、特色街区打造工程、旅游标准化城市创建工程、公共文化服务示范区创建工程以及城管革命计划、城建攻坚计划，推动城市环境与文化产业协调配套，创造良好的功能空间和发展氛围。近七年来，先后实施蛇山透绿、东沙连通、沙湖公园、沙湖大桥、武汉大道、长江大道、大黄鹤楼景区等重大工程20余项，打造首义园、户部巷、都府堤、昙华林、楚河汉街、首义文化区等特色街区10余个，举办辛亥首义文化节等惠及市民群众千人以上的大型文化活动100余场，有效优化了文化大生态，激活了文化大能量，为园区快速发展提供了强有力的要素保证和功能支撑。

极化文化功能　繁荣文化产业　打造文化品牌　全力建设示范性、标杆性、领军性文化产业园区

三　武昌·长江文化创意设计产业园面临的困难挑战及教训

（一）战略通道尚未打通

战略通道的切入和搭建，可以给文化项目建设注入国家层面的强大推动力。福州的"三坊七巷"正是这方面的成功典范，该市将"三坊七巷"作为海峡两岸交流的平台和支点加以打造。"三坊七巷"先后被国家发改委等部委列为国际知名旅游目的地的重点培育对象，以及海峡西岸文化产业发展的重要布点和"桥头堡"。目前，长江经济带虽已上升为国家战略，但武昌距离旗手的地位尚有很大差距。因此，武昌要借助国家级文化产业园区这一平台，率先抢占长江经济带发展战略的产业高点，从更高层面凝聚资源，发挥优势，实现文化产业跨越式发展，推动武昌建设成荆楚文化窗口、湖北文化支点、全省全市精神高地，实现千年古城复兴。

（二）空间分布相对分散

武昌·长江文化创意设计产业园在空间分布上较为分散，由东湖西岸传媒设计产业集聚区、世界工程设计产业集聚区、武昌古城艺术设计产业集聚区、楚河汉街创意生活体验区四大片区组成，规划用地面积约为151公顷。其中，工程设计企业散布在杨园、中南路、紫阳等不同区域，在一定程度上制约了世界工程设计产业集聚区形成完整的产业竞争力和对外品牌形象；而武昌古城土地利用相对零散，高质量的公共空间还略显不足，特色街区虽多，但业态相对低端，产业带动力有限，管理成本较高。

（三）运营主体模糊缺位

武昌·长江文化创意设计产业园在一定程度上存在"重创建、轻运行"

的问题,园区建设大多是根据文化部"国九条"的要求,打破常规,实施推进,查漏补缺。目前每个板块、园区都有自己的运营主体,政府及相关职能部门参与了部分项目的运作,承担了相关协调工作,园区统一的市场运营主体不明确,运营水平不高,深度管理、融合不够,整体协调工作缺位。因此,投资经营主体弱化、法人管理结构缺位、园区管理经营职能模糊不清等空壳化问题是园区的先天性缺陷和未来升级发展的拦路虎。

(四)文化资源有待整合

武昌·长江文化创意设计产业园的产业资源分属省文化厅、工程设计产业联盟、湖北日报社、知音集团、万达集团、铁四院、中南建筑设计院、湖北美术学院等多个部门及央企、民企管理,目前园区公共服务平台及公共配套设施建设滞后,各园区之间难以有效整合资源,形成产业合力,更没有梳理、开发出自己的专属文化品牌。如果武昌·长江文化创意设计产业园定位为实现示范园区升级,必须为武昌的长远发展预留足够的文化想象空间及品牌影响力,形成像成都"宽窄巷子"、福州"三坊七巷"那样的城市文化地标,打造在全国乃至世界叫得响的文化品牌。

(五)国内各地文化产业园区建设的教训与启示

近年来,文化产业的巨大潜力使得国内各地发展文化产业园的热情高涨,对文化产业园前景看好,纷纷投资建设各种文化产业园。但由于文化产业园建设处于发展初期,尚在摸索阶段,很多地方对产业园发展的规律认识不够,园区建设暴露了很多问题,主要集中在以下几个方面:一是热衷于圈地扩容,片面追求GDP;二是建设规划欠科学,发展定位不精准;三是见效周期长,整体产业水平偏低;四是重管理、轻服务,重引进、轻培育。

因此,武昌·长江文化创意设计产业园在未来的园区示范升级工作中,既要善于借鉴吸纳先进文化产业示范园区的成功建设发展经验,又要吸取部分转型发展失败文化产业园区建设的教训,避免出现"穿新鞋走老路"的诸多问题。

极化文化功能 繁荣文化产业 打造文化品牌 全力建设示范性、标杆性、领军性文化产业园区

四 国内各地国家级文化产业园区经验借鉴

(一)福建闽台文化产业园——打通战略通道模式

闽台文化产业园分福州和厦门两个板块。福州板块以"三坊七巷"历史文化街区为核心区,总投资超过200亿元,规划占地面积约为14.48平方公里。厦门板块按"一区多园"的模式建设,总规划面积为19.55平方公里,重点打造数字内容与新媒体、创意设计、影视演艺、古玩艺术品、文化旅游五大产业集群。园区以海峡两岸文化交流为主题,以闽南文化为纽带,充分发挥该区域与台湾的"五缘"优势,加强闽台文化产业交流、合作与对接,打造海峡两岸文化创意产业汇流中心。该园区成功地切入了海峡两岸交流这一国家战略,不仅极大地提升了该区域的知名度、美誉度和开放度,而且获得了国家部委的高度支持和参与。该园区于2012年获得国家级文化产业试验园区称号。

(二)西安曲江文化产业园——强力整合资源模式

西安依托曲江二期,全力打造全国最大的文化产业园区,产业园面积达到2600亩。园区投资60亿元进行基础设施建设,预计到"十二五"末,将形成文化创意产业园区、文化休闲产业园区、传媒动漫产业园区等门类齐全的八大文化产业功能区,将快速实现产业的集聚化、规模化、链条化。近年来,曲江的运营线路可以概括为"基础设施建设—文化旅游项目带动—产业集聚发展—城市价值提升",作为国家级文化产业示范平台,该集聚区在规划伊始即确定了产业与城市整体成长、带动城市区域综合开发的总体发展路径。西安曲江强力整合资源,充分运用各种资本和市场机制,由"大项目"带动"大园区","大园区"带动"大产业",获得了良好的品牌和产业效益。该园区于2007年获得国家级文化产业示范园区称号。

（三）上海张江文化产业园——提供平台服务模式

园区是一个以科技研发、金融支持、创新服务为特色的文化产业园区，通过搭建多重服务平台，集聚龙头企业实现规模效应，帮助园区内企业形成对海内外市场的辐射。"张江模式"是文化产业园区模式的一次创新。在张江20万平方米的文化产业园区里，诞生了多个第一：国内第一个作为原创产品发布地和展示地的上海动漫博物馆、第一个有效运作的上海文化产权交易所、第一个动漫研发公共服务平台、第一个经国家批准成立的文化产业股权基金等。园区内汇集了网络游戏、动漫、数字、新媒体等文化类企业380家。就产值而言，张江拥有全国网络游戏产业20%的份额，动漫产业占上海的70%，数字内容产业占全国的10%。张江文化产业园区搭建了上海动漫研发公共服务平台、上海东方惠金投融资和担保服务平台、上海文化产权交易所、上海动漫产业促进会等功能平台，成立华人文化产业投资基金，先后集聚国内外风险投资50亿元。园区内企业可依托功能要素平台实现产业价值的最大化。该园区于2011年获得国家级文化产业示范园区称号。

五 武昌·长江文化创意设计产业园未来发展定位及思路

（一）举"长江旗"，探索个性化的城区转型之路

建设发展长江经济带是以习近平同志为核心的党中央做出的一项具有全局性战略意义的重大举措，长江经济带将成为国家未来十年发展战略的重心，其发展路径将以贯彻落实习近平总书记治国理政新理念新思想新战略为根本指引，凸显长江文明、长江文化的重要性，这为地处长江中游、具备长江中心地位独特优势的武昌·长江文化创意设计产业园发展带来了重大发展契机。在2017年初召开的市第十三次党代会上，省委副书记、市委书记陈一新同志在党代会报告中明确指出，要规划优化武汉长江主轴，打造世界一流的城市亮点区块，重点围绕主城区长江段，集中展示长江文化、生态特

色、发展成就和城市文明,打造世界级城市中轴文明景观带。长江主轴规划集"五轴"于一体,"五轴"即交通轴、发展轴、文化轴、生态轴和景观轴,文化轴作为长江主轴建设规划中不可或缺的重要一极,必将给武汉文化创意产业发展带来历史性黄金发展良机。面对长江经济带和武汉长江主轴双重战略机遇叠加,武昌·长江文化创意设计产业园必须极化"长江"优势,高举"长江旗",牢牢把握发展机遇,推动文化产业园区实现跨越式发展。武昌区正在联合协同创新基金管理有限公司,共同投资30亿元,设立武昌文化产业发展基金。首期启动昙华林、斗级营项目建设,其中昙华林片区位于武昌核心城区,项目总建筑面积为4万平方米,将以文化、旅游为内核,充分挖掘街区文化历史底蕴。斗级营项目毗邻武汉知名特色小吃街户部巷,将作为户部巷衍生拓展区域,项目总建筑面积为4万平方米,将以特色小吃及配套业态为主,进一步优化户部巷街区商业环境。与此同时,武昌区正与湖北视纪印象科技股份公司合作,以武昌滨江区域北至中华路与临江大道交汇处,南至武汉音乐学院斜对面范围为核心区块,规划建设以"一带三区"("滨江阳台观景带"联动"文化码头区、渡江公园区、文化视窗区")为核心,融合文化展示、文化创意、文化体验于一体,彰显新老武昌独特文化特色,作为长江主轴一期南岸重现大武汉文化、体验大武汉新生活、展示大武汉新形象的集中展示区和文化旅游新地标。

(二)打"设计牌",塑造全球化的文创设计之都

目前,武昌·长江文化创意设计产业园已成为全国最重要的工程勘察设计服务基地之一,园区内拥有中铁第四勘察设计院、中南建筑设计院、中南勘测院、中煤设计院、中国船舶研究设计中心等设计企业429家,基本涵盖了工程、景观、工业、时装、珠宝、软件、动漫、旅游等全设计领域。现代创意设计产业已成为园区的重点支柱产业。下一步,园区将以武汉申报世界设计之都为契机,进一步提升和放大设计产业优势,不断巩固和强化其领先地位,推进文化创意与设计产业整合,逐步形成以工程设计咨询业为重点的绿色低碳产业群,努力推动文创设计产业成为武汉市第10个千亿元级产业。

（三）建"项目库"，提升区域化的文化产业能级

全力做好项目招商，加强文化旅游产业包装、营销和对外交流，通过文化产业专题招商会等形式，吸引外资、大型国有资本及社会资本到武昌进行战略性投资。"十三五"期间，园区将着力推动一批重大项目落地。一是加快"武汉·创意设计之都"项目建设。该项目是武汉打造"中部设计之都"的地标工程，已列入2017年政府重点工作，力争2019年建成。二是加快"杨园·工程设计之都"建设。策划实施工程设计与文化创意产业核心区、铁路工业文化遗址公园、环社区绿带文化公园等重大项目，建设工程设计产业园。三是加快文化"创谷"建设。完成昙华林瑞典教区片和斗级营片土地储备，启动东城壕、西城壕片区房屋征收，开展文化创意类企业、创客机构的招商，引进"中国文化产业资本大会"入驻，组建"新文华－昙华林"文化创意创客学院，打造文化创意子基金群、影视动漫音乐美术创业群、文化创意项目总部群三大产业板块。四是加快"中科武大·智谷"建设。依托中国科学院武汉分院、武汉大学的科教人才优势，重点推进小洪山科学城建设，深化产学研合作，加强文化创意与科技融合发展，创建国家级协同创新产业基地、国家级成果转移转化示范基地。五是加快"白沙·智洲"建设。利用长江主轴三期核心区块优势，将影视动漫、文化会展等新兴文化创意产业纳入"白沙·智洲"规划编制，加快土地征收储备，预留文化创意产业发展空间，将其建设为文化创意产业引领的产城融合智慧创新创业示范新区。

（四）织"服务网"，完善精细化的支撑保障体系

加强金融服务、技术服务、展示推广、文化交流、企业孵化五大公共服务平台建设，进一步整合政府、企业优势资源，拓宽融资渠道，吸引培育高端人才，建立健全以市场为基础、以企业为主体、以政府为保障的文化产业促进体系，为武昌·长江文化创意设计产业园发展提供全面的政策保障。从战略布局和集群发展角度，进一步加大政策扶持、要素保障、人才准入、企

业引进力度。武昌从区财政预算中列支2亿元建立战略性新兴产业发展引导基金，重点支持包括文化创意设计产业在内的战略性新兴产业发展。发挥华中文化产权交易所在文化产权交易、文化产权投融资、文化产权登记等方面的功能优势，健全文化产品、服务和要素市场。进一步优化线上线下平台建设，完善公共服务平台运营管理机制，通过资源整合、产业集聚和功能互补，促进文化创意设计与相关产业的多重融合，使园区真正成为利于文化创新、产业发展的特区。

（五）做"文化＋"，坚持创新驱动和跨界融合

坚持以文化创意和科技创新引领武昌·长江文化创意设计产业园发展，聚焦新技术、新产业、新业态、新商业模式等新经济领域，推进"文化＋"和"互联网＋"战略，加强数字文化产业原创能力建设，鼓励园区民营企业在动漫、游戏、网络文化、电竞赛事、电竞直播、数字文化装备产业、数字艺术展示等重点领域快速发展；促进文化产业与金融、制造、建筑、设计、信息、旅游、体育、健康等相关产业深度融合，推动文化产业与"大众创业、万众创新"紧密结合，深度对接"百万大学生留汉创业就业工程""百万校友资智回汉工程"，充分激发全社会文化创造活力；充分发挥工程设计之都的资源优势，推动优秀文化内容实现数字化转化和创新，丰富数字文化创意内容创作与供给，提升数字文化创意技术与装备水平，支持数字文化产业"双创"平台建设，构建数字文化产业创新生态体系，推进数字文化与相关产业融合发展；鼓励民营企业对武昌地区的艺术品、文物、非物质文化遗产、历史文化街区等文化资源进行数字化转化和开发，实现优秀传统文化资源的创造性转化和创新性发展。

B.11
以游戏产业集聚发展为特色，文化产业稳步向前

——洪山区文化创意产业发展报告

文立杰*

摘　要： 2016年洪山区文化创意产业稳步发展，其中游戏产业的集聚发展最具特色。洪山区游戏产业的集聚发展，降低了企业的生产成本，提高了生产效率，增强了区域游戏产业的竞争力，并逐步显示出规模经济效应。未来，洪山区应根据用户的变化适当调整游戏产业发展策略，在坚持文化引领的同时推动洪山区游戏"走出去"，充分把握泛娱乐时代的发展机遇，延长游戏产业链，加大科技投入，对本区域内VR游戏发展进行前期探索。

关键词： 文化创意产业　游戏产业　集聚发展

作为武汉市的七个中心城区之一，2016年，洪山区常住人口为116.67万人，户籍人口为53.83万人；实现总产值744.19亿元，比上年增长10.3%，在武汉七个中心城区中增速最快，其中第三产业产值达到574.30亿元，增速在全市各区中排名第一；实现财政收入54.68亿元，比上年增长17.3%，增速在武汉市各区中排名第一。[①] 由郊区到中心城

---

* 文立杰，华中师范大学国家文化产业研究中心博士研究生，研究方向：文化产业管理。
① 根据《武汉统计年鉴2017》整理。

区，30多年来，洪山区实现了经济社会的飞速发展。伴随着洪山区的崛起，近年来文化创意产业也取得了巨大发展，逐步成为支柱性产业。

一 洪山区文化创意产业发展概况

洪山区紧紧依托辖区科教智力资源，把发展创意产业作为转变经济发展方式、推动产业结构优化升级、走差异化发展道路的重要举措，积极打造创意产业集聚区，经过努力，在发展规划、园区建设、政策配套、精品创作、宣传推介等方面取得了较大进展，形成了百花争艳的可喜局面。2016年，洪山区被国家认定的"四上"文化产业企业有23家，期末从业人员为4301人，实现文化创意产业产值324.03亿元。

（一）以加强顶层设计为基础明确发展思路

随着文化创意产业的发展壮大，影响文化创意产业发展的因素越来越多，要在重点领域取得突破，必须有科学的顶层设计。洪山区充分发挥高教资源优势，与华中师范大学等高校合作编制了《洪山区"十三五"文化产业发展规划》，从洪山区创意产业资源分布、区位特点等实际情况出发，按照功能集聚、突出重点、分步推进等原则，逐步实施"一核、三园、五区"的战略构想，即把文化创意产业作为洪山区文化产业发展的核心，重点打造南湖科技创意产业园、武汉创意天地、融创智谷三大园区，大力发展广埠屯文化产业集聚区、卓刀泉文化产业集聚区、鲁磨路文化产业集聚区、民族大道文化产业集聚区、天兴洲文化产业集聚区。规划先行，确立了文化创意产业发展的指导思想、发展目标、空间布局和政策保障，为文化创意产业发展指明了方向。

（二）以打造核心创意园区为手段发挥带动作用

作为城市社区的一部分，文化创意产业园除具备一般社会功能外，还具有独特的经济社会功能，如技术创新、产业提升、就业拓展、基础设施改

造、旧城改造、城市景观变迁、教育提升、城市文化结构和文化生态改造等。① 洪山区按照突出重点、打造核心、示范带动的原则，以文化创意产业为核心，重点打造南湖科技创意产业园、武汉创意天地、融创智谷三大园区，核心文创园区的集聚示范效应逐渐显现。

1. 南湖科技创意产业园

南湖科技创意产业园的核心作用进一步显现。2016 年，园区实现文化创意产业产值 73.3 亿元，同比增长 26.01%。入驻各类科技和文化创意企业 148 家（其中文化创意企业 94 家、科技企业 25 家、其他商贸服务类企业 29 家），吸纳从业人员近万人。园区建成了中石、天宇、绿洲、丽岛、洪山 CBI、洪山创意中心、亿童、亿胜 8 个创意产业基地，形成了出版、设计和动漫企业集聚的格局。园区拥有国家级和省市级高新技术项目 45 个、国家文化产业基地 2 个、省级文化产业基地 15 个、国家认定的高新技术企业 23 家、国家认定的动漫企业 1 家，拥有省名牌产品 3 个、省著名商标 1 个、市名牌产品 1 个、省级企业研发中心 2 个、民营研究院 1 个、甲级建筑设计院 1 个、教育部教学仪器研究所幼儿园教育装备研究中心 1 个、上市公司 1 家、上市后备企业 5 家。基本完成了由工业园区向科技文化创意园区的转型。南湖科技创意产业园被评为首批武汉市文化与科技融合示范园区，园区企业海豚传媒和武汉有戏分别获批首批示范企业、第三批试点企业。

2. 武汉创意天地

武汉创意天地是武汉市"十二五"和"十三五"重点打造的文化创意产业项目。武汉创意天地项目一期已建成，面积为 38 万平方米，体验馆、合美术馆、艺术精品酒店、创意商街、创意工坊、高层研发楼全部交付使用。园区的重点发展方向是推动"互联网+艺术+科技"融合发展，探索经济转型升级的新模式，培育创客文化，搭建"大众创业、万众创新"的大平台。目前，园区已入驻企业、文化艺术机构 169 家，涵盖文化创意、设

---

① 何志宁、许汉泽：《城市文化产业园的社会功能及问题反思——台中和南京的比较研究》，《东岳论丛》2012 年第 9 期。

计、传媒、投资管理等领域，其中文化相关类企业占园区企业总数的60%。园区助力中小企业创新创业，光谷联合集团在武汉创意天地打造了使用空间近2万平方米的"OVU创客星孵化器"，整合完成并不断优化完善创新创业资源，着力打造更加专业高效的基础空间建设团队、小微创业团队、孵化运营管理团队、资本投入团队。OVU创客星在全国复制了15家，已经被认定为国家级众创空间，省级孵化器，市、区两级"大学生创业特区"，省、市两级"众创空间"。武汉创意天地被评为武汉市第三批文化与科技融合试点园区，园区企业道森传媒被评为武汉市第三批文化与科技融合试点企业。

3. 融创智谷

融创智谷项目以智慧产业为核心，以公园式总部经济园为载体，力争打造华中唯一的智慧产业基地，与周边形成智慧产业互动，引领智慧产业未来发展方向。该项目主要面向电子信息、软件工程和文化创意行业，规划总占地面积约为20万平方米，总建筑面积约为35万平方米，分三期完成。其中，一期占地面积为195亩，建筑面积为9.6万方，可容纳100家左右的企业办公，办公人员约为5000人；二期占地面积为22亩，建筑面积为7.4万方，可容纳150家左右的企业办公，办公人员约为5000人；三期占地面积为63亩，建筑面积为18万方，可容纳350家左右的企业办公，办公人员约为1万人。

（三）以精品创作为导向提升文化软实力

坚持以精品创作为引领，着力培育一批在国内外有较大影响力的文化品牌，是提高文化软实力的必由之路。[①] 近年来，洪山区创作出一大批文化精品。由海豚传媒策划、制作和出品的大型民族题材儿童系列纪录片《我是中国的孩子》第一季登陆湖南卫视《我的纪录片》栏目，优酷网、土豆网同步上线。海豚传媒原创的三维动画片《小鼠乒乓》《米乐米可》，以及大

---

① 《创造文化精品 打造文化软实力》，东方网，2016年5月12日，http://news.eastday.com/eastday/13news/auto/news/china/20160512/u7ai5632861.html。

海信息公司的《花精灵战队》《动漫学法》等多部动漫作品先后在央视和地方卫视播映，2016年《米乐米可》被商务部、中宣部、财政部、文化部、新闻出版广电总局共同认定为年度国家文化出口重点企业和重点项目。由七彩虹创作的电影《缉毒》《我想有个梦》和电视剧《特警突击队》先后在中央电视台电影频道和地方媒体上映。飞游科技完成6.4亿元的股权交易，掌游科技的月流水额达到近1亿元，乐谷科技自主研发的《魔法门》等游戏位列下载榜前列。湖北省新闻出版广电局正式向亿童文教颁发新版出版物经营许可证，授予亿童出版物全国总发行权，这是湖北省首次向民营文化企业授予全国总发行权。

（四）以提升影响力为出发点策划系列推介活动

一是策划宣传推介活动。2016年4月，在武汉创意天地成功举办"武汉申都·设计创意市集"活动，来自武汉本土及国内的青年原创设计师摆出50多个摊位，展示自己的手工设计或创意产品。2016年9月，成功策划"2016中国武汉互联网+创新创业大会"，"硅谷精神之父""科技商业预言家"凯文·凯利做客洪山区，与武汉及华中地区创新企业家、创业者、大学生交流，通过活动向世界充分展示武汉以及洪山区在科技与文化、创新与创业领域所做出的努力与所取得的成果。成功打造武汉游戏产业基地，9家游戏企业率先签约落户，标志着洪山区文化创意产业发展又多了一批生力军。二是加大新闻宣传力度。洪山区文化产业发展也吸引了中央、省、市各媒体的广泛关注，如《经济日报》刊发《武汉洪山：建成7大创意产业基地 走高效集聚发展之路》、《湖北日报》刊发《文化创意产业成为洪山区经济新引擎》、《长江日报》刊发《洪山经济引擎"换挡轰鸣"》等。三是搭建文创企业交流合作平台。2016年召开了洪山区创意产业协会换届工作会议，光谷联合控股有限公司助理总裁姚华被选为创意产业协会新任会长，会议选举产生了理事成员28家。充分发挥洪山区创意产业协会服务功能，搭建会员之间、行业之间、政企之间的交流合作平台，实现了辖区内文创资源的互惠共享。创办《创意大道》双月期刊，2016年共出刊6期，及时宣传洪山区创意产业企业的动态,构筑了企业信息发布、项目资源、电子商务、传媒推介等信息共享平台。

二 游戏产业的发展特征

文化产业门类复杂,在2012年公布的《文化及相关产业分类(2012)》中,仅文化产业就包含10个大项。游戏产业已经成为文化产业中规模最大、发展速度最快的产业门类。特别是随着智能手机的普及,游戏的进入门槛大大降低,年龄、性别、民族、收入的局限在很大程度上被打破,游戏玩家人数大大增加。可以说,游戏的市场几乎是无限的,它也是全球投资者一直都很感兴趣的行业。[①] 2016年全球游戏行业的市场价值为1011亿美元,比上年增长10.13%。中国已超过美国成为世界游戏市场最广阔的国家,2016年中国游戏玩家达到6亿人,市场规模达到246亿美元,超过了美国的241亿美元。总体上看,中国游戏产业发展呈现以下特征。

(一)影游联动趋势明显

影游联动是指影视作品和游戏作品的相互转换。[②] 影游联动的根本目的在于充分榨取IP的价值。影视作品以观赏性见长,游戏作品以互动性为王,游戏与影视的相互转换,能够同时迎合两个市场,让内容和创意在更多的平台展示,充分变现IP的价值。从早期将"仙剑奇侠传"等游戏作品改编成影视作品到近年来将《花千骨》《琅琊榜》《老九门》《盗墓笔记》等影视作品改编成游戏作品,影游联动的趋势越来越明显。由同名网剧《老九门》改编的手游上线仅2周,就收获用户300多万人,付费率超过12%[③];而改

---

① 《从〈王者荣耀〉谈起,中国正将全球游戏产业带入转折点》,网易财经,2017年6月14日,http://money.163.com/17/0614/12/CMT2ABQC002580S6.html。
② 《解读:"影游联动"榨取IP的全部价值》,多玩游戏网,2015年11月26日,http://newgame.duowan.com/1511/312220196378.html。
③ 《真正的影游联动还有多远?影视公司圈钱、游戏公司蹭热点》,时光网,2016年8月10日,http://news.mtime.com/2016/08/10/1558437.html。

编自电视剧《花千骨》的手游,2015年取得了月流水额超过2亿元的成绩。① 作为泛娱乐化的一大趋势,影视与游戏的充分联动让"游戏可能是影视IP粉丝变现的最佳途径"成为业界共识。由于游戏渠道基本被垄断,游戏开发也有技术门槛,相对开放且收益可观的游戏发行成为兵家必争之地。②

(二)移动游戏用户成为客户群主体

中国游戏市场主要由三大板块构成,分别是网络游戏、移动(网络)游戏和单机游戏。单机游戏一直是我国游戏产业的弱项,2012年我国单机游戏销售收入仅为0.75亿元,约占游戏市场总收入的0.1%。近年来,随着手机等移动互联网设备的普及,移动游戏市场快速扩张。2012年移动游戏市场实现销售收入32.4亿元,约占游戏市场收入的5.4%,而根据艾瑞咨询发布的《2017年中国网络游戏行业研究报告》,2016年中国移动游戏市场规模达到1022.8亿元,虽然相比上年增长率有所下滑,但依然达到81.9%。同时,用户的游戏习惯逐渐成熟,随着移动游戏中重度游戏的占比越来越高,玩家能够同时玩的游戏款数将越来越少,移动游戏市场从以量取胜逐步过渡到以质取胜。根据报告,2016年移动游戏用户规模约为5.21亿人,超过PC端游戏用户4.84亿人的规模。从企业营收规模来看,移动游戏企业营业收入分布比较平均,虽然腾讯网易占了55%的市场份额,但是移动游戏"短平快"的更新换代节奏、成熟的产业分工仍为很多中小企业提供了生存空间。相比之下,PC浏览器端游戏和PC客户端游戏的市场准入门槛更高一些。

(三)电子竞技成为新的增长点

电子竞技是人类社会进入数字信息时代后将虚拟的电子游戏与传统的实

---

① 《真正的影游联动还有多远?影视公司圈钱、游戏公司蹭热点》,时光网,2016年8月10日,http://news.mtime.com/2016/08/10/1558437.html。
② 《真正的影游联动还有多远?影视公司圈钱、游戏公司蹭热点》,时光网,2016年8月10日,http://news.mtime.com/2016/08/10/1558437.html。

物竞赛有机结合，通过数字信息技术与人工智能技术的融合而产生的一项集竞技、娱乐、科技于一体的运动模式。① 2015年我国端游电竞市场规模为270亿元，至2016年末已超过300亿元，整体呈稳步增长态势。② 我国自主创办的品牌赛事如CIG、CEG、CUWL、IEST等，吸引了国内众多IT行业，如联想、华硕等，并获得众多网络运营商的大力支持。③ 电子竞技在我国也拥有广泛的受众基础，作为社会中流砥柱的85后逐渐成为社会最活跃的互联网受众群体，具有较强的消费能力，带动了网吧、饮食等衍生领域的发展。此外，随着电视转播开放、网络直播平台升级和厂商赞助增加，未来电子竞技产值有望实现跨越式增长，而且电子竞技作为国内朝阳产业，有着巨大的发展空间。电子竞技的用户数量正持续上涨，截至2016年6月，我国电子竞技用户已经突破1亿人，其中18~24岁的青年群体是目前电子竞技市场的第一受众消费群体。④

（四）VR/AR游戏成为新的发展趋势

随着时代的快速发展，科学技术成为人们生活中不可缺少的一部分。为了让世界更好地发展，人们不断追求全新的科技生产与设计方法。VR的全称是虚拟现实，AR的全称为增强现实，"2016年是虚拟现实产业元年"已成为业界共识，工信部电子信息标准化研究院也发布了《虚拟现实产业发展白皮书》。第十二届TFC全球移动游戏大会发布的《中国VR用户行为研究报告》显示，中国VR的潜在用户规模已达2.86亿人。另据游戏业界分析公司Super Data统计预测，截至2017年底，世界范围内将存在7000万名VR设备用户，他们将带来89亿美元的硬件收益和61亿美元的软件收益。VR/AR技术正被越来越多地应用到动画游戏产业中，不仅能够使人们在虚

---

① 梁强：《产业融合背景下我国电子竞技产业成长路径分析》，《天津体育学院学报》2010年第4期。
② 铁钰、赵传飞：《中国电子竞技产业研究》，《体育文化导刊》2017年第7期。
③ 铁钰、赵传飞：《中国电子竞技产业研究》，《体育文化导刊》2017年第7期。
④ 铁钰、赵传飞：《中国电子竞技产业研究》，《体育文化导刊》2017年第7期。

拟的观看与操作过程中体验"身临其境"的感觉，而且能够感受到对空间、时间的突破，经历在现实世界中无法亲身体验的过程。

三 洪山区游戏产业集聚发展概况

产业集聚是指在某一特定领域内，大量产业关联密切的企业及其相关支撑机构在空间上集聚的现象。① 从一般意义上来说，产业集聚受要素禀赋、规模经济、知识溢出等因素的制约，但文化产业具有产业与文化的双重属性，资产主要为知识产权、品牌价值等无形资产，因此文化产业的集聚相对更加依赖人力资本与制度环境两个要素。洪山区是有名的大学之城，区内高校林立，既有武汉大学、华中科技大学、华中师范大学、中国地质大学（武汉）、武汉理工大学、中南财经政法大学等国内知名高校，也有武汉工程大学、中南民族大学等地方特色高校，为洪山区游戏产业的集聚发展培养了大量高素质人才，大大降低了区内游戏产业发展的人力成本。除此之外，洪山区还出台了一系列针对以游戏产业为代表的文化创意产业发展的扶持政策。2009年区政府出台了《洪山区促进创意产业发展若干扶持政策（试行）》，设立1000万元对创意企业、产业基地和人才进行全面扶持。政策试行3年后，取得了较好的效果。2013年修订出台新的创意产业优惠扶持政策，计划5年设立5000万元，继续扶持文化创意产业发展。同时，针对武汉创意天地制定了专项扶持政策——《洪山区扶持创意天地项目发展实施办法（试行）》。良好的政策环境进一步促进了洪山区游戏产业的集聚发展。

（一）集聚发展实现了规模效应

2016年10月28日，武汉游戏产业基地企业入驻签约仪式在武汉创意天地举行，9家游戏企业正式签约落户，标志着洪山区游戏产业发展进入

---

① 张廷海：《现代商务中心区产业集聚效应与机制分析》，《经济问题探索》2008年第3期。

新阶段。2016年，上述企业共创造产值超过3亿元，创意天地游戏大厦成为名副其实的游戏产业集聚区。其中，规模最大的武汉掌游科技有限公司起到了良好的示范作用。武汉掌游科技有限公司专注于手游发行、深度运营、场景分发和手游研发领域，2014年创立武汉掌游科技有限公司，年底便拿到第一轮天使投资基金，公司2016年荣获A轮亿元风险投资基金，经过3年的发展，公司相继在深圳、广州、上海建立了分公司，与多家上市公司建立了深度业务合作关系，目前已在武汉相继投资5家游戏上下游企业。武汉掌游科技有限公司旗下的安锋游戏已成功发行了《天下英雄》《传奇无双》《铁血文明》等多款热门游戏，创造了多项手游行业发行记录。在此期间，安锋游戏荣获多项殊荣，如中国移动游戏领域十佳第三方平台、十大新锐游戏媒体、金翎奖、金茶奖、十佳游戏服务商等，并已得到行业广泛的认可。2016年武汉掌游科技有限公司产值为23345.5万元，增加值为21221.4万元，比上年增长10.28倍，从业人员由55人增加到200多人。受此带动，武汉多采信息科技有限公司（天眼查系统标示该公司注册地址在东湖新技术开发区）、武汉有戏网络科技有限公司也实现快速发展，2016年产值分别达到3973.86万元、3055.66万元，同比增长66.3%、68.7%。

（二）集聚发展提升了生产效率

同一产业的企业在地理上的集中，促进了行业在区域内的分工，使得厂商能够更稳定、更有效地享受供应商的服务，物色招聘到适合的员工，及时得到本行业竞争所需的信息，比较容易地获得配套的产品和服务，并以较低的代价从政府和其他公共机构获得公共物品或服务。[①] 就游戏产业而言，特别是网络游戏这一主干部分，游戏产业可以粗略地分为上游游戏开发商、中游游戏运营商和下游游戏渠道商。不同于普通商品，一款网络游戏的寿命非常短暂，通常情况下只有3个月左右。因此，游戏行业更加注重信息的时效

---

① 张元智：《产业集聚与区域竞争优势探讨》，《国际贸易问题》2001年第9期。

性，当游戏运营商、发行商发现游戏漏洞时需要协同游戏制造商进行调试修改。当游戏运营与制作不在同一地区时，调试修改游戏漏洞时往往要花费几天时间，对于寿命短暂的游戏而言，经济损失是巨大的。集聚于洪山区游戏大厦的多家游戏企业很好地解决了这个问题。这些企业不仅包含精干的游戏制作团队（如武汉市尚上游科技有限公司、武汉手游汇科技有限公司），而且包含经验丰富、实力强大的游戏运营商（如武汉掌游科技有限公司、武汉多采信息科技有限公司），甚至包含动漫游戏会展、活动策划公司（如武汉众行天下文化传播有限公司），可以说洪山区游戏大厦已经形成了一条完整的游戏产业链。游戏制作商、运营商、渠道商同处一栋大楼，随时可以进行面对面的交流，可以第一时间对产品进行调整，以满足用户的需求，极大地节约了时间成本，从而提高了游戏企业的生产效率。

（三）集聚发展提高了资源利用率

游戏产业作为一个轻资产行业，最重要的资源莫过于人力资源，而武汉市之所以能成为全国游戏产业发展的重镇，也正是得益于其发达的高等教育。近年来，武汉市相继出台了一系列留住人才的重要举措，效果显著，但留住人才以后怎样有效利用人才成为重要问题。洪山区游戏大厦的多家企业通过密切合作，摸索出一套优势鲜明的人才培养流动办法。首先，对进入游戏行业的人才进行统一培训。高校培养的相关人才积累了大量的理论知识，但缺乏实践操作经验，或者所学与实际工作存在偏差，需要进行岗前培训。洪山区游戏大厦的企业共同组建了培训班，对新入职员工进行2~3个月的培训，培训结束后直接成为正式员工，这在一定程度上降低了单个企业对新员工进行岗前培训的成本，同时还能将游戏产业技能培训逐渐发展成为一门产业。其次，多家企业共同实行员工评级制度。企业根据员工工作年限、技能等条件将员工分为一至五星五个等级，这些员工获得的星级评价在游戏协会内部企业中会得到认可。如某员工在A公司为五星级员工，那么当他进入B企业的时候将会直接享受五星级员工待遇。这一举措最大限度地保证了人才在游戏协会内部企业间流动而不会外流。

(四)集聚发展提升了区域游戏产业的竞争力

持续的产业竞争优势并非来源于产业的战略选择,而是来源于集聚企业所拥有的资源禀赋及其对资源整合的能力。① 集聚减少了资源获取和资源转换的障碍,形成了资源整合的协同效应。② 主要表现为在长期的动态运作中集聚对其他地区产业资本和相关要素的吸引力越来越大,特定的资源和能力使得这一地区的优势逐步由区位优势转向产业优势,构成了产业的长期竞争优势。③ 就武汉地区特别是洪山区来讲,虽然游戏产业发展达到一定体量,但是缺乏像腾讯游戏、网易游戏、完美世界等这样的业界巨头,2016年游戏大厦各企业对外贸易额也均为空白。在这种情况下,游戏企业集聚抱团发展,能够在开拓市场、吸引资金资源、产品"走出去"上获得一定优势。2017年7月28日,由中共洪山区委宣传部、洪山经济开发区管委会、武汉数字创意与游戏产业协会承办的武汉游戏产业招商推介会登陆上海浦东,吸引了200余名来自全国的知名游戏企业"大佬"参会,现场达成多项签约协议。游戏产业集聚带来的整体竞争力提升开始显现。

四 洪山区游戏产业发展路径

(一)做好市场细分工作,适度调整运作方向

数据统计显示,虽然2015年中国游戏用户保持了1700万人的增长规模,但总体上看,2011~2015年中国游戏用户增长速度逐年降低,由2011年的68.5%下降到2015年的3.3%,创历史新低。这说明中国游戏用户的人口数量红利正在消失,依靠人口数量红利的发展模式已经走到尽头,游戏

---

① 蔡宁、吴结兵:《企业集群的竞争优势:资源的结构性整合》,《中国工业经济》2002年第7期。
② 王珏辉:《战略性新兴产业区域集聚和区位优势研究》,《财经问题研究》2014年第6期。
③ 王珏辉:《战略性新兴产业区域集聚和区位优势研究》,《财经问题研究》2014年第6期。

厂商需要在提高用户付费比例和精细化运作上拓展市场空间。与此同时，游戏用户的年龄结构也在发生变化。虽然 26～35 岁的游戏用户依然占多数，但游戏用户正经历着逐步高龄化的趋势，2013～2014 年，36～45 岁的游戏用户增长 6.3%，46～55 岁的游戏用户增长 1.6%。除了主力开发年青成年用户喜欢的游戏产品外，游戏厂商也需要针对高龄化的趋势，预先开展市场调研工作，以开拓新的玩家市场。①

（二）树立泛娱乐思维，延长游戏产业链

当今时代是一个泛娱乐的时代，基于互联网与明星 IP 的粉丝经济大行其道。在"互联网+"战略大背景下，"游戏产业+"或将成为下一个重要出口。就洪山区游戏产业而言，产业链依然囿于游戏的制作与发行。当下游戏产业发展最重要的是找准最有前景的行业风口，以"游戏产业+"实施跨界作战。从目前的成功经验来看，"游戏产业+"主要有以下几种模式，其中"游戏产业+影视"特别适合洪山区游戏产业的发展。

第一，"游戏产业+网文"。网文与游戏，天生就有着相似性与兼容性。网文注重读者的代入感，游戏追求玩家的参与感，一致的满足感创造是网文与游戏能够兼容的基础之一。更重要的是两者的商业模式趋同，无论是网文还是游戏，采取的都是 VIP 式运作，这种商业模式对受众定位更加精准。一般来说，一部好的玄幻网文作品改编成游戏，也同样能凝聚一批相近价值取向的玩家。

第二，"游戏产业+影视"。"游戏产业+影视"有着得天独厚的基础，具有相辅相成的优势。好的影视作品，其所形成的价值观可以直接为游戏世界所用，而优秀游戏的流行反过来又能为影视作品开辟新的思路。通过类似的产业循环联动，"文化蛋糕"所蕴含的竞技价值无形中被放大，如《花千骨》的热播就带动了同名游戏的发展。泛娱乐时代，"游戏产业+影视"大有可为。

---

① 《中国泛娱乐产业发展白皮书：游戏行业产值达 1407 亿》，腾讯游戏，2016 年 3 月 7 日，http://games.qq.com/a/20160307/051150.htm。

第三,"游戏产业+直播与电竞"。《2016游戏产业报告》显示,2016年我国电竞游戏市场实际销售收入为504.6亿元,占比为30.5%,电竞赛事日渐完善,2016年全面赛事的奖金已超过3亿元。① 游戏直播与电竞的关系密切,2016年,中国游戏直播用户规模突破1亿人。② 在直播与电竞两个方面,武汉具有天然的优势。武汉是华中地区"电竞之都",2013年华中地区首个电竞馆落户武汉,"2015年度武汉市十大最具影响的大型体育赛事"评选中,电竞赛事仅次于渡江节排名第二,2017年首届中国青年电竞大赛全国总决赛和S系列赛小组赛都在武汉举行,每年坐落武汉的电竞赛事数量居全国前列。2017年7月,武汉市电竞协会成立。在直播方面,著名直播平台斗鱼TV即崛起于武汉,截至目前,斗鱼TV已经进入全球网站前300名、全国网站前30名,浏览量在国内视频类网站中排名前十,在游戏直播平台中排名第一。③ 武汉市得天独厚的游戏直播与电竞优势,为洪山区"游戏产业+直播与电竞"的产业发展模式创造了优良的条件。

(三)紧跟时代潮流,抓住VR游戏发展新机遇

虽然VR浪潮刚刚兴起,但它已经吸引了全球游戏行业巨头的普遍关注。TMR分析师表示,到2019年,VR游戏市场价值将达到58亿美元。TMR报告显示,全球VR游戏市场主要靠成熟的跨国玩家推动,VR游戏已经成为游戏产业发展的新方向,这对洪山区游戏产业来讲既是重大机遇也是严峻挑战。洪山区大型游戏企业以游戏运营、发行公司为主,游戏制作则多以小型团队为主,资金与技术实力有限,VR游戏制作受限明显。在VR游戏产业发展大潮中,洪山区游戏企业应更加关注VR游戏发展潮流,适时切入VR游戏产业链,适度提高VR游戏制作与发行比重,对洪山区VR游戏产业的兴起进行前期探索。

---

① 《2016游戏产业报告》。
② 《2016游戏产业报告》。
③ 《斗鱼TV》,百度百科,https://baike.baidu.com/item/斗鱼TV/13464367?fromtitle=斗鱼&fromid=17199575&fr=aladdin。

（四）坚持文化引领，适时推动洪山游戏"走出去"

作为文化创意产业的一部分，游戏产业除了注重其商业价值，也要注重其社会效益与文化效益。游戏是文化产品，跟文学、电影一样，承担着传承优秀传统文化的重任。这就要求游戏公司自觉在设计开发、运营管理等方面加强价值引导，传递社会正能量，将游戏作为特殊的文化载体，从技术和内容方面将传统文化引入当代语境。本地游戏企业应当有意识地传播、弘扬优秀荆楚文化，充分发挥游戏在文化传播和交流中的积极作用，通过游戏让本地文化得到继承和弘扬。在坚持文化引领原则的同时，要积极推动洪山游戏"走出去"。2016年，自主研发网络游戏在海外市场的实际销售收入为72.3亿美元，同比增长36.2%。与国产游戏在世界市场上的高歌猛进对比鲜明，洪山区对外游戏贸易额接近空白，在未来的发展中，应本着"本地化"的原则，推动洪山游戏走出国门，缩小与国内著名游戏企业的差距。

B.12
黄陂区全域旅游发展研究

纪东东 李媛媛*

摘　要： 武汉市黄陂区旅游业发展较快。为实现"十三五"时期旅游业转型升级，从数量型向质量型转变的目标，黄陂区开启了全新的全域旅游发展模式，并积极创建"国家全域旅游示范区"。由于管理体制机制不够健全，对全域旅游的内涵理解不透彻，在全域旅游发展过程中仍然存在一些问题，为此，本报告提出了促进黄陂区全域旅游发展的对策建议：树立全域旅游观念，做好顶层设计；创新文化旅游产品，提升旅游文化价值；推进"旅游+特色产业"，加深产业融合；提高目的地接待能力，优化全域旅游体验；构建智慧旅游体系，推动旅游模式转型。

关键词： 黄陂区　全域旅游　转型升级

我国旅游业发展起步于改革开放后的入境旅游，以适度超前于国民经济和社会发展的方式，开辟了"定点购物、定点住宿、定点游览"的封闭式观光旅游发展模式。[①] 20世纪90年代至今，国内旅游业蓬勃发展，但只有门票经济的观光旅游难以满足多元经济特征下的休闲度假旅游需求，开发新

---

* 纪东东，华中师范大学国家文化产业研究中心副教授，研究方向：文化旅游、文化产业管理。李媛媛，华中师范大学国家文化产业研究中心硕士研究生，研究方向：文化资源与文化产业。

① 刘又堂：《全域旅游视阈下旅游目的地功能变化》，《社会科学家》2016年第10期。

型旅游业发展模式、进行旅游业发展的战略再定位成为新一轮旅游业发展工作的重中之重。2015年9月,国家旅游局发布《关于开展"国家全域旅游示范区"创建工作的通知》(旅发〔2015〕182号)。自此,全域旅游成为国家旅游业发展战略,新型旅游业发展格局开始构建。2016年2月,国家旅游局公布首批国家全域旅游示范区创建单位名单。武汉市黄陂区因其丰富的旅游资源以及良好的旅游业发展业绩,成功入选首批"国家全域旅游示范区"创建名单,成为"国家旅游标杆"。

一 黄陂区旅游业发展历程

自1997年木兰生态旅游区建设被纳入市、区两级政府的开发计划起,黄陂区一直将旅游业作为促进经济发展与改善民生的有效抓手,推动黄陂区旅游业提档升级,从而带动全区的经济发展。黄陂区旅游业主要经历了三个发展阶段。

第一阶段,打造木兰品牌,建成"武汉后花园"。黄陂区是"木兰传说"原型故事的发生地,区内有大量木兰遗迹,"木兰传说"于2008年成功获批第二批国家非物质文化遗产。"木兰传说"是一个家喻户晓的民间故事,20世纪末,美国迪士尼公司卡通片《花木兰》将木兰文化传播到世界各地。黄陂区抓住这一特色文化资源,于2005年规划了以木兰山为中心的面积为947平方公里的"木兰生态旅游区",统一景区形象,打造木兰山、木兰湖、木兰天池、木兰古门、清凉寨、木兰草原、农耕年华、云雾山八大景,简称"木兰八景",从生态和文化角度重点打造"武汉后花园"。此外,还创办了"木兰山文武学校",全国首家"花木兰展览馆"对外开放,连续举办"中国武汉木兰旅游文化节"。"木兰八景"是黄陂区旅游目的地品牌建设的一次成功实践,通过将木兰文化串珠成链,实现了各景区旅游资源的整合,丰富了旅游目的地的品牌内涵,扩大了黄陂区旅游品牌在武汉城市圈的影响力,"武汉后花园"的称号逐步被认可。2012年,黄陂区共接待游客803.5万人次,实现旅游综合收入20.08亿元,同比分别增长

56.9%和96.9%。① 木兰云雾山在当年成功创建国家4A级旅游景区,使得区内4A级旅游景区达到7家,成为全国4A级旅游景区最密集的区域,木兰文化生态旅游区成为全国最大的城区文化生态旅游集聚区,"木兰旅游"成为黄陂区主打的旅游品牌,得到了广大游客的广泛青睐。

第二阶段,创建国家5A级旅游景区,跻身全国旅游目的地行列。"木兰八景"成功带动资本进入黄陂旅游市场,形成一轮旅游投资开发热潮。《黄陂区"十二五"旅游规划发展构想》提出打造"中国木兰"全国知名旅游品牌的目标。黄陂区整合"木兰景区"群优势资源,创建"黄陂木兰文化生态旅游区"国家5A级旅游景区,于2014年底申报成功。2014年全区共接待旅游人数1211.5万人次,实现旅游综合收入36.35亿元,同比分别增长20.2%和21.0%。2015年全区共接待旅游人数1516.7万人次,实现旅游综合收入45.94亿元,同比分别增长25.2%和26.4%。2016年全区共接待旅游人数1802.7万人次,实现旅游综合收入72.46亿元,同比分别增长18.9%和57.7%。② 通过对木兰系列旅游产品内容进行调整,去粗取精,专注升级优质景区,黄陂区最终取得了"1+1>2"的效果。黄陂区旅游业实现了旅游资源的优势整合,旅游市场迅速扩大,旅游目的地知名度大幅提升。

第三阶段,发展全域旅游,树立"国家旅游标杆"。迈入"5A"时代后,黄陂区旅游业虽然达到一个新高度,但"5A"品牌的效应和影响力还未形成。伴随着"慢生活"理念深入人心,以及"深度游""体验游"成为旅游主流,黄陂区旅游业要适应新的市场需求。2015年,黄陂区着手规划全域旅游,以实现旅游业转型升级,将工作重点转移到加强景区联动性及改善旅游配套服务设施上,与以往相比,需要更加细致地提升旅游基础环节的服务质量。2016年初,黄陂区成为"国家全域旅游示范区"首批创建单位,在基础设施建设方面得到了国家旅游局的极大肯定;同年

---

① 数据来源于《黄陂区国民经济和社会发展统计公报》(2012年)。
② 数据来源于《黄陂区国民经济和社会发展统计公报》(2014~2016年)。

9月,黄陂区政府负责人应邀为来自全国各地的"首届旅游业改革发展青年研修班"学员讲授全域旅游的地方实践经验。经过多年打磨,黄陂区旅游目的地建设逐渐成熟,旅游发展模式独具特色,为其他地区的发展提供了借鉴。

二 黄陂区发展全域旅游的优势

所谓全域旅游,是指在一定区域内,以旅游业为优势产业,通过对区域内经济社会资源进行全方位、系统化的优化提升,实现区域资源有机整合、产业融合发展、社会共建共享,进而带动和促进经济社会协调发展,是一种新的区域协调发展理念和模式。① 走全域旅游之路,既是黄陂区旅游业转型升级的客观需要,更是全区社会经济快速协调发展的需要,且黄陂区发展全域旅游有着得天独厚的优势。

(一)构建了"全时空"的旅游产品体系

依托丰富的历史人文资源,黄陂区在北部打造了以木兰文化为主题的木兰山、木兰天池、木兰草原等核心旅游区。依托良好的生态农业基础,黄陂区大力发展乡村生态游。休闲生态游与木兰文化游相辅相成,合力构建了"全时空"的旅游产品体系。"全时空"即无论是淡季还是旺季,无论是白天还是夜晚,无论是目的地核心旅游区域内还是核心旅游区域外,都能够为游客提供满足其体验需求的产品和服务。② 在核心旅游区域内,依托景区资源禀赋,策划适合各类游客需要的节庆活动,促进了游客与景区的深度互动,加深了游客对黄陂区旅游品牌的情感依附。在核心旅游区外,大大小小的采摘园、赏花带让都市游人贴近自然,享受田园之乐。赏花采摘的游人带

---

① 李金早:《全域旅游大有可为》,国家旅游局网站,2016年2月7日,http://www.cnta.gov.cn/xxfb/jdxwnew2/201602/t20160207_760080.shtm。
② 厉新建、张凌云、崔莉:《全域旅游:建设世界一流旅游目的地的理念创新——以北京为例》,《人文地理》2013年第3期。

动了各景区人流量的增加，景区内外达到空间上的呼应，实现了黄陂区东南部丰富的农业资源与北部木兰文化的串联。

（二）形成了"全方位"的旅游宣传模式

旅游目的地的营销宣传活动关系到目的地形象的打造和知名度的提升，是目的地建设工作的重要组成部分。为推广旅游，黄陂区开辟了多种宣传渠道，积极拓展了宣传范围。持续增加投入，在天河机场建成了旅游形象宣传展示厅，在武昌火车站和洪山广场等人流量较大的地段选择大型广告牌投入了广告，制作了中英对照、繁简不同版本的《黄陂旅游宣传册》《旅游地图册》等资料近10万份。除常规性宣传方式外，还与长江网武汉通、中天传媒合作，在网络、微信等平台开辟新的宣传阵地；建立了旅游资源数据库和功能先进、资源共享、互联互通的网上旅游市场体系。同时，尝试采取新兴媒体与传统媒体融合宣传的方式，在首都机场9个LED屏，武汉、宜昌市中心4个LED屏，以及市内地铁、公交等播放创"5A"形象宣传片。此外，黄陂区多次组织本土景区团队赴全国各地参加旅游行业展会，积极拓展省外旅游市场，吸引了各地旅行社相继签约黄陂旅游线路。黄陂区紧跟移动互联发展步伐，改变了以纸媒为主的传统旅游宣传模式，全方位、多角度进行宣传，大大提升了旅游业的影响力，扩大了旅游业的辐射面。

（三）拥有丰富的特色旅游吸引物，可以形成覆盖全区的旅游目的地

全要素的产品供给是全域旅游区别于传统旅游的重要特征，即将整个旅游目的地作为旅游吸引物，目的地内所有可利用资源都有可能成为旅游吸引物。[1] 这就要求从以前强调震撼力的景观要素转向强调景观要素与环境要素并重的思路上来，将区域内自然人文旅游资源进行有机整合。

---

[1] 厉新建、张凌云、崔莉：《全域旅游：建设世界一流旅游目的地的理念创新——以北京为例》，《人文地理》2013年第3期。

黄陂区生态、历史文化和社会资源丰富，既有传统旅游吸引物，又有适合全域旅游发展的吸引物。作为武汉面积最大、生态环境最好的新城区，黄陂区与武汉城市圈其他城市在旅游资源层面具有一定的互补性，吸引了大量都市游客到访。在文化资源方面，木兰替父从军的故事广为流传并享誉全国，盘龙城作为殷商时期南方文明的中心奠定了长江流域城市发展的基础，宋朝理学家程颐、程颢于此渐萌理学思想胚芽，辛亥革命首义的黎元洪世居于此。民俗文化类型丰富多彩，区内共有国家级、省市级非物质文化遗产27项，拥有大余湾、蔡家榨、罗家岗等历史文化名村。作为传统农业大县，黄陂区拥有丰富的农业资源和深厚的农耕传统，积极引进现代农业生产技术发展都市休闲农业，有极其坚实的乡村休闲游基础。在黄陂区南部，依托便捷的水陆空交通正在打造全国物流商贸中心，临空－汉口北商贸休闲带已经形成。整合区内自然、人文和社会资源，合理升级利用，黄陂区必能大大拓展旅游吸引物的范围，打造出具有感染力、渗透力的旅游目的地，让游客能够多维度感知不同旅游吸引物的特殊魅力。

（四）打造了服务业品牌，引导产业融合

全域旅游是旅游形态、旅游资源与经济社会各领域在更广范围、更深程度、更高层次的融合创新，通过交叉、渗透，可以推动业态裂变，焕发产业发展内含的生命力。融入了丰富旅游元素的新模式新业态，可以创造更高的商业价值。

2016年，黄陂区第三产业增加值为213.53亿元，同比增长9.8%。金融业快速发展，连续五年获评全省最佳金融信用区和保险工作先进区。累计引进银行、证券、保险等金融机构17家，新设小额贷款公司6家、融资性担保机构3家。金融机构存款余额为530亿元，比上年增长19.6%；贷款余额为370亿元，比上年增长31.2%。[①] 拥有以卓尔购为代表的62家规模

[①]《黄陂区2017年政府工作报告》，黄陂区人民政府网站，2016年12月20日，http://www.huangpi.gov.cn/zwgk/xxgkzl/xxgkml/jbxxgk/gzbg/201612/t20161220_74104.html。

以上服务业企业，培育了汉口北国际商品交易中心、武汉百联奥特莱斯广场、万基国际广场、黄陂广场、木兰国际广场五大城市综合体，成立了全国首家淘宝商学院，建立了武汉物联网产业园，大力发展临空物流，不断完善黄陂区的城市功能，提升城市形象。

汉口北国际商品交易中心是全国知名的专业批发市场集群，累计建成市场面积为1220万平方米，开业面积为920万平方米，入驻商户6.6万户，2016年实现商贸物流总收入1180亿元。汉口北国际商品交易中心与阿里巴巴进行战略合作，携手共建"武汉产业带"。成功举办6届"汉交会"，累计实现交易额848.8亿元，稳居中部地区大型商贸展会之首。2016年，汉口北国际商品交易中心获批八部委联合批文的国家市场采购贸易试点，成为中西部地区及内陆省份唯一被纳入该试点的地区，汉口北国际商品交易中心将成为中西部地区商品出口的桥头堡。[1] 黄陂区将依托汉口北国际商品交易中心，开展"旅游+商贸"的业态创新，将专业批发市场和购物休闲的旅游景点融为一体。目前，汉口北国际商品交易中心已被国家旅游局确定为3A级旅游购物景区。

黄陂区积极推动旅游业与工业、商业、物流业、金融业等产业的互动发展，为发展全域旅游打下了坚实的产业基础。

（五）创新了多部门联合的旅游市场监管方式

综合协调的大旅游管理体制是全域旅游发展过程中要建立的。围绕适应旅游发展"两个综合"（综合产业发展和综合执法）需求，创新区域治理体系，提升治理能力，实现区域综合化管理。[2] 旅游部门与涉旅部门通力合作建立旅游联动机制，改革传统旅游管理体制，实现全域旅游模式下的统一管理，才能确保全域旅游背景下旅游市场的良性发展。

自《旅游法》实施后，各地纷纷建立了旅游综合协调机制，但因旅游

---

[1] 《汉口北获批市场采购贸易试点　中西部唯一试点区域》，荆楚网，2016年9月23日，http://news.cnhubei.com/xw/jj/201609/t3703355.shtml。

[2] 李金早：《全域旅游的价值和途径》，《人民日报》2017年3月4日，第7版。

及相关行业涉及门类较多，各部门之间权责不够明晰，难以形成合力。旅游市场监管和执法过程中，地方政府部门扮演着重要角色，能对市场乱象做出最及时的应对。为此，黄陂旅游局和涉旅部门积极合作，开创了多种加强旅游行业规范管理的手段。为解决管理上"小马拉大车"的问题，成立领导小组主持旅游工作，在大部制改革背景下单独成立旅游局。为完善旅游质量监督平台，将原旅游监察大队编制人员从3名增加到8名，还向社会聘请了10名旅游投诉咨询员。为顺利解决旅游纠纷，法律部门创造性地成立旅游巡回审判法庭，覆盖旅游景区，根据旅游景区的客流量分布、淡旺季等情况，定点定期定员开展巡回审判。为保证旅游产品的高质量，质量监察和安全监督部门与旅游局合作对景区开展安全检查，并对区内A级旅游景区进行质量等级复核。各大部门积极参与旅游开发、建设和管理，既推动了黄陂景区服务水平的提升，也通过旅游业的发展挖掘了部门价值。

（六）完善了旅游基础设施建设

旅游基础设施建设是促进旅游业跨越式发展的重要保障，全域旅游对旅游基础设施建设提出了更高的要求，为此，黄陂区完善了旅游基础设施建设。首先，全面推进道路设施建设，完善快速交通网络。黄陂区斥资约4.65亿元对北部通往武汉中心城区主通道的黄土公路进行了综合改造和提档升级，在两侧各加宽6.5米并新建慢行车道，设置分隔带、绿化带，沿线安装路灯，将其打造为一条"交通安全，设施完善，绿化、美化、亮化"的旅游景观大道；在南部完成刘店立交高架桥、临空产业园道路以及新十、黄武、台创园等一大批城市主干道建设，使南部经济带与武汉市融为一体。① 其次，稳步推进旅游厕所建设计划。旅游厕所不仅是旅游公共服务水平的直接体现，而且是反映旅游业文明进步程度的重要标志。黄陂区在全区范围内的旅游景区、旅游线路沿线、餐饮娱乐场所等修建旅游厕

---

① 《黄陂斥巨资建设升级重点路　立体交通助推全域快速发展》，荆楚网，2016年6月2日，http://news.cnhubei.com/xw/wuhan/201606/t3635135.shtml。

所，这些厕所全部达到星级标准并经上级机关验收合格。最后，在非核心旅游区建设文化景观休闲场所，如在区内涉水河畔修建公共文化休闲公园和二程公园、实施桥路亮化工程等。

三 黄陂区全域旅游发展存在的问题

黄陂区发展全域旅游以来，取得了良好的社会经济效益。但是，由于管理体制机制不够健全，对全域旅游的内涵理解不透彻，在全域旅游发展过程中也存在一些问题，影响了黄陂区全域旅游示范区的创建工作。

（一）旅游资源开发不足，旅游产品较为低端

推进全域旅游不是到处建景点景区，而是要因地制宜，充分挖掘、整合人文自然资源。黄陂区资源富集，但是挖掘得不够深入，整合利用率也不高。黄陂区当前旅游品牌主推木兰文化，对二程理学文化、盘龙文化、村落文化等资源的挖掘利用十分有限。武汉市首批历史文化名村评选结果公布，黄陂区有7个村落入选，占总入选村落的77.8%[1]，但黄陂区没有很好地利用这些资源规划特色小镇和进行美丽乡村建设，导致全域旅游发展缺乏引爆点。目前黄陂区大力发展的乡村休闲游并不是对区内资源进行优势规划、整合的结果，而是外来资本自发选择形成的，具有无序性和分散性特质。当地乡村休闲游发展尚处于中低端水平，在基础设施建设、生态环境保护、引导旅游消费等方面较为落后，游客集散处缺乏集中消费和深度体验当地特色的场所，相较于高端的旅游发展模式还有一定差距。

景区是旅游业发展的核心因素，是旅游目的地特色的最直观体现。全域旅游发展依然需要牢牢把握景区的产品内容优化，不断提高景区整体质量，使其能够吸引新老游客，推动旅游业持续发展。黄陂区旅游业尚缺乏深层次

---

[1] 《武汉首批历史文化名村入围名单揭晓 看看有没有你熟悉的村庄？》，荆楚网，2017年9月19日，http://wh.cnhubei.com/yw/201709/t3991431.shtml。

的展现本土特色的旅游产品，区内景点多而不精，质量也参差不齐，不利于旅游业从数量型发展向质量型发展的转变。资源整合能力低下更是导致有特色、有内涵的旅游产品缺位，同类型景区竞争激烈加剧内耗，如木兰天池在"大天池"上设滑索并提供游船作为游客登顶天池后的娱乐活动，然而以惊险吸引眼球的滑索以及凭休闲招揽客人的游船都与木兰天池历史文化内涵的关联微乎其微，无法令游客获得与木兰文化的碰撞，且该游乐项目皆为黄陂区其他有水域的景点所采用。千篇一律的旅游体验及文化氛围的缺乏导致游客人均消费、停留时间、接待密度等旅游目的地评价指数明显偏低，给全域旅游模式下黄陂区旅游目的地升级带来障碍。

（二）游客归属感不强，难以真正融入目的地深度体验

全民共建共享是全域旅游发展的方向。既要让建设方、管理方参与其中，又要让广大游客、居民共同参与；既要让游客游得顺心、放心、开心，又要让居民生活得更方便、更舒心、更美好。[①] 黄陂区旅游产品开发不足，导致回头客少，难以留人；旅游服务意识淡薄，配套设施不足，导致游客归属感不强。旅游目的地在建设过程中要营造良好的环境来抹平游客与居民之间的界限，以模糊化旅游与日常生活之间的距离。此外，当地居民既要作为本地旅游大使，承担起旅游宣传服务工作，也要作为"长期游客"，充分享受周边美景。然而现阶段到访黄陂区的游客与本地居民的日常生活尚存在距离，生活区和旅游区界限分明。除直接参与旅游相关行业工作的本地居民外，其他居民与游客少有接触，游客匆匆而来匆匆而走，对黄陂区的归属感薄弱，更无法融入其中进行深度体验。

（三）"旅游+"产业融合程度不深

创建全域旅游示范区，要坚持"创新、协调、绿色、开放、共享"五大发展理念，使旅游业与文化、体育、农业、工业、互联网等产业深度融

---

① 李金早：《全域旅游的价值和途径》，《人民日报》2017年3月4日，第7版。

合，形成新的生产力和竞争力。全域旅游示范区不能追求样样示范，要根据当地国民经济和社会发展的条件以及旅游资源与环境条件，有选择地开展全域旅游示范项目①，发挥"旅游+"功能。黄陂区在生态农业、商贸物流、临空经济、旅游等领域发展状况良好，各领域形成了产业集聚，如"现代都市农业示范区""汉口北商贸物流枢纽""武汉临空经济集聚区""木兰文化生态旅游区"等。但是，黄陂区并未深入分析、判断、把握各产业链，形成"旅游+"产业的深度融合，没有创造出更大的价值。南部的汉口北商贸物流枢纽虽有景区之名，但相较于北区，到访游客较少。旅游业没有与商贸、工业相互渗透与融合，"以旅活商、以商兴工"的目标还未实现。

（四）旅游配套设施滞后，影响游客体验满意度

发展全域旅游要从全域整体优化旅游环境、配套旅游基础设施、公共服务体系和旅游服务要素。一个区域的旅游质量，不仅仅取决于旅行社、酒店、景区的服务质量，它是由整个区域的综合环境决定的。② 黄陂区虽然在旅游交通设施建设上进行了完善，但景区配套设施和旅游接待能力依然不足，难以让游客获得良好的全过程旅游体验。如景区及周边道路两旁的供水、供电、环卫、消防、通信、停车场、旅游标识等还需要逐步整治；景区的道路虽然以二级道路的标准进行修建，但在春、秋两季以及大型节假日，道路交通往往拥挤不堪，大大降低了游客的满意度；黄陂区的高端酒店不多，木兰景区内仅有一个四星级酒店，景区附近仅有各类农家乐供游客选择。根据实地调研，即便是最高等级的五星级农家乐，其住宿条件依然比较差，难以满足游客品质出行的需求。当前黄陂区旅游业对旅游体验过程的管控较为乏力，游客无法获得良好的旅游体验，旅游活动最基本的"吃、住、行、游、购、娱"各环节的配套设施都需要加强建设，景区服务水平也有待提升。

---

① 刘家明：《创建全域旅游的背景、误区与抓手》，《旅游学刊》2016年第12期。
② 李金早：《全域旅游的价值和途径》，《人民日报》2017年3月4日，第7版。

（五）缺乏大数据基因，智慧旅游难以开展

发展智慧旅游，利用现代信息技术手段为旅游者的旅行消费提供便利是全域旅游时代提升旅游体验的重要手段，对旅游目的地建设有极大的促进作用。所谓智慧旅游，是指依托大数据构建旅游云平台，及时发布旅游资源、旅游产品、旅游人数、配套服务等方面的信息，游客通过移动互联终端接收这些信息后能够及时安排和调整旅游计划，实现对各类旅游信息的有效利用。然而高新技术产业一直是黄陂区产业类型中的短板，黄陂区政府和旅游局亦难以应对庞大数据量、庞杂数据类型的存储和处理。因此，黄陂区旅游业对智慧化的认识还停留在旅游网站建设、景点导览APP制作等简单移动数字化阶段。大数据分析和挖掘技术是智慧旅游决策的基础，只有掌握足够的数据，才能有针对性地根据游客需求推送或定制旅游信息和产品，有效提升旅游各环节的游客体验度。然而大数据基因的缺乏制约了黄陂区全域旅游智能化发展，各景区仅能耗费资金推出无人问津的导览APP象征性地建设智慧旅游，并不能真正将这一模式融入旅游目的地建设升级中来。

四 黄陂区全域旅游发展对策

为了深化全域旅游示范区创建工作，推动黄陂区旅游业顺利转型、持续发展，让旅游业成为黄陂区在经济新常态下转变经济增长方式的有效手段，特提出以下几个方面的对策建议。

（一）树立全域旅游观念，做好顶层设计

自2015年8月国家旅游局首次明确提出全面推动全域旅游发展的战略部署以来，通过实践与研究，对全域旅游的内涵和外延进行了逐步完善和规范，理论基础越来越成熟。全域旅游是一种发展模式，是旅游供给侧结构性改革的新视角。全域旅游的基本内涵之一是引入"旅游+"，通过旅游指引，将旅游产业与其他产业有机结合，与政府相关职能部门形成合力，不仅

能为旅游业的发展提供资源、产品和支撑，而且能促进各行各业发展和社会职能完善。"促进各行各业发展和社会职能完善"是"旅游+"的根本目标，是全域旅游的根本使命。① 黄陂区是武汉市辖区面积最大的远城区，但GDP并非排在第一位，2016年GDP名义增速也屈居第二，黄陂区不仅旅游业发展到了一个瓶颈期，整个区域社会经济的发展也需要进行提质增效。黄陂区旅游业发达，契合了全域旅游的发展理念。因此，黄陂区应在统筹社会经济协调发展的新模式和新理念的视域下，成立全域旅游领导机构，全面规划全域旅游，因地制宜做好旅游资源的挖掘开发工作，引导相关产业顺利发展，积极保护生态文化环境，完善各项公共服务，出台相关政策法规，改革体制机制适配旅游业发展进程，推动当地居民不断提高文化素质；从足够的高度和广度上，为全域旅游的发展进行有效的顶层设计，实现旅游带动黄陂区社会经济的整体发展。

（二）创新文化旅游产品，提升旅游文化价值

全域旅游目的地建设的最终目标是实现旅游消费体验的全域化，即将整个旅游目的地打造为一个开放式的旅游景区，营造"处处是风景，时时皆可游"的旅游消费环境。② 然而现阶段黄陂区提供的旅游产品无论是种类还是质量均有待提升，尤其是旅游产品的文化内涵挖掘不足，仍停留在传统观光层面，游客体验感不强。当前流行的"体验游""深度游"归根结底是"文化游"，游客对旅游目的地文化的向往促成了其游览行为。文化与旅游的结合必然随着旅游发展模式的转变而逐步深入，融入旅游、转化为旅游产品是符合国情的文化资源有效利用的途径之一。因此，要促进黄陂区全域旅游发展就必须进一步实施文化旅游产品创新战略，完善黄陂区文化旅游产品谱系，提升景区文化价值，使文化旅游的品牌名副其实。黄陂区需对自身文化资源进行深度挖掘，以文化为脉络将各核心景区之间、核心景区内外串联

---

① 苏剑：《关于全域旅游的理论认知》，《旅游纵览》2017年第4期。
② 刘又堂：《全域旅游视阈下旅游目的地功能变化》，《社会科学家》2016年第10期。

起来，以统一的文化主题和表现手法丰富旅游产品内涵，打造独具特色的文化旅游目的地和文化旅游品牌。

（三）推进"旅游+特色产业"，加深产业融合

优越的自然条件、广阔的空间范围和良好的交通区位使黄陂区的产业发展独具特色，生态农业基础雄厚，商贸物流异军突起，装备制造业和珠宝研发生产发展势头良好。黄陂区推进"旅游+特色产业"，既可以开发新型旅游产品如养生游、工业游等，提升旅游目的地吸引力，又可以实现产业融合发展，实现传统旅游产业优化升级，形成新的经济增长点。

首先，结合目的地的空气、气候资源，瞄准中高端游客，在核心景区中心及周边发展健康养生产业。依据不同时节开发相对应的养生产品，形成产品体系，打破部分观赏类景区季节导致的淡旺季制约。其次，依托临空经济区建设及水陆空交通条件，大力发展商贸休闲旅游产业。在临空-汉口北经济带发展专业市场购物游，扩大体验式购物中心规模，促进商贸与旅游横向融合发展，形成优势互补的特色商旅产业链。最后，立足装备制造、农产品加工、珠宝研发生产等特色产业发展基础，打造工业体验旅游景区，最终实现旅游功能引导工业产业链和消费链的延伸。特色产业与旅游业相辅相成，共同助力旅游目的地社会经济发展。

（四）提高目的地接待能力，优化全域旅游体验

缺乏特色鲜明并满足中高端游客需求的住宿产品是黄陂区旅游接待的一大痛点。构建既与国际水平接轨又能彰显地域特色的住宿体验体系是黄陂区全域旅游发展在旅游目的地接待方面的目标。首先，黄陂区相关部门要进行旅游住宿标准建设。建立统一规范的酒店经营标准，提升现有住宿产品的管理服务质量，指导酒店规范运营。其次，重点发展具有民俗风情和本土文化特色的主题酒店及民宿。推出如木兰从军主题酒店、二程书院主题民宿等具有鲜明特色和地方文化标志意义的住宿产品，以不同的文化主题对应各个消费层次的游客，满足游客全方位文化体验的需要。最后，瞄准高端市场，引

进国际精品酒店品牌，如希尔顿、安缦等酒店集团产品，满足高端商务人士及度假人士的需求。

（五）构建智慧旅游体系，推动旅游模式转型

构建智慧旅游体系，有助于提升游客的旅游体验，实现旅游目的地管理、营销方式的转变，对全域旅游的发展也有极大的促进作用。首先，建立黄陂区全域旅游数据库。通过对各类数据的采集和存储，建立全域旅游数据处理中心，为智慧旅游体系构建提供基础的数据支撑。其次，搭建包括旅游实时资讯信息、深度旅游引导、紧急救助、行业投诉、酒店入住等在内的全区智慧旅游公共服务平台。将全区景点、旅游线路、旅游工作人员纳入平台，将线上服务与线下体验相结合，景区立足云平台亦可建立预测预警的自我管理机制。再次，结合新媒体渠道特色开展智慧营销工作。如立足微博平台的半开放特性，开展以景区自然历史介绍、景区美丽分享、游客咨询互动、本地文化展示等为主的工作，拉近游客与目的地的距离；在微信平台上则可以利用微信支付功能开设官方旅游微店，保证游客可以在线预定各大景区电子票入园游览，避免了排长队购票进景区的情况。最后，加强与旅游电商平台的合作。依托旅游电商平台的大数据基础，针对各年龄层、收入层游客，双方合作推出个性化旅游路线定制项目，精准对接游客在"吃、住、行、游、购、娱"方面的个性化需求，最终实现旅游各环节消费体验的提升，形成系列化和综合化的旅游收入。

理论探讨

Theoretical Discussions

B.13
中国特色文化与特色文化产业论纲

范建华*

摘　要： 在大力发展文化产业、实现文化产业成为国民经济支柱性产业目标的背景下，加快发展特色文化产业提上日程，特色文化产业将成为"十三五"时期我国发展文化产业的新亮点。我国地域各异，历史悠久，民族众多，在长期的历史演进过程中，积累了无数璀璨深厚、特色鲜明的民族文化，为发展特色文化产业提供了丰富的内容支持。国家制定政策，力推特色文化产业发展，中国各具特色的文化资源正是打造特色文化产业的前提和基础。不同省份从自身特色文化资源入手，形成独特而鲜明的特色文化产业的实践，正是回应了建设中国特色文化产业的现实性与必

---

* 范建华，华中师范大学国家文化产业研究中心特聘教授、研究员、博士生导师，云南省社会科学界联合会原主席。

要性。

关键词： 国家政策　特色文化资源　特色文化产业

一　"十三五"中国特色文化产业发展政策解读

2014年8月，文化部、财政部出台《关于推动特色文化产业发展的指导意见》，指出发展特色文化产业对深入挖掘和阐发中华优秀传统文化的时代价值、培育和弘扬社会主义价值观、优化文化产业布局、推动区域经济社会发展、促进社会和谐、加快经济转型升级和新型城镇化建设，以及发挥文化育民、乐民、富民作用具有重要意义。回顾文化产业发展取得的成就，其中特色文化产业表现出色、贡献巨大，已经成为推动我国文化产业发展的重要力量。

（一）基本概念

特色文化产业是指依托各地独特的文化资源，通过创意转化、科技提升和市场运作，提供具有鲜明区域特点和民族特色的文化产品和服务的产业形态。[①] 百里不同风，千里不同俗。我国历史悠久，地域辽阔，民族众多，文化资源十分丰富，其中民族文化遗产资源各具特色，为特色文化产业发展提供了丰富内容。节庆文化产业、民族民间工艺品产业、酒文化产业、茶文化产业、花文化产业、珠宝玉石文化产业、大型实景演出产业等都属于特色文化产业。特色文化产业就"特"在地域性、乡土味、民族性和工匠精神上。

---

① 《关于推动特色文化产业发展的指导意见》，财政部网站，2014年8月8日，http://whs.mof.gov.cn/pdlb/zcfb/201408/t20140829_1133031.html。

（二）存在不足

1. 产业基础薄弱

特色文化产业依赖于深厚的民族文化资源，这些资源广泛存在于民间、乡村，特别是少数民族地区，经济基础欠发达。组织形式还处于小规模、分散化的经营状态，普遍缺乏市场竞争力。

2. 市场化程度不高

特色文化产业的产品种类较少，一般而言产品的审美价值大于使用价值。产业门类不全，产业体系不完备，产业链不长，产业集群偏弱，市场化程度不够，开发意识不强，产品附加值未能得到有效挖掘。

3. 知名品牌较少

在激烈的市场竞争中没有能够树立自身特色的文化品牌，对文化资源利用不够，缺乏整合，品牌意识不强。原创IP的功能发挥不够，知识产权保护意识差。

4. 高端创意和管理人才不足

一般而言，既懂文化艺术品创作又懂经营管理的高端复合型人才较少。特色文化企业经营规模较小，尤其是以最具特色的民族民间工艺产业为代表的产业门类，多数由家族手艺传承形成的家族企业或者是家庭小作坊发展而来，对于经营者自身来说，缺少对特色文化产品的创新创意设计，虽有精湛的技艺，但仅凭代代相传、口口相授，容易陷入一代一代重复复制的怪圈，缺乏对市场与时代变迁的认知，也无法研究和关注现代人的审美情趣与市场需求，同时缺乏对先进生产技术手段的有效利用，使得生产能力和生产规模与市场需求极不匹配，缺乏创意设计型的新型工匠，也缺乏懂管理、善经营的企业家，长期停留在家庭作坊和自然经济状态下的小手工业发展阶段。

（三）基本原则

1. 传承文化，科学发展

特色街区、园区、村镇的建设在产业发展的同时应注意文化特色的传承和自然生态的保护,不搞大开大建,不拆真建假,不毁坏古迹和历史记忆。特色文化产业的发展,是鉴于地域性、民族性特色文化资源的挖掘、整理、开发、利用,所以弘扬传统优秀文化、保护自然生态环境、坚持科学和谐发展是根本。

2. **因地制宜,突出特色**

没有鲜明的地域特色和独特的民族特色,就无法发展特色文化产业。因此,地域性、民族性是其发展的前提条件和资源基础。特色文化产业发展必须因地制宜,结合当地特色文化资源和发展规划,把文化资源优势转变为产业优势,突出地域文化和民族特色。

3. **创意引领,跨界融合**

仅局限于传统资源而无创意创新,特色文化产业发展就没有了活力与可持续发展的动力,只有立足传统又不断创新才能使特色文化产业真正做大做强,并在创新中不断前行,实现质的飞跃,创意创新是特色文化产业可持续发展的根本保障。同时,加快特色文化产业与旅游业等相关产业跨界融合,拓展特色文化产业发展空间,为文化产业发展提供有力支撑。融合发展,就必须加速对金融资本的吸纳、对科学技术的合理运用、对相关产业的广泛联系、对"互联网+"的有效对接。只有这样,特色文化产业才能有更加广阔的市场前景。

4. **市场运作,政府扶持**

市场是检验特色文化产业能否生存并得到发展的试金石,实行市场导向、市场运作是发展特色文化产业的基本路径。因此,作为市场主体的企业,必须立足市场开拓发展。而鉴于目前我国特色文化产业企业规模小、市场份额小、竞争力弱的实际,政府的扶持培育显得尤为重要。坚持市场在资源配置中的决定性作用与坚持政府主导扶持下的市场科学有序竞争,正是强化市场主体与政府主导两手都要硬的客观要求。

(四)主要目标

到2020年,形成若干在全国有重要影响力的特色文化产业带,建设一批具有典型带动作用的特色文化产业示范区和示范乡镇,培育一批充满活力的各类特色文化市场主体,形成一批具有核心竞争力的特色文化企业、产品和品牌[1],并将发展特色文化产业作为精准扶贫的有力抓手,成为实现全面小康的有效路径。

(五)主要任务

1.发展重点领域

重点发展民族民间工艺品、特色演艺娱乐、文化旅游、特色节庆、特色会展等特色文化产业。

2.发展区域性特色文化产业带

"十三五"期间,中国文化产业形成带状发展新趋势。突破了过去地域圈层环状发展的束缚,代之而起的是线性带状发展,突破行政区划的制约,以文化纽带相联系。推动丝绸之路文化产业带建设,持续推进藏羌彝文化产业走廊建设,加快建设南水北调工程和文化旅游产业带。加强大运河文化产业带、哈大高铁经济文化带、环渤海湾文化产业带以及长江、黄河、珠江经济文化产业带带状上的特色文化资源整合,推动特色文化产业快速发展。

3.建设特色文化产业示范区

加强规划引导、典型示范,鼓励各地结合当地文化特色不断推出优秀文化产品和服务,形成各具特色的文化产业发展格局,建设一批文化特色鲜明、产业优势突出的特色文化产业示范区。[2]

4.打造特色文化城镇和乡村

充分利用国家推动特色产业小镇、特色旅游小镇建设的历史机遇,把特色文化产业作为特色小镇建设的主要内容,将特色文化产业发展纳入新型城

---

[1] 《关于推动特色文化产业发展的指导意见》,财政部网站,2014年8月8日,http://whs.mof.gov.cn/pdlb/zcfb/201408/t20140829_1133031.html。

[2] 《关于推动特色文化产业发展的指导意见》,财政部网站,2014年8月8日,http://whs.mof.gov.cn/pdlb/zcfb/201408/t20140829_1133031.html。

镇化建设规划，建设历史记忆深、地域特色强、民族特点显和主导产业鲜明的特色文化产业示范乡镇、特色文化街区、特色文化乡村，还应把特色文化产业与田园综合体建设有机结合起来，建设美丽乡村，使中国农村真正成为希望的田野。

5. 健全各类特色文化市场主体

加强健全各类特色文化市场主体，打破地区、行业分割，主动开放市场，培育和引进特色文化骨干企业，发挥其在创意研发、品牌培育、渠道建设、市场推广等方面的龙头作用，带动区域特色文化产业发展。①

6. 培育特色文化品牌

支持各地实施"一地（县、镇、村）一品"战略，形成一批具有较强影响力和市场竞争力的产品品牌。②

7. 促进特色文化产品交易

树立现代化营销思维，建立特色文化产品营销体系，借助新技术、新手段、新方法进行营销，探索个性化定制服务。要特别关注特色文化产品的国际化市场营销，充分抓住"异文化消费"的心理，用世界的话语，讲中国的故事，用中国的特色文化产品，构建适应世界市场需求的中国特色文化贸易体系，使中国特色文化产品进入世界大众消费市场，真正提升中国文化软实力。

（六）保障措施

1. 加大财税金融扶持

加大财政对特色文化产业发展的支持力度，把特色文化产业发展纳入中央文化产业发展专项资金扶持范围，对特色文化企业税收进行优惠减免，加强特色文化企业的投融资支持与服务。

---

① 《关于推动特色文化产业发展的指导意见》，财政部网站，2014 年 8 月 8 日，http://whs.mof.gov.cn/pdlb/zcfb/201408/t20140829_1133031.html。
② 《关于推动特色文化产业发展的指导意见》，财政部网站，2014 年 8 月 8 日，http://whs.mof.gov.cn/pdlb/zcfb/201408/t20140829_1133031.html。

2. 强化人才支撑

重视人才在特色文化产业发展中的关键性作用,以培养高技能人才和高端文化创意、经营管理人才为重点,加大对特色文化产业人才的培养和扶持。

3. 建立重点项目库

按照自愿申报、动态管理、重点扶持的原则,依托国家文化产业项目服务平台,面向全国征集具有示范性和带动性的特色文化产业重点项目,加强对重点项目的管理、协调、支持和服务。

4. 支持拓展境外市场

综合运用多种政策手段,对特色文化产品和服务出口、境外投资、营销渠道建设、市场开拓等方面予以支持。

5. 建立完善交流合作机制

鼓励高等学校、科研院所、骨干企业与地方加强合作,促进资源整合和有效配置,发挥各自优势,带动地方特色文化产业发展。

6. 加强组织实施

科学研究制定鼓励本地特色文化产业发展的财政、金融、土地等多方面扶持政策,确保各项措施落到实处。①

二 中国特色文化与特色文化产业业态分析

要发展特色文化产业,必须先了解特色文化的内涵。特色文化是特色文化产业赖以发展的基石,是中华民族千百年来在不同地域条件下,依托自然生态环境,形成自己民族特征的文化样式,为此研究中国特色文化,打造中国特色文化产业,首先需要对中国特色文化做必要的分析和分类。

---

① 《关于推动特色文化产业发展的指导意见》,财政部网站,2014年8月8日,http://whs.mof.gov.cn/pdlb/zcfb/201408/t20140829_1133031.html。

(一)中国节庆文化与节庆产业

节庆的产生根源于人类社会的精神生产活动,是一个民族在其历史发展进程中形成的。节庆活动与人类文明起源同步,最早的节庆以祭祀为主要目的,有固定的节期和一定规模的祭仪就可以演化成节日。[①] 节庆文化作为一种文化现象,有传统节庆与现代节庆之分。

根据调查,当前全国范围内各种节庆活动约有10000个,以民族为单位的传统节庆活动约有500个。现代节庆以文化资源为核心、以创意创新为特征、以文化消费为目的、以身心愉悦为目标、以公共参与为形式、以现代旅游为载体。节庆活动吸引游客和市民参与,能够拉动"吃、住、行、游、购、娱"旅游综合消费,带动相关产业链的互动。节庆产业立足地方特色文化,发展特色经济,从而带动本地区的经济发展,可以促进所在地区的文明建设,创造更多就业岗位,促进区域经济发展,产生巨大的经济利益。利用节庆文化资源,将节庆活动办成吸引游客、扩大地方知名度、实现招商引资、推动地方发展的特色文化活动,正是基于节庆文化资源向节庆产业转化的这一过程,并由此做大做强节庆文化产业。

(二)中国茶文化与茶文化产业

饮茶始于中国,同时中国也是茶文化的发祥地。布朗族被认为是最早驯化野生茶的民族。唐代陆羽的《茶经》被誉为最早的茶文化经典和百科全书。茶从中国起源,走向世界,成为全人类最重要的饮品。随着社会文明的进步,茶叶从茗菜、药用变为饮用,又从单纯的解渴、保健提升为重视高尚礼仪的茶艺、茶礼、茶道等,民间以茶会友。茶文化包含茶道、茶德、茶精神、茶联、茶书、茶具、茶画、茶学、茶故事、茶艺等。中国茶文化的发展,丰富了人类的物质生活与精神文明。

在市场经济条件下,茶文化与产业经济相结合,将古老的文化资源转变

---

① 范建华:《论节庆文化与节庆产业》,《学术探索》2011年第2期。

为文化资本，形成茶叶商品的高价位。西湖龙井、安吉白茶、六安瓜片、黄山毛峰、洞庭碧螺春、安溪铁观音、茉莉双环、祁门红茶、君山银针、大红袍，中国十大名茶随之出现。近十年来，普洱茶的异军突起正是中国茶文化产业兴起的一个范本。

浙江省2016年明确打造1000亿元的世界绿茶生产、贸易、文化交流、教育科研、休闲养生中心，形成茶产业链。云南省提出了"千亿云茶"目标，2015年全省茶叶种植面积达802万亩，茶叶总产量为36万吨，茶产业实现综合产值623.1亿元。2015年福建茶叶总产量约为35万吨，产值约为200亿元，居全国首位，茶园面积位列全国第五。以经营茶文化为主的企业越来越多，并且已经形成的茶文化产业集群包括茶馆业、茶包装业、茶传媒业、茶旅游业、茶培训业、茶设计业等，为整个茶文化产业带来了巨大的经济产值。[①] 不仅如此，近年来将种植茶叶的农业与现代服务业结合起来，形成了异彩纷呈的茶叶农庄、茶园酒店、茶山旅游产品等。最为典型的莫过于云南普洱市的景迈山柏联庄园和浙江安吉的帐篷客酒店，已成为茶文化产业的经典作品。

（三）中国酒文化与酒文化产业

酒，是同时穿越人类农耕文明、工业文明和未来生态文明发展阶段的优秀民族传统产业。酒文化是制酒饮酒活动过程中形成的特定文化形态。酒不仅仅是一种单纯的饮料，还是民族悠久历史和灿烂文化的结合，不少文人写下饮酒诗，酒以治病，酒以养老，酒以成礼。酒与酒文化在中国人的生活中占有重要的位置，许多酿酒特色工艺已被列为国家非物质文化遗产。酒与中国文人的佳话不绝于史，李白斗酒诗百篇，竹林七贤的狂放形象为酒所塑造，赵匡胤杯酒释兵权避免了政治动乱，红楼梦里的行酒令更是风情万种……总之，酒与中国人的生活密切相连。

我国拥有多样且丰富的酒文化资源，汾酒源远流长的杏花村诗酒文化、

---

① 龚永新：《产业融合对茶文化产业形成的影响》，《广东茶业》2009年第6期。

太白酒张口即来的诗仙文化、杜康酒耳熟能详的酒祖文化,都是很好的行业支撑。无酒不成宴,无酒不成礼。人们追求生活质量,崇尚健康、理性饮酒的消费理念已经成为时尚。2012年,中国白酒行业销售收入在10亿元以上的企业将近50家,市场份额为45%左右。白酒行业上市公司前五名为五粮液、茅台、泸州老窖、洋河和汾酒。白酒行业研究报告显示,2015年1~6月生产白酒6237369.66千升。酒产业的健康发展,为酒文化的兴旺提供了坚实的基础,繁荣的酒文化成为推动酒产业文化发展的重要动力。

(四)中国花文化与花文化产业

中华民族是一个崇尚自然,追求真、善、美的民族,对花草树木有着独特的喜好和情感寄托,几千年的花卉栽培历史和丰富的花卉资源,形成了中华民族独特的花文化。中华民族丰厚的花文化底蕴,表现出对花卉的热爱。文人墨客寄情花卉,赋予花卉情感,陶渊明的咏菊、黄巢"我花开后百花杀"的气势、林和靖"梅妻鹤子"的传说、陆游引梅喻己的抒怀、周敦颐"出淤泥而不染"的《爱莲说》等,千百年来,人们对花卉的喜爱经久不衰。总的来说,花文化是围绕观赏花卉而展开的各类社会、文化活动及其成果的总称,包括花市、花展、花节、花膳、花画、花诗、花歌、花舞、花工艺品等。近年来插花艺术悄然兴起,已成为都市丽人生活的必修课,随之而来的花道培训等特色文化产业也得到快速发展。

随着经济的发展,人民生活水平显著提高,中国已成为一个花卉消费大国和生产大国。以云南斗南花卉交易市场为例,斗南花卉市场的成交价格对全国鲜花的批发价格影响很大,在全国80多个大中城市中占据70%的市场份额,花卉出口50多个国家和地区。目前国内外4500多家企业常驻斗南花卉交易市场,拍卖时一笔交易平均4秒就能完成。2015年,斗南花卉交易市场的花卉交易量超过57亿枝,平均日交易量为15682万枝,平均日交易额为1176万元。随着民族文化和审美的发展,花卉消费也渐渐走进寻常百姓家,节庆季节让花卉成为日常生活和工作的必需品,花卉产业繁荣的时代已经来临。花卉经济将是一条庞大的产业链,国内花卉消费每年保持20%

以上的速度增长，人均鲜花消费数量仅10枝左右，与世界各国人均年消费30枝相比，还有巨大的发展空间。

（五）香文化与香料文化产业

人类使用天然香料的历史久远，香文化发源于春秋战国时期，是中国汉民族在长期的历史进程中，围绕各种香品的制作、炮制、配伍与使用而逐步形成的能够体现汉族的精神气质、民族传统、美学观念、价值观念、思维模式与世界观之独特性的一系列物品、技术、方法、习惯、制度与观念。人类对香的喜好，乃是与生俱来的天性，有如蝶之恋花、木之向阳。

中华民族自用香以来，经过长久的发展，形成了悠久而丰富的香文化。香在祖先们的日常生活中具有极其重要的、不可替代的作用。"心清闻妙香"，先贤们认为分享是修养人格、降灶火、辅正行最有效的方法。现代生活中，香的作用越来越丰富和多元。人们用熏香净化空气，现代都市白领用香薰缓解压力、改善睡眠，香文化日渐流行，成为一种引领时尚潮流的趋势。品香虽然也有许多养生功效，但其精髓在于心境的平和、修为的提升和智慧的参悟。

"一棵小草托起一个经济王国"，国内已经涌现出广东、上海、浙江、江西、江苏等香精香料工业较为发达、生产企业较为集中的产业集群。①东莞"文化+旅游"打造中国香都。东莞寮步建立了中国沉香文化博物馆，有沉香协会、沉香公园和沉香批发市场等。东莞香博会已成为沉香行业文化与产业的盛事，2014年香博会首次由广东省沉香协会主办，四天展期吸引参会观众多达50万人次，成交金额达5亿元。海南以"协会+龙头企业+科研院所+合作社+农户"的链条，推出"香岛模式"，给出"免费培训、免费造香、保底收购"的承诺。随着中国经济的发展和国民生活水平的提高，以及全球香料香精工业的跨国转型，我国香料香精行业发展较快，市场规模不断扩大。

---

① 邹贺文：《我国香精香料产业发展概述》，《经营管理者》2013年第2期。

(六)玉文化与珠宝玉石文化产业

我国是世界上用玉最早,且绵延时间最长的国家,玉器盛行已有8000年,素有"玉石之国"的美誉。从红山文化到河姆渡文化,玉作为重要的礼器大量出土,玉的尊贵从玉猪龙彰显的最早的龙图腾崇拜,到象征皇权的"玉玺",从"金缕玉衣"到慈禧所喜爱的"玉白菜",古往今来,无不透出玉文化浓烈的色彩和丰富的内涵。在古代诗文中,常用玉来比喻和形容一切美好的人或事物。翡翠、和田玉、钻石、红宝石、蓝宝石、金绿宝石等作为天然珠宝玉石,深受人们喜爱。"黄金有价玉无价"这句话充分说明了玉石的高价值。玉石文化在中国传承数千年,现在它以丰富的种类和灿烂的文化迎来了前所未有的发展机遇,中国已成为世界上最大的玉石加工和消费国。

目前,我国珠宝首饰翡翠玉器市场规模达1600亿元以上,年均增长率超过20%。广东揭阳玉器加工销售量占全国的85%以上,占亚洲的七成;拥有企业近万家,从业人员数量在15万人以上,贸易额突破百亿元。揭阳成为全国乃至亚洲最高档、最大型和最集中的高档翡翠生产和加工基地、贸易集散中心。河南南阳玉雕从业人员达100多万人,玉类加工户为1.5万余家,年产值达120多亿元。云南省共有珠宝企业6000多家,从业人员达40多万人,形成了以瑞丽、腾冲、盈江等为传统口岸基地的"1个中心、2条黄金路线、3个热点区域"的产业格局,珠宝产业成为年销售额稳定在100亿元以上的重要经济产业。2013年,新疆有1000平方米以上的大型玉器市场32个,玉器商铺4100家,有一定规模的加工企业30余家,总产值达150亿元,占新疆GDP的5%。随着珠宝玉石产业的快速发展,国内开始显现集群化模式,主要集中在珠三角、长三角等地。据预测,未来的玉石产业将保持每年10%以上的增长速度。[1]

---

[1] 李欢、林锦富:《中国高端珠宝首饰产业发展的思考》,"Proceedings of 2014 4th International Conference on Applied Social Science (ICASS 2014)",2014年第53卷,第90页。

（七）中国陶瓷文化与陶瓷文化产业

中华民族发展史中的一个重要组成部分是陶瓷发展史。以制陶为标志的人类历史上农业与手工业的分工，说明陶瓷文化在人类文明史上的重要地位。无论大汶口遗址的灰陶，还是马家窑的彩陶，抑或是河姆渡的黑陶，无不透出先人们的智慧之光。到了唐代，以三彩为代表的陶瓷烧制技术更加成熟，成为我国陶瓷史上的一个创举。宋代时期，陶瓷业得到蓬勃发展，开始对欧洲及南洋诸国大量输出。以钧、汝、官、哥、定为代表的众多有各自特色的名窑在全国各地兴起，产品在颜色、品种上日趋丰富。元代，景德镇成为中国陶瓷产业中心，青花瓷自此起兴。明代，景德镇陶瓷制造在工艺技术和艺术水平上独占突出地位，出现了福建的德化窑、浙江的龙泉窑、河北的磁州窑。现代的陶瓷艺术在传统基础上更加注重体现艺术欣赏和审美性。

我国是全球艺术陶瓷和日用陶瓷第一生产和消费大国。2014年，我国艺术陶瓷产量占全球总量的65%，日用陶瓷产量占全球总量的70%。佛山拥有全国最大和产业链最完备的陶瓷产业集群，年产值近千亿元，集聚了一批享誉国内外的陶瓷品牌和代表性企业。2016年，佛山推进供给侧结构性改革，搭建众陶联产业平台，实现采购方与源头供应方的直接对接。随着经济的发展，消费者对艺术陶瓷和日用陶瓷的需求还会迎来新的增长阶段。

陶瓷文化产业使得陶瓷文化资源与旅游资源合二为一，发挥协同效应。景德镇作为瓷都，最具有特色、最吸引人的是它的瓷文化。景德镇形成了以陶瓷文化旅游为主导产业或支柱产业的旅游目的地城市，形成了以陶瓷文化为主线的新型旅游态势。2015年，景德镇陶瓷工业总产值达335亿元，进出口总额达2.8亿元。投资建设的景德镇陶溪川国际陶瓷文化产业园，年接待游客达10万人次。

（八）红木文化与木雕艺术文化产业

红木文化是以中国传统文化艺术和审美思想为依托，凝结在红木制品上（红木家具、红木小件、红木装饰构件）的信息、艺术、技术的总称。红木家具始于明朝，红木文化是祖先遗留下来的传统精髓，在古代只有达官贵人、贵族名胄才能使用红木家具，这是一种身份的象征。一木一世界，一器一文化。陈之厅堂，雅室生辉；用之舒适宜人，顿减尘劳；观之赏心悦目，陶冶性情；品之意驰神往，荡气回肠。红木家具是红木文化中最为璀璨的一颗明星，高雅而尊贵，唯美而奢华，备受人们青睐。

红木有两科五属八类三十三种，即豆科、柿树两科，紫檀属、黄檀属、柿属、崖豆属及铁刀木属五属，紫檀木类、花梨木类、香枝木类、黑酸枝木类、红酸枝木类、乌木类、条纹乌木类和鸡翅木类八类。近年来，材质珍贵、独具匠心且经久耐用的红木家具越来越受到人们的喜爱，在某种程度上，已成为使用者品味、修养的一种标志。现在的红木家具既有简洁大方的仿明式，又有雕龙画凤、精雕细琢的仿清式，满足了不同人群的审美需求，使用价值和欣赏价值均很高。由于地域与文化差异，我国形成了浙江东阳木雕、福建龙眼木雕、广东潮州木雕、浙江黄杨木雕四大流派。近年来，因银族特色而著称的云南剑川白族木雕也在全国赢得了普遍的赞誉。

我国是红木制品的主产国，也是最大的消费国，目前，仅广东地区生产的部分红木制品进行出口贸易。2012年东阳市红木家具实现产值160多亿元，2013年东阳市在工商注册登记的木雕红木家具生产经营户有2159户，从业人员达10万余人，是著名的"中国红木家具之都"。东阳市已经形成东阳中国木雕城、东阳红木家具市场两大交易市场和南马、横店、城北三大生产基地。两大交易市场所在的东阳工艺品创意集聚区已成为国内最大的木质工艺品和木雕（红木）家具集散地。

（九）中国首饰文化与金属制品工艺文化产业

人类的审美和装饰艺术是与生俱来的。山顶洞人遗址就出土了具有首饰性质的磨光和钻孔技术的骨质饰物，距今有18000多年。距今6000多年的半坡人已有赭红色挂件的饰物。说明祖先们已有强烈的审美意识和审美追求。

我国原始时期的首饰带有浓厚的宗教性和象征性，首饰装饰的宗教意义大于审美意义。以贵重金属、宝石等加工而成的雀钗、耳环、项链、戒指、手镯等首饰除具有装饰作用外,也具有表现社会地位、显示财富等意义。而各民族在服饰、首饰等方面则各有千秋、异彩纷呈,民族特色极为鲜明。以藏族为例,在漫长的历史长河中,藏民通过藏区特有的珊瑚、玛瑙、牦牛骨、藏银、藏铜打磨出他们祖祖辈辈的图腾崇拜:藏饰。浓郁的文化气息蕴藏在首饰中,多彩的藏饰可以让人光彩四射、个性突出。藏饰中的天珠最为珍贵,随着社会的发展,开始传入内陆地区,成为一种流行风尚。

2012年,我国珠宝首饰行业实现销售收入2797.69亿元,同比增长29.58%;实现工业总产值2693.45亿元,同比增长31.09%。2011~2014年,中国珠宝首饰及有关物品制造业销售收入一直保持15%以上的增长速度。其中,2014年销售收入为3900亿元,同比增长16.16%。目前国内高端市场主要被蒂芙尼、卡地亚、宝格丽等国际珠宝垄断,中端市场竞争激烈,主要包括周大福、周生生、谢瑞麟、六福珠宝、老凤祥等。中国年收入在30万~100万元的家庭数量正在以每年15.6%的速度扩大,最富裕家庭(年收入超过100万元)数量年均增长22.4%左右。随着富裕群体的快速增加,以及80后、90后渐渐成为社会消费的中坚力量,珠宝首饰行业开始迎来新的机遇。

(十)中国服饰文化与染织刺绣布艺文化产业

服饰是人类特有的劳动成果。从遮羞御寒到审美装饰,从普通日常着装到节日盛装,服饰文化伴随人类文明不断前行。与之相适应的是从树皮、兽皮到棉麻制品,再到蚕丝织锦、绸缎锦衣,以及附着在衣物上的各种染织刺绣工艺的高度发达,构成了中国服饰文化和伴生的以染织刺绣为主的布艺文化产业的核心内容。在中华各民族服饰发展的历程中形成了丰富多彩的服饰文化,每个民族都有典型的色彩、图案、造型、工艺。例如,土家族服饰色彩崇尚黑白,善于织造西兰卡普,苗族人民喜欢穿戴银饰,善于苗绣蜡染等传统服饰技艺。① 随着旅游业的发展,民族刺绣市场的需求越来越大。2014

---

① 薛倩:《创意产业背景下中国民族服饰文化的创新发展》,《产业经济》2015年第5期。

年，镇湖仅苏绣的年产值就达13.8亿元，实现了"版权保护"与"产业做大做强"的双赢。2011年，湖南湘绣城园区以"刺绣带动非刺绣、刺绣带动非工艺品、刺绣带动旅游"，企业年产值达到15亿元。

扎染是白族人民明末清初以来的民间传统工艺，白族扎染技艺被列入国家非物质文化遗产保护名录。2013年，大理州从事扎染的个体经营户达6000多户，产值为6000多万元。大理巍山扎染兴于南诏国时期，明清技艺比较发达。2014年，全县有经营进出口权的扎染企业共6家，年生产扎染布料350多万米，出口销售份额达93%以上，总产值为4000万元，从业人员有260人，厂外灵活用工最多时近2万人。2016年，巍山县扎染刺绣布艺产业园项目启动建设，项目总投资3.12亿元。

（十一）中国龙狮文化与彩扎工艺文化产业

龙是中华民族古老的图腾，是中华民族先祖表达人生理念和精神追求的信息载体。民间逢年过节都有舞龙、舞狮的习俗，以示吉庆。随着时代的发展，龙狮彩扎工艺在民间艺人的传承与创作中，形成了具有地方特色的民间艺术品。

四川自贡龙灯会彩扎已成为最具影响力、技艺水准最高的彩扎工艺代表。彩灯，又叫花灯，是中国普遍流行的传统民间综合性工艺品，彩灯艺术也是灯的综合性彩扎装饰艺术。元宵节扎彩灯是重要的民俗活动。一年一度的以彩灯为主的灯会成为民间彩扎艺术与节庆活动相融合的文化盛事。近年来，自贡把灯会和彩扎作为发展特色文化产业的有效途径，已培育了数百个有规模、上档次的彩灯制作企业，产值已超过10亿元，并走出了国门。

铜梁龙、佛山狮头已成为闻名中外的手工艺品，是典型的东方民间艺术。佛山舞狮面具的扎作工艺始于清乾隆年间，现代制作工艺综合了轧制、扑纸、彩绘和装饰等手法，造型生动，色彩艳丽，装饰灵巧，寓意吉祥。

龙灯彩扎工艺与民俗活动紧密相连，具有幸福吉祥、奋发向上、喜庆祥和等中华民族传统文化内涵和祈雨祈福、娱神娱人等社会功能。重庆铜梁是中国"龙乡"，铜梁龙舞是国家第一批非物质文化遗产之一。铜梁区研制出龙灯系列工艺品数百种,现代制作工艺取得较大改进,技艺也得到很大提高。① 龙灯彩扎品、木雕品、石雕品、根雕品等进入国内外市场,龙灯灯组、牌坊等节庆龙灯制品占领了国内的主要市场。2015年,铜梁区现有彩扎工艺公司5家,年销售额突破2亿元。铜梁龙灯开始走向产业化,并且形成一定规模,实现了经济效益和社会效益双赢。

(十二)中国收藏文化与文物艺术品拍卖文化产业

中华文化源远流长,灿烂丰富,民间收藏由来已久。中国数千年的收藏史产生于宋代,从宋太宗到宋徽宗,喜好书法绘画,钟情古玩,酷爱收藏。上有所施,下有所效。在他们的带动影响下,上层社会对古玩的需求影响了整个社会收藏意识的增强。随着文化产业的发展,社会各界的文化审美水平进一步提高,人们对城市文化环境更为重视,在自己的生活中,也希望欣赏、收藏到更多更好的艺术作品。收藏有很多门类,如书画、玉器、瓷器、石雕、竹雕、木雕、钱币、邮票等。文化产业与当下生活的融合,令艺术收藏成为一种生活方式。

收藏文化的大发展大繁荣带动了文物、古玩及拍卖行业的崛起和兴盛。目前全国有资质的拍卖行共有240多家,每年成交额都在百亿元以上。② 2013年,我国共举办文物艺术品拍卖会2450场,文物艺术品拍卖成交额逾313亿元。2013年,万达集团在纽约佳士得以1.72亿元够得毕加索作品《两个小孩》,宝龙集团在保利秋季艺术品拍卖会上以近1.3亿元拍下黄胄的书画《欢腾的草原》。

(十三)中国山水文化与大型实景旅游演艺产业

中国地大物博,山水或雄伟壮阔或秀丽蜿蜒,蕴含着无穷美感。自古以来,文人士大夫一直将自然山水视为精神家园,登山涉水赏花木鸟鱼,结庐

---

① 胡敏:《重庆铜梁舞龙运动现状及其发展对策研究》,西南大学硕士学位论文,2008。
② 郝迎君:《论收藏文化及产业发展》,《科技信息》2012年第22期。

而居超然自得,行吟山水对饮明月。山水文化则是人类认识自然、改造自然的产物。由此产生的山水画、山水诗词、山水游记、风光音乐等具有宗教、审美、科学等多重价值。

山水实景演出必须具备两个基本条件:山水资源、可以演艺的文化资源。当前我国旅游演艺分为山水类型、印象系列、宋城演艺系列、华侨城系列、万达系列等。《印象·刘三姐》选址于国家5A级景区漓江阳朔段,宋城千古情演艺选址于4A级景区宋城,《创世纪》选址于5A级景区华侨城,实景演艺具有很强的资源依托性。[①] 中国实景演出有影响力的大约有40台,2014年,全国旅游演艺票房接近30亿元,同比增长30%,而仅宋城演艺一家机构的票房就占到中国旅游演艺市场的20%,增速达到50%。

实景演艺市场快捷整合趋势明显,印象系列现已开始进行周边产业拓展,山水盛典也开始积极与旅行社、旅游机构协同合作。宋城演艺更是在主题公园与文化旅游线上与线下进行不断的探索创新。《印象·刘三姐》在1998~2003年投资不超过7000万元,仅2013年演出收入就超过了3.5亿元,净利润超过1.6亿元。目前中国旅游演艺已形成千古情系列、印象系列、又见系列、盛典系列、传奇系列等多个演艺作品。山水实景旅游演艺,是中国演艺人的一种独创,大多数作品借助实景,气势恢宏,阵容庞大,再加上现代舞美灯光和激光技术、声控技术、LED的普遍运用,已形成一个独特的中国式演艺产业门类,目前已开始走出国门,市场前景极为广阔。

(十四)民族民间工艺产业

我国的传统工艺由来已久且覆盖广泛,包括衣、食、住、行等方方面面。民族民间工艺具有重要的文化意义和经济意义,其文化意义体现在对优秀民族文化的具体反映和传承,其经济意义则表现为开发旅游资源、繁荣城乡经济。民族民间工艺是中国特色文化产业的核心内容,是拥有最大市场、

---

① 晨星、李广宏:《基于实景演艺中的旅游业态创新研究》,《河北旅游职业学院学报》2015年第4期。

集聚最多优秀人才、最易走向国际市场、最有创新优势的既古老又创新的产业门类。56个民族都有自己独特而具魅力的民间工艺和民间工艺大师，民族民间工艺不仅是最能体现工匠精神的产业门类，而且是最能吸纳劳动力、在民族地区实现精准扶贫的产业门类。

2014年，黔东南州、黔南州靠刺绣、银饰、蜡染等民族民间传统技艺，民族民间工艺品文化产品产值突破100亿元。贵州省提出，到"十三五"期末，力争实现全省民族民间工艺品产业总产值突破1000亿元，带动就业人员100万人以上。

云南省以瑞丽和腾冲的玉雕工艺品、鹤庆新华村的银制品、剑川的木雕工艺品、香格里拉的藏族黑陶工艺品、个旧的锡工艺品、石林的石雕工艺品等为代表的21个知名产业门类，2011年民族民间工艺品产值已超过300亿元。以唐卡、昆仑玉、藏毯、民族刺绣、石雕等传统工艺美术为代表的青海省民族民间工艺美术已形成新的产业，产值7年增长7倍，2010年达到14亿元。浙江东阳的木雕城、河南南阳的石佛寺玉石交易市场、河北曲阳的石雕产业、福建莆田的木雕产业园等都是民族民间工艺品交易的国际化、市场化平台。

三　部分省份的特色文化产业实践

（一）四川："藏羌彝文化产业走廊"的推手

藏羌彝文化产业走廊建设是国家文化产业的重大项目，涉及7个省份、数十个市县，四川是唯一涉及藏、羌、彝三大主体民族的省份，在走廊建设中必将发挥其优势，积极推动走廊沿线各民族特色文化产业的发展，并努力成为全国廊道建设的示范省。

"十三五"期间，四川省规划重大文化产业项目42个，项目投资88亿元，涉及文化旅游、演艺娱乐、民族工艺品等多个文化产业门类，将建设形成以点连线、以线带面的产业布局。实施"1+5+5"发展战略，构建

"3+2"空间布局,至2020年,力争把藏羌彝文化产业走廊(四川区域)建设成为世界级文化旅游目的地、国家级文化与旅游融合发展实验区和中国文化产业新的增长点,实现文化产值占四川省国民经济生产总值的5%以上。

(二)贵州:"多彩贵州"的品牌塑造

2005年,贵州提炼推出"多彩贵州"区域文化品牌,开始有意识地塑造自身形象。"多彩贵州"品牌涵盖茶、酒、演艺、民族手工艺、会展、特色酒店等特色文化产业领域。以品牌为统领,整合贵州独特的文化资源,将其打造成形象鲜明、价值突出、有强大产业支撑的区域文化品牌。2011年8月,以"走遍大地神州 醉美多彩贵州"为主题的15秒"多彩贵州"形象片登陆央视,此后连续三年在央视黄金时段进行投放,带来了贵州文化旅游等产业的迅猛发展。2011年深圳文博会上,贵州全省各地区共达成167亿元的投资意向。

围绕"多彩贵州"形象的塑造,把宣传口号转化为实实在在的特色文化产业项目,贵州在全省各个民族文化产业园区和村落进行整体规划、整体包装、整体营销,并重点建设"多彩贵州"文化城,集中展示"多彩贵州"的文化魅力。贵州堪称以形象品牌塑造助推发展的典范。

(三)云南:"金、木、土、石、布"构建特色文化产业体系

云南省创造性地确立了"金、木、土、石、布"五位一体的民族民间工艺品产业发展体系,将民族民间工艺品产业培育成云南文化产业的重要门类,并在全国率先制定实施特色文化产业发展战略。[①]

"金"包括以斑铜、斑锡、乌铜走银、珐琅银器、银饰及民族刀具等为主的金属类工艺品。

"木"包括以剑川木雕、红木木艺、根艺、竹编、藤编、草编等为主的

---

① 刘慧娟:《大理周城民族扎染业发展现状调查》,《四川民族学院学报》2017年第4期。

木竹藤草工艺品。

"土"包括以建水紫陶、华宁釉陶、易门陶、香格里拉尼西黑陶、傣族曼仑陶等为主的陶瓷工艺品。

"石"包括以腾冲、瑞丽的翡翠玉石以及楚雄苴却砚、麻栗坡祖母绿、保山南红玛瑙、黄龙玉、怒江碧玺等为主的石雕石刻工艺品。

"布"包括以彝族、苗族、白族、哈尼族、傣族、景颇族等多民族刺绣以及扎染、蜡染、织锦等为主的布艺工艺品。

(四)青海:"热贡艺术"的创新发展

热贡艺术是中国藏传佛教艺术的一种流派,主要包含唐卡、堆绣、雕塑、建筑彩画、酥油花等内容。热贡艺术在完成宗教所赋予的形象化教化使命的同时,在艺术形式上也严格遵循着藏传佛教系列画经的种种规范,形成了城市化特色显著的艺术门类。①

2013年,青海省黄南藏族自治州仅热贡艺术产业收入就超过3亿元,人均收入就超过2万元。全县有各种经营模式的文化企业80余家,产业从业人员达1.6万余人,创新性开发了许多具有艺术含量的热贡文化特色艺术产品,畅销国外。

(五)陕西:"曲江模式"——历史文化资源的挖掘利用

以"文化+旅游+城市"为特征的"曲江模式",在调整城市格局、提升城市形象、发展文化旅游、提升周边地区价值等方面堪称先驱,被众多城市效仿。

曲江新区地处唐长安故城的废墟遗址,经过10多年的打造,重建了大明宫等仿唐建筑,形成了仿唐历史文化街区,并注入演艺等文化艺术产品,使其成为文化地产与旅游地产双赢的范例。曲江新区内旅游资源非常丰富,且开发前地块便宜,成本较低,靠近主城区。成立曲江新区城市运营集团,

---

① 吕霞:《文化生态艺术》,《民族艺术研究》2009年第3期。

操盘曲江新区的投融资，衍生和培育涵盖演艺、影视、会展、旅游等文旅产业集群。

（六）甘肃："华夏文明传承创新区"建设

甘肃作为黄河文化、农耕文化、伏羲文化、丝路文化、红色文化、石窟文化的集大成者，是中华文明的发祥地。以建设华夏文明传承创新区为平台，把甘肃建成传承优秀历史文化、健全公共文化服务体系、促进文化产业带动经济转型发展、推动现代文化创新的文化大省，探索经济欠发达但文化资源富集地区实现科学发展的路子。确定了围绕"一带"（丝绸之路经济带）、建设"三区"（陇东南文化历史区、河西走廊文化生态区和兰州都市文化产业区）、打造"十三板块"的措施。

（七）江苏："节庆之省"的辉煌

江苏是中国节庆大省，现有各类地方节庆活动500多个，在节庆转型发展过程中，大力探索"节庆营销"新模式，创新打造了全国节庆会展知名品牌——盱眙国际龙虾节、南京夫子庙秦淮灯会等。2013年，江苏省旅游局推出130多个贺岁旅游节庆活动，为游客和当地居民带来了撞钟、祈福、拜年、舞龙、戏狮、踩街、赏灯、观花、听戏、街舞等文化大餐。节庆活动对城乡经济的拉动作用凸显，时令特色的美食健身活动、旅游土特产展销、乡村文化嘉年华和乡村度假休憩生活得以更好地展现，将居民与游客的时尚生活与度假休闲、文化消费融为一体。江苏省节庆协会、中国节庆产业研究中心、江苏节庆研发中心等节庆策划及研究机构有效地促进了江苏省节庆产业的发展。

（八）浙江："特色文化旅游小镇"建设的典范

特色小镇是按创新、协调、绿色、开放、共享的发展理念，围绕"产、城、人、文"协同来挖掘产业特色、人文底蕴和生态禀赋，形成小城镇发展的新平台。2015年4月，浙江省政府出台了《关于加快特色小镇规划建设的指导意见》,浙江省在全国率先提出了将重点培育100个特色小镇的创新发展战略,在产业上聚焦信息、环保、健康、旅游、时尚、金融、高端装备制造七大产业,兼顾茶叶、丝绸、黄酒、中药、青瓷、木雕、根雕、石雕、文房等历史经典产业。① 2016年前三季度,130个省级特色小镇创建和培育对象实现固定资产投资1101.1亿元。

(九)江西:"梦里老家"的乡土文化回归

"江西风景独好"虽是一句广告词,但江西的确有三清山、龙虎山、井冈山,也有景德镇,还有婺源。江西将文化与旅游进行深度融合,打造"望得见山、看得见水、记得住乡愁"的"梦里老家",为以古村落和山水田园为核心资源的婺源乡村旅游发展赋予了新内涵。古建筑保护模式——体验性住宿悄然兴起。婺源以白墙黛瓦、青山绿水、黄花红叶吸引了无数游人前来赏玩。快交通、慢布局,快节奏、慢旅游,使得婺源既有一批商业味浓的景点,又留住了大量景秀意浓的村落。2014年婺源游客超过1200万人次,门票收入达3.1亿元。

同时,重视活态文化的挖掘——傩舞、徽剧、龙尾砚、徽派三雕、抬阁、豆腐架、灯彩等一大批非物质文化遗产得到整理、复兴和传承。将文化植入景点与服务,品味得以提升。

(十)湖南:"演艺娱乐"的旗帜

2015年湖南省文化和创意产业增加值达1714亿元,占GDP的5.9%,发展特点突出,优势显著。"湘"字号文化品牌突出,文化品牌节节会众多,长沙(国际)动漫游戏展、中国原创手机动漫游戏大赛、金鹰电视艺术节、橘洲音乐节、张家界国际乡村音乐节、吉首鼓文化节、麦咭音乐节等知名节会在全国都有一定影响力。

---

① 钱巧鲜:《特色小镇体育生态建设研究——以浙江诸暨大唐袜艺小镇为例》,《浙江体育科学》2016年第3期。

2012年湖南省有演艺场所53家、演出经纪机构72家，共演出32121场次。湖南日报报业集团、湖南广播电视台、湖南出版投资控股集团借助互联网技术创新传媒业态，"新湖南""芒果TV""时刻"等新媒体平台上线。

（十一）山东："一山一水一圣人"的产业开发之路

"五岳之尊"泰山、"万世师表"孔孟故里曲阜、"泉城"济南共同组成了山东省形象的名片。山东全力打造"好客山东"十大文化旅游目的地品牌，包括东方圣地、仙境海岸、平安泰山、齐国古都、天下泉城、儒风运河、水浒故里、黄河入海、亲情沂蒙、华夏龙城。

2014年9月，山东省人民政府出台《关于加快发展文化产业的意见》，鼓励国有骨干文化企业以资本为纽带实行跨地区、跨行业、跨所有制兼并重组。2015年，山东省文化产业增加值为2370元，文化产业结构逐渐优化，投资规模不断扩张。2016年上半年文化产业完成投资1402.3亿元，计划到2020年，将山东打造成全国重要的文化产业高地。

四 小结

就中国文化产业发展的空间布局而言，大致可归纳为东部以创意创新型为主，而西部则以资源依托型为主。究其原因，有其深刻的历史和社会背景。

东部沿海从北向南，以环渤海、长三角、珠三角为代表，地理环境优越，历史文化积淀丰厚，对外开放以来，领跑中国经济发展，创造了世界性的奇迹，集人才、资本、市场于一体，必然成为中国文化产业的核心区域，凭借其人才优势而成为创意创新型文化产业发展模式的标志。

就西部而言，从地理上讲是中国的高地、中国的水塔，是孕育生命和古人类古文明的发祥地，是中国生物多样性和文化多元性的集中体现地，丰富的民族文化资源便成为中国文化产业发展的另一典型，即依托资源型的发展模式。西部丰富的民族文化资源，对西部文化产业发展起着决定性作用，无论是羌笛侗歌、毡房彝寨，还是藏刀蒙马、苗绣白饰；无论是回教汉俗、萨满毕摩，还是水书唐卡、维歌傣舞；无论是天山的雪、版纳的林，还是关中的历史、巴蜀的风云……无不充满飘逸且凝练、透彻且深邃的千般迷人、万种风情。如何与国际大市场接轨，如何利用资源、开发产品、创造品牌，推动西部文化产业的跨越发展，一直是西部文化产业人的追求。

B.14
新媒体背景下荆楚文化资源产业化开发路径研究*

孙传明 高 盼**

摘 要： 随着互联网技术的高速发展，新媒体在民族文化资源产业化中发挥着越来越重要的作用。荆楚文化资源已经在"文化+科技"和"文化+旅游"的产业化方面取得了显著的成效。但是荆楚文化资源的产业化开发与新媒体融合尚未完善，未能充分发挥新媒体的特色优势。因此，应将新媒体运用在荆楚文化资源创意设计、产品创造、营销宣传等产业链各环节，并通过优化顶层设计、加强新媒体监管等方式，实现新形势下荆楚文化资源向高端产业化方向发展。

关键词： 新媒体 荆楚文化资源 产业化

一 荆楚文化资源产业化开发的现状

（一）荆楚文化资源的内涵

荆楚文化灿烂多姿，源远流长，是中华民族优秀传统文化的重要组成部

---

* 基金项目：国家社科基金青年项目"少数民族非物质文化遗产数字化保护现状与对策研究"（项目编号：15CMZ022）。
** 孙传明，华中师范大学国家文化产业研究中心副教授、博士、硕士生导师，研究方向：文化科技融合、文化产业管理。高盼，华中师范大学国家文化产业研究中心硕士研究生，研究方向：文化资源保护与产业化。

分。从静态的空间角度来看，它主要是指以湖北为主体的历史文化；从动态的发展时序来看，它不仅包括古代，而且包括现代、当代甚至未来湖北地区所形成的具有湖北地域特色的文化。① 荆楚文化是湖北文化的主要核心，包含十大内涵：远古人类文化、炎帝神农文化、楚国历史文化、秦汉至明清历史文化、巴土文化、宗教文化、红色文化、山水文化、民俗文化和名人文化。这些文化内涵是荆楚文化的典型代表，具有穿透力强、超越时间和空间的影响力，构成了荆楚文化的基础。

2017年中共中央办公厅、国务院办公厅印发的《关于实施中华优秀传统文化传承发展工程的意见》指出："要深化对中华优秀传统文化重要性的认识，深入挖掘中华优秀传统文化的价值内涵，进一步激发中华优秀传统文化的生机与活力。"② 这要求用动态的眼光来看待和理解荆楚文化，并根据时代的要求，在传承和发展中不断创新荆楚文化，使荆楚文化在各种思想文化的交流、交融、交锋中，体现湖北的当代发展特色和地域风貌。

（二）荆楚文化资源产业化开发现状

湖北省荆楚文化资源丰富，种类众多，再加上优越的交通条件和政府对文化产业发展的战略性布局，湖北省以荆楚文化为代表的文化产业发展迅速，前景可观。

1. "荆楚文化 + 科技"，创新文化产业新业态

科技的迅速发展给文化产业注入了一股强有力的创新发展动力，为荆楚文化资源转化为文化资本和产品服务带来了新的契机，也为文化产业在供给侧结构性改革方面打开了新局面。近年来，荆楚文化资源逐渐与移动互联网、人工智能等信息技术融合，形成了新的文化形态及产品。例如，华中师范大学国家文化产业研究中心在武当山道教文化资源产业化方面，利用自主研发的民族文化数据库和民族文化创意服务平台开发了多款道教知识互动产

---

① 刘玉堂：《荆楚文化与湖北文化产业发展研究》，《荆楚学术》2003年第12期。
② 《关于实施中华优秀传统文化传承发展工程的意见》，人民网，2017年1月25日，http：//politics.people.com.cn/n1/2017/0126/c1001 - 29049653.html。

品，包括基于触摸屏的人机交互展示，以及真人参与的体感互动游戏等，从多个角度对道教文化进行了数字化和可视化，全面展示了优秀的荆楚非物质文化遗产内涵。其研发的系列交互式产品在2012年4月湖北省博物馆举行的"道生万物——楚地道教文物特展"大型展览中，给参观者留下了深刻的印象，获得了良好的反馈效果。

此外，以荆楚文化为题材的动漫影视作品也广受好评。由江通动画公司制作的动画电影《民的1911》以新颖的表达视角，将二维与三维动画的表现形式相融合，把20世纪初武昌城的城市面貌和历史人物进行二维与三维还原，全景式再现武昌起义，画面内容感人生动，形式独特新颖。作为第四批国家级非物质文化遗产的仙桃麦秆剪贴，其传承人——中国工艺美术大师邓友谱先生和他的徒弟创作的麦秆画，除了在当地销售外，还利用淘宝等电商平台在网上进行销售和定制，拓宽了销售渠道。不仅为传承人带来了良好的收益，而且吸引了更多的年轻群体参与到麦秆剪贴的学习和传承中，以实现这项非物质文化遗产的生产性保护。

2. "荆楚文化 + 旅游"，打造灵秀湖北品牌

荆楚文化包括民间传说、传统技艺、历史遗迹、工艺美术等多样化的民间文化资源。地方政府和相关职能部门通过深入挖掘整合荆楚文化资源、塑造知名文化品牌，对荆楚创意文化产品和衍生品进行了创新开发，将其与旅游产业进行充分融合。通过创新产品开发和宣传推广，塑造"钟灵毓秀"的湖北形象，打造"灵秀湖北"的旅游品牌。在文化旅游品牌宣传推广上，湖北省旅游主管部门还在央视、爱奇艺、PPS等视频平台投放《灵秀湖北》宣传片，以提升湖北荆楚文化旅游的知名度和对外影响力。

在各地"荆楚文化 + 旅游"方面，以恩施土家族的传统民族节日"恩施女儿会"为例，作为东方的情人节，它是湖北清江流域的一个地方性民族传统文化节日，每年都会在当地著名的旅游区——恩施大峡谷举办。其间，土家族的歌舞、极具地方特色的传统婚俗表演、特色民歌比赛、少男少女的相亲会等各种活动与恩施大峡谷的美丽景色珠璧交辉，吸引了众多游人前来体验、赏玩。再以武汉推出的《知音号》为例，它是长江文化创作的

第一部漂移式多维体验剧，该剧把知音文化作为主要内涵，以老汉口的长江文化为背景，在武汉的长江核心区域打造具有20世纪风格的蒸汽轮船和以大汉口码头为基点的漂移剧场。其采用的艺术表演形式和观演模式都属国际一流水平，不仅鲜活地展现了曾经大武汉的地域文化，而且打造了中国内陆仅有的文化与服务相结合的双IP模式，已成为武汉城市旅游的新名片。同样，作为民俗类国家级非物质文化遗产的武当山"三月三"庙会将登山、踏青、游玩、民俗体验四种活动相结合，让游客在登山赏景的同时赏民俗，体验"天道和谐""道法自然"的道教文化，给到武当山游玩的游客留下了深刻的印象，也增强了香客们虔诚祭拜的仪式感。

二 新媒体在民族文化资源产业化开发中的优势

新媒体是继报纸、杂志、电视、广播等之后的一种新型媒体形态，主要包括数字电影、触摸媒体、移动媒体等以交互式、数字化为特征的媒介形态。近年来，新媒体的迅速崛起，使人们置身于被新媒体包围的生活环境中。新媒体具有的时效性、交互性、多样性、共享性和跨时空等优势也使人们可以随时随地获取所需的信息，给受众带来了丰富多彩的网络世界和感官体验，满足了人们的探求欲、新奇感和好奇心。因此，新媒体在改变人们生活方式的同时，在民族文化资源产业化方面也有着不可比拟的优势。

（一）促进民族文化资源的有效传播

传统媒体信息的传播往往有着"传者—内容—渠道—受众"的固有模式，信息的传播者在其中占据着主导地位，以传者为中心向四周扩散，利用这种"中心化"单一单向的传播模式传播民族文化资源，常会导致文化内容趋于同质化。由于传统媒体的这类限制，在与民族文化之间的相互交流中，难以展示所传播文化的价值和特色。新媒体和传统媒体则截然相反，由传统的传者为主导变为传者身份隐退，成为传者和受众双向交互的大平台，这种"去中心化"超越了传统媒介主流话语的束缚。同时，新媒体背景下，信息的整体"去中心化"使局部"中心化"更加突出，使得具有特色和价值的文化资源优势显现出来。英国学者汤普森在《意识形态与现代文化》一书中指出："在最基本的水平之上，技术媒介的运用把社会互动从具体身处的地方性中分离出来，进而使得不同个体可以彼此互动，即使他们没有共同的时间和空间背景。"① 通过手机、互联网等新媒体方式，能够让不同的民族文化资源通过不同的方式，实现跨时间、跨空间的传播和推广。此外，随着数字技术的广泛应用，越来越多的民族文化遗产、文化记忆也利用新媒体得到保留、延续。

在新媒体时代，"大众"传播模式已经变成具有相同兴趣爱好的"分众"传播模式，人们成为信息产生和传播的本体。新媒体能够满足不同细分市场对文化产品的需求，可以为创意文化产品和服务的受众提供新形态的产品和个性化的定制服务，满足极小众的需求。因此，新媒体消除了人们与传统民族文化之间的时空距离，为大众发挥其对民族文化资源的遐想和创新提供了条件，满足了其个性化的需求。

（二）实现文化内容和创意题材的产业价值

美国学者克里斯·安德森在其专著《长尾理论》中描述道：在一个没有货架空间限制和其他供应瓶颈的时代，面向特定小群体的产品和服务可以和主流热点具有同样的经济吸引力。② 新媒体通过自身低成本的储存、搜索和传播优势，面对个性化的需求，有针对性地传播信息。受众也可以通过互联网、移动终端等媒介工具，在电子商务网站或者其他新媒体平台主动搜索自己需求的产品和服务，这使得很多冷门的文化产品得到关注，聚沙成塔，形成可观的效益，进而实现民族文化资源作为文化创意素材的商业价值。因此，新媒体的发展，在传统与现代之间搭起了一个沟通的平台，通过使用新媒体、数字化等技术，将不同类别的文化资源整理融合，加强对文化内容的

---

① 孙信茹：《传媒与民俗生活变迁——甘庄的个案分析》，《信息化进程中的传媒教育与传媒研究——第二届中国传播学论坛论文汇编》（下册），2002 年 6 月 1 日。
② 〔美〕克里斯·安德森：《长尾理论》，乔江涛译，中信出版社，2006。

创新升级，提高整个文化产业的行业创新能力，提升文化品牌的内涵和影响力，逐渐完善新时代下的文化市场。

（三）拓展民族文化资源产业价值链

新媒体的介入可以使民族文化资源得到充分的开发和利用，为文化资源的开发和信息产业的融合带来更广阔的空间。新媒体对文化产业价值链的创新包括新的创意设计、新的文化产品形态、新的营销模式、新的衍生品盈利模式等。在创意设计时期，新媒体可以运用更为多样的形态将民族文化资源呈现出来，使创意"落地"，满足人们的消费需求和审美趣味；在产品生产时期，可以通过多种新媒体软硬件设施来承载和展现文化产品，如以数字化和可视化技术，对传统民间故事等进行创新，开发有利于新媒体平台展示和传播，并满足消费者审美需求的民族文化创意产品；在营销时期，新媒体将消费者和文化产品进行连接，新媒体承载的丰富和巨量的信息，为消费者了解民族文化资源相关的文化产品、信息和服务提供了方便，也为消费者购买文化产品和服务提供了方便的对接平台；在创新衍生品时期，新媒体为民族文化资源的内容开发提供了版权保障，以版权为核心来延伸产业链，从而带动相关产业的良性发展和循环。

三 新媒体背景下荆楚文化资源产业化开发的路径

（一）创新符合现代审美的设计创意

文化资源的开发潜力和文化创意创新成正比例关系，文化资源是基础，文化创意是核心，符合时代审美的文化创意决定了文化产品的附加值。新媒体背景下荆楚文化产业化开发的首要环节是创新符合现代审美的文化创意。因此，要立足荆楚文化内容方面的优势，把传统民族文化与现代审美相结合，通过创意设计的手段，对荆楚文化元素进行提取、设计和再生，加强文化资源的创意创新，走具有荆楚文化特色的产业化道路。

1. 树立整体的设计发展思路

荆楚文化资源产业化开发首先要有清晰明确的发展目标、发展路径以及实现跨越式发展的模式等整体性思路。否则,如果后期的产业化产品没有质的提升和价值导向,就无法发挥荆楚文化资源的影响力,甚至会对文化资源产生负面的影响。因此,对文化资源进行符合现代审美的创意设计要树立整体的发展思路,在推动文化资源整体产业化中体现自身的特色和文化内涵。以湖北知音传媒集团出品的《知音漫客》为例,2006年,中国的原创漫画市场一度低迷,原创漫画作者依靠稿酬的生活难以为继,于是便陆续转业以求得生存。此时,《知音漫客》高调入市,以"年少有梦,青春有爱"为刊魂,定位为青少年,以引人入胜的漫画故事吸引青少年读者,并满足小读者的阅读需求。通过连载保持读者的持续阅读行为,不断发展壮大读者群,以此形成良性循环。《知音漫客》最初设计的独特主题、情节生动的内容、令人舒适的版式,为其迅速占领市场和长远发展打下了坚实的基础。《知音漫客》不仅注重期刊自身的完善,而且向产业链的纵向突破。目前《知音漫客》已形成了成熟的产业链条,漫画是基础,书刊、动漫、游戏、周边产业同时发展,已经成为中国原创漫画中月发行量最大的刊物。

2. 突出荆楚文化特色优势

荆楚文化资源的优势在于,拥有多样性的文化资源、深厚的文化底蕴、巨大的文化需求和广阔的文化消费市场。当前文化产业发展也存在盲目跟风模仿和同质化现象。以文化旅游纪念品为例,很多旅游景点的文化衍生产品本应具有极强的地方特色,然而在国内大部分景区,一样的泥人、一样的刻刀、一样的刺绣……数以千计的景点都在卖相同的"地方特产"。一块绣了几朵花的手帕,在山东叫"鲁绣",到了广东叫"粤绣",到了武汉又成为"汉绣",花纹样式都一样,只是名字不同,最后都来自同一个地方——浙江义乌。因此,荆楚文化资源的产业化发展在设计基础上也需要新的创意,摆脱同质化的恶性竞争,找准自己的优势,彰显特色。例如,神农架省级非物质文化遗产"堂纺叠绣",与其他刺绣不同的特色在于将丝线在同一个图案上进行叠绣,至少要绣上三层,有时叠绣五六层,甚至更多,使图案更加富有立体感。堂纺叠绣因构思精巧、秀发奇特、轮廓齐整、层次分明而备受人们青睐，已成为神农架手工艺的经典代表。

3. 融入现代市场意识

创意意味着产品形式的创新和新市场的开拓，它的背后有一系列不断延伸的产业链条，其核心理念是创造市场，挖掘和满足消费者心中的需求。因此，创意创新产品是产业而非纯艺术，如果设计的创意不能够让消费者找到共鸣，得不到消费者的认同，就很难获得市场的认可。如果没有市场，文化资源就难以形成规模化产业。因此，新媒体背景下，在进行荆楚文化资源创新创意设计时，要培养和增强当代市场意识，提高应用科技进行创意设计的能力。许多非物质文化遗产长期以来面临的重要问题就是，受"市场萎缩"的影响，产生了"学而无用"的思想。同时，"口传心授"的传统授业模式也使传承渠道受到阻碍，传承人普遍断层，导致后继无人危机。"市场萎缩"一方面是由于部分非物质文化遗产市场需求较弱，不能保证传承人的生活收入，致其转行；另一方面是因为许多低价替代品充斥市场，导致恶性竞争。

究其根源，很多非物质文化遗产沿袭老路发展，未根据市场的需求进行创新，没有需求也就很难实现产业化发展。汉绣是湖北省的一种地方民间手工艺，由于传统汉绣作品以大红大紫等浓艳色彩为设计元素，缺乏创新，题材老旧且价格高昂，曾一度面临即将失传的困境。近年来，许多年轻的传承人对汉绣作品进行创意设计，并根据市场需求，在对汉绣传统工艺进行传承的基础上，勇于尝试，大胆创新。通过立足荆楚地区优秀的民族文化资源，将民俗风情、现代科技等元素进行整合设计，形成了特色鲜明、功能多样、极具市场竞争力的汉绣系列产品，并通过精品不断开创高端市场，满足了人们消费结构的变化以及审美的新要求。不仅扩大了市场，而且作为政府的定制礼品，传播海内外。

（二）打造全新的文化产品形态

1. 基于互联网的文化产品

推进荆楚文化资源与互联网融合是实现文化资源产业化发展的一种途

径,也是宣传和保护文化资源的一种行之有效的方法。用数字化技术对民间工艺、民间诗歌、民间歌舞、民间故事等资源进行保存再创作,采用视频、音频和多维动画等多媒体形式,通过多种形态呈现出来。同时,依托新媒体平台增加互动体验和产品展示界面,向荆楚文化产品的受众传播优秀的文化内容,为消费者提供一种参与式的文化创意消费体验,加强外界对荆楚文化的了解。例如,对汉绣的纹样进行收集登记,对汉绣技艺的工序进行记录,将收集到的资料以图片和影像的形式分门别类地进行存储,在网上建立数字展厅。通过运用数字化技术,结合汉绣本身的艺术特性,将汉绣的历史故事、工艺流程和艺人的制作过程展示给用户。数字化采集到的荆楚文化资源还可以与博客、微博、微电影、电子杂志等网络文化产业相结合,既丰富了网络文化资源,也为荆楚文化资源的营销推广做出了贡献,并以网络内容产业为基础,带动相关产业的发展。

2. 基于移动终端的文化产品

手机、iPad 等移动终端的普及性在当今社会越来越高,加之其具有移动性、实时性、交互性、个性化等特点,方便用户使用和反馈,越来越多的企业将产品开发的重心转向移动终端。2013 年,北京故宫推出了 iPad APP《胤禛美人图》,此款软件画面精美,吸引眼球,用户可以无偿下载使用。通过此款应用,用户能够 360 度欣赏馆藏文物,并了解文物的相关知识,欣赏高清图片,此款 APP 持续高分好评至今。2014 年,故宫推出第二款 iPad APP《紫禁城祥瑞》,单日的下载量就超过了 1.5 万次,单周下载量超过了 10 万次。[①] 2014 年 10 月,故宫发布《皇帝的一天》iPad 版应用手游,此款手游针对儿童开发,在游戏中不仅可以畅玩养心殿、乾清宫、太和殿等重要建筑,而且设计了 200 多个交互点,触发情节,还原了皇帝昔日的宫廷生活,深受小朋友的喜欢。故宫打破了严肃的历史思维定式,成功地以一种诙谐幽默的表现手法塑造了故宫品牌。

荆楚文化资源包含丰富的三国文化、红色革命文化等历史文化资源,这

---

① 卢扬、李博含:《解密故宫的数字化新玩法》,《北京商报》2014 年 8 月 15 日。

些文化资源同故宫博物院的很多文化资源一样,由于抽象、严肃,并不能很好地吸引游客。开发荆楚文化资源应着重挖掘此类文化资源的内涵,打破常规,用创新性的思维将荆楚文化资源制作成具有趣味性、知识性并贴近生活的移动终端文化产品。

3. 基于声光电的文化产品

随着新媒体的发展,新兴展示技术与文化产业已经在不断融合和创新。通过采用声光电、3D交互等手段,把三维立体动态成像、实时人景合成、幻影成像等高科技与传统的文化内容相结合,形成新的展示形态,产生新的具有冲击力和高触感的文化体验,极大地提升了文化展览的参与度和观赏性。通过带有声光电设备的多媒体立体动态演示,可以将荆楚文化中的民间故事真实地呈现出来;大型体验式场景的复原可以展示荆楚历史的沧桑巨变,通过与相应的旅游景点结合,可以让游客感受历史的厚重与变迁,提升景区的可观赏性。同时,也可以将荆楚文化中的一些历史资源及地方戏曲,如汉剧等搬上现代舞台,通过声光电等控制设备更真实、更震撼地展示剧中的场景,增强观众的体验感。目前湖北省的汉秀剧场融合了戏剧、杂技、水上芭蕾等多种文艺表演方式,使用了高科技舞台幕布,综合运用声光电,以及专门的可调控座椅,达到了十分震撼的科技呈现。很多荆楚文化资源均可结合声光电等数字舞台设施,与旅游景区等合作,实现产业化价值。

(三)构建便捷的产品营销手段

在"互联网+"时代,信息的传播流动取代了产品的流通,推动了新媒体的发展,也改变了文化产品的宣传营销方式。新媒体营销是利用互动式媒体,关注与消费者之间的互动交流,并对其品牌形象进行塑造、宣传的过程,具有受众范围广、直观高效和互动性强等鲜明特征,在市场竞争中发挥着越来越重要的作用。新媒体的发展为荆楚文化资源和产品的整合营销提供了便捷的多样化途径。借力新媒体,构建多样化的精准营销模式,可以有效助力荆楚文化资源走产业化之路。

1. 利用大数据了解受众需求，实现精准营销

互联网技术的发展与应用，使传统的投放式广告变成针对需求人群的精准投放。互联网的受众信息是双向的，人们在互联网上无形之中留下了大量的行为数据。通过大数据分析，可以确定用户的大致偏好和基本身份，再将这些隐藏的网络行为数据统计起来，实现针对用户需求的精准营销。在荆楚文化资源的营销方面，首先可以通过大数据平台，研究用户在相关平台的访问数据，分析用户的属性，总结群体的个体行为，了解用户的访问规则、年龄、性别、兴趣爱好等。其次可以利用大数据分析技术，明确用户需求，迅速找到荆楚文化的目标客户，并引入适合的广告，尽可能将目标人群的搜索范围变小，节省营销成本。

2. 建立多样化的营销平台和传播模式，提升信息投放的准确性

新媒体围绕每个人的生活、人际关系形成一条新的社交网络传播链，通过多种途径影响消费者的行为，甚至对消费者的决策过程产生较大影响。荆楚文化创意产品可以依托新媒体营销平台，针对不同用户间的差异，通过多维、多形式的广告投放和传播，将荆楚文化创意产品和相关信息以视频、音频、图片和文字等承载方式，以及软文、网站资讯、微博、微信、博客等自媒体传播平台，为企业、产品和消费者之间搭建沟通营销平台。例如，北京的依文中国手工坊是一个以中国传统手工艺为基础、注重中华传统文化传承和交流的平台，它将现有刺绣纹样、技法、工艺等进行整理分类，建立数据库，将作品的信息、级别以及艺人的擅长工艺、从艺时间和代表作品等都包含在内。企业可通过该平台快速查找顾客所需的纹样资料，进而准确快速地找到对此纹样熟练的手工艺人进行沟通合作，这样不仅提高了企业的效率，而且保证了订单质量，也为传统手工艺人带来了稳定可观的收入。自平台运营以来，已经有几十家商家与平台主动合作，为上千名绣娘提供了绣艺展示与销售的平台。此外，平台利用手工艺企业和国内外优秀设计师资源，对传统绣品进行再加工设计、批量生产和对外出口，建立了持续循环的良性发展模式。因此，荆楚文化资源也可以利用这种方式，为土家织锦、堂纺叠绣等传统手工艺搭建营销平台，艺人们更加关注于产品的创新设计和生产，推动

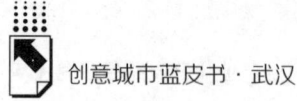

越来越多的中国元素走向世界。

3. 新旧媒体组合应用，实现整合营销

传统媒体在其发展过程中形成的品牌与资源优势也十分宝贵。如果将新媒体与传统媒体进行互补，就能够充分发挥两者的优势，产生"1+1>2"的效果，实现荆楚文化产品和品牌的整合营销。当前各种媒体之间竞争的主要优势在于特色的传播内容，这成为各种媒体联合传统文化传播的优势。对于荆楚文化而言，考虑到不同用户在媒介使用习惯等方面存在的差异，以及不同媒体之间的传播方式和特点各异，可以使新旧媒体相互补充来开展荆楚文化产品的传播和营销。

因此，荆楚文化资源也要充分把握新旧媒体的传播优势，着重关注促进荆楚文化传播的媒体融合策略。例如，手机是目前各种媒体中最贴近人们生活的沟通和信息接收工具，传统纸媒、电视等与手机媒体融合，可以以最新、最快速、最便捷的方式向公众提供荆楚文化产品和服务。传播荆楚文化产品和服务的传统媒体可以与手机媒体结合，通过APP或公众服务号推送荆楚文化相关的视频、图片、文章等信息，开发具有趣味性、实用性的手机应用。例如，将荆楚民间文学开发成电子书、电子画册等；对荆楚传统手工艺产品的制作通过网络直播让大家了解，将荆楚文化切切实实地融入人们的生活。以中央电视台的知名节目《朗读者》为例，目前它已经实现了传统电视与微博、微信、博客等新媒体之间的相互融合，充分发挥了电视传播覆盖面广、微博传播裂变性强、微信传播互动性高、博客传播个性化强的优势，满足了不同受众的需求，实现了节目的高效全面传播和覆盖。荆楚文化资源产业化开发可以借助此方式，将传统媒体与多种新媒体结合起来，实现全方位、多层次的传播效果，塑造品牌形象。

（四）开创新型的产业化盈利模式

1. 衍生品的开发与销售

第一，衍生品开发。由于新媒体传播的双向性和互动性特点，通过新媒体进行文化产品宣传与销售可以很好地了解、掌握文化产品和服务的受欢迎程度，从而准确判断是否开发衍生品、衍生品开发类型以及开发数量。例如，以荆楚文化为题材开发的动漫影视作品，在其投放市场时可以根据市场反馈，利用新媒体版权保护较好的优势，通过开发衍生品，拉动顾客消费，实现盈利。

第二，利用电子商务平台开展衍生品销售。通过新的电子商务平台对荆楚文化衍生品进行销售，一方面完善了产业链，创造了利润；另一方面销售本身也是对荆楚文化的宣传，有利于品牌塑造。以淘宝"故宫博物院文创旗舰店"为例，故宫博物院将开发出来的文创产品通过多种新媒体渠道进行全方位和多层次的宣传，再通过幽默卖萌的方式进行口碑传播，在实现盈利的同时也扩大了故宫博物院的品牌影响力。目前，故宫博物院的文创产品线上线下销售同步，形成了线上线下的销售闭环。荆楚文化资源的产业化开发也可以借鉴故宫博物院的产业化模式，将文创产品通过电子商务平台进行销售，减少中间环节，满足不同顾客群体的需求，扩大品牌影响力。

2. 内容付费及增值服务

荆楚文化资源开发者通过提供极具文化价值和吸引力的内容，运用移动增值运营经验，通过"内容+终端"的模式，将荆楚文化故事、民间传说、影视作品等文化产品和服务推送给用户，通过后期持续更新的优质文化内容和服务，从用户和平台两方面收取费用，从而获得利润。以《知音漫客》客户端为例，此应用主要面向用户提供海量优质的免费原创漫画，深受用户喜爱。随着用户群的壮大，一些精品漫画需要充值元宝才能解锁最新章节，或者购买月票换取专享福利，从而实现盈利。另外，应用还设置有"漫客商城"购物导航栏，针对畅销漫画开发衍生产品，并在"漫客商城"销售，获取利润。

3. 网络广告

出售广告是新媒体实现盈利最常用的途径之一，在荆楚文化资源及其产业化开发的网站、APP、公众服务号、微博、博客等，可以通过投放相关的广告，收取一定的广告费用来获取利润。当新媒体平台在该领域有了一定的知名度后，就会有稳定的访问量，广告效果随之提升，网络广告收益也会增加。

四 新媒体背景下荆楚文化资源产业化开发的保障措施

(一)优化产业发展顶层设计,加大财政及投融资扶持

1. 优化产业发展顶层设计

在顶层设计方面,湖北省应尽快出台关于特色文化产业发展总体规划,尤其是针对文化与科技融合的荆楚文化产业发展整体规划,推动新媒体背景下荆楚文化产业与"互联网+"融合工作积极、稳步向前发展。在决策方面,科技厅、文化厅、宣传部等各部门要建立跨界协作的决策机制,实行综合性大部制管理。

2. 加大财政及投融资扶持

在财政方面,要进一步强化和创新财政支持政策,如在产业扶持计划中加大荆楚文化产业发展投入,拓宽文化产业融资渠道,建立多样的财政政策机制。政府通过更多的优惠政策支持、鼓励和扶持文化创意及设计服务等新媒体产业重点领域的公共服务平台建设,创新投入方式,支持企业创新能力提升。对创意设计、数字出版、数字家庭和动漫游戏等企业在开发荆楚文化产品等新兴产业方面实施税收优惠政策,扩大优惠范围,减轻其税收负担。

在投融资机制方面,文化企业普遍缺乏固定资产抵押物,难以获得金融信贷支持,因此必须创建多渠道投融资体制。推广知识产权质押方式的融资担保制度,把融资门槛降得更低,使中小型文化企业融资有路,解决中小型企业的融资难题。例如,由省发改委等部门牵头搭建平台吸引海内外资本,通过举办湖北金融机构与荆楚文化项目对接会等方式,鼓励民间资本参与荆楚文化产业发展投融资,引导更多的投资基金对涉及荆楚文化资源开发的企业或项目进行投资;联合包括创投企业、证券公司、基金公司、天使投资、风险投资、创业投资母基金等各大金融机构,设立荆楚文化资源产业化金融服务联盟,建立金融联合服务机构,加强对金融联合服务的指引,为相应荆楚文化资源开发企业提供综合性金融服务。

（二）提高社会参与度，构建新媒体监督监管体系

1. 增强社会参与度

通过加大宣传，提高社会对荆楚文化资源产业化开发的认识。首先，提高本地民众对荆楚文化的认识，营造关心支持荆楚文化资源开发的社会氛围，如通过设置比赛、展示活动，鼓励文化组织和企业及个人通过新媒体弘扬地方文化，通过奖励补贴增强地方文化传播的动力。其次，加强政府层面对荆楚文化的宣传，通过微视频、微博、微信、直播等形式对地方文化进行传播，激活基层文化细胞，让社会了解政府对文化产业工作的重视。

通过相应的政策宣传，提高社会对荆楚文化的重视度和参与度，扩大荆楚文化资源产业化的影响力。对企业而言，关注政府政策动态，把握政治风向标，为抢占政策资源做好准备；对民众而言，新行业的发展不仅可以增加大量就业机会，也可以寻得创业机会，地方文化的重新兴起，能够在很大程度上满足民众的文化需求，增强文化自信。

2. 构建新媒体监督监管体系

新媒体在快速发展的同时，其负面影响也逐渐显示，如虚假信息的泛滥、公民隐私信息的泄露、法律监管的滞后等问题也引起了人们的广泛关注。对于荆楚文化资源的产业化开发，新媒体肩负的更多是文化传播和产业发展的责任，在创造经济价值的同时，还有很重要的文化建设责任。但是，新媒体所存在的一系列负面因素不仅影响了每个人的生活，而且阻碍了荆楚文化资源在新媒体产业中的发展和应用，对新媒体的合理监督和监管也是有关部门迫切需要关注的问题。

因此，在国家相应法律法规逐步完善的过程中，地方主管部门要加强对新媒体环境下本地文化内容的监管，加大网络巡查力度，减少不良信息的发布及数量，做好舆情防控，规范新媒体传播行为。同时，政府部门要加大对政策执行的监管力度，定期考核，突击检查，严格保证政策的落实和补贴资金的使用。

（三）探索创新人才培养模式，引进复合型新媒体产业人才

1. 探索创新人才培养模式

新媒体行业发展迅猛，其中蕴含了巨大的就业机会，网络、电影、游戏、出版等领域的创新人才、新媒体管理人才和技术人才需求量较大。湖北省高校众多，有着非常优厚的先天条件，但也存在高端人才不足和人才流失的现象。在人才培养方面，首先，通过校企联合，优化高校新媒体和文化产业类专业的教学结构。新媒体人才培养应密切结合当今新媒体发展的趋向和行业特点，制订适应社会发展需要的人才培养方案，提高其相应的实践能力。其次，对现有的文化科技类新媒体人才进行系统培训。由于新技术、新业态、新领域不断涌现，要求新媒体产业人才的知识结构和技能必须与时俱进。因此，必须对人才进行持续系统的培训，通过建立专业培训基地，邀请国内外相关领域的专家进行定期交流合作；组织专业人才到先进地区考察、学习，提高文化科技类新媒体人才的水平。

2. 引进复合型新媒体产业人才

当前湖北省在新媒体文化产业人才培养数量和结构方面仍有待优化，同时学校培养和市场需求脱节、理论学习和新媒体快速发展不相适应等一系列问题，导致复合型新媒体高端人才严重不足。新媒体背景下实现荆楚文化资源的产业化发展，引进既懂新媒体又懂文化产业的高端创新型人才势在必行。因此，可通过武汉市"黄鹤英才计划"、东湖高新区"3551光谷人才计划"、国家"千人计划"等平台，全面推进高端人才的合作和交流，鼓励高校和企业引进高层次的文化科技型新媒体产业人才，完善人才奖励机制，积极推进通过技术入股、股票期权、股权奖励等方式，建立完备的人才流通机制。同时，在"大众创业、万众创新"的社会大环境下，鼓励高层次人才自主创业，政府成立专门的风投基金，用于资助、辅助培养新兴文化产业人才；在人才的使用、晋升、聘用、住房安排、落户等方面出台合适的政策，使湖北成为文化科技高端新媒体产业人才的集聚地和交流中心。

B.15 虚拟现实技术提升武汉市文化旅游产业发展路径研究

张文元 万君璧*

摘　要： 近年来，虚拟现实技术发展迅速，应用广泛，成为国内外关注和投资发展的热点。首先，本报告介绍了武汉市文化旅游发展的背景，包括旅游资源、旅游发展的现状和问题。其次，在简要介绍虚拟现实和增强现实的概念、技术特点、具体应用和发展趋势等专业背景知识的基础上，总结了虚拟现实技术在文化旅游业中的部分应用成果，包括文化旅游资源的保护与传播、景区规划与管理等，论证了虚拟现实技术在文化旅游行业具有巨大的应用前景。最后，从设计开发虚拟旅游展示系统和移动应用APP、构建营销服务新模式、提高旅游产品科技含量和服务质量等方面给出了虚拟现实技术应用于武汉市文化旅游领域发展的具体建议，希望借此推动武汉市文化旅游产业的深层次发展。

关键词： 虚拟现实　增强现实　文化旅游　智慧旅游

---

* 张文元，华中师范大学国家文化产业研究中心博士，讲师，研究方向：文化资源数字化及智慧旅游。万君璧，华中师范大学国家文化产业研究中心硕士研究生，研究方向：计算机技术应用。

一　武汉市文化旅游背景介绍

（一）武汉市文化旅游资源概述

文化是旅游的灵魂，是旅游业赖以生存和发展的基础。作为国家历史文化名城的武汉，具有悠久的历史和深厚的文化底蕴。从悠远的史前盘龙城到春秋古楚国，一直延续到近代的辉煌红色革命及不断发展繁荣的现代社会，数千年的历史积淀使武汉市拥有大量的名胜古迹和文化遗产等资源。如名列中国四大名楼之首的黄鹤楼以及东湖生态旅游区等国家5A级景区，这些得天独厚的文化资源是武汉市旅游、经济、科技和教育发展的重要支柱。

武汉市文化旅游资源丰富，包含荆楚文化、红色文化、宗教文化、山水码头文化、科教文化、饮食文化等多种类型的优质资源，具体的文化旅游资源分类及其包含的旅游景点信息见表1。

表1　武汉市特色文化旅游资源汇总

资源类型	包含景点	描述
荆楚文化	黄鹤楼（5A级）、东湖风景区（5A级）、晴川阁（3A级）、卓刀泉古寺、锦里沟土家风情谷旅游区（4A级）	5A级景区2个、4A级景区1个、3A级景区1个
红色文化	武昌首义文化旅游区（4A级）、八七会址旧址纪念馆、武汉抗战烈士祠、中共五大会址纪念馆、中山舰博物馆	4A级景区1个
宗教文化	归元禅寺（4A级）、长春观、宝通禅寺	4A级景区1个，以佛教和道教为主
山水码头文化	龟山、蛇山、武汉关、粤汉码头、中华路码头、黄陂木兰文化生态旅游区（5A级）、九真山（4A级）、武汉黄陂区大余湾旅游区（4A级）、道观河风景区、木兰古门（3A级）、武汉市长江大桥	5A级景区1个、4A级景区2个、3A级景区1个
科教文化	武汉大学、华中师范大学、湖北省博物馆（4A级）、武汉市博物馆（4A级）、武汉园博园、湖北美术馆、中国地质大学逸夫博物馆（4A级）、武汉革命博物馆（4A级）、武汉中华奇石馆（3A级）	4A级景区4个、3A级景区1个
饮食文化	吉庆街、户部巷、江汉路美食文娱街区、武汉天地、楚河汉街	独特的汉味小吃

据统计，武汉市 5A 级和 4A 级景区数量在全国名列前茅。从表 1 可以看出，武汉市文化旅游景点也非常多，其中 5A 级景区 3 个，4A 级景区多达 9 个，这些都是发展文化旅游的重要资源。

（二）2012~2016年武汉市旅游现状分析

近年来，国家高度重视旅游业发展，已将其上升至国家战略层面。武汉市旅游业也抓住了机遇，旅游经济总量和增速领先中部地区各城市，稳居全国第一方阵，成为全市经济社会发展的一支生力军。[①] 随着文化旅游的不断升温，武汉市这些具有独特文化资源的旅游景区成为旅游业中一道亮丽的风景线，吸引着广大游客如潮而至。武汉旅游政务网发布的 2012~2016 年武汉市旅游人数和总收入统计信息[②]显示，武汉市接待游客数量逐年上涨，旅游业整体实力持续高速提升。2016 年最新数据显示，武汉市共接待游客 2.33 亿人次，实现旅游总收入 2505.72 亿元，分别较上年增长 12.47% 和 14.03%。从表 2 可以看出，2012~2016 年武汉市旅游人数和旅游总收入均保持 10% 以上的高速增长，然而从 2014 年开始旅游业增长趋势明显放缓，这与全国旅游业的高速发展趋势进入缓和期、游客人数增长速度放缓以及各地旅游业竞争压力增大有关（见表 2）。

表 2 2012~2016 年武汉市旅游人数与旅游总收入统计

年份	旅游人数		旅游总收入	
	绝对数(亿人次)	增幅(%)	绝对数(亿元)	增幅(%)
2012	1.42	20.99	1396.00	32.43
2013	1.72	20.85	1690.02	21.06
2014	1.93	12.30	1949.46	15.35
2015	2.07	10.43	2197.41	12.72
2016	2.33	12.47	2505.72	14.03

注：旅游人数绝对数指国内旅游人数，旅游人数增幅按照国内旅游人数与国外旅游人数之和计算。

---

① 湖北省旅游发展委员会：《2016 年湖北省旅游发展评价报告（摘要）》，湖北省旅游发展委员会网站，2017 年 7 月 10 日，http://www.hubeitour.gov.cn/xwzx/lyyw/system/2017/07/10/000026574.html。

② 武汉旅游政务网，http://www.wuhantour.gov.cn/tjsj/index.jhtml。

根据其他旅游统计数据的相关分析，武汉市旅游业对游客有较强的吸引力，但是进行深度游的人数还不够多，同时对旅游消费的引导不够深入，缺乏良好的带动作用。

（三）武汉市文化旅游发展存在的问题

得天独厚的文化背景和种类繁多的历史文化遗产是武汉市发展文化旅游的重要资源，而且5A级和4A级景区数量在全国名列前茅更使武汉市占据了发展文化旅游的有利地位。将武汉的文化与旅游业相结合，形成独特的文化旅游产业，已经持续促进了武汉市旅游业的繁荣。然而，武汉市的文化旅游产业发展还存在一些问题主要表现在以下几个方面。

1. 历史文化遗产保护力度不够

武汉市的各类历史文化遗产是武汉市恢宏历史的缩影，是发展文化旅游的重要资源。然而，随着武汉市经济的快速发展，也不可避免地遇到了城市建设与文化遗产保护的矛盾。首先，城市发展对土地的需求日益增大，一些老城区逐渐埋没在高楼广厦中，许多尚未被发现价值、未被重视的老建筑也遭到不可挽回的损失。例如，坐落在武昌区三道街的经心书院旧址，是由张之洞创建的湖北三大书院之一，拥有140多年的历史，是武汉市城区现存最早的书院，如今仅存一栋被隔成若干房间供人居住的老建筑。还有许多具有历史保护价值的老建筑或被改造得面目全非，或因缺少维护而破旧坍塌。其次，许多历史遗迹分布散乱。例如，仅辛亥革命遗址武汉市就有至少15处，往来交通十分不便。武汉市一些具有旅游发展潜力的非物质文化遗产也面临保护和传承危机。例如，汉绣在由第四代唯一传承人任本荣抢救与发掘出相关资料并申请国家级非物质文化遗产前，曾险些失传。

2. 文化旅游景点宣传推广力量薄弱

说到武汉文化旅游，许多游客的第一印象是黄鹤楼、汉味饮食、辛亥革命、武大樱花这些城市名片。从历年的旅游统计数据来看，由于内容较固定，产业模式单一，武汉市旅游发展动力不足。例如，武汉东湖风景区作为国内第二大城中湖，风景秀美，楚风浓郁，自古以来就是游览胜地，刘备、李白、毛泽东等历史名人都在此留下足迹，周边汇集了观光、休闲、科教等功能，配套设施齐全，是绝佳的文化旅游资源，但是其国内知名度远不及西湖、太湖等景区，主要原因还是宣传力量薄弱。因此，要实现武汉市旅游高速持续发展，必须挖掘武汉市其他具有良好发展潜力的独特文化资源，对其大力进行宣传传播。

3. 景区智慧化建设程度有待提高

在"智慧城市""智慧景区""智慧旅游"等新概念相继提出之后，以虚拟现实、增强现实和人工智能为代表的新一代高新技术在智慧城市和智慧旅游建设中发挥了越来越重要的作用。然而，武汉市内许多景区目前还停留在较简单的信息化管理阶段，仅仅实现了电子票务和客流量统计等基本功能，而在景区智能导游、安全监管、高峰分流、舆情监控、智能停车引导、精准营销等方面的智能化程度不高，从而导致管理效率低下，景区各部门间信息整合困难，难以满足广大游客多样化、个性化和高层次的旅游需求，运用微信、微博等公众平台和智能导游 APP 进行精准营销工作比较滞后。

在移动互联网时代，虚拟现实、增强现实、移动定位服务和个性化推荐等新技术快速发展，并在许多行业得到了广泛应用。《文化部"十三五"时期文化科技创新规划》也指出要全面推进文化科技融合，强调要将虚拟现实和增强现实等新技术融入传统产业，切实推动科技创新引领文化发展。因此，要对武汉市特色文化旅游资源进行有效保护和宣传推广，并使文化旅游成为武汉市旅游业稳定增长和良性发展的重要部分，离不开虚拟现实、增强现实等技术与旅游业的深度融合。基于虚拟现实等新技术对武汉市的文化旅游资源进行深度开发，创造更智慧、更具体验感的旅游新形态，不仅能够解决现存问题，有力地推进武汉文化旅游产业的发展，而且能再现武汉辉煌的历史，具有广阔的发展前景。

二　虚拟现实技术介绍

（一）虚拟现实技术简介

虚拟现实（Virtual Reality，VR）技术是一种可以创建和体验虚拟世界的计算机仿真技术,它利用计算机模拟产生一个三维空间的虚拟环境,并使用一些专用设备让用户在现实场景中感受模拟环境并与其交互。VR 集成了计算机图像技术、多媒体技术、传感器技术、计算机仿真技术、人机交互技术、网络技术、立体显示和人工智能技术等的最新发展成果,提供了视觉、听觉、触觉等多种自然感知,能够使用户产生身临其境之感。通常情况下,一个完整的虚拟现实系统包括以下几个功能单元:虚拟环境,以高性能计算机为核心的虚拟环境处理器,以头盔显示器为核心的视觉系统,以语音识别、声音合成与定位为核心的听觉系统,以方位跟踪器、数据手套和数据衣为主体的身体方位姿态跟踪设备,以及味觉、嗅觉、触觉与力觉反馈系统等。

虚拟现实技术具有以下四个基本特征。[①]

(1) 沉浸感(Immersion)。是指用户作为主角存在于模拟环境中感到的真实程度。在使用虚拟现实技术的时候,用户感受到的虚拟世界十分逼真,如同现实世界一般,用户同虚拟世界的交互方式遵守了现实的物理规则,达到了以假乱真的效果。

(2) 交互性(Interactivity)。是指用户对模拟环境内物体的可操作程度和从环境得到反馈的自然程度。在虚拟现实中,人与机器可以用一种自然的方式进行交互,如身体动作、语言等自然行为,从而对虚拟现实中的模拟环境进行浏览与操作。

(3) 多感知性(Multi-sensory)。除了一般计算机技术所具有的视觉感知之外,虚拟现实系统还拥有听觉感知、压力感知、触觉感知、运动感知,甚至还包括味觉和嗅觉感知等多种感知外界信息的方式,从而可以更好地理解使用者的需求并且可以更快速地获取现实环境的变化。

(4) 构想性(Imagination)。强调 VR 技术应具有广阔的想象空间,可扩大人类认知范围,不仅可以再现真实存在的环境,而且可以随意构想客观不存在的环境。

上述这些基本特征都强调了人在虚拟系统中的主导作用。在系统构成方

[①] 孙芳芳:《虚拟现实技术在旅游业的应用》,《江西科学》2007 年第 6 期。

面,按实现功能的不同,VR 系统包括沉浸式虚拟现实系统、桌面式虚拟现实系统、增强式虚拟现实系统和分布式虚拟现实系统等类型。

(二)增强现实技术简介

增强现实(Augmented Reality,AR)技术是虚拟现实技术的一个分支,它结合计算机视觉技术、多媒体技术、多传感器技术和信息技术等,通过摄像头获取使用者所处位置的真实环境并叠加虚拟世界的对象,从平台的显示设备上进行展示,让用户能同时感受到现实世界与设备投射的虚拟世界,从而加强用户对周围真实场景的理解,更好地融入周围环境。AR 能以更加友好的方式为人们提供更多信息,具有虚实结合、实时性、可交互性、真实空间感等特性。

相比 VR 技术需要使用者利用头盔或眼镜才能执行相应功能,AR 技术只需要普通智能移动终端(如手机、平板电脑等设备)就可以进行展示,设备成本更低,实现起来技术难度更小。AR 技术可以将虚拟环境中的模拟对象与现实世界很好地结合并共同展示出来,包括场景式、沉浸式、体验式和游戏式等多样化的互动方式,具有很好的发展前景。

(三)虚拟现实技术的应用及发展趋势

早在 2006 年,国务院颁布的《国家中长期科学和技术发展规划纲要》就将 VR 技术列为信息领域优先发展的前沿技术之一。随着近年来 VR 技术的快速发展,相关的 VR 产品不断涌现。2013 年任天堂提出使用 VR 技术概念使 2D 电视拥有更逼真的 3D 效果。2015 年 7 月,OnePlus 推出基于虚拟现实的平台 OnePlus 2,成为第一家利用 VR 推出产品的公司。2016 年 7 月,HTC 推出 VIVE 虚拟现实眼镜和头盔产品。此外,Facebook 的 Oculus 以及三星的 Gear VR、Auravisor、PS VR 等都是比较知名的 VR 头盔设备,微软全息 AR 眼镜 HoloLens 也于 2016 年对外发售。

随着屏显、芯片、传感器等技术的发展以及用户群的扩大,新的 VR 应用案例不断涌现,并被广泛应用在游戏、娱乐、城市规划、室内设计、工业仿真、古迹复原、文物保护、桥梁道路设计、房地产销售、旅游、水利电力、地质灾害、新闻事件直播、医疗保健、教育培训等众多领域，具有广阔的市场前景。有学者认为 VR 技术与这些行业领域的深度融合和广泛应用，将带来上万亿美元的产值效益①，并颠覆性地改变人类认识世界、改造世界的方式。

将 VR 技术应用于文化旅游领域，在文化旅游宣传展示、旅游景点动态规划以及文化遗产保护、复原与展示等方面，可以较好地满足这些应用精度高、规模大、受众广、交互性强等方面的实际需求，也可以有效缓解文化旅游中文化资源保护与利用的矛盾，扩大文化资源受众面，为文化旅游事业发展提供高科技支撑。利用 VR 技术进行旅游营销，对缺失旅游内容进行补充，结合人工智能加强景区娱乐项目和游客的互动，也将是未来的发展趋势之一。

除了 VR 和 AR 技术的快速发展之外，一种融合 VR 和 AR 的新技术"混合现实"（Mix Reality，MR）也悄然诞生。MR 是指合并现实和虚拟世界而产生新的可视化环境，在这种环境中物理对象和数字对象共存，并可以实时互动。VR、AR 和 MR 是未来科技的发展趋势，将逐渐走向大众化，并渗透到各行各业中，给社会带来革命性变化。

三 虚拟现实技术在文化旅游中的应用

基于上文所述的 VR 和 AR 技术的特性，VR 和 AR 技术可以应用于文化旅游中，这种新型信息化旅游方式被称为虚拟旅游。② 将 VR 技术与文化旅游相结合开发出的虚拟旅游系统，对于旅游资源本身、资源管理者与游客都有非常大的好处。对于游客来说，利用文化虚拟旅游系统不仅可以方便获取实时详细的旅游资源影像信息，而且可以使用便捷的服务预订等功能。对于

---

① 温晓君、徐永建、赵燕、徐丰：《虚拟现实行业前景展望》，《中国经济报告》2016 年第 10 期。
② 符惠兰：《虚拟旅游与现实旅游的有机对接模式与功能互补性探讨》，《旅游管理研究》2013 年第 5 期。

资源管理者而言，通过信息化的手段整合景区各方面的信息，方便了景区的管理与规划。对于旅游资源本身来说，VR技术通过数字化的手段保存了旅游资源的全方位信息，为旅游资源的传承提供了最基础的保障，从而对文化旅游资源起到了保护作用。

VR技术现已逐渐渗透到旅游行业，至少包含以下三类具体应用。

（一）实现文化遗产的数字化保护

文化遗产是文化旅游的主题，也是人类文化的重要传承载体，对于丰富人类的精神生活具有重大意义。我国五千年的悠久文化历史孕育了数不胜数的非物质文化遗产与物质文化遗产，是发展文化旅游资源的珍贵宝藏。然而，随着我国经济的高速发展，许多文化遗产还没来得及引起大众关注或发掘其旅游价值就遭到不同程度的破坏。[①] 对于物质文化遗产而言，目前面临的最大威胁来自人为的环境破坏及自然条件的侵蚀；而对于非物质文化遗产而言，最大的挑战则是缺乏有效的保护和传承机制，尤其是传承人方面。

借助VR和AR等新技术手段对文化遗产进行保护，可以实现精度高、规模大、交互性强、受众广的文化遗产虚拟展示方式，不仅有利于保护文化遗产，增加文化遗产的宣传展示机会，而且有利于提升文化遗产的经济价值和文化价值。VR技术在文化遗产领域的应用包括数字化保存、虚拟修复、宣传展示、虚拟浏览和数字博物馆等多种途径，不仅能够实现真实的古建筑和古文物等历史文化遗产的虚拟还原，而且能够将过去、现在、未来的事件进行虚拟展示和演绎，生动地表达出文化遗产的丰富内涵。

VR技术与文化遗产保护相结合是近年来的研究热点，并且已经得到了较好的发展。例如，20世纪末日本运用三维扫描仪生成了镰仓时期的大佛数字化模型，并利用CAD技术虚拟重建了大佛主殿。欧盟支持下的3D-Murale提供了新的多媒体技术，用于记录、分类、保存和恢复古代的器物、

---

① 黄忻：《虚拟现实技术在旅游文化遗产数字化保存中的应用研究》，《热点透视》2017年第1期。

建筑及遗址。美国斯坦福大学、华盛顿大学与 Cyberware 公司合作利用三维激光扫描技术实施了数字化米开朗基罗项目。罗马大学、费拉拉大学与加州大学伯克利分校通过"逆向建模"和三维激光扫描技术实施了罗马大剧场数字化项目。英国博物馆利用3D扫描技术生成艺术品三维模型，并与VR技术结合构建了一个数字博物馆，可将游客带回青铜时代。一些欧洲组织参与开发的 Archeoguide 增强现实系统，为文物遗迹提供了可交互的个性化的AR向导。意大利萨兰托大学的 AVR 实验室对奥特朗托市不同时期的建筑进行建模，并利用AR技术实现了信息的展示和交互。

在国内，武汉大学研究团队利用地理信息系统（GIS）技术实现了中国仿唐木构建筑群的三维建模及虚拟可视化，展现了中国古代建筑的整体布局特色和唐代木构建筑技艺。[①] 中央电视台拍摄制作的特别节目《2017中国记忆》首次运用VR技术拍摄了秦始皇陵兵马俑，让观众有身临其境的感觉。西藏利用无人机携带的VR相机拍摄了720度的全景布达拉宫，使神圣的布达拉宫看起来更加美轮美奂。

VR技术为旅游文化遗产数字化保护提供了先进的应用手段，既可以满足不同用户对旅游文化遗产的体验与观赏，又能最大限度地保护旅游文化遗产，降低重要遗产的损耗。武汉大学李德仁院士认为，将VR技术应用于文化旅游领域的宣传展示、旅游景点的动态规划、文化遗产的复原、文物的保护以及网上虚拟博物馆等方面，可以有效缓解文化旅游中文化资源保护与利用的矛盾，扩大文化资源受众面，为文化旅游事业发展提供高科技支撑。[②]

（二）增强文化旅游资源的传播效果

我国历史悠久，地大物博，文化旅游资源丰富，分布十分广泛。现代都市快节奏的生活使得许多人很难抽出足够的时间对文化旅游景点进行深入了解和详细浏览。如今移动互联网技术日益成熟，信息传播更加便利，利用

---

① 夏慧琼、朱庆、张叶廷等：《基于CAD与GIS集成的仿唐古建筑景观的三维重建方法》，《武汉大学学报》（工学版）2005年第5期。
② 李德仁：《虚拟现实技术在文化遗产保护中的作用》，《云南师范大学学报》2008年第4期。

VR技术与文化旅游资源相结合可以有效解决该问题。

相对于单纯的平面照片和视频，用户通过VR技术可以获得更加丰富的目的地信息，如用户可以知道即将入住的酒店内部设施及周边环境等细节信息以及旅游景区的360度虚拟环境与推荐旅游路径。对于游客来说，通过VR技术可以帮助其事先了解前行目的地的大致环境，消除他们行前对目的地未知因素的担心和不安，极大地节约其决策成本。例如，在线旅游服务提供商艺龙于2016年发布了酒店VR体验视频，引入VR技术提升用户体验，为用户在选择酒店时提供"未住先知，身临其境"的服务。2015年12月，旅游网站赞那度推出了国内第一个旅行VR移动应用，用户通过VR产品可以对旅游目的地有更真实的感受。由五洲传播中心开发的大型项目"3D美丽中国"利用VR技术将中国的许多著名旅游景点做成可以与3D头盔虚拟互动的游戏动画，同时提供许多景点的历史典故，并在互联网上传播，能够让全球观众体验中国山河美景的魅力，在人机交互中探索中国文化的奥秘。这也是由国务院新闻办公室和国家旅游局共同指导的一项中国旅游在线推广活动，在美国、日本等国际巡展中取得了良好的推广与传播效果。2016年1月，英国索普公园（Thorpe Park）与奥尔顿塔（Alton Towers）先后宣布推出虚拟现实过山车体验、虚拟现实幽灵列车体验。2016年3月，三星联手世界上最大的主题公园Six Flags共同制作了一套虚拟现实过山车，消费者使用Galaxy S7手机与Gear VR设备，可以获得具有极高沉浸感的多维虚拟过山车体验。

此外，利用AR技术的优势，可以弥补现有文化遗产的实际缺失遗憾。例如，希腊研究人员开发了基于AR的文化古迹导游系统"Archeoguide"，能够在旅游现场恢复雅典古神庙古迹，为游客提供虚实结合的观赏效果。中国故宫博物院与IBM合作推出的"虚拟紫禁城"，结合精细的3D建模与虚拟化身，能为全世界用户提供探索与感受中国清王朝历史文化的途径。北京理工大学科研团队利用AR技术开发了数字圆明园增强现实系统，以圆明园西洋楼景区大水法区域为背景，重建大水法、线法山及其山门、观水法、海晏堂和东西水塔，直观地恢复出昔日的壮丽辉煌景象，与当前遗址形成鲜明对比。

基于 VR 和 AR 技术的虚拟旅游系统既能让游客体验到虚拟文化旅游的便利，增加旅游趣味性，又能大大节约旅游的人力和物力成本。另外，这类 VR 旅游系统提高了大众获取文化旅游相关资源的效率，有利于提升文化旅游景区及相关文化遗产的社会知名度，促进了文化旅游资源及其价值的广泛传播，也为文化旅游景区的宣传与推广奠定了良好的基础。

（三）辅助文化旅游景区的规划管理

开发基于 VR 技术的文化旅游系统，还可以辅助管理人员进行景区等规划管理。在景区处于设计阶段时，为了确定更合适的规划方案，可以采用 VR 技术对各种方案中要建造的景点或设施进行建模以得到相关的模拟场景，并通过人机交互，由设计人员参与操作与观察，模拟实际的实施及使用效果，从而评判各方案是否适用，以及如何修改最合适，辅助最终方案的制订与施行。在旅游路线规划中，将 VR 技术与景区地图数据或遥感影像相结合，对景区景点的空间布局、服务区分布、线路轮廓线等元素进行总体构造，可以减少设计缺陷，极大地提高规划质量与效率，缩短开发周期。

目前已有许多公司研发了虚拟旅游规划设计平台，图 1 展示了成都四维达索科技有限公司开发的一个虚拟旅游规划系统。通过该平台，旅游规划人

图 1　虚拟旅游规划系统展示示例

员可以将某处旅游地的道路、建筑、景点、商业网点等大量信息建成实景三维模型,并进行各种设计与分析。虚拟旅游规划系统不仅可以将旅游规划设计方案动态、逼真地展示出来,给人以身临其境的感觉,而且能够使规划方案更加合理、更具新意。

四 虚拟现实技术提升武汉市文化旅游发展的路径

自 VR 技术快速发展以来,武汉市敏锐地察觉到 VR 技术的巨大前景。2016 年和 2017 年分别举办了第一、第二届"武汉·中国 VR & AR 国际论坛",并大力支持高校与企业联合共建虚拟现实产业相关实验室。2016 年 8 月,由在汉高等院校、VR/AR 企业及相关单位共同发起的"武汉·中国光谷虚拟现实与增强现实产业技术创新战略联盟"在武汉东湖高新区正式成立。同年 10 月,一个集内容创作、设备研究和成果展示的"华中最大虚拟现实线下平台"Vagary 落户武汉。虽然武汉市在虚拟现实产业技术方面具有优势,但是在文化旅游行业融合发展方面还不够成熟。如何将这种技术优势转化为发展文化旅游的推动力,还需要多方面的努力,今后可以尝试利用 VR 及 AR 技术进行以下几个方面的应用探索。

(一)开发旅游景点虚拟漫游系统

随着经济的发展和民众文化素养的提升,人们旅游的目的不再局限于"走马观花"式的猎奇赏景,而更多地开始注重景点背后的历史人文内涵,也更注重深层次的旅游体验。VR 技术与文化旅游相结合形成的虚拟旅游可以满足游客的这种需求。相比传统旅游方式,虚拟旅游提供了多种形式的旅游内容,既可以足不出户体验现实中的景点,又能实现天马行空的旅游愿望,如体验古代游、电影场景游、动画场景游等特色项目。虚拟旅游能够在不进入旅游资源所在地的情况下部分或者全部满足旅游者的需求,使用户能根据自己的意愿探索整个环境,选择个性化的体验,满足自身游览和审美的需求。

例如,敦煌莫高窟是古丝绸之路上的一颗璀璨明珠,至今保存着众多文物。早在2000年敦煌莫高窟就尝试将VR技术与文化旅游相结合,开发了敦煌石窟虚拟漫游系统,并在德国汉诺威世界博览会上引发了众多关注与好评。2004年敦煌研究院又与中国科学院、浙江大学开展合作,完成了部分石窟的高精度三维建模。2010年启动了"数字敦煌"项目,将洞窟内文化遗产通过数字化手段进行登记保存,之后香港城市大学敦煌研究所的专家也参与制作了窟内壁画的全景影像,实现了壁画的全景漫游。在敦煌莫高窟开发的虚拟文化旅游系统中,不仅可以查看敦煌洞窟附近研究院、陈列中心等的建筑环境全景影像,而且能进入洞窟内部,浏览洞窟内壁画全景影像及相关文字介绍(见图2)。

图2 敦煌洞窟壁画全景影像

随着VR技术的不断成熟和完善,VR全景内容越来越丰富。故宫博物院利用VR技术将文物古迹用数字化形式展现给观众,并且将阿房宫、圆明园等已经湮灭了的建筑,以及尚未发掘的秦始皇陵等历史遗迹进行了复原,制作了四部大型虚拟现实作品,可进行互动展示。这一新技术的应用颠覆了传统博物馆不展出不能看、不发掘不能看的局限性。[1]

武汉市的荆楚文化、红色文化等文化旅游资源具有历史遗迹众多、文物

---

[1] 王星儒、唐硕阳:《虚拟技术在博物馆建设中的应用研究》,《艺术教育》2015年第2期。

馆存量大、历史背景复杂、文化内涵深等特点，为了方便游客快速了解武汉市景区的概况、内容等初步信息，帮助游客制定最感兴趣的游览路线，可以构建相应的三维模型，并采用VR等技术开发文化旅游虚拟导览系统，在景区、博物馆和游客聚集中心等位置投入公共电脑、VR一体机和VR眼镜等设备供游客使用，给予游客虚拟与现实交互的惊喜体验。同时，可以开发基于Web平台的虚拟导览系统，游客随时随地上网即可体验这些旅游资源的文化魅力。这种虚拟展示系统能够有效保护和宣传优秀文化遗产，弘扬武汉市特色文化，在资源的保护、开发和可持续发展方面具有良好的社会效益和经济效益。具体的可实施方案有以下几种。

（1）360度全景虚拟漫游系统。360度全景是一种基于静态图像在普通计算机平台上就能够快速实现的VR技术。观赏者可以在某个地点通过控制视角从而全方位互动式进行观看。360度全景真实感强，具有交互性，经过图像的透视处理来模拟真实三维实景，使游客产生身临其境的感觉。

（2）沉浸式虚拟3D场景重现。采用三维建模与纹理贴图等方式，将场景的几何信息进行三维建模，从而使虚拟场景具有很好的交互性，在移动过程中不会出现信息缺失、影像变形等现象。但是这种方式的计算量较大，对计算机的处理速度要求较高。

（3）展品全景展示。将文化旅游景区内的展品，如博物馆、展览馆、纪念馆等，进行360度高清扫描，并将数字化的成果及展品的数字信息向参观者或搜集资料的用户进行展示，不仅可以使使用者方便地获取展品的清晰影像资料，而且在一定程度上减少了展品维护的隐患。

（4）移动增强现实展示。在文化旅游景区内提供基于AR技术的旅游景点导览服务，游客通过手机、平板电脑等移动设备就能快捷地获取景点的详细介绍，包括文字、视频、动画等格式，丰富其旅游体验。

以武汉市推出的数字博物馆[①]为例，在下载了官方插件后就可以通过浏览器浏览博物馆内部分展厅的360度全景展示、三维场景重现、楚昭王墓

---

① 数字武汉博物馆网站，www.dwhmuseum.com.cn/index.aspx。

3D全景复原、展品三维模型等（见图3）。用户可以通过鼠标在展厅内移动与环顾，近距离查看展柜文物，点击文物或信息栏查看文物详细图片与文字信息，或通过鼠标旋转放大展品模型，观察文物细节。

图3　武汉市数字博物馆三维虚拟展示示例

（二）搭建非物质文化遗产虚拟展示平台

除了有形的文化旅游景点之外，各具特色的非物质文化遗产也是武汉市开发文化旅游的重要资源。武汉市非物质文化遗产大部分集中在中心老城区及周边县，分布零散，在传播与宣传上有一定的不便，利用VR技术建立非物质文化遗产虚拟展示平台，针对非物质文化遗产的生产、使用、流通、传播、传承等不同环节的空间和环境构建虚拟场景，包括周边历史建筑和人物的再现等，并提供场景漫游、展品选择及缩放展示、制作工艺模拟等人机交互功能，不仅可以产生普通非物质文化遗产展览馆所无法传达的意境，而且有利于非物质文化遗产的数字化保护与传播。将VR技术和现代网络技术相结合，搭建非物质文化遗产虚拟展示互联网平台，可让受众足不出户即可了解翔实的非物质文化知识，有利于非物质文化遗产的交互传播。

以湖北省博物馆收藏的明代针灸铜人为例，它不仅是我国重要的人体经络腧穴模型，而且是汉族传统医学史上的稀世奇珍，对中国医学的发展起到了举足轻重的作用。如果仅仅将针灸铜人存于博物馆进行静态展示，就难以发挥其医学价值，也无法使文化遗产得到有效传播。华中师范大学国家文化产业研究中心采用激光扫描技术和Unity引擎构建了针灸铜人的三维模型，开发了一套基于Web和智能手机终端的针灸铜人虚拟交互展示平台,实现了中医这类传统医药类非物质文化遗产的三维可视化展示,可在虚拟环境中进行人体经络、穴位和相关疾病的查询与交互展示(见图4)。这种三维虚拟交互展示平台有利于中医知识的推广与传播,可以有效发挥针灸铜人独特的文化价值、医学价值和经济价值。

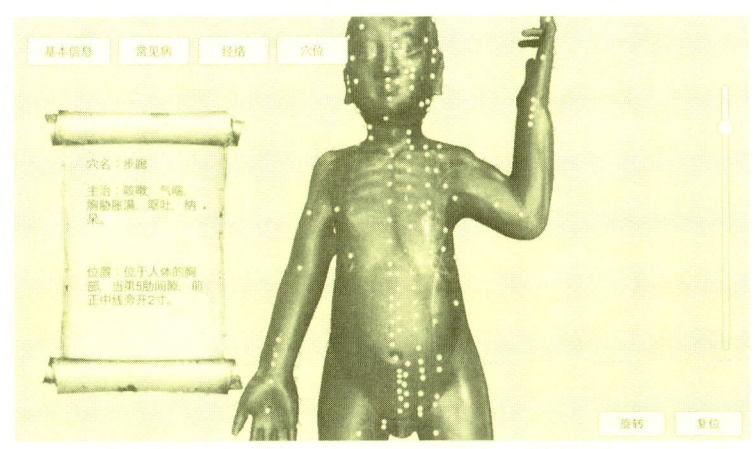

图4 针灸铜人及中医知识虚拟交互展示系统

(三)设计开发虚拟旅游类移动应用

运用VR和AR技术开展智慧旅游是旅游行业的发展趋势。基于VR和AR技术开发文化旅游移动应用既是对传统旅游类APP在内容展示和服务功能方面的一种改进和创新,也是提升旅游业智能化应用水平的重要途径。这类虚拟旅游APP在VR及AR这两种技术方向上都有比较成功的实例借鉴。

例如,在赞那度旅行公司开发的移动应用"旅行VR"中,用户可以浏览水平360度、垂直180度三维空间范围内的VR旅行影片。全景视频是在全景影像的基础上发展而来的,不同于普通视频只能被动观看到镜头前方目标,它采用了360度摄影方式,获取周围360度范围内同一时间的所有影像资料作为视频的一帧①，因此在浏览时具有更强的沉浸感。故宫博物院上线运营的故宫展览APP，也为用户提供了不同展厅、不同展品和不同主题的VR视频。

受移动设备硬件限制，目前在手机、平板电脑上运行某些大型虚拟现实系统应用的体验还不够完善，容易出现影像变形、分辨率低等问题。在这种情况下可以考虑采用AR技术。例如，日本姬路市采用AR技术开发了姬路市旅游景点AR数字导览APP，当使用者到达较重要的景点时就会在设备屏幕上触发卡通人物虚拟对象进行讲解引导，游客也可以选择播放视频（见图5）。香港旅游发展局与国泰航空公司携手推出"香港·AR旅游导览"应用程序，运用AR技术来介绍旅游景点、购物、住宿和美食等各种资讯，全面提升游客的旅游体验。

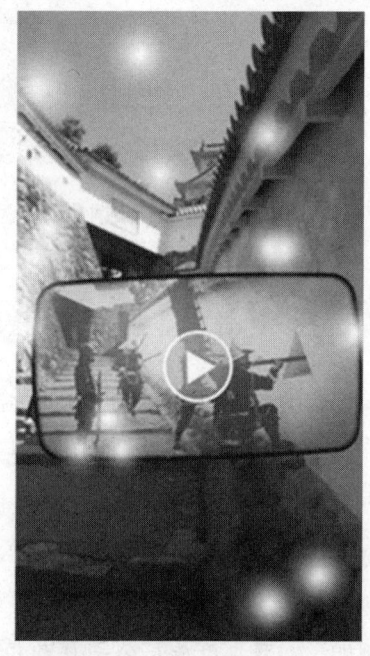

图5 日本姬路市的文化旅游游览应用产品示例

---

① 马力、张茂君、徐玮、熊志辉、王瑜：《采用视频拼图方法构建高分辨率全景视频监控系统》，《中国图象图形学报》2008年第12期。

武汉市文化旅游景点众多，景点人流量大，要想为所有游客提供周到便捷的帮助与指导，仅靠人工服务很难办到，并且还需付出较高的人力、物力成本，效率低下。可以借鉴上述应用案例，选择一批具有特色的景点开发基于VR或AR的旅游APP。这种基于智能手机的虚拟旅游APP产品的研发和推广，可满足游客"游前、游中、游后"三阶段的规划、预订、出行、游玩和点评等各种需求，既能提高文化旅游景区的服务质量，又能扩大景区的影响力，为景区带来可观的经济效益。

针对武汉市江汉路的历史建筑群，可以开发基于AR技术的旅游解说类APP，游客们在江汉路历史建筑群周边点开该APP，就可以看到与身边历史建筑历史背景相符的各类动画人物，如卖早点的小贩、站岗的警卫、修建历史建筑的工人等，由这些虚拟人物向游客介绍建筑信息或当时特定的历史背景，并引导他们前往下一个场景，从而指引游客按照设计好的路线完成对不同历史建筑的游览。在虚拟旅游APP中可以设计一些互动环节，如分享喜欢的图片和故事到社交媒体、问答类小游戏、有奖竞猜、撰写评论与建议等，通过互动获得的奖励可以兑换相关旅游纪念品，这样不仅很好地让游客了解到江汉路历史建筑群的文化背景，而且鼓励游客自发地分享行程，起到了很好的宣传作用。

（四）用虚拟现实技术辅助旅游景区的规划与管理

传统的文化旅游景区规划主要采用区域规划、城市规划、风景园林设计等方法，管理部门分散，具有信息量小、静态、显示单一、资源不共享等缺点。而VR技术的应用可以很好地克服传统规划的这些局限性，能够更好地满足现代文化旅游规划设计的需要，提高规划人员的工作效率。例如，敦煌莫高窟开发的旅游模拟系统[1]，根据每个洞窟的地理位置、景区游览路线等建立了计算机模拟场景，通过设置游客流量、导游流量、每个洞窟游览滞留

---

[1] 鲁东明、刁常宇：《数字化技术促进文化遗产保护与旅游开发和谐共生》，文化遗产保护与旅游发展国际研讨会，2007。

时间等参数来模拟不同游览管理策略对景区内客流分布的影响,从而辅助管理者高效利用景区内硬件设施,达到最优管理的目的。

目前武汉市的旅游管理对景区的规划设计、旅游信息统计、市场竞争分析、运营管理及维护等方面还没有做到系统全面支持,也没有进行动态监测与模拟,很难提高旅游地的综合效益。因此,可以将VR技术引入武汉市文化旅游景区的规划与管理,如东湖旅游业管理系统,将东湖及周边相关部门的水质检测数据、土地管理变更数据、气象监测数据、交通运输及人员流动数据统一纳入管理,实现部门数据的自动更新,并生成实时的模拟场景,供上述部门使用,管理人员只需进入该VR管理系统,选择感兴趣的区域,就可以很方便地了解到东湖整体或区域的相关信息,如磨山景区缆车排队人数、东湖浴场周边水质是否适合开放游泳、天气不佳的话是否需要提前通知交通部门对环湖道路上车辆进行疏通等,从而对整个东湖旅游景区的设施布局、旅游线路、产业结构、土地利用、环境污染等进行直观动态的监测和优化评估,还可以根据监测结果及时向游客推荐合理的游览线路,如磨山景区人流过大、环湖路线出现交通阻塞等情况,则可以向游客推荐湖北博物馆、东湖植物园、梨园这样的周边景点。

(五)构建VR旅游营销服务新模式

将VR技术应用到旅游行业,不仅可以增强用户体验,而且能够给该领域的经营商带来全新的营销方式。传统的杂志、照片展览以及广播、宣传视频等旅游营销模式所达到的旅游宣传效果都是有限的。相比之下,VR技术能够为用户带来360度、立体的虚拟场景展示和沉浸式体验,对游客形成更强的吸引力。例如,景区可以应用VR技术最大限度地为用户呈现景区的特色和魅力,调动用户的情绪,促使这些潜在游客产生强烈的出游愿望。同时,还可以提供周边酒店、餐饮场所的全景照片或全景视频,为游客的出行提供更多有价值的参考信息。对于武汉市具有发展潜力的非物质文化遗产旅游资源,如黄陂木版年画、武汉面塑等,利用VR技术来加大宣传力度也是发掘非物质文化遗产商业价值、扩大其社会知名度的一种新手段。

另外，通过整合旅游大数据和 VR 旅游内容，开发智慧旅游服务平台，并与旅行社等旅游企业开展深度合作，也可以在销售旅游产品、推介旅游资源等方面形成全新的 VR 营销服务模式，吸引更多游客前来游玩。

（六）制作具有地方特色的旅游商品

传统文化旅游商品的形式主要有模型、服饰、食品、药材、工艺品、明信片等实体商品，能够传递的文化内涵十分有限。而如果将 VR/AR 技术添加到传统文化旅游商品上，那么除了商品本身的意义和功能外，还能将文化旅游景区的文化特色、商品的工艺内涵等深层的背景与思考通过视频、动画、文字、音频等形式传递给使用者，从而让使用者更形象、多角度、多维度地了解当地文化特色。用户在使用商品传统功能的同时，能够积极主动地与消费商品本身所附带的数字文化内容互动，具有极强的趣味性和体验感。在文化旅游虚拟漫游系统或移动应用 APP 中适当植入与景点相关的新型旅游商品广告，不仅能够增加景区旅游纪念品的销量，而且能够利用这些商品加大旅游宣传力度，增加旅游收入。

以湖北省博物馆为例，可以选取有代表性的馆藏制作图册，游客购买图册后，将手机摄像头对准图册上的相关标志性图案，就能在查看实体图册上精美照片的同时浏览手机屏幕上有趣的动态人物、场景、动画等虚拟对象，围绕馆藏展现栩栩如生的历史场景，并通过语音或文字获取详细的介绍。这种商品模式不仅较相同内涵的传统商品成本更低，而且能给游客留下更加直观立体的印象，使用方式上也更加便捷有趣，具有较大的商业潜力。对于与旅游紧密相关的一些非物质文化遗产，也可以结合 VR 和 AR 等技术将非物质文化遗产背后的历史故事、技艺、生产制作工具、作品等开发出富有特色的旅游商品，通过在线游戏、光盘或 VR 眼镜等形式进行推广与销售。

五 总结

武汉市拥有众多的 VR/AR 企业，也有大量从事动漫游戏、虚拟仿真、三维成像、遥感与地理信息等与VR/AR相关的企业，还包括一批从事VR/AR技术研发的高校，目前已经形成了一个从硬件生产到内容制作的完整VR/AR产业链，并占据了国内虚拟现实产业发展的先锋位置。这些技术积累和产品应用为武汉市大力发展虚拟旅游提供了先天优势，可以改变当前武汉市文化旅游产业规模小、影响小及与其他行业关联度不高的状态，具有广阔的发展前景。当然，这需要在政府相关职能部门的引导与推动下，充分发挥武汉市在VR产业方面的人才和技术优势，在VR/AR技术与文化旅游深度融合方面进行更全面、更深入的研究与创新，用高科技手段全面提升武汉市文化旅游产业的竞争力和影响力。

B.16
武汉市典型文化创意产业集聚区生命周期研究*

郑 雷 孙智君**

摘 要: 文化创意产业集聚区是文化创意产业集聚发展的重要载体。本报告从资源禀赋、整体环境、制度设计、主体机构、创新要素五个维度构建文化创意产业集聚区生命周期阶段评价指标体系,选取武汉市最具代表性的创意产业集聚区为研究对象,运用计量方法对案例园区进行实证分析,将调查问卷所获数据采用主成分分析法找出不同案例集聚区发展的影响因子,并使用多元线性回归方法构建案例集聚区影响因素模型,实证检验所在集聚区的发展情况。实证结果表明,资源禀赋、整体环境、制度设计、主体机构、创新要素均是推动创意产业集聚区发展的重要动力。各要素影响力的大小对处于生命周期不同阶段且基本模式不同的产业集聚区来说,实际上是不同的。其中,武汉创意天地正处于生命周期的形成阶段,楚天181创意产业园处于生命周期的成长阶段,"汉阳造"文化创意产业园处于生命周期的成熟阶段。

关键词: 武汉市 文化创意产业集聚区 生命周期

---

* 江汉大学武汉研究院开放性课题"武汉市文化创意产业集聚区总体考察、典型案例调研及促进政策体系研究"(项目编号:IWHS2016109)。
** 郑雷,武汉大学经济与管理学院,博士,研究方向:区域产业经济。孙智君,武汉大学经济与管理学院副教授,经济学博士、硕士生导师,美国加州大学戴维斯分校访问学者,研究方向:区域产业经济、产业经济思想。

一 引言

文化创意产业整合文化、技术、创意等资源于一体，其产品体系具有很高的附加值，其发展水平和规模是评价一个国家或者一个城市综合竞争力的重要标准之一。2009 年以来一系列政策的密集出台，是各级政府对创意产业重视的表现。2009 年，国务院发布《文化产业振兴规划》；2012 年，文化部出台《"十二五"时期文化产业倍增计划》；2012 年 11 月，党的十八大将"文化产业成为国民经济支柱性产业"列入 2020 年全面建成小康社会的指标体系；2014 年 3 月，国务院出台《关于推进文化创意和设计服务与相关产业融合发展的若干意见》；2016 年 9 月，文化部下发《关于进一步完善国家级文化产业示范园区创建工作的通知》，着眼于推进文化领域供给侧结构性改革，规范文化园区健康发展。在国家层面政策的激励下，武汉市政府也从工作机制、政策配套和服务支撑等多方面探索如何发展文化产业。2012 年 9 月，《武汉市文化产业振兴计划（2012~2016 年）》的出台，确立了武汉市的发展目标，即重点发展创意设计、传媒出版、文化旅游、现代会展等八大门类，据此，还确立了 2 亿元的文化产业发展专项资金，内容涉及人才的培养和引进以及土地的供给等方面。2016 年 4 月 18 日，《武汉市国民经济和社会发展第十三个五年规划纲要》发布，指出要坚持集聚资源、集中展现、集群发展，加强对文化产业园、示范基地等文化功能区布局的统筹规划①，启动技术变革和商业创新，推动经济可持续发展，进而提升城市竞争力，促进可持续发展，为武汉市建设"资源节约型、环境友好型"社会奠定坚实的基础。截至 2015 年底，武汉市已经建成并投入使用的文化产业园区有 21 家，园区的建设投资资金总额为 53.6 亿元，包括众多门类，其中就有动漫产业、文化旅游产业等，

---

① 《武汉市国民经济和社会发展第十三个五年规划纲要》，武汉市发改委网站，2016 年 4 月 18 日，http://www.whdrc.gov.cn/html/xwzx/tzgg/20160418/18174.html。

园区内集中的企业有1631家，其中76家企业的注册资本超过了千万元。因此，在这样的发展前景下，运用集群产业生命周期理论分析武汉市典型文化创意产业园区建设的现状与问题，探寻园区建设过程中所产生问题的根源，并在了解问题根源的基础上提出相应的对策建议，在推动文化产业的空间布局、顶层设计以及政策工具的供给和实施等方面都具有积极的意义。

二　文献回顾

"文化创意产业"一词最早出现在霍金斯对创意产业的分类中。我国目前多使用文化产业这一称谓。国家统计局发布的2012年版《文化及相关产业分类》中，文化及相关产业是指社会公众提供文化产品和文化相关产品的生产活动的集合。这样的分类方式是建立在我国文化体制改革实际需要基础之上的分类，它既考虑了政府的需要，也结合了文化活动本身的特点，所以它的使用是比较广泛的，以《国民经济行业分类》（GB/T 4754—2011）为基础，将文化产业分为文化用品的生产、新闻出版发行服务、文化休闲娱乐服务、广播电视电影服务等十个大类文化行业，这十大类包含了文化产业所涉及的方方面面。文化创意产业集聚区是上述行业发展所需的艺术家和企业在相关配套服务机构的支持下在一定空间地域内进行集聚，从事与文化产品相关的生产、服务或者是相关的运营等活动，并追求达到最优专业化分工和协作关系的特定区域。创意产业集聚区的外延很广，包括产业链上游和产业链下游的所有企业。

国内外学术界对产业集聚理论及文化创意产业集聚区相关问题等进行了较为系统的研究，为文化创意产业集聚区生命周期问题的进一步探究提供了理论支撑和政策依据。

20世纪90年代中期以前，关于产业集聚的理论文献主要以制造业为研究对象。在不同研究者所做的大量学术贡献中，迈克尔·波特的界定[1][2]被

---

[1] Porter, M., *The Competitive Advantage of Nations: With a New Introduction*, New York: Free Press, 1998.
[2] Porter, M., *On Competition*, Boston: Harward Business School Press, 1998.

认为是最有影响力的。波特指出："集群是由有联系的公司、特定供应商、服务提供者、相关产业的公司，以及一些关联机构（如大学、标准化机构和行业协会）在地理上的集中，这些主体在特定领域既竞争又合作。"①。其研究不仅推动集聚区成为一种分析性概念，而且成为一种提升国家或区域竞争力的政策工具。② 学术界普遍认同，无论哪种类型的集群都存在发展阶段的演化，一般的，集群发展通常会经历四个阶段（见图1）。

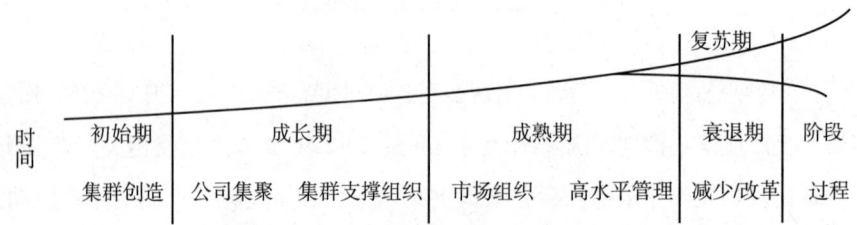

图1 集群生命周期

随着世界经济从工业经济向服务经济转型，服务业集聚开始进入学者的研究视野，尤其是随着创意经济的快速发展，相应的集聚区逐渐增多，产业发展的新态势带动研究者将研究视角投向创意产业集聚区。目前国内相关的理论研究主要集中在创意集聚区的特征、发展路径、动力机制、影响因素等层面。

国外学术界从内部和外部视角对文化创意产业的特征进行了详细的研究。从内部视角而言，文化创意产业具有以下六个特征。其一，在文化创意产业中，艺术、版权产业等被视为符号内容产业，这些行业大量运用人类创造力、技能和天分，因而具有极高的智力资本作为其主要产出。这些附着于符号内容上的非货币价值在消费者眼中拥有极高的认知度，因而文化创意产业被视为高附加值产业。③ 其二，文化创意产业面对较高的市场需求不确定

---

① Porter, M., *On Competition*, Boston: Harward Business School Press, 1998.
② Martin, R., Sunley, P., "Deconstructing Clusters: Chaotic Concept or Policy Panacea?", *Journal of Economic Geography*, 2003, 3, pp. 5–35.
③ Throsby, D., *Economics and Culture*, Cambridge, UK: Cambridge University Press, 2001.

性和需求偏好的易变性,因而是高风险的产业。① 其三,为了降低上述风险,创意企业不得不经常生产高水平的创意产品②,这样反而又具有了导致创新的潜力。③ 一些研究甚至证实,创意产业比其他制造业或服务业更加具备创新性。④ 其四,创意企业产品的持久性和新颖性意味着创意产业创造或开发了知识产权⑤,它被视为创意产业主要的财富来源。其五,文化创意产业的劳动者和相关组织经常被认为不同于其他产业的劳动者和组织。一方面,创意产业产品的复杂性及其双重价值要求创造性和单调兼具的雇员有其特定的技能;另一方面,创意人员往往寄托于心灵上的回报,他们特别关注自己的工作,并被内在动力所驱动。⑥ 其六,文化创意产业的产业结构是极化的,这意味着少数大公司周围围绕着许多中小微企业,甚至单人公司。大公司贡献了产出的绝大部分,它们更多的是进行垂直整合和规模化产出。⑦ 即使小微企业无法通过规模优势与之竞争,它们也依然能通过专业化或者市场的缝隙同等地获得较大的市场。⑧ 从外部视角来看,文化创意产业的特征有以下三个:其一,创意产业是后工业时代经济的驱动力之一⑨;其二,创意产业不仅根植于当地产业系统中,而且与全球市场相联系,其成功在很大

---

① Townley, B., Beech, N., *Managing Creativity: Exploring the Paradox*, Cambridge University Press, 2010.
② Cooke, P., Lazzeretti, L., *Creative Cities, Cultural Clusters and Local Economic Development*, Cheltenham, UK: Edward Elgar Publishing, 2008.
③ Scott, A. J., "Cultural Economy and the Creative Field of the City", *Geografiska Annaler: Series B, Human Geography*, 2010, 92 (2), pp. 115 – 130.
④ Chapain, C., Cooke, P., De Propris, L., MacNeill, S., Mateos-Garcia, J., *Creative Clusters and Innovation: Putting Creativity on the Map*, London: NESTA, 2010.
⑤ UNCTAD, "Creative Economy Report 2008", Geneva-New York: UNDP, UNCTAD, 2008.
⑥ Bille, T., Bryld Fjallegaard, C., Frey, B. S., Steiner, L., "Happiness in the Arts-International Evidence on Artists' Job Satisfaction", *Economics Letters*, 2013, 121, pp. 15 – 18.
⑦ Towse, R., "Creativity, Copyright and the Creative Industries Paradigm", *Kyklos*, 2010, 63 (3), pp. 461 – 478.
⑧ Birch, S., *The Political Promotion of the Experience Economy and Creative Industries: Cases from UK, New Zealand, Singapore, Norway, Sweden and Denmark*, Copenhagen, Samfundslitteratur, 2008.
⑨ Scott, A. J., *On Hollywood*, Princeton: Princeton University Press, 2005.

程度上取决于这些产品或服务的出口潜力[1]，且研究显示，这种潜力非常大[2]；其三，文化创意产业在更广泛的经济中通过与其他产业的关联对创新做出贡献。[3][4][5] 一方面，创意产业生产创意产品或服务并销售给最终消费者；另一方面，创意产业向其他部门提供创意中间产品或者中间服务。[6]

文化创意产业集聚区是在文化创意产业领域中，由众多既独立又相互关联的文化创意企业以及相关支持机构，依据专业化分工和协作关系建立起来的，并在一定区域集聚而形成的产业组织。[7][8] 文化创意产业集聚区的现实载体是文化创意产业园。文化创意产业集聚区的主要特征在于：具有鲜明的团块和带状特征[9]；投资主体多元化，与高新科技结合紧密，依赖自主设计，支柱产业作用日益明显等[10]；与区域性文化环境有机融合，高校、科研机构、高新产业园区之间密切合作。[11] 文化创意产业集聚区的功能有很多，主要表现在：通过知识的溢出促进创意的产生，集聚区内各文化企业或艺术创作者通过相互之间的交流、学习，带动隐性知识的传播；竞争效应带动创新，拓展延伸促进产业链实现增收；交易成本与信息成本的节约降低了生产

---

[1] Scott, A. J., "The Cultural Economy of Cities", *International Journal of Urban and Regional Research*, 1997, 21 (2), pp. 323 – 339.

[2] Pratt, A. C., Hutton, T. A., "Reconceptualising the Relationship between the Creative Economy and the City: Learning from the Financial Crisis", *Cities*, 2012, 33, pp. 86 – 95.

[3] Foord, J., "Strategies for Creative Industries: An International Review", *Creative Industries Journal*, 2009, 1 (2), pp. 91 – 114.

[4] Muller, K., Rammer, C., Truby, J., "The Role of Creative Industries in Industrial Innovation", *Innovation: Management, Policy & Practice*, 2009, 11 (2), pp. 148 – 168.

[5] Potts, J., "Why Creative Industries Matter to Economic Evolution", *Economics of Innovation and New Technology*, 2009, 18 (7), pp. 663 – 673.

[6] Chapain, C., Comunian, R., "Enabling and Inhibiting the Creative Economy: The Role of the Local and Regional Dimensions in England", *Regional Studies*, 2010, 44 (6), pp. 717 – 734.

[7] 尹利军、吴声怡：《促进福建文化产业集群发展的财政金融政策研究》，《发展研究》2010年第12期。

[8] 田慧：《政府在文化创意产业集聚过程中的作用》，上海交通大学硕士学位论文，2008。

[9] 孔建华：《文化经济的融合兴起与北京想象——北京文化创意产业集聚区发展再研究》，《中国特色社会主义研究》2009年第2期。

[10] 陈汉欣：《深圳文化创意产业的发展特点与集聚区浅析》，《经济地理》2009年第5期。

[11] 邓水炎：《重庆市创意产业集聚发展研究》，重庆工商大学硕士学位论文，2009。

成本①；提高了区域的级差地租，推动传统产业空间置换②；文化创意产业集聚区可以从资源所有者、投资运行者、入驻企业、地方政府税收、社会就业扩大、园区产业升级、周边环境改善和历史建筑保护八个方面产生经济与社会效益。③

针对武汉市文化创意产业集聚区的研究非常缺乏，现有研究主要从三个方面展开。一是从地理区位、产业链条及相关经济指标层面简要介绍武汉创意天地、"汉阳造"文化创意产业园④及武汉天地⑤三个集聚区的发展情况。二是了解武汉市文化创意产业集聚区发展面临的障碍，如缺乏品牌产品、产业链不完整、多元化投入不足等⑥；高端创意型人才奇缺，资金投入不足，理论与扶持政策滞后⑦；等等。三是发展对策研究，包括：加快文化产业优秀人才的引进和培育⑧；文化品牌需要关注地域特色，将文化产业与文化遗产改造利用相结合，促使文化创意产业集聚区与其他城市进行差异化竞争。⑨

综上，现有研究成果中，早期的集群理论为文化创意产业集聚区的研究提供了较为科学的分析思路和框架。但是，针对文化创意产业集聚区的研究成果存在以下几个问题：其一，没有形成系统的理论体系，尤其是针对文化

---

① 吴承忠、李雪飞：《文化创意产业集聚区发展中的问题及其解决措施》，《城市问题》2013年第10期。

② 汪霏霏：《城市更新背景下的文化创意产业集聚区发展研究——以济南文化创意产业集聚区为例》，《东岳论丛》2014年第10期。

③ 厉无畏：《文化创意产业集聚区建设——以中国文化创意产业先行区上海为例》，《甘肃社会科学》2014年第3期。

④ 曾添：《创意产业园区改造过程中的政府职能定位研究——以"武汉824汉阳造"改造为例》，《理论月刊》2013年第6期。

⑤ 周飞：《光谷创意风声动漫——武汉东湖高新区大力发展动漫创意产业》，《中国高新区》2011年第7期。

⑥ 湖北省社会科学院课题组：《加快武汉文化创意产业发展策论》，《学习与实践》2007年第9期。

⑦ 周菲、周小川：《借鉴国外经验加快武汉动漫创意产业发展》，《对外经贸实务》2009年第5期。

⑧ 周菲、周小川：《借鉴国外经验加快武汉动漫创意产业发展》，《对外经贸实务》2009年第5期。

⑨ 陈铭、笪玮、伍超：《基于文化创意产业园的城市空间集聚研究——西方城市经验对武汉的启示》，《华中建筑》2013年第7期。

创意产业集聚区生命周期的理论研究极为缺乏；其二，多数研究成果为定性分析，缺乏实证分析；其三，区域案例分析仅局限于国内少数几个大城市，如北京、上海、深圳和杭州等文化创意产业集聚区发展相对成熟的城市，而缺乏对中国其他区域或城市文化创意产业集聚区的实地调查研究；其四，对于武汉市此类集聚区，缺乏针对具体案例进行生命周期阶段的详细研究。因此，本报告第三部分以产品、企业、产业、产业集群和开发区等诸层面生命周期理论为基础，构建文化创意产业集聚区发展的理论分析框架。以此为基础，第四部分设计文化创意产业集聚区生命周期阶段评价指标体系，通过主客观赋权法对指标体系进行赋权。第五部分对武汉市具有代表性的文化创意产业集聚区进行案例研究，包括武汉创意天地文化创意产业集聚区、楚天181文化创意产业园和"汉阳造"文化创意产业园。采用计量经济学方法对调查问卷数据进行处理，实证分析不同集聚区的影响因素，利用所获数据，识别案例集聚区所处生命周期阶段，并提出发展对策建议。

三 文化创意产业集聚区生命周期研究相关理论

（一）生命周期理论

从学术史的发展来看，生命周期理论包括产品生命周期理论、企业生命周期理论、产业生命周期理论、产业集群生命周期理论和开发区生命周期理论，以下分别介绍相关理论。

产品生命周期理论。1966年，美国经济学家雷蒙德·弗农在《产品周期中的国际投资和国际贸易》一书中提出：工业制成品和生物体一样具有生命周期，会先后经历创新、发展、成熟、衰老四个不同阶段。

企业生命周期理论。爱迪斯在《企业生命周期》一书中把企业生命周期分为十个阶段，即孕育、婴儿、学步、青春、壮年、稳定、贵族、官僚化早期、官僚和死亡，并详细分析了企业不同生命周期阶段的特征、问题及应对策略。

产业生命周期理论。产业生命周期是指产业从产生到衰亡具有阶段性和规律性的产业内企业行为改变过程。经济学家 Gort 和 Klepper 将产业的周期性变化规律划分为引入阶段、大规模进入阶段、稳定阶段、大规模退出阶段和成熟阶段。

产业集群生命周期理论。奥地利经济学家蒂奇将产业集群生命周期划分为产生阶段、成长阶段、成熟阶段和衰退阶段四个阶段。

开发区生命周期理论。郑静等以中国城市开发区(包括经济技术开发区、高新技术产业区、保税区等)为例,将城市开发区的生命周期划分为早期阶段、扩张开发阶段、竞争分异阶段、成熟阶段四个阶段(见图2)。[①] 闫国庆等基于国家生命周期、产业生命周期、企业生命周期等理论,将国家级开发区从诞生到死亡分为创建期、成长期、转换期、成熟期和回归期五个时期(见图3)。

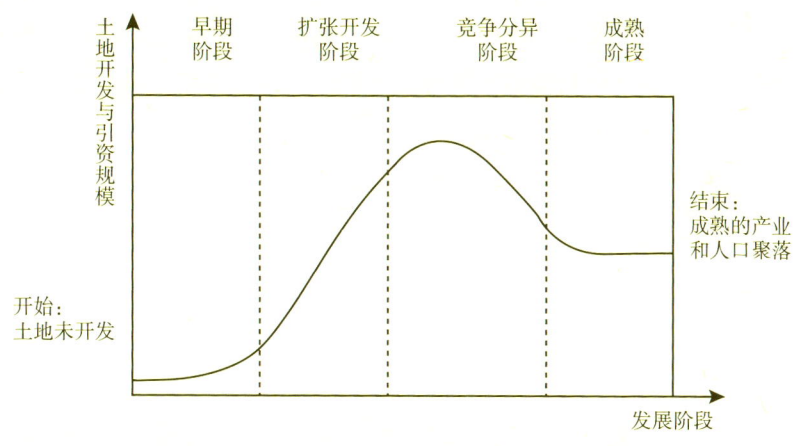

图 2 城市开发区的生命周期

(二)文化创意产业集聚区生命周期发展的影响因素

从文化创意产业集聚区的形成条件入手,其核心要素可为分主体、资源、环境和制度四部分。主体是开展创意活动的主观能动单元,包括创意核

---

① 于美霞:《基于行政区划的省级创新系统研究》,天津大学硕士学位论文,2009。

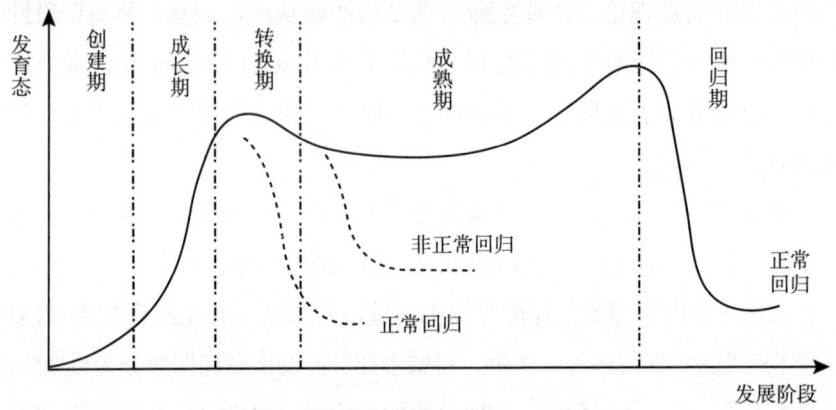

图3　国家级开发区生命周期模型

心企业、产业链上下游企业、配套服务机构、政府及其他管理部门；资源是一切创意活动开展的基础，包括人才资源、知识资源、信息资源、资本资源和空间资源；环境是创意活动开展的支撑要素，包括自然环境、工程环境和社会环境；制度是维系和促进创意活动持续开展的有力保障，包括园区制度、法律制度和发展规划。文化创意产业集聚区的核心四要素相互关联、相互影响，缺一不可，是构建文化创意产业集聚区动态耦合网络体系和维持文化创意产业集聚区发展演进的重要力量。

1. 主体要素

首先是创意核心企业。创意核心企业是文化创意产业集聚区内从事创意活动的基本创意单元，包括小型创意工作室、中型创意企业、大型创意集团等。这些基本单元组成的共同体决定了文化创意产业集聚区的产业类别和属性。其次是上下游企业。上下游企业围绕核心企业进行产业分工与协作，完成产业链上某一环节的生产，建立"捆绑式"的共生发展关系，形成创意企业网络。再次是配套服务机构。配套服务机构主要包括金融服务机构、人力资源服务机构、媒体宣传机构、信息服务机构、生产力促进中心等。最后是政府及其他管理部门。创意核心企业、上下游企业和配套服务机构作为独立的市场运作主体，相互之间必定存在竞争与合作关系，这就要求政府及其他管理部门为维护企业正当的经营行为、纠正扭曲的经济关系、保持集聚区稳定发展提供制度层面的保障。上述四类主体要素共同组成一个联系紧密的圈层关系，依次为核心层、次核心层、中间层和外围层（见图4）。

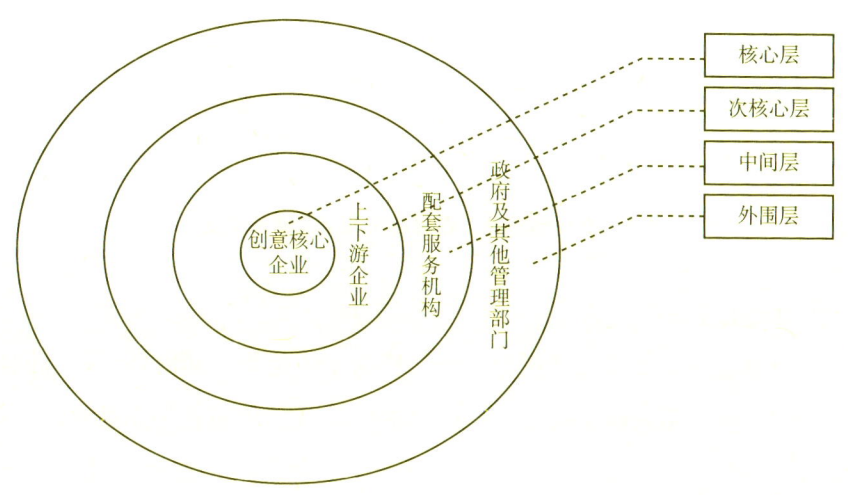

图4　文化创意产业集聚区主体要素结构关系

2. 资源要素

资源是文化创意产业集聚区开展创意活动所必需的各种有形资源和无形资源的集合。创意资源包括五大类：人才资源、知识资源、信息资源、资本资源和空间资源。其中，人才资源属于主观能动性资源，是知识资源、信息资源、资本资源和空间资源的施动者，是创意活动开展的关键资源；知识资源是创意基础性资源，决定了文化创意产业集聚区的创新能力和竞争力；信息资源是创意活动顺利进行的重要资源，支配着人才资源、知识资源、资本资源的流动；资本资源是创意活动开展的支撑资源，也是一切活动开展的必要资源；空间资源是开展创意活动的载体资源，为创意活动提供场地。资源要素是构建文化创意产业集聚区竞争力的基石，决定着文化创意产业集聚区的规模和生产效率（见图5）。

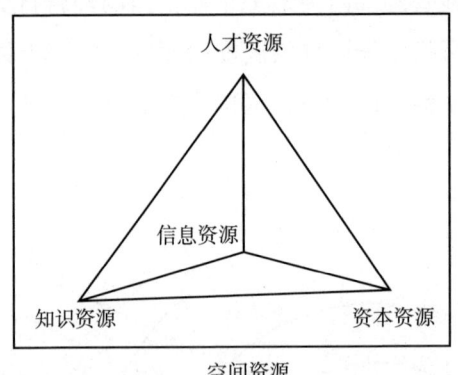

图 5　文化创意产业集聚区资源要素结构关系

3. 环境要素

文化创意产业集聚区可视为一个有机的系统组织，其内外部环境同样具有类似于生态系统模型的层次结构。本报告将文化创意产业集聚区环境要素分为自然环境、社会环境、工程环境。自然环境包括所在地的大气、水文、土壤和地质等环境，其实也就是地理环境；社会环境是指人与人之间关系的总和，包括文化氛围、创新精神、信任度、宽容度、人才素质、文化传统、价值理念、经济发展水平、市场需求等；工程环境包括文化创意产业集聚区范围内的人工设施（房屋、街道、水电系统、绿化和信息网络等）、交通系统等。

4. 制度要素

本报告将文化创意产业集聚区的制度要素分为园区制度、法律制度和发展规划。首先，园区制度建立的主要目的是对各创意主体的行为规范划定统一标准；其次，完善的法律制度是文化创意产业集聚区有序发展的根本保障，尤其是完善的知识产权保护体系成为文化创意产业发展的重中之重，知识产权的开发和运用主要针对知识密集型、智力密集型产业；最后，发展规划涉及该产业在一定时期内集聚发展的空间布局、发展重点、发展路径及发展目标，指引该产业按科学规划路径发展。

四 文化创意产业集聚区生命周期阶段评价指标体系设计

在文化创意产业集聚区发展影响因素分析的基础上，构建其生命周期阶段评价指标体系，主要用于辨识其生命周期的发展阶段，为政府及相关部门进行决策和出台针对性扶持措施提供帮助。

（一）设计原则

考虑到文化创意产业集聚区的发展特点，本报告按照特定性原则、可操作性原则、相关性原则和层次性原则设计指标体系。其中，特定性原则指的是评价指标体系的设计力求准确，各子指标之间不存在歧义，各指标独立且含义清晰，能精确反映评价对象的具体特征；可操作性原则是在统计数据易获得性的基础上，按照保密性原则，尽量做到简洁清晰；相关性原则是指评价指标体系的各子指标之间具有一定的逻辑关系，指标体系也是一组相互间存在有机联系的各部分构成的整体；层次性原则要求评价指标体系将复杂的研究对象合理分解为多个相互联系的模块，构成有序的阶梯层次结构。

（二）指标选取

一方面，文化创意产业集聚区生命周期阶段主要考察集聚区要素的完备度和要素所发挥的功能作用，包括资源禀赋、整体环境、制度设计、主体机构。资源禀赋包括人才资源、知识资源、信息资源、资本资源和空间资源；整体环境包括自然环境、工程环境和社会环境；制度设计包括园区制度、法律制度和发展规划；主体机构包括创意企业、配套服务机构和园区管理部门。另一方面，引起文化创意产业集聚区生命周期变化的另一个重要因素是创新要素，包括竞争与合作和创意创新。由此，本报告设计三级指标体系并最终选定40个测度变量（见表1）。

表 1　文化创意产业集聚区生命周期阶段评价指标体系

一级指标	二级指标	三级指标
资源禀赋	人才资源	领军人才数量(X1)
		人才学历层次(X2)
		人才引进频度(X3)
	知识资源	园区内企业间知识交流频度(X4)
		企业与园区外知识交流频度(X5)
	信息资源	园区内企业间信息交流频度(X6)
		企业与园区外信息交流频度(X7)
		信息资源获得的有效度(X8)
	资本资源	企业现金流情况(X9)
		企业融资难易度(X10)
	空间资源	企业办公空间舒适度(X11)
		办公区域租金水平(X12)
整体环境	自然环境	园区内自然环境(X13)
		园区外自然环境(X14)
	工程环境	园区内基础设施建设水平(X15)
		园区外交通体系建设水平(X16)
	社会环境	创作氛围(X17)
		企业间信任度(X18)
		社会文化宽容度(X19)
		市场环境(X20)
制度设计	园区制度	激励制度(X21)
		管理制度(X22)
	法律制度	法律体系保障程度(X23)
		知识产权保护重视程度(X24)
	发展规划	政府规划明确度(X25)
		园区规划明确度(X26)
主体机构	创意企业	产业上下游企业数量(X27)
		行业领军企业数量(X28)
	配套服务机构	人力资源服务水平(X29)
		生产力中心服务水平(X30)
		企业孵化服务水平(X31)
		信息咨询服务水平(X32)
		法律咨询服务水平(X33)
		金融服务水平(X34)

续表

一级指标	二级指标	三级指标
主体机构	园区管理部门	生活配套服务水平（X35）
		园区管理服务水平（X36）
		政府协调服务水平（X37）
创新要素	竞争与合作	企业间合作程度（X38）
		企业间竞争程度（X39）
	创意创新	企业创新能力（X40）

（三）评价方法和指标体系的赋权

本报告设计的评价指标体系数据来自武汉市典型文化创意产业集聚区调查问卷，问卷内容以李克特量表形式设计，从而省去了数据一致化和无量纲化处理过程，仅需对指标体系进行赋权工作。

本报告综合采用主观赋权和客观赋权相结合的方法对文化创意产业集聚区生命周期阶段评价指标体系的三级指标进行赋权。首先对专家调查问卷数据进行层次分析，获得指标体系的主观权重；其次利用主成分分析法获得的指标权重对原指标体系的三级指标权重进行修正，取两次权重的算术平均值（见表2）。

表2　文化创意产业集聚区生命周期阶段评价指标的权重

一级指标	二级指标	三级指标
资源禀赋（0.2258）	人才资源（0.2798）	领军人才数量（0.2970）
		人才学历层次（0.5396）
		人才引进频度（0.1634）
	知识资源（0.4374）	园区内企业间知识交流频度（0.800）
		企业与园区外知识交流频度（0.200）
资源禀赋（0.2258）	信息资源（0.1719）	园区内企业间信息交流频度（0.4444）
		企业与园区外信息交流频度（0.1111）
		信息资源获得的有效度（0.4444）
	资本资源（0.0365）	企业现金流情况（0.8750）
		企业融资难易度（0.1250）
	空间资源（0.0744）	企业办公空间舒适度（0.6667）
		办公区域租金水平（0.3333）

续表

一级指标	二级指标	三级指标
整体环境（0.0637）	自然环境（0.0675）	园区内自然环境（0.1429）
		园区外自然环境（0.8571）
	工程环境（0.1991）	园区内基础设施建设水平（0.7500）
		园区外交通体系建设水平（0.2500）
	社会环境（0.7334）	创作氛围（0.1713）
		企业间信任度（0.5303）
		社会文化宽容度（0.0782）
		市场环境（0.2201）
制度设计（0.0365）	园区制度（0.6442）	激励制度（0.8333）
		管理制度（0.1667）
	法律制度（0.0852）	法律体系保障程度（0.8750）
		知识产权保护重视程度（0.1250）
	发展规划（0.2706）	政府规划明确度（0.2500）
		园区规划明确度（0.7500）
主体机构（0.1391）	创意企业（0.6527）	产业上下游企业数量（0.8000）
		行业领军企业数量（0.2000）
	配套服务机构（0.2851）	人力资源服务水平（0.1229）
		生产力中心服务水平（0.1639）
		企业孵化服务水平（0.0580）
		信息咨询服务水平（0.2081）
		法律咨询服务水平（0.0321）
		金融服务水平（0.3303）
		生活配套服务水平（0.0847）
	园区管理部门（0.0623）	园区管理服务水平（0.8333）
		政府协调服务水平（0.1667）
创新要素（0.5349）	竞争与合作（0.2500）	企业间合作程度（0.8000）
		企业间竞争程度（0.2000）
	创意创新（0.7500）	企业创新能力（1.0000）

五 计算结果与分析

本报告选取武汉创意天地文化创意产业集聚区、楚天 181 文化创意产业园和"汉阳造"文化创意产业园作为武汉市文化创意产业集聚区的典型案例进行分析。

武汉创意天地文化创意产业集聚区位于风光秀美的洪山区野芷湖西路16号，是由武汉光谷联合股份有限公司（简称光谷联合）投入30亿元打造的文化创意产业集聚区。该项目于2009年12月11日开工建设。2014年7月31日，随着创意天地体验中心的启动，园区各功能区陆续建成，2015年5月正式开业迎客。武汉创意天地文化创意产业集聚区占地面积近290亩，建筑面积约为38万平方米，是目前国内新建规模较大、空间设计最独特的都市文创艺术综合区域。经调研获悉，截至2016年底，武汉创意天地文化创意产业集聚区已入驻文创及科创类企业近300家，工作人员5000人左右。其中，广播电视电影服务类企业以壹号收藏、道森传媒、中影嘉宏、红壹影视等为代表；设计服务类企业有左堂设计、深圳园林、朗筑设计、美质三七科技、广东建筑艺术设计、欧乐设计、玉融设计等；软件和信息技术服务类进驻企业有百卓科技、安晴信息科技、火花虚拟科技、擎木创意科技等；文化艺术服务类以苏笑柏（德国）、江大海（法国）、李全武（美国）、王度（法国）、杨世芝（中国台湾）、冷军等为代表的60多位国内外知名艺术家和艺术大咖开办的工作室为主。园区"OVU创客星"孵化器先后服务于500多家创新创业团队，服务人数达2万余人。

楚天181文化创意产业园位于武汉市武昌区东湖路181号，于2010年正式开园，占地面积约为60亩，是全国首家以传媒为主导产业的文化创意园区。截至2016年底，园区基本形成媒体类、设计类、文化与科技融合类、生活服务类和其他类几大行业板块，企业共计115家。其中，媒体类企业有16家，包括中央电视台湖北新闻中心，光明日报社、中国日报社、环球时报社等国家新闻机构驻汉单位，以及腾讯大楚网、美嘉购物等国内知名媒体企业；设计类企业有36家，其中为湖北日报传媒集团上下游产业链服务的广告设计公司20家，具有完整产业链功能的工程设计企业16家；文化与科技融合类企业有13家，包括园区领军企业邦维文化科技有限公司、泛亚楚天光电文化湖北有限公司等；生活服务类企业包括银行和餐饮企业共15家；其他类企业共35家。

"汉阳造"文化创意产业园位于武汉市汉阳区龟北路,总占地面积约为90亩,目前为项目一期。有A、B两个区域,是按照招商的功能及其地理位置来划分的。A区是著名的824工厂,建筑物的数量在30栋以上,其中包括10余栋院落式建筑,有4.2万平方米的可用空间。园区红砖绿树,环境幽雅,以广告设计、艺术设计、影视制作、文化传媒、动漫游戏等业态为主,婚纱摄影、餐饮娱乐等配套服务为辅。B区是汉汽厂区,共有建筑10余栋,可使用空间近6万平方米,其中层高为8~10米的标准厂房占可使用面积的50%以上,以高科技创意、影视广告拍摄等为主。[1] 经与园区管理部门负责人沟通获悉,截至2016年底,园区注册企业达100多家,实际办公企业84家,办公人员约4000人。园区发展规划也将继续向龟北路纵深推进,对二期原汉阳特种汽车制造厂、武汉市第二印染厂、武汉荣泽印染实业有限公司的366亩地以及三期原国棉一厂的202亩地进行开发,引进更多创意产业业态,形成更大范围的规模经济效应和集聚效应。

(一)武汉市典型文化创意产业集聚区生命周期阶段资源禀赋比较分析

1. 资源要素三级指标比较分析

由资源禀赋指标的统计数据来看,武汉创意天地文化创意产业集聚区在人才资源中"领军人才数量"和"人才学历层次"两个指标上的分值均较高,楚天181文化创意产业园和"汉阳造"文化创意产业园的分值依次递减,说明武汉创意天地文化创意产业集聚区的人才数量较多,质量也较高。另外,楚天181文化创意产业园在"人才引进频度"指标上的分值为-0.0255,说明园区几乎不引进创意人才,且人才有流出的迹象。

---

[1] 胡启:《在老工业遗址上书写文化创意产业新篇章——关于"汉阳造"文化创意产业集聚区的调研》,《学习月刊》2009年第8期。

从知识资源中的"园区内企业间知识交流频度"和"企业与园区外知识交流频度"两个指标看,三个集聚区在"园区内企业间知识交流频度"指标上的分值依次递增,而在"企业与园区外知识交流频度"指标上的分值则依次递减,说明武汉创意天地文化创意产业集聚区内企业与园区外企业的知识交流频繁,而园区内企业间的知识交流较少。相反,"汉阳造"文化创意产业园内企业之间的知识交流较为充分,但园区内企业与园区外企业的知识交流不够。此现象表明"汉阳造"文化创意产业园企业之间的组织网络关系出现了一定的固化,知识的流动区域仅限于园区内企业,极易形成创新思维惰性。

信息资源上,三个集聚区在"园区内企业间信息交流频度"指标上的分值较为接近,但在"企业与园区外信息交流频度"和"信息资源获得的有效度"两个指标上的分值依次递增。说明三个集聚区企业之间的信息交流频度相近,但武汉创意天地文化创意产业集聚区内企业与园区外企业的信息交流较少,且企业所获信息的效度不够;"汉阳造"文化创意产业园内企业与园区外企业的信息交流较为充分,且企业所获信息的质量较高。

资本资源上,"汉阳造"文化创意产业园的"企业现金流情况"优于另外两个集聚区,但从"企业融资难易度"上看,武汉创意天地文化创意产业集聚区的企业较其他两个集聚区来说更容易获得融资。

空间资源上,楚天181文化创意产业园在"企业办公空间舒适度"指标上的分值最高,为1.9324;"汉阳造"文化创意产业园的分值最低,为0.9862。三个集聚区在"办公区域租金水平"指标上的分值依次为0.8002、0.6019和0.4891,说明武汉创意天地文化创意产业集聚区的租金较低,而"汉阳造"文化创意产业园的租金较高(见表3)。

2. 资源禀赋二级指标比较分析

从三个集聚区资源禀赋的二级指标值上看,武汉创意天地文化创意产业集聚区在"人才资源"和"知识资源"两个指标上的分值高于另外两个集聚区,但在"信息资源"指标上的分值相对较低,说明该集聚区企业对人才

表3　资源禀赋指标的统计数据

指标		武汉创意天地文化创意产业集聚区	楚天181文化创意产业园	"汉阳造"文化创意产业园
三级指标	领军人才数量	0.8293	0.6900	0.1813
	人才学历层次	1.4207	1.2198	1.0727
	人才引进频度	0.4978	-0.0255	0.5409
	园区内企业间知识交流频度	1.0830	1.4630	1.5282
	企业与园区外知识交流频度	0.5559	0.4115	0.3869
	园区内企业间信息交流频度	0.9605	1.0362	0.8814
	企业与园区外信息交流频度	0.2384	0.3067	0.3341
	信息资源获得的有效度	0.6439	0.8607	1.0056
	企业现金流情况	1.5581	1.5548	2.0187
	企业融资难易度	0.4932	0.3407	0.2736
	企业办公空间舒适度	1.4774	1.9324	0.9862
	办公区域租金水平	0.8002	0.6019	0.4891
二级指标	人才资源	0.7688	0.5273	0.5022
	知识资源	1.1543	0.8199	0.8376
	信息资源	0.3168	0.3788	0.3818
	资本资源	0.7487	0.6919	0.8367
	空间资源	0.1695	0.1885	0.1098
一级指标	资源禀赋	0.7131	0.5885	0.6025

较为重视,但对信息资源的重视程度不够。楚天181文化创意产业园在"空间资源"指标上的分值较高,而在"资本资源"指标上的分值较低,说明该集聚区的企业办公空间较为宽敞,但企业的财务状况不太理想。"汉阳造"文化创意产业园在"信息资源"和"资本资源"两个指标上的分值最高,说明该集聚区较为重视信息资源的使用,且企业财务状况良好。另外,"汉阳造"文化创意产业园在"空间资源"指标上的分值仅为0.1098,与其他两个集聚区的分值差距较大,说明该集聚区的办公空间不够宽敞。

(二)武汉市典型文化创意产业集聚区生命周期阶段整体环境比较分析

1.整体环境三级指标比较分析

由整体环境三级指标的统计数据来看,"汉阳造"文化创意产业园在"自然环境"中"园区内自然环境"指标上的分值为0.4826,明显高于其他两个集聚区。楚天181文化创意产业园在"园区外自然环境"指标上的分值最高,为1.9134。

工程环境上,武汉创意天地文化创意产业集聚区在"园区内基础设施建设水平"指标上的分值为1.8499,明显高于楚天181文化创意产业园的1.2007和"汉阳造"文化创意产业园的1.0985。三个集聚区在"园区外交通体系建设水平"指标上的分值相差不大,楚天181文化创意产业园的分值略高,为0.5678,说明该集聚区的出行更为方便。

社会环境上,三个集聚区在"创作氛围"和"社会文化宽容度"两个指标上的分值相近。在"企业间信任度"指标上的分值依次递增,说明武汉创意天地文化创意产业集聚区企业间的信任程度低于另外两个集聚区,其中,"汉阳造"文化创意产业园的分值最高,为1.1800;楚天181文化创意产业园次之,为1.1184。楚天181文化创意产业园在"市场环境"指标上的分值为0.0710,与其他两个集聚区的分值0.4874和0.5142相比相差很大,说明目前该集聚区的市场环境不理想,非常不利于企业创意产品和服务的销售(见表4)。

表4 整体环境指标的统计数据

指标		武汉创意天地文化创意产业集聚区	楚天181文化创意产业园	"汉阳造"文化创意产业园
三级指标	园区内自然环境	0.1865	0.2068	0.4826
	园区外自然环境	1.5504	1.9134	1.7672
	园区内基础设施建设水平	1.8499	1.2007	1.0985
	园区外交通体系建设水平	0.3969	0.5678	0.3545
	创作氛围	0.4572	0.4197	0.4055
	企业间信任度	0.8056	1.1184	1.1800
	社会文化宽容度	0.2329	0.2691	0.1979
	市场环境	0.4874	0.0710	0.5142
二级指标	自然环境	0.1172	0.1566	0.1384
	工程环境	0.4473	0.3521	0.2893
	社会环境	1.6744	1.3774	1.6851
一级指标	整体环境	0.1426	0.1201	0.1346

2.整体环境二级指标比较分析

由整体环境二级指标的统计数据来看，三个集聚区各有优势。楚天181文化创意产业园的自然环境最优，武汉创意天地文化创意产业集聚区的工程环境最优，"汉阳造"文化创意产业园的社会环境最优。

（三）武汉市典型文化创意产业集聚区生命周期阶段制度设计比较分析

1.制度设计三级指标比较分析

由制度设计三级指标的统计数据来看，三个集聚区在园区制度中"激励制度"指标上的分值相差不大，在"管理制度"指标上的分值依次为0.2119、0.3102和0.4637，说明"汉阳造"文化创意产业园的管理制度较完善和成熟。

法律制度上，三个集聚区在"法律体系保障程度"指标上的分值较为接近。在"知识产权保护重视程度"指标上，武汉创意天地文化创意产业集聚区更重视知识产权的保护，分值为0.6930；而"汉阳造"文化创意产业园的重视程度相对较低，分值为0.2751；楚天181文化创意产业园的重视程度更低，分值为0.1028。

发展规划上，三个集聚区在"政府规划明确度"和"园区规划明确度"两个指标上的分值均依次递减，说明武汉创意天地文化创意产业集聚区在政府规划和园区规划上均有详细的发展规划要求，楚天181文化创意产业园和"汉阳造"文化创意产业园的园区规划和政府规划相对模糊（见表5）。

表5 制度设计指标的统计数据

	指标	武汉创意天地文化创意产业集聚区	楚天181文化创意产业园	"汉阳造"文化创意产业园
三级指标	激励制度	1.8821	1.6713	1.7953
	管理制度	0.2119	0.3102	0.4637
	法律体系保障程度	1.4961	1.3688	1.5407
	知识产权保护重视程度	0.6930	0.1028	0.2751
	政府规划明确度	0.7126	0.5292	0.4967
	园区规划明确度	1.6972	1.5141	1.2297

续表

指标		武汉创意天地文化创意产业集聚区	楚天181文化创意产业园	"汉阳造"文化创意产业园
二级指标	园区制度	1.3490	1.2765	1.4552
	法律制度	0.1865	0.1254	0.1547
	发展规划	0.6521	0.5529	0.4671
一级指标	制度设计	0.0798	0.0713	0.0758

2. 制度设计二级指标比较分析

"汉阳造"文化创意产业园在"园区制度"指标上的分值最高；武汉创意天地文化创意产业集聚区在"法律制度"和"发展规划"两个指标上的分值均为三个集聚区中最高，说明该集聚区更重视企业法律层面的保护工作和确定明确的发展规划。

（四）武汉市典型文化创意产业集聚区生命周期阶段主体机构比较分析

1. 主体机构三级指标比较分析

由主体机构三级指标的统计数据来看，三个集聚区在"创意企业"中"产业上下游企业数量"指标上的分值楚天181文化创意产业园最高，为1.6871；"汉阳造"文化创意产业园次之，分值为1.5780；武汉创意天地文化创意产业集聚区的分值最低，为1.1372。这说明楚天181文化创意产园内的企业间关联最紧密。在"行业领军企业数量"指标上，楚天181文化创意产业园的分值最高，为0.3714；另外两个集聚区的分值相对较低，分别为0.1882和0.1080。这说明楚天181文化创意产业园内已拥有数量较多的行业领军企业，"汉阳造"文化创意产业园内产业上下游企业数量虽相对较多，但未出现行业领军企业。

配套服务机构上，武汉创意天地文化创意产业集聚区在"人力资源服务水平""生产力中心服务水平""企业孵化服务水平""信息咨询服务水平"四个指标上的分值占有优势，楚天181文化创意产业园在"金融服务水平"指标上具有优势,"汉阳造"文化创意产业园则在"生活配套服务水平"指标上优势明显。三个集聚区在"法律咨询服务水平"指标上的分值均为负数,表明各园区的法律咨询配套服务机构严重不足。另外,楚天181文化创意产业园在"企业孵化服务水平"指标上的分值为负,说明企业孵化相关配套服务能力和水平很低。

园区管理部门上,在"园区管理服务水平"和"政府协调服务水平"两个指标上,"汉阳造"文化创意产业园的分值均最高,说明该园区相关管理部门的服务质量最好;武汉创意天地文化创意产业集聚区和楚天181文化创意产业园在相关指标上的分值则较低(见表6)。

表6　主体机构指标的统计数据

指标		武汉创意天地文化创意产业集聚区	楚天181文化创意产业园	"汉阳造"文化创意产业园
三级指标	产业上下游企业数量	1.1372	1.6871	1.5780
	行业领军企业数量	0.1882	0.3714	0.1080
	人力资源服务水平	0.3257	0.2131	0.2558
	生产力中心服务水平	0.4488	0.2128	0.2727
	企业孵化服务水平	0.3351	-0.0133	0.0631
	信息咨询服务水平	0.6087	0.3631	0.4166
	法律咨询服务水平	-0.1116	-0.3954	-0.0324
	金融服务水平	0.8597	1.1229	0.7952
	生活配套服务水平	0.2097	0.1314	0.6520
	园区管理服务水平	1.8280	1.9282	2.1770
	政府协调服务水平	0.1770	0.0969	0.3159
二级指标	创意企业	1.2568	1.3435	1.0351
	配套服务机构	0.7629	0.4660	0.6263
	园区管理部门	0.1249	0.1398	0.1417
一级指标	主体机构	0.2983	0.2712	0.2508

2. 主体机构二级指标比较分析

由主体机构二级指标的统计数据来看,三个集聚区各有优势。楚天181文化创意产业园在"创意企业"指标上的分值最高,武汉创意天地文化创意产业集聚区在"配套服务机构"指标上的分值最高,"汉阳造"文化创意产业园在"园区管理部门"指标上具有相对优势。

(五)武汉市典型文化创意产业集聚区生命周期阶段创新要素比较分析

1. 创新要素三级指标比较分析

由创新要素三级指标的统计数据来看,楚天 181 文化创意产业园在"竞争与合作"中"企业间合作程度"指标上的分值最高,说明园区内企业之间经常协同合作。"汉阳造"文化创意产业园在"竞争与合作"中"企业间竞争程度"指标上的分值低于其他两个集聚区,说明园区内企业间出现部分恶性竞争的情况。从"企业创新能力"指标可以看出,楚天 181 文化创意产业园和"汉阳造"文化创意产业园的分值接近,分别为 2.0794 和 2.0850,而武汉创意天地文化创意产业集聚区的分值较低,仅为 1.4816,说明武汉创意天地文化创意产业集聚区的企业创新能力有待提高(见表7)。

表7 创新要素指标的统计数据

	指标	武汉创意天地文化创意产业集聚区	楚天181文化创意产业园	"汉阳造"文化创意产业园
三级指标	企业间合作程度	0.1911	0.8578	0.4403
	企业间竞争程度	1.5975	1.5308	1.2102
	企业创新能力	1.4816	2.0794	2.0850
二级指标	竞争与合作	0.3577	0.4777	0.4401
	创意创新	1.1853	1.6635	1.6680
一级指标	创新要素	0.8254	1.1453	1.1437

2. 创新要素二级指标比较分析

由创新要素二级指标的统计数据来看,楚天 181 文化创意产业园和"汉阳造"文化创意产业园在"竞争与合作"和"创意创新"两个指标上的分值比较接近,说明这两个集聚区的企业创新能力较强,企业之间的合作关系紧密。而对于武汉创意天地文化创意产业集聚区来说,其在"竞争与合作"和"创意创新"两个指标上的分值均为最低,说明该集聚区的企业竞合关系和创新能力的提升空间很大。

从文化创意产业集聚区生命周期阶段评价指标体系一级指标的统计数据来看,在"资源禀赋"指标上,武汉创意天地文化创意产业集聚区的分值较高,为0.7131;楚天181文化创意产业园和"汉阳造"文化创意产业园的分值较为接近,分别为0.5885和0.6025。"整体环境"和"制度设计"两个指标对各集聚区生命周期阶段的影响较小,且三个集聚区的分值基本相同。在"主体机构"指标上,武汉创意天地文化创意产业集聚区的分值最高,楚天181文化创意产业园和"汉阳造"文化创意产业园的分值依次递减,相对于这两个集聚区而言,武汉创意天地文化创意产业集聚区的分值优势不是很明显。三个集聚区在"创新要素"指标上的分值相对较高,对文化创意产业集聚区生命周期阶段的影响较大。其中,武汉创意天地文化创意产业集聚区的分值为0.8254,在三个集聚区中分值最低;楚天181文化创意产业园和"汉阳造"文化创意产业园的分值十分接近,分别为1.1453和1.1437,反映出这两个集聚区的创新能力基本相同,且强于武汉创意天地文化创意产业集聚区(见图6)。

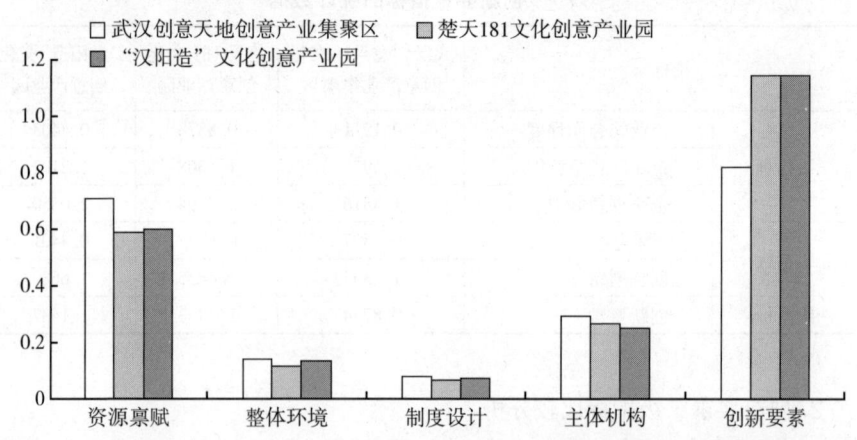

图6 武汉市典型文化创意产业集聚区生命周期阶段评价指标体系一级指标统计数据

最后计算结果如下,武汉创意天地文化创意产业集聚区的生命周期阶段指数为2.0592,楚天181文化创意产业园的生命周期阶段指数为2.1965,

"汉阳造"文化创意产业园的生命周期阶段指数为 2.2074。将该数据与现实情况相结合，大致判断如下：武汉创意天地文化创意产业集聚区处于生命周期的形成阶段，楚天 181 文化创意产业园处于生命周期的成长阶段，"汉阳造"文化创意产业园处于生命周期的成熟阶段。

六 主要结论与政策建议

（一）主要结论

1. 文化创意产业集聚区的核心要素包括主体、资源、环境和制度

在梳理产业集聚基本理论的基础上，提炼出文化创意产业集聚区的核心要素。主体是开展创意活动的主观能动基本单元；资源是一切创意活动开展的基础；环境是创意活动开展的支撑要素；制度是维系和促进创意活动持续开展的有力保障。这些要素相互关联、相互影响，缺一不可，是构建文化创意产业集聚区动态耦合网络体系和维持文化创意产业集聚区发展演进的重要力量。

2. 武汉市典型文化创意产业集聚区处于生命周期阶段不同

武汉创意天地文化创意产业集聚区因开园不久，企业入驻数量不多且以独立发展为主，表明该集聚区仍处于生命周期的形成阶段。楚天 181 文化创意产业园经过一期改造和二期建设，服务平台正在搭建，创意企业互动频繁，集聚效应凸显，目前处于生命周期的成长阶段。"汉阳造"文化创意产业园被政府识别前，是由艺术家自发组织形成的艺术区，此阶段是园区的形成阶段；民营企业接手后，按照政府规划要求对园区基础设施进行改造，通过合同招商的方式吸引企业入驻，此阶段是园区的成长阶段；随着园区创意主体网络组织的建立以及配套服务平台的完善，"汉阳造"文化创意产业园进入成熟阶段。

（二）政策建议

对处于不同生命周期阶段的文化创意产业集聚区，本报告提出以下针对性的发展对策。

1. 武汉创意天地文化创意产业集聚区发展对策建议

（1）政府政策支持，提高办事效率。地方政府部门应出台更多有利于武汉创意天地文化创意产业集聚区的招商引资政策，支持园区引进国内一流标杆企业，发挥企业引领带动作用。政府要加大对武汉创意天地文化创意产业集聚区企业的扶持力度，在税收减免、房租补贴、人才奖励上增加财政拨款，减少不必要的行政收费环节。提高当地政府办事效率，增强服务意识，转变思想观念，积极发挥主观能动作用，切实为本地区创意产业发展做好服务工作。

（2）产学研相结合，完善产业链。搭建艺术家及企业聚合平台，助力企业成长。武汉创意天地文化创意产业集聚区应注重产业、高校、科研院所的有机整合，形成更为紧密的合作关系，实现技术和市场信息的广泛交流，提高企业合作度和创新能力。以完善创意产业链和优化资源配置为出发点，对引进企业进行严格筛选，注重园区企业间的科学聚合，延长上下游产业链，较早发挥规模经济效应并形成产业集群。

（3）加大宣传力度，提升园区品牌。增加演艺类功能区域，开展贴近市民生活的大型演艺活动和接受度高的文化活动。通过网络、报纸等媒体对武汉创意天地文化创意产业集聚区进行宣传，改版园区网站，出版园区刊物，达到全方位立体宣传的效果。充分利用光谷联合旗下产业园区资源，积极促进武汉创意天地文化创意产业集聚区与其他产业园之间的圈层互动。

（4）加强企业知识交流，扩大信息交流范围。武汉创意天地文化创意产业集聚区投资运营管理部门及行业协会应积极开展各类主题交流和讨论活动，为企业提供相互交流的平台。在园区设立酒吧、咖啡屋、茶馆等休闲娱乐场所，为不同企业的创意工作者提供非正式的学习交流平台。建议运营管理部门组织园区企业到发展较好的地区参观学习。同时，邀请行业领军企业前来交流，以论坛、讲座、产品互动的形式提高园区企业信息资源获取的效度。充分发挥活动举办方的桥梁作用，为企业牵线搭桥并提供后续跟踪服务。

（5）加强企业之间的合作，提高企业创新能力。充分发挥园区企业优势，在优势互补的基础上，积极寻找同行业企业进行合作，增强企业互信度，从生产工艺到产品销售环节形成全产业链深度合作。建立完善的创新体系，整合各界资源，提高企业自主创新能力。园区对企业技术创新的支持力度应加大，不断提升技术创新服务平台的使用效率，协助企业解决管理问题，实现创新管理，提升企业核心竞争力。

2. 楚天181文化创意产业园发展对策建议

（1）提高园区管理水平，增加营业收入。运营管理公司应节能降耗，引进智能园区管理系统，提高管理水平，实行精细化管理。加大费用收取力度，关注园区企业经营情况，防止出现退租、断租现象。提高入驻企业租金，并以合约形式逐年递增。积极引进来自外部的优秀创客项目，尝试采取场地租金和风投资金入股的形式，探索新的盈利模式。

（2）突出园区主导产业，引进配套服务企业。逐步淘汰现有园区中的其他类企业，尤其是一些传统的非文化企业，进一步提高文化创意企业的比例。围绕文化传媒企业的核心优势，优先引进网络媒体、数字图书报刊、数字游乐、微电影、动漫、知名自媒体等新媒体企业或个人工作室，凸显文化创意产业园区的规模特色。逐步引进企业咨询、律师事务所、会计师事务所、人力资源公司等服务机构，完善园区要素主体，形成良性循环发展。继续加大对入驻企业的扶持和服务力度，建立完备的"企业孵化平台、交流合作平台、人才培训平台、展示交易平台、金融对接平台"五大服务平台，尽快把园区做大做强。

（3）推动企业深度交流，促进产业融合发展。企业在做好主营业务的同时，积极与园区外行业伙伴进行交流，借鉴成功经验，学习成功模式。鼓励园区内企业之间交流合作和深度融合。媒体类企业应选择新媒体和纸质媒体融合发展，转型需循序渐进。

（4）增设娱乐设施，扩大园区影响力。增加园区娱乐休闲场所，布置园区小景点。发挥餐饮服务企业游客集聚优势，积极引流，实现餐饮与园区参观相结合，形成一条龙服务。注重对外宣传，积极利用互联网平台，通过网站、手机自媒体等功能对园区动态进行宣传报道。设定园区开放日，组织相关单位来园区参观采访。

（5）提高秀场利用率，开展自营业务。通过各种营销手段，联合集团各部门和媒体，加强对秀场的宣传推介。与中介机构开展广泛合作，利用不同渠道积极推广，扩大影响力。充分利用湖北日报传媒集团及其子公司的资源优势，自主开展经营活动。

（6）加大政府扶持力度，协调园区发展。政府部门应对"武汉国际文化创意产业城"项目给予大力支持，严格按照规划明确土地用途。土地管理部门应对城区"三旧"改造项目进行综合考虑，一部分留作发展文化创意产业使用，一部分用作居民还建和商业开发。政府部门应制定相关政策，对入驻的优秀企业和创意人才进行奖励和补贴。

（7）引进创意人才，调整市场需求。依托武汉市高校及专业培训机构，加强高素质创意人才培养，积极引进一批海内外优秀创意人才。推动高校与园区企业合作培训专门人才，支持相关高校联合创意企业，建立若干创意产业人才培养基地或实训基地，为相关企业输送相应的专门人才。在楚天181文化创意产业园设立产品展示和销售中心，实施园区创意产品"走出去"战略。园区企业应充分挖掘国际高端市场，在新媒体、建筑设计、平面设计、动漫设计等领域开发一批面向高端客户的创意精品。

3．"汉阳造"文化创意产业园发展对策建议

（1）组建数字化市场，实现线上交易。利用现有云计算技术发展物联网、数字商务技术，创建相关内容产品的物联网，实现官、产、学、研、投、贸等多产业链的数字化高端整合，逐步形成文化创意产业集聚区的高级形态，打造无界域国际化的虚拟创意集聚区。

（2）改善基础设施条件，营造良好环境。尽早将龟北路改造为双行通道，加大园区道路交通基础建设，在824厂及汉汽厂相邻处打通断头路，形成循环通路。缓解周边交通压力，结合实际情况梳理道路等级，畅通道路结构。对园区网络进行改造，引入光纤光缆，提高互联网基础设施承载强度。增加绿地广场及其他特色街景，融入"汉阳造"自身历史，形成崭新的城市空间形象，创造良好的环境效益。

（3）转变政府管理职能，充分发挥市场作用。政府部门应从微观管理向"政府搭台、市场主导"上逐渐让渡。给予市场更大的空间，给予运营商更大的权力，让"汉阳造"文化创意产业集聚区按照事物发展规律成长，政府仅需在园区出现市场失灵的紧急情况下进行干预和危机处理。

（4）发掘园区旅游价值，提升园区知名度。保留园区工业设备，增设园区小景点，成立旅游接待中心，与各省份旅游部门联手，将园区纳入旅游营销体系，组织游客到园区参观旅游。拉动区域文化旅游产业发展，弘扬传统工业文化，提高经济效益。举办各类产业相关峰会，组织游园活动，提高公众参与度，带动周边区域人气。增加媒体采访量，吸引更多新闻媒体机构参与报道，提高园区知名度。加大创意衍生品的开发力度，设计具有园区代表性的特色纪念品或代言品，丰富园区旅游产品。

（5）加强合作交流，提高经济效益。建立各类艺术市场机制，接纳不同档次创意阶层进驻园区。引进和培育艺术职业经理人，促进创意阶层互动，尽快实现创意作品与市场结合、创意产品转化为货币资本。在园区搭建企业联合平台，集合园区内企业资源，相互帮助、互通信息，建设创意生态系统。充分发挥每一位艺术工作者的聪明才智，挖掘创意市场潜力，实现经济效益最大化。

（6）提高空间利用率，降低租金水平。逐步调整园区产业布局，做到动静结合，使其分布更为合理、有序。加大闲置空间的改造力度，劝退非正常办公企业，发掘其他可利用空间，提高园区整体空间利用率。改变园区管理部门的物业模式，允许通过股权投资、共同参股、共同经营等新模式改变原有的简单租赁模式。

案例分析

Case Studies

B.17 武汉《知音号》文旅创新演出产品发展新模式研究

宓天姝[*]

摘 要: "十三五"时期，随着长江主轴城市战略的不断推进，复兴大武汉的目标更加明确。文旅创新演出产品《知音号》应运而生，对塑造武汉城市形象、拉动经济增长具有重要意义。武汉文化演出开发起步较晚，集体"声量"不足，在"互联网+智慧旅游"新时代下，对武汉旅游演艺产品的发展提出了新的要求。本报告针对目前武汉旅游演艺产品的发展现状，以《知音号》文创项目为案例进行分析，通过梳理项目缘起、发展模式以及进行项目对比等，探索其成功经验和未来发展方向，为武汉传统旅游演艺产品转型升

---

[*] 宓天姝，华中师范大学国家文化产业研究中心硕士研究生，研究方向：文化资源与文化产业。

级提供借鉴。

关键词： 《知音号》 文旅创新演出产品 知音文化 新模式

供给侧结构性改革背景下，旅游产业的不断升级以及旅游需求的多元化，对旅游演艺产品的创意创新提出了更高的要求。目前，武汉旅游演艺产品开发类型主要分为三类：一是以杂技、汉剧、楚剧、湖北大鼓、评书等为表演内容的剧场依托型旅游演艺产品，如武汉第一台大型杂技旅游剧《梦幻九歌》；二是以武汉著名旅游景区为依托的景区复合型演艺产品，如省博物馆的楚编钟表演；三是以万达汉秀剧场为代表的以创意舞台科技为支撑的顶级舞台秀。针对目前武汉旅游演艺产品的发展现状，本报告归纳出武汉旅游演艺产品主要存在以下几个问题：一是旅游演艺产品规模较小，尚未形成品牌和强大的影响力；二是旅游演艺产品多为景区的依附产品，只是一般的娱乐表演项目；三是旅游演艺产品的开发对本土特色文化的挖掘不够深入。如何将本地特色文化资源"活化"和产品化，提升游客体验感，成为武汉演艺产品转型的新课题。本报告以长江首部漂移式多维体验剧《知音号》为例，探索其创新模式，以期为武汉传统旅游演艺产品的转型升级提供借鉴。

一 《知音号》项目缘起

（一）战略背景

经济新常态下，我国旅游业迎来了消费大众化、需求品质化、竞争国际化、发展全域化的转型升级的新时期。2016年12月，国务院印发《"十三五"旅游业发展规划》（以下简称《规划》），明确提出要牢固树立和贯彻落实创新、协调、绿色、开放、共享的发展理念，以转型升级、提质增效为主题，以推动全域旅游发展为主线，加快推进供给侧结构性改革，努力建成全面小康型旅游大国,将旅游业培育成经济转型升级的重要推动力、生态文明建设的重要引领产业、展示国家综合实力的重要载体、打赢脱贫攻坚战的重要生力军,为实现中华民族伟大复兴的中国梦做出重要贡献。《规划》还提到,要大力发展海洋及滨水旅游,支持长江流域等有条件的江河、湖泊有序发展内河邮轮旅游,并制订邮轮游艇旅游发展计划。实施"旅游+"战略,扶植旅游与文化创意产品的开发,发展文化演艺旅游,推动旅游实景演出发展,促进业态转型升级。①《知音号》项目构思与国家战略完美契合。

"十三五"期间,武汉多重战略机遇叠加。武汉市第十三次党代会报告中提到,规划建设长江新城,优化武汉长江主轴,重点围绕主城区长江段,集中展示长江文化、生态特色、发展成就和城市文明,打造世界级城市中轴文明景观带。长江主轴,集"五轴"于一体,即交通轴、发展轴、文化轴、生态轴和景观轴,集中发展高端服务业,包括商业、金融、信息、咨询、文化创意、旅游等,是武汉现代化建设之大集成,是"现代化"大武汉的体现。②

武汉作为长江中游旅游城市群的龙头,依托长江黄金水道,发挥立体交通网络优势,向文旅融合发力,旨在打造连接东西、贯通南北的文化轴旅游。根据武汉江城资源特点打造文化轴,通过《知音号》等文化演艺项目、7~16渡江公园等主题文化景观、江滩系列文化艺术雕塑、文化节庆等活动,打造延续历史脉络、引领时代精神的文明之轴。通过长江文化轴梳理周边历史文化脉络,串联现代文化元素与沿线老汉口、汉正街、武昌古城、汉阳旧城等文化片区,以及长江文明馆等公共文化设施,形成世界级城市滨水文化旅游目的地。③《知音号》成为长江文化主轴的重点建设项目。

---

① 《国务院关于印发"十三五"旅游业发展规划的通知》,国家旅游局网站,2016年12月26日,http://www.cnta.gov.cn/zwgk/lygh/201612/t20161226_810476.shtml。
② 陈一新:《在中国共产党武汉市第十三次代表大会上的报告》,武汉文明网,2017年2月3日,http://hbwh.wenming.cn/tt/201702/t20170203_3081146.html。
③ 王玉涛:《武汉长江主轴概念规划今起征集意见》,长江网,2017年5月4日,http://www.cjn.cn/zhengshi/201705/t3004834.htm。

（二）发展历程

长江、汉江交汇，形成了独特的两江四岸景观。两江四岸是武汉市特有的自然景观资源，为将武汉打造成滨水文化名城，2008 年武汉市政府开展了"武汉两江四岸滨水区域城市设计公众意见调查"，向市民征求对滨水区域建筑、环境景观、旅游和交通组织等的建议。2014 年 5 月，武汉两江四岸旅游方案面向全球设计机构征集"金点子"，《江城两江四岸旅游总体策划》编制工作提上武汉市政府的工作日程。2014 年 6 月，为丰富和填补武汉两江四岸演艺产品的空白，实现两江四岸旅游功能的提升，经时任市长唐良智召集，由武汉市旅游发展投资集团和市公交集团与国内知名导演樊跃共同商议，在武汉打造高品质、浓缩城市文化灵魂的"长江第一实景演艺秀"项目。

为推进该项目尽快落地，刘英姿副市长亲自带队专程赴北京樊跃工作室进行实地考察。在市两江办的指导和支持下，武汉朝宗文化旅游有限公司与樊跃导演团队进行了多次会商，并先后考察了由樊跃、张艺谋、王潮歌导演执导的《印象·刘三姐》《印象·西湖》《印象·普陀山》《又见平遥》等国内知名大型实景演艺项目。根据对目前国内知名旅游演艺项目的考察，团队对《知音号》实景演艺项目有了更加清晰的定位。经市政府及市两江办见证，2014 年 12 月 24 日，武汉朝宗文化旅游有限公司与观印象艺术发展有限公司签署合作协议，并组建专班负责项目的筹建工作。原常务副市长贾耀斌、副市长刘英姿多次听取项目进展情况汇报，并对码头船舶建设及艺术创作给予指导。2015 年 12 月 26 日，万勇市长听取武汉市旅游发展投资集团专题汇报并给予指导意见。

在市委、市政府的大力支持下，经过两年的筹划与准备，《知音号》项目于 2017 年 4 月 26 日开演，5 月 20 日全球公演，市场反响强烈，取得了连续 3 个月场均上座率 100% 的火爆成绩。官网、线上线下等各类渠道准点售卖通告下发后，屡次出现分钟秒杀、一票难求的现象。随着各类营销推广战略的开展、名人事件营销策略的施行以及大型活动策划和立体化多方资源的整合，目前海内外市场对《知音号》旅游演艺产品赞不绝口，《知音号》受到海外媒体的主动关注。《知音号》已经成为除黄鹤楼外的又一"城市现象级"文旅产品，开启了武汉夜游市场。

二 《知音号》发展模式

（一）理念创新：挖掘武汉文化精髓

文化是旅游的灵魂，文化的内涵魅力与吸引力是旅游的核心竞争力。武汉傍水而生，长江是武汉的灵魂与精神母体，是一座凝聚江河记忆的城市，水和船是武汉人民最初的成长记忆。流传千年的知音文化是武汉历史中的重要元素，深深铭刻于城市肌体之上，并且成为全人类共同的"精神瑰宝"。日本、法国、德国、韩国等都有古琴台，都流传着知音的动人故事。寻觅知音，珍视情谊，是全世界人民的共同愿望。因此，《知音号》项目以武汉的长江文化和码头文化为切入点，凝练知音文化"知己、知意、知心"的核心内涵，将具有世界文化共鸣及武汉本土文化经典特征的知音文化作为项目的灵魂，串联现代文化与传统文化元素，创造了知音文化新的载体——文化社交新空间，构建基于城市记忆的城市公共文化空间，发展滨水文化旅游。《知音号》所搭载的知音文化不再是过去的狭义化、故事化、符号化，而是中国传统文化内涵的国际表达，是"互联网＋创新时代"的文化新精神。它更加精准地浓缩了武汉文化的脉络精髓，符合全球化时代气息，凸显了武汉大城崛起效应。

（二）主体创新：唤醒武汉市民文化记忆

武汉作为中国中部地区的中心城市，在城市气质、文化及对外输出上，迫切需要打造独特的城市文化名片。"大武汉"作为"中部崛起"的中流砥柱，如何将地方文化资源与现代都市文化融合，为城市主体创造新的公共文化空间，成为旅游演艺的创新点。

《知音号》将人们心中对知音文化的追溯打造成一座漂移的城市记忆博

物馆，唤醒人们对武汉的记忆，又形成独特的城市文化精气神。旅客登上"知音号"轮船，置身于20世纪20~30年代的老汉口，有穿梭卖报的报童、吆喝哈德门香烟的小贩、提皮箱戴礼帽的绅士、穿旗袍的淑女……展现出老武汉一幕幕生动的场景，再现了老武汉的繁盛，建立起地方文化记忆在几代人之间的对话。《知音号》的城市记忆博物馆，展出了来自民间的武汉老物件、老故事，将"文化+"从水面向地面延伸，在新旧文化的碰撞中构筑武汉人民共同的记忆，潜移默化地注入青年一代的生活中。《知音号》不再是一场简单的文艺展演，而是一场基于武汉城市复兴梦想的文化行动。

（三）产品创新：策划全时空知音产品

《知音号》项目不仅仅是实景演艺，它依托设置了20世纪20~30年代风格的水塔、吊车和绞盘的蒸汽趸船这一物质载体，挖掘老武汉文化，开发文创衍生品，更加完整、细腻地表达了主题文化的精髓，既可以实现盈利又能促进实景演出的二次或多次传播。围绕知音、长江、码头等老汉口系列文化，以文化社交新空间为产品定位，突出时代性、趣味性和全域性特点，利用《知音号》自身的硬件及双IP优势，开发除正剧《知音号》之外的十二大板块产品，包含长江主轴系列产品——白天参观体验、大武汉戏码头、儿童Q版剧、知音婚典、长江盛会等。通过有效利用《知音号》的时间和空间，让游客全方位地感受《知音号》的配套产品特色及服务，拓展文化演艺演出产业链条，丰富盈利模式，提升产品收益（见表1）。

表1 全时空知音产品项目分类

序号	产品名称	序号	产品名称
1	"老汉口记忆"活态体验场（长江阳台观光休闲）	6	Q版剧场及戏剧教育
2	文创产品	7	衍生品及产业
3	品牌活动新潮地（主题活动）	8	《知音号》报纸文创
4	婚庆活动	9	儿童餐厅
5	新民众乐园（大武汉戏码头）	10	其他

（四）人才培养：多角度培养艺术人才

国内实景旅游演艺项目起步较晚，缺乏复合型艺术人才。《知音号》项目的发展离不开人才的培养，为此，配套成立的江汉朝宗艺术团采取国际先进的演艺管理模式，建立了完善的演员培养体系，旨在培养具备多方面能力的专业演艺人才。在培养具有良好艺术修养和精湛表演能力的演艺人才的同时，艺术团也为他们提供展示艺术才华的舞台，并组织开展系列文化艺术交流和展演活动。同时，艺术团与高校合作，为广大武汉艺术类高校学生提供了广阔的就业平台和机遇。此外，艺术团有效利用现有的资源，开发儿童戏剧教育及艺考培训等系列产品，多角度培养艺术人才，让广大儿童从小接受正规、专业、优质的艺术教育，为武汉市乃至全国培养优秀的艺术人才，储备艺术力量。

（五）消费市场：知音文化引爆经济消费

《知音号》产品独特的文化资源、体验形式及配套产品等一经推出，便有效地提升了武汉本地旅游产品口碑，让更多的游客对武汉有了新的体验，提高了产品效益。《知音号》项目与市场需求相匹配的价值主张、独特的产品体验形式以及礼遇般的"有温度"的服务让省外游客数量猛增，有效地促进了武汉本土旅游产品口碑的扩散及城市形象的展现。公演3个月时间，共接待游客近5万人，场均520人，上座率均达到100%。据市场调查统计，21~50岁群体占《知音号》客户群体的比重为88%，这一群体也是目前市场消费的主力群体及新媒体信息时代的传播群体，其中女性占58%。在2017年6月举办的第九届华中旅游博览会暨第二届长江旅游博览会上，武汉《知音号》作为长江旅游新产品向全球推介，来自20个国家和地区的旅游行业代表以及全国百强旅行社负责人现场体验了"知音号"轮船的魅力，并初步达成签约意向。经过渠道商推荐，目前《知音号》已经辐射全国15个省份，对国内外游客的影响力进一步提高。

"知音号"轮船特色场地处于武汉核心区域，凭借武汉的城市号召力，开演至今承接了各类高端企业客户包场活动。一方面,整合了高端客户资源,有利于双方全面开展推广合作;另一方面,增加了产品收益,提升了产品口碑,有利于促进武汉提升文化消费水平和展示城市形象。2017年10月,中央电视台财经频道《完美婚礼》节目在"知音号"轮船上拍摄制作的第一期节目播出后,吸引了武汉市民前来"知音号"轮船举办婚礼,由此带动了武汉婚庆交友产业的发展,刺激并拉动了产品的二次消费(见表2)。

表2 2017年"知音号"轮船承接的大型活动分类

活动主题	活动名称
开幕仪式	《知音号》全球公演式
	国际旅游节开幕仪式
	知名地产企业新品启幕盛典
	WTA开票仪式
	中国旅游日武汉旅游惠民活动仪式
商务会议	上市医药集团VIP客户联谊会
	航空公司客户答谢会
	银行包场活动
	保险公司包场活动
推介会议	知名地产专场推介会
	荆楚风·长江情湖北旅游推介会
婚庆活动	婚礼举办

注:承接会务活动统计时间截至2017年9月。
资料来源:武汉朝宗文化旅游有限公司内部资料。

(六)营销管理:品质化与知音礼遇服务

在营销方面,《知音号》采取邻里化的营销推广方式。为打造接地气的文旅项目,策划了一系列本土活动。首先,建立本地市民与《知音号》的联系,开展面向武汉市民的老照片、老物件、老字号、与武汉的知音故事等征集活动,极大地拉近了《知音号》与市民的距离,形成了亲切的、邻里化的品牌形象。其次,采取全民营销管理模式,联动武汉本地各大商场、售票点的一线市民,将其作为推广口径和载体,实现了"人人都是武汉城市名片代言人"。最后,"知音号"轮船还将作为移动的城市名片,开赴重庆、上海、南京等地进行巡演,有效加深邻里化关系,扩大营销辐射半径。

在服务标准上,采取品质化"温度+"知音礼遇服务。当前实景演艺市场上还没有形成完善的服务标准体系,服务标准参差不齐。与知音文化主题相适应的更加舒适化、更加人性化、更加标准化的服务的建立,不仅能提高观众黏性和口碑效应,而且容易实现项目的二次传播和二次消费。努力打造一套"有温度"的超五星级服务标准,整合吃、住、行、游、购、娱等一条龙服务,打造"知音礼遇"城市形象品牌。观众在观演《知音号》的同时,还可入住与"知音号"轮船风格匹配的特色酒店套房,吃地道的汉味美食,享受贴身细致的VIP服务。"要让即便第一次来武汉的外地游客,也有被亲朋好友接待的感觉,在这座城市处处都能遇'知音'。"①《知音号》不仅代表了武汉特色,而且承载着展现武汉城市形象的功能,秉承"服务+产品+文化"的立体式高标准运营理念,不断提升演出和服务品质,有利于提升游客的体验感,让游客感受"有温度"的服务。

(七)运营模式:全方位与网格化管理体系

在管理运营方面,做到360度全方位管理,围绕演出,强化安全、秩序、标准、质量、服务五个操作体系,建立科学管理系统。打造"120分、360度"满意体系和"360度"管理评价体系,保持"零事故、零投诉、零容忍、零负面"的管理体系,创建高于行业的"知音礼遇"服务标准。争取实现服务零差评,并实施黏性服务、邻里化知音式服务体验,树立国内文化演艺管理服务的标杆。

为确保管理目标的实现,要提升公司内部管理质量及效率,推动《知

---

① 匡志达、江朝:《〈知音号〉为何如此火爆?为你解开惊艳表现背后的成功密码》,《武汉晚报》2017年8月29日。

音号》项目的各项目标体系确立，积极转变管理模式。以事件为管理内容，以处置部门为责任人，运用数字化、信息化手段，将过去被动应对问题的管理模式转变为主动发现问题和解决问题；对部门进行指标化管理，用行业最高标准严格服务和管理，落实无缝隙的四级监督制度，即员工自查、主管部门巡查、质监部门检查、总经理审查。实现区域全覆盖，每天有通报，每周有总结，每月有大通报。构建网格化管理体系，做到时间网格化、区域网格化。通过建立信息收集制度，构建灵活的问题发现、反映、处理、纠正体系。

三 《知音号》运作的成功经验

《知音号》自公演以来场场爆满，一票难求，成为武汉市文化消费的潮地，归纳总结《知音号》发展的成功经验，以期在今后行业发展及运作模式等方面有所借鉴。

（一）顶级策划，挖掘本土文化资源

旅游演艺产品的开发必须立足本地IP文化资源，通过整合挖掘文化资源进行创意开发，才能形成独具地域特色的文化创意产品。《知音号》总导演樊跃集合国内顶尖的文学、戏剧、音乐、舞美等创作团队，其创意设计思想为：将轮船作为主剧场，将武汉两江四岸及历史文化街区作为大背景，打造一台集体验、观光、休闲于一体，具有独特性、创新性、时尚性的"漂移式多维体验剧"。项目团队顶级策划，挖掘知音文化资源，打造沉浸式、体验式旅游演艺产品。《知音号》的表演载体是一艘同名的真实轮船，它以20世纪初民生轮船公司的"江华轮"为原型，船体长度达120米，无论是船体外观、内部装修，还是船内演员服装、道具以及码头，都完整地再现了20世纪的风貌。《知音号》还有自己专属的复古码头，展现武汉的码头文化。在表演创意上，导演采取穿越时空的方法，围绕知音文化主题，以20世纪初大汉口码头工人的故事为主线，把具有鲜明时代特征的码头和轮船作

为主剧场,从"知音号"码头露天部分拉开序幕,为游客设置了鲜活的老码头实景体验区,让游客身临其境,提升游客的体验感。《知音号》将征集到的老武汉"知音故事"以独特的舞台手段呈现给游客,使其产生了深厚的文化体验感。《知音号》打动了人心,赢得了市场,旅游演艺产品的开发可从中获得启发。

(二)智慧旅游,"文化+服务"双IP战略

武汉是首批"国家智慧旅游试点城市",《知音号》依附政府平台,搭建智慧旅游平台,注重旅游体验、旅游管理、旅游服务和旅游营销。基于武汉外地游客对知音文化旅游体验感的考虑,《知音号》借助"主客共享"的知音理念,整合互联网及传统媒体,打造了全国独有的"一剧多版"模式。同时,还设计了基于互联网概念的"云端剧场",以及青少年戏剧实验剧场——Q版《知音号》等。

此外,《知音号》实施全国独有的"文化+服务"双IP战略,以《知音号》项目为引爆点,扩大文化辐射范围,增强项目本身所代表的城市文化驱动力,在新时代开创全新的商业模式,"短平快"与"高大上"齐头并进文化演艺市场。另外,"服务IP"的最大亮点就是设计"知音礼遇"配套服务,主要围绕吃、住、行、游、购、娱等旅游要素来开展。通过"知音礼遇"微信公众服务平台,为游客提供旅游体验路线、出行攻略、订购景区联票等服务。以高标准、细致化、人性化的"有温度"的服务理念贯彻施行,让一个从未来过武汉的游客,通过线下服务、线上平台等感受到如知音老友般的接待服务。当前我国旅游演艺服务标准参差不齐,《知音号》首创"知音礼遇"服务,为旅游演艺产品的开发提供了经验借鉴。

(三)立足本土,全球化思维立体化宣传

在旅游营销方面,《知音号》围绕"立足本土、紧贴市场、地方推广、全球扩散、融媒体并进"的全球化、立体化宣传思路进行项目推广宣传。《知音号》系长江主轴文化亮点项目,以"长江文化""知音文化"为品牌

灵魂，在宣传策略上，《知音号》立足本土，以武汉为中心，同时辐射海内外，全方位推广这一武汉文化新地标。

首先，立足本土。《知音号》与本地媒体合作多项活动，树立品牌形象。如通过"寻找城市记忆"活动，征集近千件老物件，在船舱四层打造"城市记忆博物馆"；在"寻找城市故事"活动中，征集近600个与武汉有关的城市故事，成功树立"邻里化、温暖"的品牌形象；通过华博会、武网开幕仪式、渡江节等活动，借势完成《知音号》的宣传。

其次，全国宣传。中央电视台、新华社、中新社、旅游卫视、《中国文化报》、《中国旅游报》、《新京报》、《南方都市报》等国内主流媒体，多次从不同角度报道《知音号》，其中央视新闻频道更是在《改革在哪里》节目中将《知音号》评价为"既传统又现代的中国范儿"，将《知音号》的影响力渗透到全国。

最后，国际宣传。《知音号》登陆美国纽约时代广场大屏，亮相新加坡、泰国等境外媒体，香港大公网、台湾《中国时报》等主流媒体纷纷报道《知音号》。在《人民日报》海外版、《中国日报》、新华社推特号等境内媒体海外平台上，《知音号》也频繁被报道。此外，除了媒体直接报道，《知音号》还积极接待文化名人、各高校艺术学院领导、央视导演、外国领事等，赢得了专业人士的口碑。通过举办一系列大型活动，依托省、市旅委加强国内及国际宣传，借助央视、重大展会等，采取城际互动模式推广《知音号》项目，做强《知音号》主IP。2017年"知音号"轮船接待各类体验观演活动情况见表3。

表3 2017年"知音号"轮船接待各类体验观演活动

活动类别	活动名称
武汉本土观演	"寻找城市记忆"活动投稿人观演
	团市委五四青年奖章代表体验
知名企业观演	外资银行考察团观演
	上海文广集团观演
	全球著名视觉效果公司"新西兰维塔工作室"观演

续表

活动类别	活动名称
国内媒体观演	全国报媒地方媒体高层交流观演
	中新社海外媒体团观演
	中央电视台纪录片频道及国际频道团队观演
	凤凰卫视观演
	微信大号媒体探营
	安徽媒体团观演
	腾讯全国十三网观演
文化名人观演	《知音号》全球公演式马云团队接待考察
	武汉籍著名作家池莉观演
	武汉籍明星观演
	超写实油画领军人物冷军观演
	武汉著名主持人观演
	央视春晚导演吕逸涛观演
	陆鸣团队系列观演
外国领事观演	联合国副秘书长观演
	美国驻汉领事代表观演
	法国驻汉领事代表观演
	坦桑尼亚驻华大使及公使观演

注：接待体验观演活动统计时间截至 2017 年 9 月。
资料来源：武汉朝宗文化旅游有限公司内部资料。

四 未来发展展望

（一）打造具有国际水准的中国演艺产品

樊跃团队具有强大的品牌号召力和市场竞争力，《知音号》项目的引入，将有效解决武汉两江四岸文旅产品单一的问题，形成武汉邮轮旅游新亮点，推动江汉朝宗景区一跃成为国内一线文化旅游品牌，并迅速进入国际旅游市场。同时，以知音文化为灵魂，《知音号》演艺项目在武汉众多的文化流源中找到了兼具"本土基因"与"全球语境"的典型文化，将改变海内外游客对武汉旅游形象的模糊认识，形成新认识、新定义和新体验，对树立武汉文化新形象具有整体拉动作用。《知音号》意在将武汉本土文化转化为世界演艺文化，将舞台秀转化为城市秀，培育改善城市文化根基，实现"引领文化方向、丰富功能体验、服务教育大众"三大目标。作为印象系列的升级版，《知音号》填补了武汉无大型本土文化演艺产品的空白，采取全球独一无二的演艺形式，成为影响国内外的文化演艺标杆。

此外，《知音号》还是流动的城市文化载体，演艺船可开赴长江沿线城市巡演，推广武汉城市形象和知音文化，对提升武汉城市国际旅游文化形象、推动武汉旅游产业迈上新台阶具有极其重要的意义。未来《知音号》将成为武汉文化复兴的旗舰、城市知音文化发展的引擎、武汉文化社交新空间的样板。

（二）集团化发展目标

秉承"铸造城市旅游文化灵魂"的企业愿景，武汉朝宗文化旅游有限公司立足文旅产业，联合两江四岸景点打造新的武汉文化旅游体验一体化产品。其运营的全国最具智慧城市服务功能的文化演艺项目——《知音号》，通过首创"一剧多版"和"知音礼遇"服务，打造全国独有的"文化+服务"双IP模式，构建《知音号》"文化+综合服务"体系，已经打开了武汉夜游市场。

未来武汉朝宗文化旅游有限公司将整合武汉智慧旅游系统，串联武汉吃、住、行、游、购、娱等旅游要素，发展延伸到文化运营、艺术演艺服务、衍生产业服务、服务标准制造等领域，成为具有互联网思维的多元化资本运营集团，推动武汉文化旅游"服务+产品"的转型升级。

（三）资本化目标

以《知音号》为两江四岸的核心产品，可以吸引国内外旅游者夜间停驻武汉，扩大旅游者消费半径，对武汉相关行业的消费拉动力巨大。根据公司的架构设计，武汉朝宗文化旅游有限公司负责项目营运落地，确保前三年连续盈利，力争5年内通过项目包装，在香港、内地主板或新三板市场上市，募集资金进行项目深度开发。通过资本结合方式，演艺项目带动相关国企联合上市，5年内打造全市首家旅游类上市公司，将产生巨大的资本放大效应。

B.18 武汉斗鱼网络科技有限公司创新发展的经验启示

田雪枫*

摘　要： 随着互联网技术的发展和普及，网络直播行业悄然兴起。作为新兴的行业形态，网络直播正在重塑行业生态。同时，面对日益加剧的竞争压力，网络直播行业开始重磅整合，迈开了转型升级的新步伐。本报告以武汉斗鱼网络科技有限公司的创新发展为例，首先介绍了公司创新发展以及在聚合人才方面的举措和成效，其次总结了"斗鱼模式"对武汉文化产业发展的启示，最后以"2017武汉斗鱼嘉年华"为案例，进一步说明了"斗鱼模式"对武汉斗鱼网络科技有限公司创新发展的作用以及对整个网络直播行业的重要借鉴意义。

关键词： 武汉　斗鱼直播　创新发展

斗鱼直播是国内网络直播行业的领军企业，也是武汉本土孕育成长的首家"独角兽"公司。经过短短3年时间，斗鱼直播就实现估值过百亿元、营业收入近10亿元、注册用户超2亿人，其迅速崛起既彰显了新技术、新产业、新业态、新模式的"裂变效应"，又体现了互联网新经济对人才的"聚合作用"，诠释了高人气、高流量与高价值相互转化的"网红经济"。

---

* 田雪枫，武汉大学经济学学士，武汉科技大学管理学硕士，中共武汉市委宣传部干部，研究方向：世界经济、区域创新、工商管理。

一 基本情况

2014年1月，陈少杰和张文明在广州创办斗鱼直播。2015年5月，在东湖开发区注册成立武汉斗鱼网络科技有限公司（以下简称斗鱼公司），斗鱼直播全部业务从广州迁回武汉。2016年斗鱼公司整体营业收入为7.9亿元，相较于2015年的9400万元实现了非线性增长[①]；2016年斗鱼公司纳税总额超过1亿元（含B轮、C轮融资过程中公司创始人缴纳的股权交易税），成为武汉地区税收贡献最大的互联网公司之一。

目前，斗鱼公司以游戏直播为主，涵盖体育、综艺、娱乐、户外、家居等多个领域，成为全民直播"泛娱乐化"平台。在国内游戏直播行业稳居第一，市场占有率超过70%。根据Alexa全球网站流量综合排名，斗鱼直播在2016年10月进入全球前90、国内前15、国内视频类网站前5（此为历史最好排名，目前排名基本稳定在全球前200、国内前30）[②]。截至目前，斗鱼直播日活跃用户量约为2200万人，月活跃用户量约为2.5亿人，每天高峰时段有5000~7000位主播同时开播，每天有近3万个直播间进行直播，通过主播UGC（用户生产内容）产生的视频长达数十万小时。

斗鱼直播在成立短短3年时间内，实现了从小微创业公司到"独角兽"企业的蜕变，其创新创业的主要做法可以归纳为以下几个方面。

（一）坚持"泛鱼乐"理念

大热的网络直播行业毫无疑问已成为互联网的"风口"，斗鱼公司的发展在某种程度上已成为行业飞速发展的缩影。但随着网络直播行业涌入越来越多的竞争者，网络直播平台需要设置更高的竞争壁垒，而引入实力雄厚的投资伙伴，将为斗鱼直播的发展带来新的资源与力量，引领行业朝着更加远大

[①] 《武汉斗鱼网络科技有限公司财务报表及审计报告》（2016年度）。
[②] Alexa网站流量全球综合排名2017年9月21日查询结果。

的目标前进。① 斗鱼公司站在网络直播行业的风口浪尖,运用网络直播这一新兴媒体传播手段,有效链接用户需求,整合内容资源,激发创作活力。借助技术手段为内容生产者(各类主播)提供一展长才的窗口,为内容需求者(广大受众)提供个性化视频资源和互动管道,用源于网游电竞的"鱼乐"品牌凝聚起数以亿计的粉丝群体,探索可持续的盈利模式,实现"眼球经济""网红经济"与大众文化消费的有机耦合。

(二)借助资本力量

互联网新业态"烧钱"周期漫长,资金需求巨大。斗鱼直播自创办以来,始终紧盯投资机构,2014年在广州注册之初便获得奥飞动漫2000万元天使投资,2014年6月又争取到红杉资本2000万美元(约1.3亿元人民币)A轮融资。2016年3月,回到武汉不到一年的斗鱼直播又获腾讯领投、红杉资本和南山资本跟投1亿美元(约6.7亿元人民币)B轮融资。2016年10月,斗鱼直播完成由凤凰资本、腾讯领投、深创投、时尚(集团)资本、上海挚承、南山资本跟投的15亿元C轮融资。至此,斗鱼直播已获得超过20亿元融资,不仅成为国内第一家迈入C轮的网络直播平台,而且刷新了直播界的融资纪录。② 根据艾瑞咨询发布的2016年中国"独角兽"企业排行榜,斗鱼直播以超过10亿美元的估值居第64位,是武汉第一家"独角兽"公司。

(三)注重自主创新

作为以新媒体为主业的互联网公司,斗鱼公司坚持内容为本、技术驱动,运用"新技术"的持续研发应用,推动"新产业、新业态、新模式"不断衍生拓展。2016年,斗鱼公司投入研发费用9144万元,占营业收入的比重高达11.5%③,用于建设湖北省互联网视频直播工程技术研究中心,

---

① 《斗鱼引爆直播概念 券商:市场规模达千亿》,中国新闻网,2016年8月16日。
② 《"独角兽"斗鱼完成15亿元C轮融资》,人民网,2016年8月16日,http://hb.people.com.cn/n2/2016/0816/c194063-28839550.html。
③ 《武汉斗鱼网络科技有限公司研发费用审计报告》(2016年度)。

2017年该中心被湖北省科技厅认定为省级工程技术研究中心。公司研发中心占地面积约为12000平方米，拥有研发设备总值超过1800万元，具备从事文化科技创新活动所需的良好的技术装备、试验场所等硬件条件。截至2017年2月，斗鱼公司已申请各类专利725项，其中发明专利585项目，占总申请量的80.7%。专利年申请量位居武汉市第二（仅次于制造业领域的华星光电），入选中国十大著作权人（系五年内湖北省企业首次入选）。①

（四）延展产业链条

依托斗鱼公司现有资源，以直播平台为核心，纵向发展其上下游衍生产业，横向发展"直播+"产业，打通直播全产业链。斗鱼公司在国内同行业首创"直播+"概念，用网络直播平台将虚拟文化体验和实体经济、日常生活紧密连接，推出"斗鱼+众创""斗鱼+公益""斗鱼+生活""斗鱼+游戏""斗鱼+娱乐""斗鱼+体育竞技"等内容丰富的直播产品。在东湖新技术开发区成立了"鱼音绕梁""鱼行天下"等产业实体。2016年斗鱼直播近10亿元的收入主要来自广告、打赏、游戏联运三大板块，其中广告客户主要有3C数码、汽车、食品等各大品牌。除广告外，粉丝充值购买礼物"打赏"给主播，斗鱼直播可按比例分成。同时，国内外知名游戏厂商选择与斗鱼直播联合运营，斗鱼直播亦可按游戏联运行业惯例抽成70%。② 目前，斗鱼公司正在策划斗鱼小镇，建设网红学院、电竞学院、电竞赛事直播中心、直播经纪产业区，引进与技术密切相关的大数据及云计算中心，筹建针对直播产业的创新创业孵化器，激活大批小企业和创业公司，为大学生留在武汉创造更多就业机会。

（五）加强内容审核

为维护斗鱼直播的基本秩序，实现良性健康发展，公司实施直播间扣分

---

① 数据来源于武汉市科技局（知识产权局）。
② 《谋划"斗鱼小镇"——"独角兽"斗鱼的直播生态链》，《湖北日报》2017年3月20日。

管理办法，对所有主播执行驾照模式的量化计分扣分管理方式。每个直播间总分值为12分，扣分超过限额将永久封停该直播间，同时扣分结果将记入主播档案，并作为签约的重要依据。斗鱼公司非常重视对内容审核员的遴选和培训，每位监控员的案头都有一本厚厚的《斗鱼直播审核制度手册》，该手册中有数百条审核规定，公司会根据审核工作中遇到的新情况不断对手册予以完善，审核部门每月会根据最近的重大活动、热点事件和重点舆情，让审核员参加有针对性的考试，一年考试累计超过20次。[①] 严肃认真的平台治理，为网络直播用户创造了清朗的网络空间。

未来3年，斗鱼公司将深化资本市场运作，力争年营业收入、净利润实现大幅增长。持续拓展公司业务，推动"直播+"业务生态不断走向成熟，适时登陆资本市场。2017年，公司主营业务收入力争达到25亿元，纳税额超过7000万元，初步实现收支平衡，公司员工总数预计达到2000人左右。到2019年，斗鱼公司计划在资本市场上市，主营业务收入达到60亿元，纳税额超过5亿元，员工规模达到5000人左右。加快"斗鱼直播小镇"建设步伐，带动上下游产业实现产值超千亿元，创造2万个以上就业岗位。届时，斗鱼公司有望成为继百度、阿里巴巴、腾讯之后中国互联网的"第四极"。

二 聚合人才的成效和举措

综观斗鱼公司的创业史，首先是创业领军人才张文明自广州回流武汉，直接转化为新技术、新产业、新业态、新模式（以下简称"四新"）落户光谷；随着斗鱼公司的不断成长，"四新"进一步吸引人才加速回流，推动高科技、高成长的持续实现。在攀登价值阶梯的进程中，新经济与新人才业已形成相辅相成的开放式循环。

作为一家年轻的创业公司，斗鱼公司始终发挥着武汉互联网产业"人

[①] 《斗鱼直播审核员：同时盯着40个屏幕挑刺 每年还要考试20多场》，《楚天都市报》2017年4月29日。

才吸引器"的作用。2014年公司成立时创业团队只有10多人，到2014年底增加到78人，2015年迁回武汉后达到546人，截至目前已经发展到1300余人的规模，其中研发人员占比为40%，研发人员中又有40%来自BAT三巨头（百度、阿里巴巴、腾讯）等国内顶尖互联网公司。具体情况见表1、表2。

表1　斗鱼公司武汉总部近三年人才回流总体情况

单位：人

人才类型	本地招聘人数	外地回流人数	BAT背景人数	总人数
研发人员	115	210	96	421
运营人员	156	296	68	520
合计	271	506	164	941

资料来源：武汉斗鱼网络科技有限公司。

表2　斗鱼公司武汉总部近三年自BAT三巨头引进人才具体情况

单位：人

人才类型	百度	阿里巴巴	腾讯	总人数
研发人员	25	42	29	96
运营人员	9	26	33	68
合计	34	68	62	164

资料来源：武汉斗鱼网络科技有限公司。

截至2017年8月，斗鱼公司员工总计1309人，其中大专以上人员1287人，占员工总数的98.3%；研发人员488人，占员工总数的37.3%。

除斗鱼公司本身直接聚合高素质人才创业就业外，通过直播平台构筑"全民直播、大众创业"空间，创造带动网上创业、就业超过10万人，相关互联网演艺、游戏、经纪、金融等全产业链对人才的吸附作用也逐步显现，平台经济效应日益扩大。

近三年来，斗鱼公司始终坚持以人为本、人才优先的发展理念，综合运用企业文化建设、外部人才引进、内部约束激励等多重手段，构建面向全球、全行业、全业务环节的人才培养、引进、评价机制。其有效做法主要包括以下几个方面。

（一）树立凝心聚力的党建标杆

2017年6月30日，在"七一"建党纪念日前夕，斗鱼直播在全国率先成立"网红党支部"。斗鱼公司贯彻中央关于非公有制企业党建工作的部署，顺势而为，将本平台的党员组织起来，按照党章要求规范开展组织生活，实现了"在网络直播活动中旗帜鲜明地传递党的声音，传播社会正能量，直播到哪里，党建就推进到哪里"。斗鱼公司于2016年5月成立党支部，2017年6月经上级组织批准正式升格为公司党委，党员人数也从最初成立党组织时的65人增加到178人。2016年发展新党员2人，2017年上半年发展新党员14人。[①]

（二）打造实干互信的创业文化

在高管团队层面，投资人向创业团队充分授权，CEO向其他高管充分授权，建立职业经理人管理模式，匹配业务所需的各类资源，对管理决策不问过程、只求实效；在普通员工层面，建立以业务为导向的扁平化、网络化管理模式，畅通一般员工同各级领导沟通的渠道，充分发挥人才的积极作用。

（三）营造尊重人才的创业环境

把对人才的尊重与渴求融入企业经营管理的每个细节：日常管理注重人性化，在完成工作绩效的前提下实行相对宽松的作息安排和弹性休假办法；配套服务力求精细化，从衣食住行等方面加强员工关爱，综合保障员工干事效能和身心健康。成立党支部和群团组织，开展网络直播"四保一比"劳动竞赛，增强人才凝聚力。

（四）坚持严格精确的用人标准

一方面，注重选用对象与业务需求的契合度，不降低门槛，不勉强迁

[①] 《"网红"有了党支部 党员主播要戴党徽》，《南方周末》2017年7月10日。

就,只聘用与公司岗位需求高度匹配的人才。另一方面,注重待遇条件与人才禀性的契合度,不唯薪资揽才,要用事业吸引人才、用环境留住人才、用情感凝聚人才。同时,在薪酬待遇方面也努力比肩BAT和华为、中兴等行业龙头,经考核合格的员工每年至少能获得18个月工资(其中6个月为绩效奖金)①,奖金标准远高于武汉普通民营科技企业。

(五)搭建开放共享的交流平台

打造"斗鱼技术论坛",邀请国内外科技精英特别是知名企业研发人员来汉授课、交流,从内部技术研讨逐步扩展为开放式技术沙龙,增进智慧思想碰撞,宣扬公司创新理念,打造人才聚合品牌,为公司发现人才、延揽人才开辟新窗口。

三 以人为本、成事在人——"斗鱼模式"对武汉文化产业发展的启示

党的十八大以来,以习近平同志为核心的党中央团结和带领全国各族人民砥砺奋进,在全面建成小康社会、全面深化改革、全面依法治国、全面从严治党方面取得了举世瞩目的伟大成就,以人民为中心的发展思想得到充分阐释和深入践行。斗鱼公司的创业历程是一部"以人为本"的奋斗史,其成功经验是对"成事在人"的最佳注解。"发展的最终目的是为了人民。"斗鱼公司以电竞直播为发端,从服务电竞爱好者这一独特群体逐步拓展到覆盖休闲娱乐、新闻资讯、文化艺术、体育竞技、居家生活等全领域的大众群体,运用互联网技术手段持续而富有创造性地满足广大人民群众对精神文化生活日益增长的需求。"发展的根本动力来自人民。"斗鱼公司通过互联网的新业态、新模式最大限度地激发了人民群众参与公共文化活动的主动性与创造力,培育了数以千计的"网红",吸纳了数十万名主播,打造了大众创

---

① 资料来源于武汉斗鱼网络科技有限公司。

业的网络平台。"发展的成果由人民共享。"身怀绝技、热爱生活的普罗大众在斗鱼直播平台上展示魅力、抒发情感、传播技艺,让亿万用户通过手机和电脑分享到由人民自发创造、用互联网快速传递的巨大价值。"发展的战略和政策始终围绕人民。"斗鱼直播致力于打造网络直播生态圈,以"泛娱乐"凝聚用户,以"直播+"网罗人才,以"直播小镇"孕育业态,用互联网思维厚植了从线上到线下的创新创业土壤,用"植根武汉、面向全球"的家园情怀打造出武汉城市形象靓丽名片。

2015年初,资深媒体人、互联网创业观察人士雷建平曾撰写《出了雷军周鸿祎 湖北却消失在中国互联网版图》一文,深入剖析湖北、武汉互联网产业发展滞后的原因,引起了高度关注。在互联网新经济蓬勃发展的浪潮中,武汉的确一度"消失",PPTV等知名企业和大批创业公司出走"北上广深",本地缺乏标杆性互联网企业,科技公司薪酬水平与发达地区差距较大,对人才的吸附和凝聚能力不足。

然而,随着武汉城市战略定位不断提升、配套功能设施日益健全、地区经济发展提质增效,"孔雀东南飞""墙内开花墙外香"的尴尬已成历史。斗鱼公司等明星企业扎根光谷,数以百计的城市合伙人来汉创业,这与"企业外逃""人才流失"的过去形成了鲜明对比。特别是武汉市第十三次党代会召开以来,围绕建设现代化、国际化、生态化大武汉,大力开展招商引资,大力推动招才引智,全面实施"百万大学生留汉创业就业计划",更大的创业舞台、更多的就业机会、更美的生态环境、更高的城市品位,让武汉进一步吸引人才回流的各项条件更加完备。斗鱼公司以人民为中心的发展思路、以人才为根本的创业理念,为武汉文化产业创新发展提供了重要启示。

(一)延展产业链条,加大人才回流的承载力

健全完整的产业链是人才回流的基础支撑。在城市基础设施、生活成本和企业薪酬待遇等方面的差距逐渐缩小的情况下,决定人才落户意愿的首要因素是可供选择的创业、就业机会和个人成长空间。目前,斗鱼直播正在衍生孕育文化演艺、电子竞技、节庆会展、经纪服务等系列新兴业

态,着力打造视频直播产业链和产业集群正当其时。同时,要发挥现有产业优势和人才优势,在"文化+"战略下重点培育网络安全、数字创意、传媒影视、设计服务等骨干文化产业链,厚植文化创新、创意、创业人才落户土壤。

(二)培育龙头企业,增加人才回流的吸引力

竞争力强、影响力大的龙头企业可以更好地吸附人才等各类创新要素。在薪酬待遇同等甚至略有不及的情况下,大学生更愿意到BAT等名企就业已是不争的事实。就全行业综合实力而言,武汉的文化企业、互联网企业都还是"追兵",但在视频直播这个细分领域中已有斗鱼直播这样的"标兵"。此外,颂大教育(教育云)、麦塔威(光影秀)、泛娱(IP文学)、传神(多语云翻译)等文化企业也在各自行业独树一帜,拥有较高的市场占有率和强大的产品号召力。文化产业要成为支柱性产业,需要以"大而强"的龙头企业为引领,也需要以"小而美"的明星企业为支撑。这些龙头企业和明星企业能够不断吸引人才加入,凭借的不仅仅是待遇和职位,还有事业、理念和情怀,这也是武汉文化产业努力赶超的不竭动力。当前,应针对重点企业采取"一企一策"扶持方式,切实解决企业发展面临的问题,帮助市场主体由小做大、由大变强,成为重点产业链的"主心骨"和全市文化产业的"增长极"。

(三)讲好武汉故事,增强人才回流的凝聚力

走出校园的大学生能够回到武汉创业,城市认同和家园情怀是重要原因。要面向大学生讲好武汉故事,指导大学生践行武汉精神,组织大学生宣传城市形象,使"大学之城、青年之城、梦想之城、创新之城"的品牌效应深入人心,让武汉"舞台足够大、机会足够多、生活足够美、品位足够高"的创业就业优势广泛传播。目前,市委宣传部会同相关单位正式实施"百万大学生留汉创业就业计划"系列宣传活动,通过创业宣讲、市情巡展、梦想导师进高校等手段,向大学生展现城市风貌、描绘发展蓝图;通过

故事征集、微话题讨论、微电影微视频大赛等方式，增进大学生对城市的认同与热爱；通过志愿服务、参观展示、角色体验等活动，提升大学生的城市归属感和参与度。

（四）优化配套政策，夯实人才回流的保障力

正如企业延揽人才不能只提供待遇清单，还要结合不同类型人才的特殊禀性给出有针对性的用人条件，在招商引资、招才引智工作中也不能用"脸谱化"的优惠政策应对"个性化"的招商对象。政策的精细化和精准度在很大程度上决定了其执行效果。2017年2月，武汉市委宣传部研究制定的《关于加快文化产业创新发展若干政策的通知》获市政府批准印发，这是武汉推动文化经济政策有效供给、精准发力的一项具体举措。在综合性产业政策的基础上，进一步研究制定全市文化产业招商、影视文化产业培育等专项政策，采取"政策众筹"方式广泛吸纳各方意见，特别是积极响应高端人才在武汉创新创业的政策需求。同时，深入落实市委、市政府四大"资智聚汉"工程，通过"城市合伙人""黄鹤英才"等专项计划对文化领域创业人才给予奖励和资助。探索推进市属文化企事业单位用人机制改革，合理、合规运用事业编制吸引媒体"采编播管"等专业技术人才，增强国有骨干文化企业对创新人才的吸引力和凝聚力。

附："培育龙头企业，讲好武汉故事"典型案例——"2017武汉斗鱼嘉年华"

2017年5月28~30日，"2017武汉斗鱼嘉年华"在汉口江滩隆重举行，活动获得了火爆的人气指数和超量的关注度，向全世界充分展示了武汉城市的魅力与活力，是一次成功的盛会。

（一）活动总体情况

"2017武汉斗鱼嘉年华"活动是由武汉斗鱼网络科技有限公司作为主办

方、武汉市委宣传部、东湖新技术开发区作为支持单位，在武汉打造的类似于苏州动漫节、成都游戏节、上海"ChinaJoy"的一次"泛娱乐"文化盛典。按照市委、市政府的统一部署，市委宣传部抽调专班人员全程参与活动的设计、协调和组织工作。活动现场有上千名国内外主播明星、电竞选手、文化企业代表参与，其中本地观众占七成，外地观众占三成，80%是各大高校的学生。

整个活动分为1个主会场、3个分会场，分别由主机区、丛林巨幕电影区、移动游戏专区、网游试玩区、小型游艺区、机器人区、腾讯电竞区、鲨鱼矩阵区、红毯区、媒体区、售票兑换区、兑奖区、便利店区等构成。本次活动涵盖了影视、音乐、体育、游戏、电竞、VR、二次元、科技、汽车、美食、时尚等多个方面。总部设在美国的国际化潮流公司POP! Life引入了"漫威+DC+迪士尼+NBA+星战+哈利波特"等超级国际IP，钢铁侠、超人、蝙蝠侠等超级英雄联盟也组队亮相。暴走漫画、秦时明月等海内外动漫IP上演多场二次元秀。腾讯旗下《英雄联盟》《王者荣耀》《穿越火线》等热门游戏悉数入驻，暴雪系列热门电竞游戏《守望先锋》逐一亮相，PS4、X-BOX、Switch主机游戏和VR游戏均能在现场体验。此次斗鱼嘉年华的成功举办，是以武汉斗鱼网络科技有限公司为首的武汉本土文化企业品牌打造与城市形象传播深度融合的典型案例。

（二）活动亮点特色

1. 多种载体宣传武汉发展成就

在活动的主舞台大屏、广告牌、游园地图、指示牌、入场门票上均标注了武汉城市形象标识和宣传语，使武汉城市形象表征系统实现全覆盖。在舞台大屏和自设电子显示屏上滚动播放城市形象宣传片《大城崛起》，在三阳广场、一元广场进园入口和园区中央地带增设了3块大型电子显示屏，滚动播放凤凰卫视《问答神州》栏目对陈一新书记的专访视频，吸引了青年学子和市民的广泛关注。组织制作系列动态创意海报，介绍与武汉有历史渊源的俞伯牙、钟子期、李白、崔颢、张之洞等名人故事。主持人和主播将

"长江主轴""长江新城""百万校友资智回汉""百万大学生留汉"等城市热词进行线上线下广泛传播,给观众尤其是大学生留下了深刻印象。

2. 借助活动平台展示汉派文化特色

协调选址汉口江滩作为举办地,网民对武汉临江而建的城市高楼和秀美江滩赞不绝口。借举办演唱会、电音节之际,启动两江四岸灯光秀,展示长江主轴美丽夜景。特邀武汉说唱团团长陆鸣、知名歌手徐千惠以及网红马瑜珩、李若兰分别演唱了汉派歌曲《汉口老街》《长江汉江》《黄鹤楼》《知音三唱》等,反响强烈。在大胃王比赛中,通过直播推广热干面、周黑鸭等特色汉味食品。

3. 面向青年群体展现城市魅力

落实"百万大学生留汉创业就业计划",让大学生在亲身体验中爱上武汉。借助嘉年华活动吸引大学生走出校园,近距离接触城市的山水景胜、人文特色和青春气息,增进其对武汉的认同。很多外地大学生利用假期慕名而来,三日狂欢,流连忘返,通过各种方式表达对武汉的赞美之情。大武汉再次给莘莘学子、网络主播、参展企业和市民群众以新的感受。斗鱼嘉年华,让大学生亲近武汉、爱上武汉,进而用年轻的心感受武汉,引起强烈的情感共鸣。

4. 以商招商推介武汉文化园区

斗鱼嘉年华举办期间,武汉市委宣传部举行文化产业招商见面会,请东湖新技术开发区、江岸区政府分别推介东湖软件园、文创谷等重点文化园区,与武汉斗鱼网络科技有限公司有广泛合作关系的全球顶尖文化企业嘉宾共40余人参会。其中,POP!Life,企鹅TV、竞技时代、创客星球、外设天下等国内外知名文化企业与东湖新技术开发区、江岸区有关负责人达成深入合作共识,为武汉文化发展注入了时尚元素。

(三)活动传播效果

截至2017年5月31日24时,全网共检索到54642篇"斗鱼嘉年华"相关文章,其中微博49010篇、论坛1879篇、各媒体客户端1234篇、各类网站1288篇、新闻761篇、视频133部、微信公众号166篇、报刊82篇、其他89篇。除斗鱼直播外，武汉本地媒体和在汉媒体也通过"两微一端"与头条号对斗鱼嘉年华全程进行图文直播，单日直播点击量均超过百万次；2分钟英文报道视频分别在YouTube、YouMaker、Vimeo等视频网站播出。各新闻媒体充分肯定了武汉江滩"直播+主题乐园"户外文化活动模式，认为斗鱼嘉年华年轻、开放、包容、热情，成为武汉城市新名片，视野聚焦国际化、"直播+"助力现代化、临江美景展示生态化。

本次活动参展商家基本上是国际顶级文化创意企业，如世界著名文化创意企业漫威、暴雪、微软总部、索尼总部等，知名游戏商家完美世界、腾讯、心动网络、网易、巨人强势入驻。聚集国内知名COS社团，千名COSER争相斗艳，海量游戏动漫周边参展，梦龙［和露雪（中国）］、捷豹等国际知名品牌全力参与。各大全球顶尖文化企业给武汉带来超强IP矩阵，深受年轻人喜爱的美队、钢铁侠、超人、蝙蝠侠等引爆嘉年华现场。活动有力地传递了武汉"大学之城""青年之城""梦想之城""创新之城"活力，也让主播和网友感受到武汉人的豪爽热情，充分体验到泛娱乐的独特魅力。

火爆的人气指数和超量的关注度，向世界全方位、多视角、立体化地展示了武汉的区位优势、人文环境和美景美食，讲述武汉的快速发展和巨大变化，让更多人了解、认识、向往武汉，也让更多大学生感知武汉、融入武汉，同时也传递了全市人民复兴大武汉的愿景和信心。众多参与者对大美大气的魅力武汉发出由衷的赞叹，并表达了继续参加斗鱼嘉年华的热切期盼。

B.19
武汉近代建筑遗产研究与保护利用的典范

——翟雅各健身所的修缮与功能置换

马志亮 许颖*

摘 要: 翟雅各健身所位于武汉市武昌区昙华林历史街区,是华中大学老建筑群的重要组成部分,建筑风格中西合璧,是民国时期教会建筑"本土化"的代表。2015年2月至2016年11月,翟雅各健身所及其周边环境得到了修缮和整治,在这一过程中,建筑本身的历史信息被充分挖掘并保存下来,且未改变原有建筑的重要结构,改造工序也基于真实性与可逆性原则。建成后的建筑更名为翟雅阁博物馆,成为打造武汉设计之都的"客厅",得到了政府领导、广大市民和众多企事业单位的高度关注,个人参观与群体活动有序展开,运营状况良好。翟雅各健身所的修缮改造项目,真正实现了历史文脉保护、功能置换与经济发展的完美结合,堪称武汉近代建筑遗产研究与保护利用的典范,也为武汉在新一轮城市扩张与经济高速发展背景下正确处理新旧建筑关系、切实践行"老城新生"口号树立了崭新的标杆。

关键词: 翟雅各 昙华林文化遗产 建筑遗产 保护与再利用

---

* 马志亮,中信建筑设计研究总院有限公司,博士后。许颖,湖北中医药大学人文学院教师。

翟雅各健身所位于武汉市武昌区昙华林特一号，是华中大学老建筑群的重要组成部分，乃为纪念文华大学首任校长翟雅各（James Jackson，英籍美国人）①而建，建筑风格中西合璧，始建于1921年4月20日，1921年10月2日正式投入使用，主要用作体育教学与室内运动场地，也承担部分中外学者的讲座任务。

翟雅各健身所是中国最早的现代体育馆之一，也是武汉硕果仅存的一所二层历史体育建筑②，1993年入选首批公布的"武汉市优秀历史建筑二级保护建筑"，2015年2月至2016年10月得到修缮，2016年11月11日正式投入使用，改称"翟雅阁博物馆"，完成其使用功能从体育馆到博物馆的置换。

一 翟雅各健身所的纪念意义与历史价值

翟雅各（1851~1918年），又译杰克逊，英籍美国人。1876年，受英国基督教新教循道公会委派，到中国广州传教。1878年，前往美国，加入美国基督教美以美会。1882年，受美以美会派遣，再次来华，开辟芜湖教区。1888~1899年，担任九江同文书院院长。在此期间，他于1889年加入英国基督教新教对外传教组织伦敦会。1900年，退出美以美会，加入美国基督教圣公会，并在上海圣约翰大学短期执教。1901年，出任圣公会开办的文华书院院长，直至1917年由于身体原因卸任，迁居江西九江，次年4月22日病逝。亨廷顿主教对翟雅各去世的悼词见图1。

翟雅各在任期间，学校得到较快发展，级别提升，办学规模扩大。1903年，增设大学部，起初为三年制大专班，后升格为四年制本科班。1909年在美国注册为"文华大学校"（简称文华大学），后又相继取得学士学位和

---

① 国籍信息据周川主编《中国近现代高等教育人物辞典》，福建教育出版社，2012，第716页。
② 武汉尚有民国始建的宋卿体育馆，位于武汉大学校园内，一层体育场馆，属国保单位；另有修建于清末的西商赛马场，但仅存看台。

硕士学位授予权。十余年间,文华书院升格为文华大学,建立了包括中学部、大学部在内的完备的教育体系,注册中学生 300 多人、大学生 50 多人。校园面积也扩大了 20 亩,并建成了学生宿舍和中国第一座公共图书馆——文华公书林。

THE REVEREND JAMES JACKSON, D.D.

By Bishop Huntington

THE Reverend James Jackson, D.D., who died on April twenty-second, was for seventeen years president of Boone University. Dr. Jackson came to China from England in 1876 and lived at first in Hankow. After about two years he went to the United States where he was engaged in mission work among the Chinese in New York City. He returned to China in 1882 under the Methodist Episcopal Board and worked in Wuhu and Kiukiang. At Wuhu he and his wife were at first almost the only foreigners in residence. They had a school and a preaching hall in their own Chinese house and travelled much in the surrounding country. In 1887 he took charge of the educational work of the Methodist Mission in Kiukiang and under his able management it became one of the best schools in the Yangtze Valley.

In 1900 he left the Methodist Mission and joined the Protestant Episcopal Church. In 1901 he was put in charge of Boone School, Wuchang which was just developing into a college. Under his able management it developed into Boone University, and, while standards were steadily raised, the numbers increased from about one hundred to over three hundred. He retired in 1917, but was retained as a special worker having charge of the English congregation in Kiukiang and also continuing his literary work. He died in Kiukiang after an illness of only one day during most of which he was unconscious. He leaves a widow and one son, now a captain in the British army.

Dr. Jackson was a man of wide scholarship both in English and Chinese. His commentaries on the Pentateuch and on Saint Paul's Epistles are among the best in the Chinese language and his Sunday-school lessons on the Life of Our Lord are of great value. At the time of his death he was revising his commentaries on Saint Paul and planning to complete the series. He was a continual student, rising at five every morning and studying till breakfast and always putting the best that he got into his sermons and his books and his teaching.

As a teacher he had great influence over the young men, always retaining a freshness of feeling and an understanding of their difficulties which enabled him to help them continually, and always expecting high standards both in character and scholarship. One of our clergy who studied under him told me that his method was quite different from that of their other teachers. He would come into class with an arm full of books and lecture, giving occasional references to the books. After about a month he told them that he was going to give them an examination. They asked what they were to be examined on. "Why," he replied, "on my lectures and your reading. Are you children that I should give you a little piece of text to learn?"

As a preacher he was both profound and clear. I do not think that he felt that he was doing his duty by his congregation if he preached less than forty minutes, though out of consideration for modern weakness, he would cut himself down to half an hour or even less. But I do not think his congregations ever felt that his sermons were too long. He was continually giving one new ideas and fresh points of view.

In his death the Chinese people have lost a true friend and the Church on earth an able and devoted missionary.

图 1 亨廷顿主教对翟雅各去世的悼词

资料来源:哈佛大学图书馆馆藏。

此外,翟雅各牧师秉承素质教育原则,引入英美先进教育理念。他上任伊始,就用新兴的足球、棒球等体育项目取代放风筝、踢毽子等传统游戏活动,并举办了武汉地区的首届校际运动会。他还在校内发行手抄刊物《文华年鉴》,并鼓励学生积极参与社会服务活动。之后几年,他相继实施全英语教学,创立足球队、中国第一个铜管乐队、学生合唱团、第一届夏令营、第一支"红十字会",以及旨在培养青少年智、仁、德、体全面发展的童子军,学校文体活动丰富多彩。

为纪念翟雅各牧师对文华大学做出的卓越贡献,其继任者美国人孟良佐(Alfred A. Gilman)博士提议以翟雅各命名新建体育馆。体育馆于1921年4月20日中国基督教全体会议在文华大学举办时,由杨格非主教主持奠基,并于同年10月2日(文华大学成立50周年校庆)正式投入使用。① 刻有建筑名称及建成年代的建筑隅石拓片见图2。

图 2　刻有建筑名称及建成年代的建筑隅石拓片

注:隅石位于建筑西南角。文中拓片皆由湖北省非物质文化遗产(全形拓)传承人张友海先生制作。

翟雅各健身所以体育活动为主,还可充当中外学者的讲座场地,在其建成近百年的历史中,经历了民国时期华中大学的诞生和新中国成立后湖北中医学院的入主两大时期。尤其在前一阶段时期,这里曾见证过蒋介石检阅童子军、视察长江大水灾,陈独秀演说革命,郭沫若宣传抗日救亡,侯仁之讲

---

① 参见华中师范大学档案馆藏《文华大学》(内部翻译资料),转引自马昕冉、张嵩《翟雅各健身所的历史建筑风格》,《武汉文史资料》2016年第3期。

学传道，章开沅接待贵宾等一系列重大历史场景，成为研究华中师范大学早期校史的重要历史建筑。

新中国成立后，翟雅各健身所长期属于华中师范大学，直至文化大革命后期，华中师范大学全部搬迁到桂子山时为止。在华中师范大学的管理下，翟雅各健身所主要供来访华中师范大学的中外专家进行讲学之用。湖北中医学院接管之后，再次将其作为篮球馆使用。20世纪80年代，翟雅各健身所经历了一次修缮，之后一直作为室内体育馆沿用至2007年。

二 翟雅各健身所的建筑形制与修缮保护

翟雅各建身所位于昙华林街区内，是从中山路进入昙华林历史文化街区的东大门，今其房产属于湖北中医药大学，建筑西侧为学校体育场，北侧为昙华林主路，并设有单独出入口，建筑东侧与南侧紧邻校园内部道路（见图3、图4）。

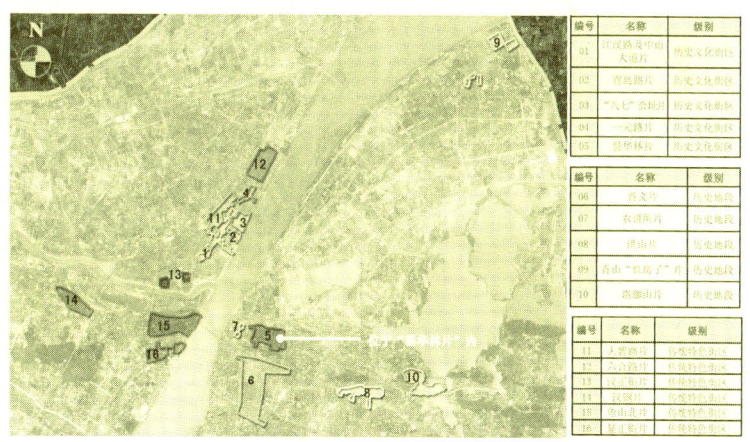

图3 翟雅各健身所位置（一）

资料来源：武汉市民用设计研究院、武汉市优秀历史建筑研究院编《武汉市优秀历史建筑保护图则：使用与保护要求》，武汉市住房保障和房屋管理局网站。

图4 翟雅各健身所位置（二）

建筑为二层砖混结构，为中西合璧的建筑风格。建筑坐东朝西，庑殿抱厦顶，清水红砖外墙，平面呈"凹"字形，中轴对称布局，面阔27.59米，进深16.59米，占地面积436.7平方米，建筑总面积975.52平方米。①

立面采用三段式构图，一层正中设拱券入口，门楣由混凝土发券装饰，外部白灰粉刷，南北两侧分别设有侧门，底层共计窗23扇、门19扇，正中拱门后有门廊，进深1.8米，两侧楼梯凸出1.57米，背面正中设3扇窗，两侧各有4扇窗。二层设外廊，上部为抱厦和高窗，檐飞而平、翘而稳，隐隐有宋代建筑之风。建筑门窗采用中国南方民居形式，窗棂形制多样。

但与之相对，建筑的窗框和拱门则使用混凝土框套；建筑二层的柱础、额枋、梁头、雀替、栏杆等，其形式虽采用中国传统元素，但皆以钢筋混凝土浇筑，且屋身使用钢木混合梁架，形成大跨度室内空间；建筑室内空间布局也按照现代体育馆功能设计，科学合理。

总体来讲，翟雅各健身所是在钢木桁架组成的西式屋身上搭建了一个中式屋面，整个中式屋面从结构上来说主要起装饰作用，这也是形成翟雅各健身所外形独具中华魅力而内部又具备超大空间的原因（见图5）。

---

① 官方建筑面积数据来源于武汉市民用设计研究院、武汉市优秀历史建筑研究院编《武汉市优秀历史建筑保护图则：使用与保护要求》，武汉市住房保障和房屋管理局网站。

图 5　翟雅各健身所东、西立面

资料来源：武汉市档案局。

翟雅各健身所的设计者是美国建筑师柏嘉敏（J. Van Wie Bergamini）。1914~1919年，他曾在华北美国基督教圣公会工作，此后任职于文华大学。当时的世界刚刚经历一战，人们纷纷开始重新审视东西方文明，中国民众的民族觉醒意识空前高涨。当时的在华教会学校为了尽量消弭国人的抵触情绪，也开始模仿中国本土建筑风格，而不再一味照搬西方。柏嘉敏作为教会学校职员，自然也提倡遵循中国传统，故形成了翟雅各健身所建筑风格的"中西合璧"。

从其设计图纸来看，建筑在设计时，使用中轴对称的处理方式，屋顶部分使用中国传统的庑殿顶，屋脊及四条垂脊清晰可见，并有鸱吻、角兽等构件。建筑二层外廊使用现浇仿木结构的柱础、雀替、栏杆等。在建筑左侧，根据功能需要，设计了两根烟囱穿过屋面，不同于中国传统建筑理念。在建筑右侧，另设计有悬山顶单层建筑一栋（规划为室内游泳馆），两栋建筑通过走廊相连接（见图6）。

另从其各层平面设计图纸来看，建筑一层由一条南北走向的通道分隔，通道右侧尽头为游泳馆。建筑一层大部分空间为更衣室，并设有储物柜；中间设有凸面镜房，为师生提供整理仪容之处；西面另设有贵宾、职员专用的储物柜和教练员休息室；东南角设有西式淋浴房，大厅北侧由东向西依次是后门、门房及卫生间。空间整体布局紧凑。除正门外，两侧抱厦的侧门也可进入健身所内部，抱厦有楼梯直通二层及夹层（见图7）。

图 6　1921 年翟雅各健身所的设计图纸

资料来源：《文华大学五十周年纪念册》，第 27 页。纪念册于 1921 年发行，是为纪念文华书院建校五十周年而印发的。纪念册里记载了文华书院的历史、现状、规划以及学校的机构及教职员工、教育设施等内容。纪念册对教育的课程设置及相关内容进行了介绍。

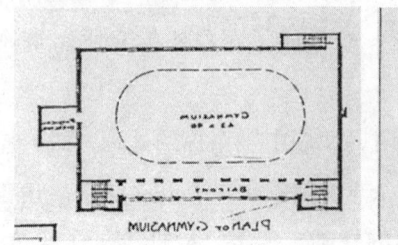 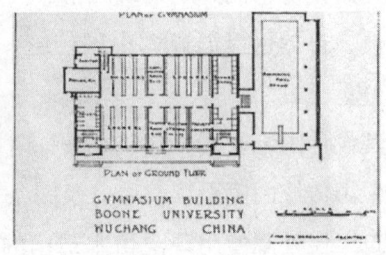

图 7　翟雅各健身所的平面设计图纸

建筑二层为室内体育场，室内跑道规格为 20 圈一英里，即 80 米/圈。建筑西侧设有外廊，既可用于指挥场馆内赛事，也可将西向作为外部操场的观礼台和检阅台。

建筑夹层空间较小，但由于其位置较高，可鸟瞰整个二层赛场，故推测该处应为重要嘉宾观看比赛时的位置。

不过从最终的建筑形态来看，柏嘉敏的设计方案也并没有全部落地，其中最主要的就是健身所右侧室内游泳池的缺失。受限于当时文华大学自来水系统尚未完全建成，故只做好了泳池地基，并预留了翟雅各健身所右侧墙体外部的结合施工处理。但最终这一建筑并未续建，受此影响，翟雅各健身所一层的大量更衣室及浴室设计也无必要实现，故其一部分场地转而用来放置体育器材，另一部分则砌以砖墙，用作教职员办公室。二层也并未设置为跑道，而代之以室内篮球场。此外，由于一层并未修建浴室，所以墙体上的烟囱也没有得到实际利用。

20世纪80年代，湖北中医学院对翟雅各健身所进行过简单修补，至2007年，终因年久失修而暂停使用。不过随着市民和政府对建筑遗产的保护意识不断增强，对其再度修缮仅是时间问题。

在此之前两年，武昌区政府即已正式启动昙华林历史街区保护改造工程。2011年，党的十七届六中全会更是提出了深化文化体制改革、推动社会主义文化大发展大繁荣、建设社会主义文化强国的重大战略目标。武昌核心历史街区昙华林的保护改造更是上升到了国家战略高度，而翟雅各健身所作为昙华林的东大门，加之其承载的丰富历史文化内涵，对其进行保护与再利用势在必行，而其保护修缮程度与再利用模式、运营状况，也必然关系昙华林片区乃至整个武汉市传统文化保存与创意产业发展的层次提升。

2013年，武汉市人民政府发布《关于打造工程设计之都的实施意见》（武政〔2013〕109号），提出要加快打造"工程设计之都"，以此推动武汉创建"文化五城"，不断完善武汉设计发展的软硬环境。

2014年，武汉市启动了"第一批优秀历史建筑保护图则"项目编制工作，翟雅各健身所作为首批保护对象之一被列入其中。同年，武汉设计之都促进中心（以下简称促进中心）与湖北中医药大学达成使用协议，并于年底完成了功能利用方案定位——作为城市品牌发布中心。

2015年1月，ICOMOS武汉共享遗产研究中心团队（以下简称研究中心团队）开始进入现场勘察测量，着手具体修缮方案的制订，并于2015年3月完成。2015年7月施工正式进场，于2016年10月完成了翟雅各健身所的修缮与再利用工程，并在其"城市品牌发布中心"的基础上，增加了博物馆功能，使其完成了从"翟雅各健身所"到"翟雅阁博物馆"的转型。

在这个过程中,研究中心团队创造性地应用了综合设计管理模式,修缮工作严格遵循国际修缮原则(《威尼斯宪章》原则),尽最大可能保存建筑的历史信息,做到了恢复原貌、保留现状、更新功能的有机结合,堪称武汉近代历史建筑修缮工作的里程碑,修缮后的"翟雅各健身所"本身就是"翟雅阁博物馆"的最大展品。

经研究中心团队实地勘察,对建筑形制构造有了更深入翔实的了解。

建筑主体部分外墙由清水红砖(阜成砖厂制造,德国工艺)砌筑,竖向三段式构图;二层外廊为中国传统九开间空柱廊形式,下有麻石柱基,上有额枋、梁头、雀替,柱间单勾栏,望柱上阳刻龙纹装饰,雀替上阳刻凤纹,二层正中门廊底部花岗岩上印刻"JAMES JACKSON GYMNASIUM"(见图8、图9)。

图8 建筑二层外廊现浇仿木雀替饰以凤凰　建筑二层外廊现浇栏杆饰以龙纹

图9 牌匾拓片

注:牌匾位于建筑西立面主入口上方。

门窗均采用南方民居形式,窗棂形制多样。一层东面八个窗户,对应分成四组,每组不尽相同。二层为落地木门连接室内与走廊,门上方带有可推拉旋转亮子(见图10、图11)。

图 10　门窗内景

资料来源:2015 年研究中心团队成员刘建林摄。

图 11　门上方活动亮子

资料来源:2015 年研究中心团队成员刘建林摄。

基础由七层红砖与底部三合土垫层组成，外部为墙体承重，内部以砖墙及钢筋混凝土圈梁、柱础共同承重，二层为木地板楼面，外廊处为混凝土楼面。木地板楼面分两层，面层为细木条式木地板，里层为粗木板（见图12）。三层看台处为混凝土楼面。

图12　健身所二层原始木地板展示

资料来源：研究中心团队供图。

此外，研究中心团队还对翟雅各健身所存在的问题及残破的原因展开分析，认为主要是管理不善、维护不足，长期的雨、雪、日照、冰冻等自然侵蚀及建筑材料的自然老化，造成建筑外立面污染严重，墙体面层剥落、残损，金属构件锈蚀及局部漏雨等各种损伤，尤其是2007年闲置之后无人维修养护，屋顶漏雨，致使二楼木地板糟朽情况更加严重。

在翟雅各健身所的修缮过程中，研究中心团队主要坚持"真实性"和"不改变原状"原则。首先，对砖墙的材质、用砖尺寸、砖的来历、砌筑方式、灰缝形式、面层材料及施工工艺等进行了仔细勘察。在修缮中，对建筑物现存的风貌和历史信息进行了最大限度地保留，充分尊重其历史真实性。

其次，对建筑物原状最大的争议出现在屋顶瓦片的颜色上。在很多文章中，对翟雅各健身所的描述都是绿色琉璃瓦屋顶。研究中心团队走访了湖北中医药大学附近的很多老人，对建筑屋顶的印象也有绿色琉璃瓦的说法，修缮方案也曾一度向这个方向靠拢。然而，当脚手架搭建完毕后，通过对屋顶现存瓦片的分析，以及先后五次相关专家会议的探讨，研究中心团队得出了不一样的结论，最终确定恢复的翟雅各健身所屋顶瓦片为褐色筒瓦。其理由如下。

（1）褐色瓦占屋面瓦总数的80%以上。

（2）瓦的制式、符号、包浆、手工痕迹都符合民国时期产物的特征。

（3）屋脊上瓦下面的石灰和墙里的石灰一致。

（4）褐色瓦上有醴邑字样，可能代表瓦厂老板的故乡地望，这是清代流传下来的做法，非新中国成立后所有。

考虑到翟雅各健身所为庑殿顶样式，而庑殿顶一般采用琉璃瓦，故猜测可能是因为资金不足所以采用了褐色筒瓦（见图13）。

图13　屋顶瓦面原貌

资料来源：2015年研究中心团队成员刘建林摄。

再次，在修缮过程中，研究中心团队还遵循以下原则：完整性原则——对建筑周边环境进行梳理，尽量恢复其历史格局；最小干预原则——在屋顶加固过程中，最大可能地保护原有构件，清除木杆件积尘，对锈蚀节点构件进行除锈检修，对可以继续使用的构件进行维护保养，仅更换潮锈变形木构件；可逆性原则——尽量减少水泥砂浆等不可逆材料的使用；可识别性原则——对屋顶更换的筒瓦、望板以及更换的外墙红砖做标记，在保证外观协调统一的同时，标明新构件的安装时间、材料及产地，使修缮的可识别性得到保证；保护传统施工技术原则——对传统施工工艺进行详细了解与记录；适当采用新技术和新材料原则——传统工艺与现代技术相结合，进行结构检测时，在沿用吊沙袋的传统技术进行检测的同时，也采用新技术，加固方法也是新技术和传统技术灵活运用，在保证结构安全的同时兼顾外观效果。

最后，研究中心团队还规划了完整的展陈方案，"将整栋建筑物本身作为最重要的实物馆藏进行展示导览"①，辅以相关历史文献与影像资料展开详细说明，展示建筑历史、所属学校历史及整个修缮过程（见图14）。

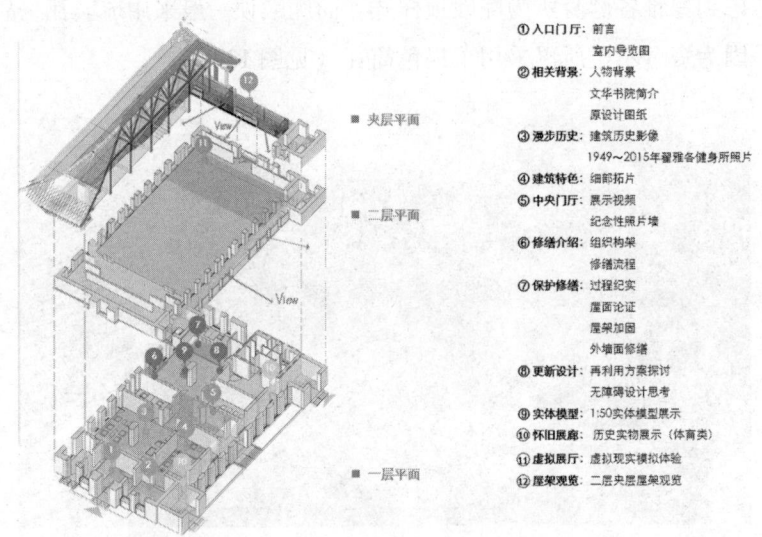

图14　研究中心团队展陈方案

在翟雅各健身所的主体修缮完工之后，还实施了由湖北美术学院制定的整治周边环境规划：地面向下找平30厘米；将东面紧邻建筑物的冬青树移

---

① 《翟雅各健身所——穿越百年历史文化的时空隧道》，《昙华林文艺季刊》2016年冬季号。

植他处，扩出过于逼仄的护坡，以利于室内采光与防潮；拆除南面自行车棚，增设通道直接进入翟雅各健身所二层；打开西南角与建筑物相接的隔墙，将室外楼梯转向，打通建筑物周边环道（见图15）。在下一步的深化设计中，要将翟雅各健身所周边环境、湖北中医药大学入口景观、昙华林路口小游园进行"三位一体"的综合考虑。

图15　修缮后的翟雅阁博物馆正/西门

资料来源：2016年11月研究中心团队成员刘建林摄。

三　翟雅阁博物馆的最终建立与运营状况

2016年11月11日下午，翟雅阁博物馆正式竣工验收，并举行开馆仪式，新开的翟雅阁博物馆由武汉设计之都运营管理有限公司（以下简称运营公司）负责运营管理，运营公司归属武汉设计之都促进中心旗下，乃根据武汉市政府文件《武汉市申请加入联合国全球创意城市网络及申报设计之都工作方案》（武政办〔2016〕51号）的相关要求以及《武汉设计之都促进中心运营方案》而成立。其运营目标是依托武汉设计之都"客厅"——翟雅阁实体空间，开展一系列有关"打造武汉设计之都、壮大武汉设计产业"的活动，进一步推进城市文化品牌建设，传承武汉历史文化，发展创新文化产业，促进公众参与和国际交流，让全社会感受并分享设计创意发展的成果,使得城市充满活力。

新开的翟雅阁博物馆,摒弃了原有的体育馆功能,置换成武汉设计之都"客厅"。一楼主要分为历史人文厅和沙龙区两大部分,其中前者主要介绍建筑本身的相关背景,包括人物背景、文华书院简介、原设计图纸、历史影响等,后者则作为文化艺术和学术研讨场所(见图16、图17、图18)。

图 16　翟雅阁博物馆一楼历史展览区一角

资料来源:武汉设计之都运营管理有限公司供图。

二楼因具备极为罕见的室内高大空间,故设置了满幅投影屏、专业音响及照明设备(见图19),作为武汉设计之都乃至武汉城市文化品牌的权威发布中心,"可举办200人的学术会议或40人的圆桌会议,同时通过空间布局调整,可兼做时尚、时装展演中心以及当代艺术陈列展览、话剧现代剧表演场所"。① 整个博物馆对广大市民和游客免费开放。

运营公司围绕翟雅阁博物馆,主要打造以下三大功能。

---

① 《翟雅各健身所——穿越百年历史文化的时空隧道》,《昙华林文艺季刊》2016年冬季号。引用时文字有微调。

图 17 装修完工的翟雅阁博物馆一楼沙龙区

资料来源：赵逵工作室供图。

图 18 修缮伊始的翟雅阁博物馆一楼沙龙区

资料来源：2016 年 11 月研究中心团队成员刘建林摄。

（1）传播——设计之都的"客厅"。武汉设计之都的品牌发布、媒体传播与交流；设计创新成果推广，设计新锐、名家、大师作品展示。

（2）产业——促进中心的实体运营。作为运营实体组织，联络设计之都促进中心的产业对接、综合设计、艺术形象和品牌服务。

（3）文化——翟雅阁博物馆。对公众开放，展示以武昌古城为核心的城市历史文脉，介绍以翟雅阁博物馆为代表的历史建筑维修、维护和再利用

图 19　修缮后的翟雅阁博物馆二楼大厅

资料来源：2016 年 11 月研究中心团队成员刘建林摄。

示范。①

另据运营公司负责人透露，翟雅阁博物馆自 2016 年 11 月 11 日开馆以来，受到社会各界的广泛关注，累计参观人数达 5 万人次。市民和游客参观，平时每天约 150 人次，周末则翻倍至每天 300 人次。截至 2017 年 6 月 30 日，共接待 83 次领导/团体的预约参观，其中规模较大的有 32 次。

领导/团体的预约参观主要分为政府接待、商务接待、学术交流、学校集体参观及其他团体参观五大类。其中，政府接待主要接待湖北省、武汉市及下辖各区的领导，还有来自其他城市的政府工作人员；商务接待主要包括地产公司、投资机构等大型商业机构组织的各项活动；学术交流主要包括在翟雅阁博物馆举办的学术交流、学术论坛等活动；学校集体参观主要来自翟雅阁博物馆附近的中小学学生以及武汉市的大学生；其他团体参观则来源较多，既有由武汉市各街道社区组织的市民参观，也有很多外地旅游团，参观目的以学习古建修复与再利用为主，还有部分老校友结伴

---

① 功能描述由运营公司提供，文字略有改动。

前来寻根问祖。

总体而言，翟雅阁博物馆的功能布局合理，运营公司的组织接待与讲解工作开展有序，活动种类与形式丰富多样，运营状况良好，广大市民、政府、企业、学校、社区等各类社会团体的参观与使用体验较好，翟雅阁博物馆真正成为"促进公众参加国际交流，提升武汉城市形象、影响力和美誉度"的武汉设计之都"客厅"。

综上可知，翟雅各健身所的保护与再利用项目，在深入调研与挖掘历史信息，完整保留其历史信息与情感价值的前提下，通过合理改造，顺利实现了由体育馆到博物馆的功能置换，并且取得了巨大的经济价值，真正实现了可持续发展。同时，也提升了城市品牌形象，有力地推动了武汉文化创意产业的发展。正如同济大学伍江副校长所说："越有创意的人越懂得建筑遗产保护，越懂得建筑遗产保护的人越有创意。"[1]

近年来，伴随着经济的迅猛发展，武汉市正面临新一轮的高速城市建设，这必然会对如何处理历史建筑保护与经济发展之间的关系提出新的挑战。2017年6月，武汉市政府正式向联合国教科文组织申报"设计之都"，提出的口号是"老城新生"，意即希望加入创意城市网络，推进创意设计产业发展，让老城市焕发新活力。这无疑给武汉的历史建筑保护与再利用提供了一条新思路，即在不破坏城市肌理和城市文脉的前提下，抓住市民大众对旧建筑的良好情感，通过合理改造，尽量减少对重要结构的改变，同时增加新功能，吸引大批市民及企事业单位前来参观或开展活动，真正实现历史文脉保护和经济发展的完美协调。而翟雅各健身所的修缮与功能置换及其后的良好运营，正可作为武汉市在新阶段历史建筑保护与再利用的学习典范。

（在本文的写作过程中，得到了武汉设计之都运营管理有限公司负责人邱芬同志提供的翟雅阁博物馆运营情况详细说明，在此谨致谢忱。）

---

[1] 伍江先生在上海"城市发现"开幕酒会上的致辞，转引自粟轶君《谈上海近代历史建筑保护、利用中新旧形式关系》，《南方建筑》2006年第12期。

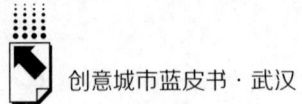

附：翟雅阁博物馆活动一览

序号	时间	活动内容
1	2016年11月11日下午	翟雅阁博物馆竣工验收暨开馆仪式
2	2016年11月13日上午	无界沙龙(2016年)
3	2016年11月15日上午	建委申都专班月中工作会议
4	2016年11月18日下午	沙龙活动(翟雅阁博物馆一楼)
5	2016年11月18日上午	促进中心与粮道街办事处联席会议
6	2016年11月30日下午	武汉土木建筑学会秘书长工作会议
7	2016年12月8日上午	武汉市申报设计之都国际推介研讨会
8	2016年12月8日下午	《2030可持续发展议程:武汉设计行动方案》专家评审会
9	2016年12月9日上午	武汉土木建筑学会第九次会员代表大会
10	2016年12月18日下午	2016年"东+西"国际设计周国际插画艺术大展学术研讨会
11	2016年12月19日下午	"追梦大城,回望设计——2016武汉设计年度发布盛典"工作布置会
12	2016年12月24日下午	追梦大城,回望设计——2016武汉设计年度发布盛典
13	2017年1月15日晚	徐勇民"再建文档"首发式
14	2017年1月19日下午	中国武汉工程设计产业联盟秘书处暨武汉设计之都促进中心第一次秘书长联席会议
15	2017年3月3日下午	2017年武汉建筑行业协会联席会第一次会议
16	2017年3月7日上午	2017年中国现代木结构建筑武汉论坛
17	2017年3月10日上午	MFA全国巡展——湖北美术学院站展览研讨会
18	2017年3月20日全天	中英"非凡城市"周
19	2017年3月23日上午	政协武昌区提案委员会2017年第一次全体会议
20	2017年3月24日上午	"武汉市加入联合国教科文组织创意城市网络设计之都申请表"专家研讨会
21	2017年4月6日	《一个人与一座城》——武昌城市记忆系列展
22	2017年4月19日	湖北鄂州航空都市区产业园区配套基础设施项目综合设计策划报告内审会
23	2017年4月25日	《长江周刊》五周年庆典暨首届"向世界推介武汉"优秀外国读者颁奖典礼
24	2017年4月27日	武汉土木建筑学会第九届第二次常务理事扩大会议
25	2017年5月5日	武昌区物联网智慧化暨产业创新升级推介会

续表

序号	时间	活动内容
26	2017年5月20日	中国民主建国会武汉市武昌区委员会《风雨同舟》出版座谈会
27	2017年5月31日	武昌区人文历史故事资源发掘座谈会
28	2017年6月9日	武昌区档案局2017年"国际档案日"活动:档案——我们共同的记忆
29	2017年6月10日	九三学社武汉市委员会活动:忆峥嵘岁月不忘初心,品古城新韵传承人文
30	2017年6月27日	中国勘察设计协会调研中国武汉工程设计产业联盟座谈会
31	2017年6月28日	武汉设计之都促进中心第一届理事会第一次全体会议
32	2017年6月30日	武汉共享遗产研究会2017年第一次代表大会

资料来源:武汉设计之都运营管理有限公司。

附 录
Appendix

B.20
2016年武汉文化改革发展大事记

1月

8日

武汉市文化产业发展引导基金理事会第一次会议召开。会议通报了《武汉市文化产业发展引导基金组建方案》（武文产办〔2015〕6号）、《武汉市文化产业发展引导基金理事会名单》（武文产办〔2015〕7号）、《武汉市文化产业发展引导基金实施暂行办法》（武文产办〔2015〕8号），审议了《武汉市文化产业发展引导基金理事会会议议事规则》《武汉市文化产业发展引导基金评审规则》《武汉市文化产业发展引导基金风险控制及考核办法》等制度。

14日

武汉市委常委、宣传部部长李述永组织召开新媒体建设会议，研究新媒体平台建设、基金组建、交流合作等事项。

22 日

武汉市宣传战线文化改革发展工作务虚会召开,会议传达了全国宣传部部长会议精神,通报了 2016 年全市文化改革发展重点工作安排。

27 日

武汉市委常委、宣传部部长李述永会见协同创新基金管理有限公司董事长、总裁李万寿一行。

2月

16 日

时任湖北省委常委、武汉市委书记阮成发一行专题调研九派新媒体平台建设情况,并召开座谈会。他提出以下几点要求:要始终坚持正确的政治方向,牢牢把握正确的舆论导向,不断提高传播力、影响力和话语权;要不断改革创新、开创新局面,探索完善党的领导、政府支持、企业主导、市场化运作的科学机制,坚守、强化媒体主业,兼顾新闻性和思想性,逐步布局国内主要城市,并走向世界,使武汉新媒体的影响力与武汉正努力建设的国家中心城市、中国中部中心目标定位相匹配;要迅速做实九派智库,加强制度创新,团结和凝聚一批在全球有影响力的专家学者为武汉所用、为发展出谋划策;要加快中文大数据采集挖掘技术的产业化发展,一手抓好九派新媒体平台建设,一手抓好核心技术产业化。他还要求市直各部门大力支持九派,加大政策、资金等各方面的扶持力度,推动九派大胆探索创新。武汉市领导冯记春、龙正才、胡立山、李述永、蔡杰参加调研。

18 日

时任湖北省委书记李鸿忠到九派(武汉)全媒体股份有限公司调研并召开座谈会。他勉励九派在坚持正确舆论导向的前提下,坚持把社会效益放在首位,实现社会效益和经济效益相统一;发挥大数据技术支撑和网络话语体系的独特优势,打造九派模式,彰显九派价值,为壮大主流思想舆论、巩固马克思主义在意识形态领域的指导地位、巩固人民群众团结奋斗的共同思想基础做出新的更大贡献。

26日

武汉市委宣传部、武汉市统计局联合组织召开2016年全市文化产业统计工作会议。会议就建立健全文化产业统计调查网络、完善文化产业单位名录库、适时跟踪重点企业数据、做好做实文化产业统计提出要求。

3月

2日

"武汉智慧文化消费平台"上线仪式暨第四届武汉中华优秀戏曲文化艺术节新闻发布会在武汉剧院举行。"武汉智慧文化消费平台"是集消费、演出、交易、技术、生产、运营、管理、预测、预警等于一体的互联网消费服务平台。此次文化节运用"互联网+剧院"的合作模式,让大数据技术服务于中华传统文化艺术。

2日

湖北省委宣传部副部长邓务贵一行调研武汉落地创意文化传播有限公司、九派(武汉)全媒体股份有限公司。

21日

武汉市委常委会听取长江日报报业集团和武汉广播电视台关于深化改革推进转型发展、全力打造新型主流媒体的工作汇报,要求市属两家主流媒体坚持党的新闻舆论工作的正确政治方向,坚守习近平总书记对媒体提出的48字职责使命要求,坚定不移做大做强《长江日报》、武汉广播电视台,壮大主流舆论阵地。

25日

武汉经济技术开发区举行现代服务业重大项目签约、揭牌仪式,中智公司华中总部、当当网全球数字出版总部、财富传媒等六个现代服务业项目集中落户经济技术开发区。

31日

武汉市委常委、宣传部部长李述永,武汉市人民政府副市长刘英姿、王立召集推进琴台艺术中心升级工作专题会。

4月

9日

武汉市委宣传部、武汉市城建委在武汉创意天地主办"武汉申都·设计创意市集",此举标志着武汉向联合国申报"设计之都"正式启动。

14日

武汉市委宣传部在武汉会议中心举办"互联网+文化跨界融合"专题报告会,四位中韩业界专家分别做了题为"文化产业发展与城市建设的内在联系""韩国文化产业发展的经验""动漫——与年轻群体沟通的全新语言体系""大武汉文化产业发展路径建设"的专题报告。

5月

9~14日

武汉市委常委、宣传部部长李述永带队参加深圳文博会,并学习考察长沙、深圳、宁波等地的文化产业发展情况。

12日

中宣部在深圳召开以新发展理念引领文化改革发展座谈会,会上公布了全国"文化企业30强"名单,湖北长江广电传媒集团有限责任公司成功入选。

20日

全市宣传战线重点工作调度会暨文化改革发展工作座谈会举行。会议要求各区和市直宣传文化战线各单位结合实际做好"十三五"文化产业发展规划编制、重点项目库建设、文化产业统计、优秀传统文化传承等工作,促进武汉市文化产业大发展大繁荣。

25日

武汉市委、市政府召开长报集团、武汉广电深化体制改革专题会。

6月

14日

湖北省版权局授予武汉出版社湖北省版权示范单位称号。

23日

"国家战略实施综合服务平台"上线新闻发布会在武汉会议中心举行。平台主要包括"中国梦""一带一路""G20""全面深化改革"等社会化数据监测板块，旨在从国家战略的层面，科学解析政策走向、舆论导向和舆情动向，增强武汉的国际话语权。

26日

"武汉中小学生创意设计大赛"颁奖仪式在武汉市财贸学校举行。

7月

21日

中国非遗基金首发仪式在香港举行。该基金由武汉旅游发展投资集团旗下武汉非遗文化传播有限公司发行，是世界上第一只专注于非物质文化遗产的面向全球募集的开放式基金，计划终极募集资金30亿元。

28日

武汉市文化产业发展引导基金理事会2016年第3次会议在武汉会议中心一楼盘龙厅举行。会议审议通过了关于武汉楚天协同创投基金管理有限公司申请引导基金参股设立武汉市文化产业发展基金（第一期）的议案。

28日

武汉市委、市政府再次组织召开市属新闻媒体单位体制机制改革专题会议。

8月

4~12日

武汉市委常委、宣传部部长李述永率团出访芬兰、英国和意大利,专题考察芬兰赫尔辛基和英国邓迪等设计之都的建设情况,并参加威尼斯建筑双年展活动。

26日

武汉市第十三届人大常委会公布了《武汉市非物质文化遗产保护条例》。自此,武汉市成为全国副省级及省会城市中唯一一个具有非遗保护地方性法规的城市。

9月

8日

武汉天河电影控股集团有限公司正式挂牌成立,标志着武汉电影公司深化改革工作取得重要阶段性成果。

9日

武汉市委常委、宣传部部长李述永调研武汉广播电视台(集团),要求以时不我待的精神和自我革命的勇气推动全面深化改革,尽快走出一条切合实际的发展之路。

18日

武汉市人民政府市长万勇主持召开市人民政府第189次常务会议,审议《武汉市文化产业发展"十三五"规划(送审稿)》。会议强调,要围绕建设国家中心城市目标,科学谋划武汉市文化产业发展,大力推进文化与科技、金融、旅游、"三农"等领域的融合,要着眼发挥超大城市的核心引领作用,进一步突出武汉特色,重振汉派文化雄风。

20 日

武汉市委常委、宣传部部长李述永组织召开琴台中央艺术区项目进展情况专题汇报会。

23 日

2016年中国（武汉）期刊交易博览会（以下简称刊博会）在武汉国际博览中心开幕。本届刊博会的主题是"新理念、新融合、新发展"。展馆面积为6万多平方米，分为国内期刊展区、国内期刊新媒体馆、海外期刊馆、动漫馆、少儿馆、图书馆配馆、书法报刊馆、主宾行业示范馆、印刷设备馆、教育图书与教育装备馆等。刊博会策划组织了200余场活动，既有行业前沿的高端论坛、峰会、研讨会、交流会，又有大众喜爱的儿童绘本、动漫展示、健康讲座等。

23 日

在九派新媒体平台上线一周年之际，中国首届主流新媒体高峰论坛暨新媒体和自媒体合作高峰论坛在武汉举行。此次高峰论坛以"新媒体深度创新：内容和技术的融合发展"为主题，来自全国150余家的中央级、省市级以及平台级主流新媒体负责人和互联网业界人士、知名专家学者等300多名嘉宾荟萃江城，就新形势下主流新媒体应如何发挥各自优势、如何将技术与内容有机整合进行了全方位交流、讨论和碰撞。

23 日

武汉出版社成立30周年座谈会在武汉国际博览中心会议中心举行。会上，武汉出版集团向武汉城市文化专家委员会专家颁发聘书，武汉出版社分别与湖北大学、湖北省社会科学院签订了合作协议。

27 日

武汉广播影视传媒集团有限责任公司正式挂牌。

10月

8 日

武汉市委常委会审议并原则通过《武汉市文化产业发展"十三五"规划》。

20 日

时任武汉市委常委、常务副市长龙正才,市委常委、宣传部部长李述永组织召开武汉广电演播厅、琴台文化艺术区项目专题会。

11月

8 日

武汉市委副书记陈瑞峰调研长江日报报业集团改革进展情况。

13 日

武汉设计之都圆桌会议在武汉会议中心举行。武汉市副市长刘英姿会见由联合国教科文组织文化助理总干事弗朗西斯科·班德林及10多名中外专家组成的考察团,并就武汉申报设计之都听取中外专家建议。

12月

12 日

市文资办(市委宣传部)组织召开市属文化企业负责人经营业绩考评工作部署会。会上下发了《武汉市属文化企业负责人经营业绩考核与薪酬管理规定(试行)》(武文资〔2016〕2号)和《关于做好2016年度市属文化企业负责人经营业绩考评工作的通知》(武文资办文〔2016〕18号)。

20 日

以"文汇荆楚 梦圆长江"为主题的2016年中国文化产业峰会暨首届荆楚文创节在武汉开幕。文化企业领军人物、长江经济带沿线多地政府代表、专家学者等近千人共聚一堂,围绕长江经济带文化产业发展分享经验,共商大计。

24 日

"追梦大城,回望设计——2016武汉设计年度发布盛典"在"武汉设计之都客厅"武昌翟雅阁举行,全市11个创意设计行业现场发布该行业年度最优秀作品。此举是武汉创意设计行业的首次集体"发声",标志着武汉创意设计行业共同宣告申报联合国教科文组织创意城市网络设计之都。

社会科学文献出版社　　　　　　　　　　　　**皮书系列**

❖ 皮书起源 ❖

"皮书"起源于十七、十八世纪的英国，主要指官方或社会组织正式发表的重要文件或报告，多以"白皮书"命名。在中国，"皮书"这一概念被社会广泛接受，并被成功运作、发展成为一种全新的出版形态，则源于中国社会科学院社会科学文献出版社。

❖ 皮书定义 ❖

皮书是对中国与世界发展状况和热点问题进行年度监测，以专业的角度、专家的视野和实证研究方法，针对某一领域或区域现状与发展态势展开分析和预测，具备原创性、实证性、专业性、连续性、前沿性、时效性等特点的公开出版物，由一系列权威研究报告组成。

❖ 皮书作者 ❖

皮书系列的作者以中国社会科学院、著名高校、地方社会科学院的研究人员为主，多为国内一流研究机构的权威专家学者，他们的看法和观点代表了学界对中国与世界的现实和未来最高水平的解读与分析。

❖ 皮书荣誉 ❖

皮书系列已成为社会科学文献出版社的著名图书品牌和中国社会科学院的知名学术品牌。2016年，皮书系列正式列入"十三五"国家重点出版规划项目；2012~2016年，重点皮书列入中国社会科学院承担的国家哲学社会科学创新工程项目；2017年，55种院外皮书使用"中国社会科学院创新工程学术出版项目"标识。

中国皮书网

发布皮书研创资讯，传播皮书精彩内容
引领皮书出版潮流，打造皮书服务平台

栏目设置

关于皮书：何谓皮书、皮书分类、皮书大事记、皮书荣誉、
皮书出版第一人、皮书编辑部

最新资讯：通知公告、新闻动态、媒体聚焦、网站专题、视频直播、下载专区

皮书研创：皮书规范、皮书选题、皮书出版、皮书研究、研创团队

皮书评奖评价：指标体系、皮书评价、皮书评奖

互动专区：皮书说、皮书智库、皮书微博、数据库微博

所获荣誉

2008年、2011年，中国皮书网均在全国新闻出版业网站荣誉评选中获得"最具商业价值网站"称号；

2012年，获得"出版业网站百强"称号。

网库合一

2014年，中国皮书网与皮书数据库端口合一，实现资源共享。更多详情请登录www.pishu.cn。

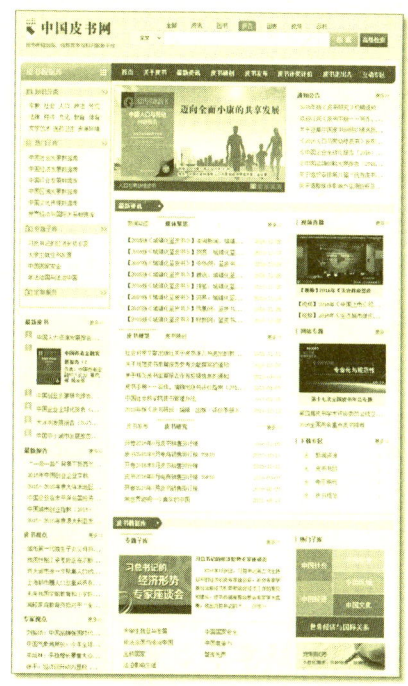

权威报告·热点资讯·特色资源

皮书数据库
ANNUAL REPORT(YEARBOOK) DATABASE

当代中国与世界发展高端智库平台

所获荣誉

- 2016年，入选"国家'十三五'电子出版物出版规划骨干工程"
- 2015年，荣获"搜索中国正能量 点赞2015""创新中国科技创新奖"
- 2013年，荣获"中国出版政府奖·网络出版物奖"提名奖
- 连续多年荣获中国数字出版博览会"数字出版·优秀品牌"奖

成为会员

通过网址www.pishu.com.cn或使用手机扫描二维码进入皮书数据库网站，进行手机号码验证或邮箱验证即可成为皮书数据库会员（建议通过手机号码快速验证注册）。

会员福利

- 使用手机号码首次注册会员可直接获得100元体验金，不需充值即可购买和查看数据库内容（仅限使用手机号码快速注册）。
- 已注册用户购书后可免费获赠100元皮书数据库充值卡。刮开充值卡涂层获取充值密码，登录并进入"会员中心"—"在线充值"—"充值卡充值"，充值成功后即可购买和查看数据库内容。

卡号：775337565587
密码：

数据库服务热线：400-008-6695
数据库服务QQ：2475522410
数据库服务邮箱：database@ssap.cn
图书销售热线：010-59367070/7028
图书服务QQ：1265056568
图书服务邮箱：duzhe@ssap.cn

子库介绍
Sub-Database Introduction

中国经济发展数据库

涵盖宏观经济、农业经济、工业经济、产业经济、财政金融、交通旅游、商业贸易、劳动经济、企业经济、房地产经济、城市经济、区域经济等领域，为用户实时了解经济运行态势、把握经济发展规律、洞察经济形势、做出经济决策提供参考和依据。

中国社会发展数据库

全面整合国内外有关中国社会发展的统计数据、深度分析报告、专家解读和热点资讯构建而成的专业学术数据库。涉及宗教、社会、人口、政治、外交、法律、文化、教育、体育、文学艺术、医药卫生、资源环境等多个领域。

中国行业发展数据库

以中国国民经济行业分类为依据，跟踪分析国民经济各行业市场运行状况和政策导向，提供行业发展最前沿的资讯，为用户投资、从业及各种经济决策提供理论基础和实践指导。内容涵盖农业，能源与矿产业，交通运输业，制造业，金融业，房地产业，租赁和商务服务业，科学研究，环境和公共设施管理，居民服务业，教育，卫生和社会保障，文化、体育和娱乐业等100余个行业。

中国区域发展数据库

对特定区域内的经济、社会、文化、法治、资源环境等领域的现状与发展情况进行分析和预测。涵盖中部、西部、东北、西北等地区，长三角、珠三角、黄三角、京津冀、环渤海、合肥经济圈、长株潭城市群、关中—天水经济区、海峡经济区等区域经济体和城市圈，北京、上海、浙江、河南、陕西等34个省份及中国台湾地区。

中国文化传媒数据库

包括文化事业、文化产业、宗教、群众文化、图书馆事业、博物馆事业、档案事业、语言文字、文学、历史地理、新闻传播、广播电视、出版事业、艺术、电影、娱乐等多个子库。

世界经济与国际关系数据库

以皮书系列中涉及世界经济与国际关系的研究成果为基础，全面整合国内外有关世界经济与国际关系的统计数据、深度分析报告、专家解读和热点资讯构建而成的专业学术数据库。包括世界经济、国际政治、世界文化与科技、全球性问题、国际组织与国际法、区域研究等多个子库。

法律声明

"皮书系列"(含蓝皮书、绿皮书、黄皮书)之品牌由社会科学文献出版社最早使用并持续至今,现已被中国图书市场所熟知。"皮书系列"的 LOGO( )与"经济蓝皮书""社会蓝皮书"均已在中华人民共和国国家工商行政管理总局商标局登记注册。"皮书系列"图书的注册商标专用权及封面设计、版式设计的著作权均为社会科学文献出版社所有。未经社会科学文献出版社书面授权许可,任何使用与"皮书系列"图书注册商标、封面设计、版式设计相同或者近似的文字、图形或其组合的行为均系侵权行为。

经作者授权,本书的专有出版权及信息网络传播权为社会科学文献出版社享有。未经社会科学文献出版社书面授权许可,任何就本书内容的复制、发行或以数字形式进行网络传播的行为均系侵权行为。

社会科学文献出版社将通过法律途径追究上述侵权行为的法律责任,维护自身合法权益。

欢迎社会各界人士对侵犯社会科学文献出版社上述权利的侵权行为进行举报。电话:010-59367121,电子邮箱:fawubu@ssap.cn。

社会科学文献出版社

皮书系列

2018年

智库成果出版与传播平台

社会科学文献出版社
SOCIAL SCIENCES ACADEMIC PRESS (CHINA)

版本索引

社长致辞

蓦然回首,皮书的专业化历程已经走过了二十年。20年来从一个出版社的学术产品名称到媒体热词再到智库成果研创及传播平台,皮书以专业化为主线,进行了系列化、市场化、品牌化、数字化、国际化、平台化的运作,实现了跨越式的发展。特别是在党的十八大以后,以习近平总书记为核心的党中央高度重视新型智库建设,皮书也迎来了长足的发展,总品种达到600余种,经过专业评审机制、淘汰机制遴选,目前,每年稳定出版近400个品种。"皮书"已经成为中国新型智库建设的抓手,成为国际国内社会各界快速、便捷地了解真实中国的最佳窗口。

20年孜孜以求,"皮书"始终将自己的研究视野与经济社会发展中的前沿热点问题紧密相连。600个研究领域,3万多位分布于800余个研究机构的专家学者参与了研创写作。皮书数据库中共收录了15万篇专业报告、50余万张数据图表,合计30亿字,每年报告下载量近80万次。皮书为中国学术与社会发展实践的结合提供了一个激荡智力、传播思想的入口,皮书作者们用学术的话语、客观翔实的数据谱写出了中国故事壮丽的篇章。

20年跬步千里,"皮书"始终将自己的发展与时代赋予的使命与责任紧紧相连。每年百余场新闻发布会,10万余次中外媒体报道,中、英、俄、日、韩等12个语种共同出版。皮书所具有的凝聚力正在形成一种无形的力量,吸引着社会各界关注中国的发展,参与中国的发展,它是我们向世界传递中国声音、总结中国经验、争取中国国际话语权最主要的平台。

皮书这一系列成就的取得,得益于中国改革开放的伟大时代,离不开来自中国社会科学院、新闻出版广电总局、全国哲学社会科学规划办公室等主管部门的大力支持和帮助,也离不开皮书研创者和出版者的共同努力。他们与皮书的故事创造了皮书的历史,他们对皮书的拳拳之心将继续谱写皮书的未来!

现在,"皮书"品牌已经进入了快速成长的青壮年时期。全方位进行规范化管理,树立中国的学术出版标准;不断提升皮书的内容质量和影响力,搭建起中国智库产品和智库建设的交流服务平台和国际传播平台;发布各类皮书指数,并使之成为中国指数,让中国智库的声音响彻世界舞台,为人类的发展做出中国的贡献——这是皮书未来发展的图景。作为"皮书"这个概念的提出者,"皮书"从一般图书到系列图书和品牌图书,最终成为智库研究和社会科学应用对策研究的知识服务和成果推广平台这整个过程的操盘者,我相信,这也是每一位皮书人执着追求的目标。

"当代中国正经历着我国历史上最为广泛而深刻的社会变革,也正在进行着人类历史上最为宏大而独特的实践创新。这种前无古人的伟大实践,必将给理论创造、学术繁荣提供强大动力和广阔空间。"

在这个需要思想而且一定能够产生思想的时代,皮书的研创出版一定能创造出新的更大的辉煌!

社会科学文献出版社社长
中国社会学会秘书长
2017年11月

社会科学文献出版社简介

社会科学文献出版社(以下简称"社科文献出版社")成立于1985年,是直属于中国社会科学院的人文社会科学学术出版机构。成立至今,社科文献出版社始终依托中国社会科学院和国内外人文社会科学界丰厚的学术出版和专家学者资源,坚持"创社科经典,出传世文献"的出版理念、"权威、前沿、原创"的产品定位以及学术成果和智库成果出版的专业化、数字化、国际化、市场化的经营道路。

社科文献出版社是中国新闻出版业转型与文化体制改革的先行者。积极探索文化体制改革的先进方向和现代企业经营决策机制,社科文献出版社先后荣获"全国文化体制改革工作先进单位"、中国出版政府奖·先进出版单位奖,中国社会科学院先进集体、全国科普工作先进集体等荣誉称号。多人次荣获"第十届韬奋出版奖""全国新闻出版行业领军人才""数字出版先进人物""北京市新闻出版广电行业领军人才"等称号。

社科文献出版社是中国人文社会科学学术出版的大社名社,也是以皮书为代表的智库成果出版的专业强社。年出版图书2000余种,其中皮书400余种,出版新书字数5.5亿字,承印与发行中国社科院院属期刊72种,先后创立了皮书系列、列国志、中国史话、社科文献学术译库、社科文献学术文库、甲骨文书系等一大批既有学术影响又有市场价值的品牌,确立了在社会学、近代史、苏东问题研究等专业学科及领域出版的领先地位。图书多次荣获中国出版政府奖、"三个一百"原创图书出版工程、"五个'一'工程奖"、"大众喜爱的50种图书"等奖项,在中央国家机关"强素质·做表率"读书活动中,入选图书品种数位居各大出版社之首。

社科文献出版社是中国学术出版规范与标准的倡议者与制定者,代表全国50多家出版社发起实施学术著作出版规范的倡议,承担学术著作规范国家标准的起草工作,率先编撰完成《皮书手册》对皮书品牌进行规范化管理,并在此基础上推出中国版芝加哥手册——《社科文献出版社学术出版手册》。

社科文献出版社是中国数字出版的引领者,拥有皮书数据库、列国志数据库、"一带一路"数据库、减贫数据库、集刊数据库等4大产品线11个数据库产品,机构用户达1300余家,海外用户百余家,荣获"数字出版转型示范单位""新闻出版标准化先进单位""专业数字内容资源知识服务模式试点企业标准化示范单位"等称号。

社科文献出版社是中国学术出版走出去的践行者。社科文献出版社海外图书出版与学术合作业务遍及全球40余个国家和地区,并于2016年成立俄罗斯分社,累计输出图书500余种,涉及近20个语种,累计获得国家社科基金中华学术外译项目资助76种、"丝路书香工程"项目资助60种、中国图书对外推广计划项目资助71种以及经典中国国际出版工程资助28种,被五部委联合认定为"2015-2016年度国家文化出口重点企业"。

如今,社科文献出版社完全靠自身积累拥有固定资产3.6亿元,年收入3亿元,设置了七大出版分社、六大专业部门,成立了皮书研究院和博士后科研工作站,培养了一支近400人的高素质与高效率的编辑、出版、营销和国际推广队伍,为未来成为学术出版的大社、名社、强社,成为文化体制改革与文化企业转型发展的排头兵奠定了坚实的基础。

 宏观经济类 皮书系列 重点推荐

宏 观 经 济 类

经济蓝皮书
2018年中国经济形势分析与预测

李平/主编 2017年12月出版 定价：89.00元

◆ 本书为总理基金项目，由著名经济学家李扬领衔，联合中国社会科学院等数十家科研机构、国家部委和高等院校的专家共同撰写，系统分析了2017年的中国经济形势并预测2018年中国经济运行情况。

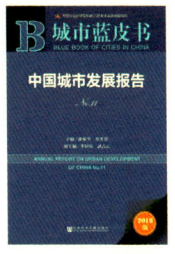

城市蓝皮书
中国城市发展报告 No.11

潘家华 单菁菁/主编 2018年9月出版 估价：99.00元

◆ 本书是由中国社会科学院城市发展与环境研究中心编著的、多角度、全方位地立体展示了中国城市的发展状况，并对中国城市的未来发展提出了许多建议。该书有强烈的时代感，对中国城市发展实践有重要的参考价值。

人口与劳动绿皮书
中国人口与劳动问题报告 No.19

张车伟/主编 2018年10月出版 估价：99.00元

◆ 本书为中国社会科学院人口与劳动经济研究所主编的年度报告，对当前中国人口与劳动形势做了比较全面和系统的深入讨论，为研究中国人口与劳动问题提供了一个专业性的视角。

宏观经济类・区域经济类

中国省域竞争力蓝皮书
中国省域经济综合竞争力发展报告（2017～2018）

李建平　李闽榕　高燕京／主编　2018年5月出版　估价：198.00元

◆ 本书融多学科的理论为一体，深入追踪研究了省域经济发展与中国国家竞争力的内在关系，为提升中国省域经济综合竞争力提供有价值的决策依据。

金融蓝皮书
中国金融发展报告（2018）

王国刚／主编　2018年2月出版　估价：99.00元

◆ 本书由中国社会科学院金融研究所组织编写，概括和分析了2017年中国金融发展和运行中的各方面情况，研讨和评论了2017年发生的主要金融事件，有利于读者了解掌握2017年中国的金融状况，把握2018年中国金融的走势。

区域经济类

京津冀蓝皮书
京津冀发展报告（2018）

祝合良　叶堂林　张贵祥／等著　2018年6月出版　估价：99.00元

◆ 本书遵循问题导向与目标导向相结合、统计数据分析与大数据分析相结合、纵向分析和长期监测与结构分析和综合监测相结合等原则，对京津冀协同发展新形势与新进展进行测度与评价。

 社会政法类 　　皮书系列 重点推荐

社会政法类

社会蓝皮书
2018年中国社会形势分析与预测

李培林　陈光金　张翼/主编　2017年12月出版　定价：89.00元

◆ 本书由中国社会科学院社会学研究所组织研究机构专家、高校学者和政府研究人员撰写，聚焦当下社会热点，对2017年中国社会发展的各个方面内容进行了权威解读，同时对2018年社会形势发展趋势进行了预测。

法治蓝皮书
中国法治发展报告 No.16（2018）

李林　田禾/主编　2018年3月出版　估价：118.00元

◆ 本年度法治蓝皮书回顾总结了2017年度中国法治发展取得的成就和存在的不足，对中国政府、司法、检务透明度进行了跟踪调研，并对2018年中国法治发展形势进行了预测和展望。

教育蓝皮书
中国教育发展报告（2018）

杨东平/主编　2018年4月出版　估价：99.00元

◆ 本书重点关注了2017年教育领域的热点，资料翔实，分析有据，既有专题研究，又有实践案例，从多角度对2017年教育改革和实践进行了分析和研究。

社会政法类

社会体制蓝皮书
中国社会体制改革报告 No.6（2018）

龚维斌/主编　2018年3月出版　估价：99.00元

◆ 本书由国家行政学院社会治理研究中心和北京师范大学中国社会管理研究院共同组织编写，主要对2017年社会体制改革情况进行回顾和总结，对2018年的改革走向进行分析，提出相关政策建议。

社会心态蓝皮书
中国社会心态研究报告（2018）

王俊秀　杨宜音/主编　2018年12月出版　估价：99.00元

◆ 本书是中国社会科学院社会学研究所社会心理研究中心"社会心态蓝皮书课题组"的年度研究成果，运用社会心理学、社会学、经济学、传播学等多种学科的方法进行了调查和研究，对于目前中国社会心态状况有较广泛和深入的揭示。

华侨华人蓝皮书
华侨华人研究报告（2018）

贾益民/主编　2018年1月出版　估价：139.00元

◆ 本书关注华侨华人生产与生活的方方面面。华侨华人是中国建设21世纪海上丝绸之路的重要中介者、推动者和参与者。本书旨在全面调研华侨华人，提供最新涉侨动态、理论研究成果和政策建议。

民族发展蓝皮书
中国民族发展报告（2018）

王延中/主编　2018年10月出版　估价：188.00元

◆ 本书从民族学人类学视角，研究近年来少数民族和民族地区的发展情况，展示民族地区经济、政治、文化、社会和生态文明"五位一体"建设取得的辉煌成就和面临的困难挑战，为深刻理解中央民族工作会议精神、加快民族地区全面建成小康社会进程提供了实证材料。

 产业经济类 · 行业及其他类

产业经济类

房地产蓝皮书
中国房地产发展报告 No.15（2018）

李春华 王业强 / 主编　2018 年 5 月出版　估价：99.00 元

◆ 2018 年《房地产蓝皮书》持续追踪中国房地产市场最新动态，深度剖析市场热点，展望 2018 年发展趋势，积极谋划应对策略。对 2017 年房地产市场的发展态势进行全面、综合的分析。

新能源汽车蓝皮书
中国新能源汽车产业发展报告（2018）

中国汽车技术研究中心　日产（中国）投资有限公司
东风汽车有限公司 / 编著　2018 年 8 月出版　估价：99.00 元

◆ 本书对中国 2017 年新能源汽车产业发展进行了全面系统的分析，并介绍了国外的发展经验。有助于相关机构、行业和社会公众等了解中国新能源汽车产业发展的最新动态，为政府部门出台新能源汽车产业相关政策法规、企业制定相关战略规划，提供必要的借鉴和参考。

行业及其他类

旅游绿皮书
2017～2018 年中国旅游发展分析与预测

中国社会科学院旅游研究中心 / 编　2018 年 2 月出版　估价：99.00 元

◆ 本书从政策、产业、市场、社会等多个角度勾画出 2017 年中国旅游发展全貌，剖析了其中的热点和核心问题，并就未来发展作出预测。

7

皮书系列重点推荐 行业及其他类

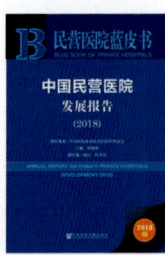

民营医院蓝皮书
中国民营医院发展报告（2018）
薛晓林 / 主编　2018 年 1 月出版　估价：99.00 元

◆ 本书在梳理国家对社会办医的各种利好政策的前提下，对我国民营医疗发展现状、我国民营医院竞争力进行了分析，并结合我国医疗体制改革对民营医院的发展趋势、发展策略、战略规划等方面进行了预估。

会展蓝皮书
中外会展业动态评估研究报告（2018）
张敏 / 主编　2018 年 12 月出版　估价：99.00 元

◆ 本书回顾了 2017 年的会展业发展动态，结合"供给侧改革"、"互联网+"、"绿色经济"的新形势分析了我国展会的行业现状，并介绍了国外的发展经验，有助于行业和社会了解最新的展会业动态。

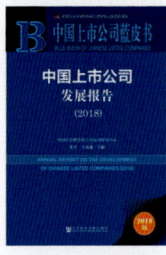

中国上市公司蓝皮书
中国上市公司发展报告（2018）
张平　王宏淼 / 主编　2018 年 9 月出版　估价：99.00 元

◆ 本书由中国社会科学院上市公司研究中心组织编写的，着力于全面、真实、客观反映当前中国上市公司财务状况和价值评估的综合性年度报告。本书详尽分析了 2017 年中国上市公司情况，特别是现实中暴露出的制度性、基础性问题，并对资本市场改革进行了探讨。

工业和信息化蓝皮书
人工智能发展报告（2017~2018）
尹丽波 / 主编　2018 年 6 月出版　估价：99.00 元

◆ 本书国家工业信息安全发展研究中心在对 2017 年全球人工智能技术和产业进行全面跟踪研究基础上形成的研究报告。该报告内容翔实、视角独特，具有较强的产业发展前瞻性和预测性，可为相关主管部门、行业协会、企业等全面了解人工智能发展形势以及进行科学决策提供参考。

国际问题与全球治理类

国际问题与全球治理类

世界经济黄皮书
2018年世界经济形势分析与预测
张宇燕/主编 2018年1月出版 估价：99.00元

◆ 本书由中国社会科学院世界经济与政治研究所的研究团队撰写，分总论、国别与地区、专题、热点、世界经济统计与预测等五个部分，对2018年世界经济形势进行了分析。

国际城市蓝皮书
国际城市发展报告（2018）
屠启宇/主编 2018年2月出版 估价：99.00元

◆ 本书作者以上海社会科学院从事国际城市研究的学者团队为核心，汇集同济大学、华东师范大学、复旦大学、上海交通大学、南京大学、浙江大学相关城市研究专业学者。立足动态跟踪介绍国际城市发展时间中，最新出现的重大战略、重大理念、重大项目、重大报告和最佳案例。

非洲黄皮书
非洲发展报告No.20（2017～2018）
张宏明/主编 2018年7月出版 估价：99.00元

◆ 本书是由中国社会科学院西亚非洲研究所组织编撰的非洲形势年度报告，比较全面、系统地分析了2017年非洲政治形势和热点问题，探讨了非洲经济形势和市场走向，剖析了大国对非洲关系的新动向；此外，还介绍了国内非洲研究的新成果。

国别类

美国蓝皮书
美国研究报告(2018)

郑秉文 黄平/主编　2018年5月出版　估价:99.00元

◆ 本书是由中国社会科学院美国研究所主持完成的研究成果,它回顾了美国2017年的经济、政治形势与外交战略,对美国内政外交发生的重大事件及重要政策进行了较为全面的回顾和梳理。

德国蓝皮书
德国发展报告(2018)

郑春荣/主编　2018年6月出版　估价:99.00元

◆ 本报告由同济大学德国研究所组织编撰,由该领域的专家学者对德国的政治、经济、社会文化、外交等方面的形势发展情况,进行全面的阐述与分析。

俄罗斯黄皮书
俄罗斯发展报告(2018)

李永全/编著　2018年6月出版　估价:99.00元

◆ 本书系统介绍了2017年俄罗斯经济政治情况,并对2016年该地区发生的焦点、热点问题进行了分析与回顾;在此基础上,对该地区2018年的发展前景进行了预测。

文 化 传 媒 类

新媒体蓝皮书
中国新媒体发展报告 No.9（2018）

唐绪军 / 主编　2018 年 6 月出版　估价：99.00 元

◆ 本书是由中国社会科学院新闻与传播研究所组织编写的关于新媒体发展的最新年度报告，旨在全面分析中国新媒体的发展现状、解读新媒体的发展趋势、探析新媒体的深刻影响。

移动互联网蓝皮书
中国移动互联网发展报告（2018）

余清楚 / 主编　2018 年 6 月出版　估价：99.00 元

◆ 本书着眼于对 2017 年度中国移动互联网的发展情况做深入解析，对未来发展趋势进行预测，力求从不同视角、不同层面全面剖析中国移动互联网发展的现状、年度突破及热点趋势等。

文化蓝皮书
中国文化消费需求景气评价报告（2018）

王亚南 / 主编　2018 年 2 月出版　估价：99.00 元

◆ 本书首创全国文化发展量化检测评价体系，也是至今全国唯一的文化民生量化检测评价体系，对于检验全国及各地"以人民为中心"的文化发展具有首创意义。

地方发展类

北京蓝皮书
北京经济发展报告（2017~2018）

杨松/主编　2018年6月出版　估价：99.00元

◆ 本书对2017年北京市经济发展的整体形势进行了系统性的分析与回顾，并对2018年经济形势走势进行了预测与研判，聚焦北京市经济社会发展中的全局性、战略性和关键领域的重点问题，运用定量和定性分析相结合的方法，对北京市经济社会发展的现状、问题、成因进行了深入分析，提出了可操作性的对策建议。

温州蓝皮书
2018年温州经济社会形势分析与预测

蒋儒标　王春光　金浩/主编　2018年4月出版　估价：99.00元

◆ 本书是中共温州市委党校和中国社会科学院社会学研究所合作推出的第十一本温州蓝皮书，由来自党校、政府部门、科研机构、高校的专家、学者共同撰写的2017年温州区域发展形势的最新研究成果。

黑龙江蓝皮书
黑龙江社会发展报告（2018）

王爱丽/主编　2018年6月出版　估价：99.00元

◆ 本书以千份随机抽样问卷调查和专题研究为依据，运用社会学理论框架和分析方法，从专家和学者的独特视角，对2017年黑龙江省关系民生的问题进行广泛的调研与分析，并对2017年黑龙江省诸多社会热点和焦点问题进行了有益的探索。这些研究不仅可以为政府部门更加全面深入了解省情、科学制定决策提供智力支持，同时也可以为广大读者认识、了解、关注黑龙江社会发展提供理性思考。

宏观经济类

城市蓝皮书
中国城市发展报告（No.11）
著(编)者：潘家华 单菁菁
2018年9月出版 / 估价：99.00元
PSN B-2007-091-1/1

城乡一体化蓝皮书
中国城乡一体化发展报告（2018）
著(编)者：付崇兰
2018年9月出版 / 估价：99.00元
PSN B-2011-226-1/2

城镇化蓝皮书
中国新型城镇化健康发展报告（2018）
著(编)者：张占斌
2018年8月出版 / 估价：99.00元
PSN B-2014-396-1/1

创新蓝皮书
创新型国家建设报告（2018~2019）
著(编)者：詹正茂
2018年12月出版 / 估价：99.00元
PSN B-2009-140-1/1

低碳发展蓝皮书
中国低碳发展报告（2018）
著(编)者：张希良 齐晔
2018年6月出版 / 估价：99.00元
PSN B-2011-223-1/1

低碳经济蓝皮书
中国低碳经济发展报告（2018）
著(编)者：薛进军 赵忠秀
2018年11月出版 / 估价：99.00元
PSN B-2011-194-1/1

发展和改革蓝皮书
中国经济发展和体制改革报告No.9
著(编)者：邹东涛 王再文
2018年1月出版 / 估价：99.00元
PSN B-2008-122-1/1

国家创新蓝皮书
中国创新发展报告（2017）
著(编)者：陈劲
2018年3月出版 / 估价：99.00元
PSN B-2014-370-1/1

金融蓝皮书
中国金融发展报告（2018）
著(编)者：王国刚
2018年2月出版 / 估价：99.00元
PSN B-2004-031-1/7

经济蓝皮书
2018年中国经济形势分析与预测
著(编)者：李平 2017年12月出版 / 定价：89.00元
PSN B-1996-001-1/1

经济蓝皮书春季号
2018年中国经济前景分析
著(编)者：李扬 2018年5月出版 / 估价：99.00元
PSN B-1999-008-1/1

经济蓝皮书夏季号
中国经济增长报告（2017~2018）
著(编)者：李扬 2018年9月出版 / 估价：99.00元
PSN B-2010-176-1/1

经济信息绿皮书
中国与世界经济发展报告（2018）
著(编)者：杜平
2017年12月出版 / 估价：99.00元
PSN G-2003-023-1/1

农村绿皮书
中国农村经济形势分析与预测（2017~2018）
著(编)者：魏后凯 黄秉信
2018年4月出版 / 估价：99.00元
PSN G-1998-003-1/1

人口与劳动绿皮书
中国人口与劳动问题报告No.19
著(编)者：张车伟 2018年11月出版 / 估价：99.00元
PSN G-2000-012-1/1

新型城镇化蓝皮书
新型城镇化发展报告（2017）
著(编)者：李伟 宋敏 沈体雁
2018年3月出版 / 估价：99.00元
PSN B-2005-038-1/1

中国省域竞争力蓝皮书
中国省域经济综合竞争力发展报告（2016~2017）
著(编)者：李建平 李闽榕 高燕京
2018年2月出版 / 估价：198.00元
PSN B-2007-088-1/1

中小城市绿皮书
中国中小城市发展报告（2018）
著(编)者：中国城市经济学会中小城市经济发展委员会
中国城镇化促进会中小城市发展委员会
《中国中小城市发展报告》编纂委员会
中小城市发展战略研究院
2018年11月出版 / 估价：128.00元
PSN G-2010-161-1/1

皮书系列 2018全品种 区域经济类·社会政法类

区域经济类

东北蓝皮书
中国东北地区发展报告（2018）
著(编)者：姜晓秋　2018年11月出版 / 估价：99.00元
PSN B-2006-067-1/1

金融蓝皮书
中国金融中心发展报告（2017~2018）
著(编)者：王力 黄育华　2018年11月出版 / 估价：99.00元
PSN B-2011-186-6/7

京津冀蓝皮书
京津冀发展报告（2018）
著(编)者：祝合良 叶堂林 张贵祥
2018年6月出版 / 估价：99.00元
PSN B-2012-262-1/1

西北蓝皮书
中国西北发展报告（2018）
著(编)者：任宗哲 白宽犁 王建康
2018年4月出版 / 估价：99.00元
PSN B-2012-261-1/1

西部蓝皮书
中国西部发展报告（2018）
著(编)者：璋勇 任保平　2018年8月出版 / 估价：99.00元
PSN B-2005-039-1/1

长江经济带产业蓝皮书
长江经济带产业发展报告（2018）
著(编)者：吴传清　2018年11月出版 / 估价：128.00元
PSN B-2017-666-1/1

长江经济带蓝皮书
长江经济带发展报告（2017~2018）
著(编)者：王振　2018年11月出版 / 估价：99.00元
PSN B-2016-575-1/1

长江中游城市群蓝皮书
长江中游城市群新型城镇化与产业协同发展报告（2018）
著(编)者：杨刚强　2018年11月出版 / 估价：99.00元
PSN B-2016-578-1/1

长三角蓝皮书
2017年创新融合发展的长三角
著(编)者：刘飞跃　2018年3月出版 / 估价：99.00元
PSN B-2005-038-1/1

长株潭城市群蓝皮书
长株潭城市群发展报告（2017）
著(编)者：张萍 朱有志　2018年1月出版 / 估价：99.00元
PSN B-2008-109-1/1

中部竞争力蓝皮书
中国中部经济社会竞争力报告（2018）
著(编)者：教育部人文社会科学重点研究基地南昌大学中国中部经济社会发展研究中心
2018年12月出版 / 估价：99.00元
PSN B-2012-276-1/1

中部蓝皮书
中国中部地区发展报告（2018）
著(编)者：宋亚平　2018年12月出版 / 估价：99.00元
PSN B-2007-089-1/1

区域蓝皮书
中国区域经济发展报告（2017~2018）
著(编)者：赵弘　2018年5月出版 / 估价：99.00元
PSN B-2004-034-1/1

中三角蓝皮书
长江中游城市群发展报告（2018）
著(编)者：秦尊文　2018年9月出版 / 估价：99.00元
PSN B-2014-417-1/1

中原蓝皮书
中原经济区发展报告（2018）
著(编)者：李英杰　2018年6月出版 / 估价：99.00元
PSN B-2011-192-1/1

珠三角流通蓝皮书
珠三角商圈发展研究报告（2018）
著(编)者：王先庆 林至颖　2018年7月出版 / 估价：99.00元
PSN B-2012-292-1/1

社会政法类

北京蓝皮书
中国社区发展报告（2017~2018）
著(编)者：于燕燕　2018年9月出版 / 估价：99.00元
PSN B-2007-083-5/8

殡葬绿皮书
中国殡葬事业发展报告（2017~2018）
著(编)者：李伯森　2018年4月出版 / 估价：158.00元
PSN G-2010-180-1/1

城市管理蓝皮书
中国城市管理报告（2017-2018）
著(编)者：刘林 刘承水　2018年5月出版 / 估价：158.00元
PSN B-2013-336-1/1

城市生活质量蓝皮书
中国城市生活质量报告（2017）
著(编)者：张连城 张平 杨春学 郎丽华
2018年2月出版 / 估价：99.00元
PSN B-2013-326-1/1

皮书系列
2018全品种

社会政法类

城市政府能力蓝皮书
中国城市政府公共服务能力评估报告（2018）
著(编)者：何艳玲　2018年4月出版 / 估价：99.00元
PSN B-2013-338-1/1

创业蓝皮书
中国创业发展研究报告（2017~2018）
著(编)者：黄群慧　赵卫星　钟宏武
2018年11月出版 / 估价：99.00元
PSN B-2016-577-1/1

慈善蓝皮书
中国慈善发展报告（2018）
著(编)者：杨团　2018年6月出版 / 估价：99.00元
PSN B-2009-142-1/1

党建蓝皮书
党的建设研究报告No.2（2018）
著(编)者：崔建民　陈东平　2018年1月出版 / 估价：99.00元
PSN B-2016-523-1/1

地方法治蓝皮书
中国地方法治发展报告No.3（2018）
著(编)者：李林　田禾　2018年3月出版 / 估价：118.00元
PSN B-2015-442-1/1

电子政务蓝皮书
中国电子政务发展报告（2018）
著(编)者：李季　2018年8月出版 / 估价：99.00元
PSN B-2003-022-1/1

法治蓝皮书
中国法治发展报告No.16（2018）
著(编)者：吕艳滨　2018年3月出版 / 估价：118.00元
PSN B-2004-027-1/3

法治蓝皮书
中国法院信息化发展报告No.2（2018）
著(编)者：李林　田禾　2018年2月出版 / 估价：108.00元
PSN B-2017-604-3/3

法治政府蓝皮书
中国法治政府发展报告（2018）
著(编)者：中国政法大学法治政府研究院
2018年4月出版 / 估价：99.00元
PSN B-2015-592-1/2

法治政府蓝皮书
中国法治政府评估报告（2018）
著(编)者：中国政法大学法治政府研究院
2018年9月出版 / 估价：168.00元
PSN B-2016-576-2/2

反腐倡廉蓝皮书
中国反腐倡廉建设报告No.8
著(编)者：张英伟　2018年12月出版 / 估价：99.00元
PSN B-2012-259-1/1

扶贫蓝皮书
中国扶贫开发报告（2018）
著(编)者：李培林　魏后凯　2018年12月出版 / 估价：128.00元
PSN B-2016-599-1/1

妇女发展蓝皮书
中国妇女发展报告No.6
著(编)者：王金玲　2018年9月出版 / 估价：158.00元
PSN B-2006-069-1/1

妇女教育蓝皮书
中国妇女教育发展报告No.3
著(编)者：张李军　2018年10月出版 / 估价：99.00元
PSN B-2008-121-1/1

妇女绿皮书
2018年：中国性别平等与妇女发展报告
著(编)者：谭琳　2018年12月出版 / 估价：99.00元
PSN G-2006-073-1/1

公共安全蓝皮书
中国城市公共安全发展报告（2017~2018）
著(编)者：黄育华　杨文里　赵建辉
2018年6月出版 / 估价：99.00元
PSN B-2017-628-1/1

公共服务蓝皮书
中国城市基本公共服务力评价（2018）
著(编)者：钟君　刘志昌　吴正昊
2018年12月出版 / 估价：99.00元
PSN B-2011-214-1/1

公民科学素质蓝皮书
中国公民科学素质报告（2017~2018）
著(编)者：李群　陈雄　马宗文
2018年1月出版 / 估价：99.00元
PSN B-2014-379-1/1

公益蓝皮书
中国公益慈善发展报告（2016）
著(编)者：朱健刚　胡小军　2018年2月出版 / 估价：99.00元
PSN B-2012-283-1/1

国际人才蓝皮书
中国国际移民报告（2018）
著(编)者：王辉耀　2018年2月出版 / 估价：99.00元
PSN B-2012-304-3/4

国际人才蓝皮书
中国留学发展报告（2018）No.7
著(编)者：王辉耀　苗绿　2018年12月出版 / 估价：99.00元
PSN B-2012-244-2/4

海洋社会蓝皮书
中国海洋社会发展报告（2017）
著(编)者：崔凤　宋宁而　2018年3月出版 / 估价：99.00元
PSN B-2015-478-1/1

行政改革蓝皮书
中国行政体制改革报告No.7（2018）
著(编)者：魏礼群　2018年6月出版 / 估价：99.00元
PSN B-2011-231-1/1

华侨华人蓝皮书
华侨华人研究报告（2017）
著(编)者：贾益民　2018年1月出版 / 估价：139.00元
PSN B-2011-204-1/1

皮书系列 2018全品种 　社会政法类

环境竞争力绿皮书
中国省域环境竞争力发展报告（2018）
著(编)者：李建平 李闽榕 王金南
2018年11月出版 / 估价：198.00元
PSN G-2010-165-1/1

环境绿皮书
中国环境发展报告（2017~2018）
著(编)者：李波　2018年4月出版 / 估价：99.00元
PSN G-2006-048-1/1

家庭蓝皮书
中国"创建幸福家庭活动"评估报告（2018）
著(编)者：国务院发展研究中心"创建幸福家庭活动评估"课题组
2018年12月出版 / 估价：99.00元
PSN B-2015-508-1/1

健康城市蓝皮书
中国健康城市建设研究报告（2018）
著(编)者：王鸿春 盛继洪　2018年12月出版 / 估价：99.00元
PSN B-2016-564-2/2

健康中国蓝皮书
社区首诊与健康中国分析报告（2018）
著(编)者：高和荣 杨叔禹 姜杰
2018年4月出版 / 估价：99.00元
PSN B-2017-611-1/1

教师蓝皮书
中国中小学教师发展报告（2017）
著(编)者：曾晓东 鱼霞　2018年6月出版 / 估价：99.00元
PSN B-2012-289-1/1

教育扶贫蓝皮书
中国教育扶贫报告（2018）
著(编)者：司树杰 王文静 李兴洲
2018年12月出版 / 估价：99.00元
PSN B-2016-590-1/1

教育蓝皮书
中国教育发展报告（2018）
著(编)者：杨东平　2018年4月出版 / 估价：99.00元
PSN B-2006-047-1/1

金融法治建设蓝皮书
中国金融法治建设年度报告（2015~2016）
著(编)者：朱小黄　2018年6月出版 / 估价：99.00元
PSN B-2017-633-1/1

京津冀教育蓝皮书
京津冀教育发展研究报告（2017~2018）
著(编)者：方中雄　2018年4月出版 / 估价：99.00元
PSN B-2017-608-1/1

就业蓝皮书
2018中国本科生就业报告
著(编)者：麦可思研究院　2018年6月出版 / 估价：99.00元
PSN B-2009-146-1/2

就业蓝皮书
2018年中国高职高专生就业报告
著(编)者：麦可思研究院　2018年6月出版 / 估价：99.00元
PSN B-2015-472-2/2

科学教育蓝皮书
中国科学教育发展报告（2018）
著(编)者：王康友　2018年10月出版 / 估价：99.00元
PSN B-2015-487-1/1

劳动保障蓝皮书
中国劳动保障发展报告（2018）
著(编)者：刘燕斌　2018年9月出版 / 估价：158.00元
PSN B-2014-415-1/1

老龄蓝皮书
中国老年宜居环境发展报告（2017）
著(编)者：党俊武 周燕珉　2018年1月出版 / 估价：99.00元
PSN B-2013-320-1/1

连片特困区蓝皮书
中国连片特困区发展报告（2017~2018）
著(编)者：游俊 冷志明 丁建军
2018年4月出版 / 估价：99.00元
PSN B-2013-321-1/1

流动儿童蓝皮书
中国流动儿童教育发展报告（2017）
著(编)者：杨东平　2018年1月出版 / 估价：99.00元
PSN B-2017-600-1/1

民调蓝皮书
中国民生调查报告（2018）
著(编)者：谢耘耕　2018年12月出版 / 估价：99.00元
PSN B-2014-398-1/1

民族发展蓝皮书
中国民族发展报告（2018）
著(编)者：王延中　2018年10月出版 / 估价：188.00元
PSN B-2006-070-1/1

女性生活蓝皮书
中国女性生活状况报告No.12（2018）
著(编)者：韩湘景　2018年7月出版 / 估价：99.00元
PSN B-2006-071-1/1

汽车社会蓝皮书
中国汽车社会发展报告（2017~2018）
著(编)者：王俊秀　2018年1月出版 / 估价：99.00元
PSN B-2011-224-1/1

青年蓝皮书
中国青年发展报告（2018）No.3
著(编)者：廉思　2018年4月出版 / 估价：99.00元
PSN B-2013-333-1/1

青少年蓝皮书
中国未成年人互联网运用报告（2017~2018）
著(编)者：李为民 李文革 沈杰
2018年11月出版 / 估价：99.00元
PSN B-2010-156-1/1

社会政法类 — 皮书系列 2018全品种

人权蓝皮书
中国人权事业发展报告No.8（2018）
著(编)者：李君如　2018年9月出版　估价：99.00元
PSN B-2011-215-1/1

社会保障绿皮书
中国社会保障发展报告No.9（2018）
著(编)者：王延中　2018年1月出版　估价：99.00元
PSN G-2001-014-1/1

社会风险评估蓝皮书
风险评估与危机预警报告（2017~2018）
著(编)者：唐钧　2018年8月出版　估价：99.00元
PSN B-2012-293-1/1

社会工作蓝皮书
中国社会工作发展报告（2016~2017）
著(编)者：民政部社会工作研究中心
2018年8月出版　估价：99.00元
PSN B-2009-141-1/1

社会管理蓝皮书
中国社会管理创新报告No.6
著(编)者：连玉明　2018年11月出版　估价：99.00元
PSN B-2012-300-1/1

社会蓝皮书
2018年中国社会形势分析与预测
著(编)者：李培林 陈光金 张翼
2017年12月出版　定价：89.00元
PSN B-1998-002-1/1

社会体制蓝皮书
中国社会体制改革报告No.6（2018）
著(编)者：龚维斌　2018年3月出版　估价：99.00元
PSN B-2013-330-1/1

社会心态蓝皮书
中国社会心态研究报告（2018）
著(编)者：王俊秀　2018年12月出版　估价：99.00元
PSN B-2011-199-1/1

社会组织蓝皮书
中国社会组织报告（2017-2018）
著(编)者：黄晓勇　2018年1月出版　估价：99.00元
PSN B-2008-118-1/2

社会组织蓝皮书
中国社会组织评估发展报告（2018）
著(编)者：徐家良　2018年12月出版　估价：99.00元
PSN B-2013-366-2/2

生态城市蓝皮书
中国生态城市建设发展报告（2018）
著(编)者：刘举科 孙伟平 胡文臻
2018年9月出版　估价：158.00元
PSN G-2012-269-1/1

生态文明绿皮书
中国省域生态文明建设评价报告（ECI 2018）
著(编)者：严耕　2018年12月出版　估价：99.00元
PSN G-2010-170-1/1

退休生活蓝皮书
中国城市居民退休生活质量指数报告（2017）
著(编)者：杨一如　2018年5月出版　估价：99.00元
PSN B-2017-618-1/1

危机管理蓝皮书
中国危机管理报告（2018）
著(编)者：文学国 范正青
2018年8月出版　估价：99.00元
PSN B-2010-171-1/1

学会蓝皮书
2018年中国学会发展报告
著(编)者：麦可思研究院
2018年12月出版　估价：99.00元
PSN B-2016-597-1/1

医改蓝皮书
中国医药卫生体制改革报告（2017~2018）
著(编)者：文学国 房志武
2018年11月出版　估价：99.00元
PSN B-2014-432-1/1

应急管理蓝皮书
中国应急管理报告（2018）
著(编)者：宋英华　2018年9月出版　估价：99.00元
PSN B-2016-562-1/1

政府绩效评估蓝皮书
中国地方政府绩效评估报告No.2
著(编)者：贠杰　2018年12月出版　估价：99.00元
PSN B-2017-672-1/1

政治参与蓝皮书
中国政治参与报告（2018）
著(编)者：房宁　2018年8月出版　估价：128.00元
PSN B-2011-200-1/1

政治文化蓝皮书
中国政治文化报告（2018）
著(编)者：邢元敏 魏大鹏 龚克
2018年8月出版　估价：128.00元
PSN B-2017-615-1/1

中国传统村落蓝皮书
中国传统村落保护现状报告（2018）
著(编)者：胡彬彬 李向军 王晓波
2018年12月出版　估价：99.00元
PSN B-2017-663-1/1

中国农村妇女发展蓝皮书
农村流动女性城市生活发展报告（2018）
著(编)者：谢丽华　2018年12月出版　估价：99.00元
PSN B-2014-434-1/1

宗教蓝皮书
中国宗教报告（2017）
著(编)者：邱永辉　2018年8月出版　估价：99.00元
PSN B-2008-117-1/1

皮书系列 2018全品种 产业经济类

产业经济类

保健蓝皮书
中国保健服务产业发展报告 No.2
著(编)者：中国保健协会　中共中央党校
2018年7月出版 / 估价：198.00元
PSN B-2012-272-3/3

保健蓝皮书
中国保健食品产业发展报告 No.2
著(编)者：中国保健协会
　　　　　中国社会科学院食品药品产业发展与监管研究中心
2018年8月出版 / 估价：198.00元
PSN B-2012-271-2/3

保健蓝皮书
中国保健用品产业发展报告 No.2
著(编)者：中国保健协会
　　　　　国务院国有资产监督管理委员会研究中心
2018年3月出版 / 估价：198.00元
PSN B-2012-270-1/3

保险蓝皮书
中国保险业竞争力报告（2018）
著(编)者：保监会　2018年12月出版 / 估价：99.00元
PSN B-2013-311-1/1

冰雪蓝皮书
中国冰上运动产业发展报告（2018）
著(编)者：孙承华　杨占武　刘戈　张鸿俊
2018年9月出版 / 估价：99.00元
PSN B-2017-648-3/3

冰雪蓝皮书
中国滑雪产业发展报告（2018）
著(编)者：孙承华　伍斌　魏庆华　张鸿俊
2018年9月出版 / 估价：99.00元
PSN B-2016-559-1/3

餐饮产业蓝皮书
中国餐饮产业发展报告（2018）
著(编)者：邢颖
2018年6月出版 / 估价：99.00元
PSN B-2009-151-1/1

茶业蓝皮书
中国茶产业发展报告（2018）
著(编)者：杨江帆　李闽榕
2018年10月出版 / 估价：99.00元
PSN B-2010-164-1/1

产业安全蓝皮书
中国文化产业安全报告（2018）
著(编)者：北京印刷学院文化产业安全研究院
2018年12月出版 / 估价：99.00元
PSN B-2014-378-12/14

产业安全蓝皮书
中国新媒体产业安全报告（2016~2017）
著(编)者：肖丽　2018年6月出版 / 估价：99.00元
PSN B-2015-500-14/14

产业安全蓝皮书
中国出版传媒产业安全报告（2017~2018）
著(编)者：北京印刷学院文化产业安全研究院
2018年3月出版 / 估价：99.00元
PSN B-2014-384-13/14

产业蓝皮书
中国产业竞争力报告（2018）No.8
著(编)者：张其仔　2018年12月出版 / 估价：168.00元
PSN B-2010-175-1/1

动力电池蓝皮书
中国新能源汽车动力电池产业发展报告（2018）
著(编)者：中国汽车技术研究中心
2018年8月出版 / 估价：99.00元
PSN B-2017-639-1/1

杜仲产业绿皮书
中国杜仲橡胶资源与产业发展报告（2017~2018）
著(编)者：杜红岩　胡文臻　俞锐
2018年1月出版 / 估价：99.00元
PSN G-2013-350-1/1

房地产蓝皮书
中国房地产发展报告No.15（2018）
著(编)者：李春华　王业强
2018年5月出版 / 估价：99.00元
PSN B-2004-028-1/1

服务外包蓝皮书
中国服务外包产业发展报告（2017~2018）
著(编)者：王晓红　刘德军
2018年6月出版 / 估价：99.00元
PSN B-2013-331-2/2

服务外包蓝皮书
中国服务外包竞争力报告（2017~2018）
著(编)者：刘春生　王力　黄育华
2018年12月出版 / 估价：99.00元
PSN B-2011-216-1/2

工业和信息化蓝皮书
世界信息技术产业发展报告（2017~2018）
著(编)者：尹丽波　2018年6月出版 / 估价：99.00元
PSN B-2015-449-2/6

工业和信息化蓝皮书
战略性新兴产业发展报告（2017~2018）
著(编)者：尹丽波　2018年6月出版 / 估价：99.00元
PSN B-2015-450-3/6

产业经济类　皮书系列 2018全品种

客车蓝皮书
中国客车产业发展报告（2017~2018）
著(编)者：姚蕊　2018年10月出版／估价：99.00元
PSN B-2013-361-1/1

流通蓝皮书
中国商业发展报告（2018~2019）
著(编)者：王雪峰　林诗慧
2018年7月出版／估价：99.00元
PSN B-2009-152-1/2

能源蓝皮书
中国能源发展报告（2018）
著(编)者：崔民选　王军生　陈义和
2018年12月出版／估价：99.00元
PSN B-2006-049-1/1

农产品流通蓝皮书
中国农产品流通产业发展报告（2017）
著(编)者：贾敬敦　张东科　张玉玺　张鹏毅　周伟
2018年1月出版／估价：99.00元
PSN B-2012-288-1/1

汽车工业蓝皮书
中国汽车工业发展年度报告（2018）
著(编)者：中国汽车工业协会
　　　　　中国汽车技术研究中心
　　　　　丰田汽车公司
2018年5月出版／估价：168.00元
PSN B-2015-463-1/2

汽车工业蓝皮书
中国汽车零部件产业发展报告（2017~2018）
著(编)者：中国汽车工业协会
　　　　　中国汽车工程研究院深圳市沃特玛电池有限公司
2018年9月出版／估价：99.00元
PSN B-2016-515-2/2

汽车蓝皮书
中国汽车产业发展报告（2018）
著(编)者：中国汽车工程学会
　　　　　大众汽车集团（中国）
2018年11月出版／估价：99.00元
PSN B-2008-124-1/1

世界茶业蓝皮书
世界茶业发展报告（2018）
著(编)者：李闽榕　冯廷佺
2018年5月出版／估价：168.00元
PSN B-2017-619-1/1

世界能源蓝皮书
世界能源发展报告（2018）
著(编)者：黄晓勇　2018年6月出版／估价：168.00元
PSN B-2013-349-1/1

体育蓝皮书
国家体育产业基地发展报告（2016~2017）
著(编)者：李颖川　2018年4月出版／估价：168.00元
PSN B-2017-609-5/5

体育蓝皮书
中国体育产业发展报告（2018）
著(编)者：阮伟　钟秉枢
2018年12月出版／估价：99.00元
PSN B-2010-179-1/5

文化金融蓝皮书
中国文化金融发展报告（2018）
著(编)者：杨涛　金巍
2018年5月出版／估价：99.00元
PSN B-2017-610-1/1

新能源汽车蓝皮书
中国新能源汽车产业发展报告（2018）
著(编)者：中国汽车技术研究中心
　　　　　日产（中国）投资有限公司
　　　　　东风汽车有限公司
2018年8月出版／估价：99.00元
PSN B-2013-347-1/1

薏仁米产业蓝皮书
中国薏仁米产业发展报告No.2（2018）
著(编)者：李发耀　石明　秦礼康
2018年8月出版／估价：99.00元
PSN B-2017-645-1/1

邮轮绿皮书
中国邮轮产业发展报告（2018）
著(编)者：汪泓　2018年10月出版／估价：99.00元
PSN G-2014-419-1/1

智能养老蓝皮书
中国智能养老产业发展报告（2018）
著(编)者：朱勇　2018年10月出版／估价：99.00元
PSN B-2015-488-1/1

中国节能汽车蓝皮书
中国节能汽车发展报告（2017~2018）
著(编)者：中国汽车工程研究院股份有限公司
2018年9月出版／估价：99.00元
PSN B-2016-565-1/1

中国陶瓷产业蓝皮书
中国陶瓷产业发展报告（2018）
著(编)者：左和平　黄速建
2018年10月出版／估价：99.00元
PSN B-2016-5/3-1/1

装备制造业蓝皮书
中国装备制造业发展报告（2018）
著(编)者：徐东华　2018年12月出版／估价：118.00元
PSN B-2015-505-1/1

行业及其他类

"三农"互联网金融蓝皮书
中国"三农"互联网金融发展报告(2018)
著(编)者:李勇坚 王弢
2018年8月出版 / 估价:99.00元
PSN B-2016-560-1/1

SUV蓝皮书
中国SUV市场发展报告(2017~2018)
著(编)者:靳军 2018年9月出版 / 估价:99.00元
PSN B-2016-571-1/1

冰雪蓝皮书
中国冬季奥运会发展报告(2018)
著(编)者:孙承华 伍斌 魏庆华 张鸿俊
2018年9月出版 / 估价:99.00元
PSN B-2017-647-2/3

彩票蓝皮书
中国彩票发展报告(2018)
著(编)者:益彩基金 2018年4月出版 / 估价:99.00元
PSN B-2015-462-1/1

测绘地理信息蓝皮书
测绘地理信息供给侧结构性改革研究报告(2018)
著(编)者:库热西·买合苏提
2018年12月出版 / 估价:168.00元
PSN B-2009-145-1/1

产权市场蓝皮书
中国产权市场发展报告(2017)
著(编)者:曹和平 2018年5月出版 / 估价:99.00元
PSN B-2009-147-1/1

城投蓝皮书
中国城投行业发展报告(2018)
著(编)者:华景斌
2018年11月出版 / 估价:300.00元
PSN B-2016-514-1/1

大数据蓝皮书
中国大数据发展报告(No.2)
著(编)者:连玉明 2018年5月出版 / 估价:99.00元
PSN B-2017-620-1/1

大数据应用蓝皮书
中国大数据应用发展报告No.2(2018)
著(编)者:陈军君 2018年8月出版 / 估价:99.00元
PSN B-2017-644-1/1

对外投资与风险蓝皮书
中国对外直接投资与国家风险报告(2018)
著(编)者:中债资信评估有限责任公司
中国社会科学院世界经济与政治研究所
2018年4月出版 / 估价:189.00元
PSN B-2017-606-1/1

工业和信息化蓝皮书
人工智能发展报告(2017~2018)
著(编)者:尹丽波 2018年6月出版 / 估价:99.00元
PSN B-2015-448-1/6

工业和信息化蓝皮书
世界智慧城市发展报告(2017~2018)
著(编)者:尹丽波 2018年6月出版 / 估价:99.00元
PSN B-2017-624-6/6

工业和信息化蓝皮书
世界网络安全发展报告(2017~2018)
著(编)者:尹丽波 2018年6月出版 / 估价:99.00元
PSN B-2015-452-5/6

工业和信息化蓝皮书
世界信息化发展报告(2017~2018)
著(编)者:尹丽波 2018年6月出版 / 估价:99.00元
PSN B-2015-451-4/6

工业设计蓝皮书
中国工业设计发展报告(2018)
著(编)者:王晓红 于炜 张立群 2018年9月出版 / 估价:168.00元
PSN B-2014-420-1/1

公共关系蓝皮书
中国公共关系发展报告(2018)
著(编)者:柳斌杰 2018年11月出版 / 估价:99.00元
PSN B-2016-579-1/1

管理蓝皮书
中国管理发展报告(2018)
著(编)者:张晓东 2018年10月出版 / 估价:99.00元
PSN B-2014-416-1/1

海关发展蓝皮书
中国海关发展前沿报告(2018)
著(编)者:干春晖 2018年6月出版 / 估价:99.00元
PSN B-2017-616-1/1

互联网医疗蓝皮书
中国互联网健康医疗发展报告(2018)
著(编)者:芮晓武 2018年6月出版 / 估价:99.00元
PSN B-2016-567-1/1

黄金市场蓝皮书
中国商业银行黄金业务发展报告(2017~2018)
著(编)者:平安银行 2018年3月出版 / 估价:99.00元
PSN B-2016-524-1/1

会展蓝皮书
中外会展业动态评估研究报告(2018)
著(编)者:张敏 任中峰 聂鑫焱 牛盼强
2018年12月出版 / 估价:99.00元
PSN B-2013-327-1/1

基金会蓝皮书
中国基金会发展报告(2017~2018)
著(编)者:中国基金会发展报告课题组
2018年4月出版 / 估价:99.00元
PSN B-2013-368-1/1

基金会绿皮书
中国基金会发展独立研究报告(2018)
著(编)者:基金会中心网 中央民族大学基金会研究中心
2018年6月出版 / 估价:99.00元
PSN G-2011-213-1/1

行业及其他类

皮书系列 2018全品种

基金会透明度蓝皮书
中国基金会透明度发展研究报告（2018）
著(编)者：基金会中心网
　　　　　清华大学廉政与治理研究中心
2018年9月出版 / 估价：99.00元
PSN B-2013-339-1/1

建筑装饰蓝皮书
中国建筑装饰行业发展报告（2018）
著(编)者：葛道顺 刘晓一
2018年10月出版 / 估价：198.00元
PSN B-2016-553-1/1

金融监管蓝皮书
中国金融监管报告（2018）
著(编)者：胡滨　2018年5月出版 / 估价：99.00元
PSN B-2012-281-1/1

金融蓝皮书
中国互联网金融行业分析与评估（2018~2019）
著(编)者：黄国平 伍旭川　2018年12月出版 / 估价：99.00元
PSN B-2016-585-7/7

金融科技蓝皮书
中国金融科技发展报告（2018）
著(编)者：李扬 孙国峰　2018年10月出版 / 估价：99.00元
PSN B-2014-374-1/1

金融信息服务蓝皮书
中国金融信息服务发展报告（2018）
著(编)者：李平　2018年5月出版 / 估价：99.00元
PSN B-2017-621-1/1

京津冀金融蓝皮书
京津冀金融发展报告（2018）
著(编)者：王爱俭 王璟怡　2018年10月出版 / 估价：99.00元
PSN B-2016-527-1/1

科普蓝皮书
国家科普能力发展报告（2018）
著(编)者：王康友　2018年5月出版 / 估价：138.00元
PSN B-2017-632-4/4

科普蓝皮书
中国基层科普发展报告（2017~2018）
著(编)者：赵立新 陈玲　2018年9月出版 / 估价：99.00元
PSN B-2016-568-3/4

科普蓝皮书
中国科普基础设施发展报告（2017~2018）
著(编)者：任福君　2018年6月出版 / 估价：99.00元
PSN B-2010-174-1/3

科普蓝皮书
中国科普人才发展报告（2017~2018）
著(编)者：郑念 任嵘嵘　2018年7月出版 / 估价：99.00元
PSN B-2016-512-2/4

科普能力蓝皮书
中国科普能力评价报告（2018~2019）
著(编)者：李富强 李群　2018年8月出版 / 估价：99.00元
PSN B-2016-555-1/1

临空经济蓝皮书
中国临空经济发展报告（2018）
著(编)者：连玉明　2018年9月出版 / 估价：99.00元
PSN B-2014-421-1/1

旅游安全蓝皮书
中国旅游安全报告（2018）
著(编)者：郑向敏 谢朝武　2018年5月出版 / 估价：158.00元
PSN B-2012-280-1/1

旅游绿皮书
2017~2018年中国旅游发展分析与预测
著(编)者：宋瑞　2018年2月出版 / 估价：99.00元
PSN G-2002-018-1/1

煤炭蓝皮书
中国煤炭工业发展报告（2018）
著(编)者：岳福斌　2018年12月出版 / 估价：99.00元
PSN B-2008-123-1/1

民营企业社会责任蓝皮书
中国民营企业社会责任报告（2018）
著(编)者：中华全国工商业联合会
2018年12月出版 / 估价：99.00元
PSN B-2015-510-1/1

民营医院蓝皮书
中国民营医院发展报告（2017）
著(编)者：薛晓林　2018年1月出版 / 估价：99.00元
PSN B-2012-299-1/1

闽商蓝皮书
闽商发展报告（2018）
著(编)者：李闽榕 王日根 林琛
2018年12月出版 / 估价：99.00元
PSN B-2012-298-1/1

农业应对气候变化蓝皮书
中国农业气象灾害及其灾损评估报告（No.3）
著(编)者：矫梅燕　2018年1月出版 / 估价：118.00元
PSN B-2014-413-1/1

品牌蓝皮书
中国品牌战略发展报告（2018）
著(编)者：汪同三　2018年10月出版 / 估价：99.00元
PSN B-2016-580-1/1

企业扶贫蓝皮书
中国企业扶贫研究报告（2018）
著(编)者：钟宏武　2018年12月出版 / 估价：99.00元
PSN B-2016-593-1/1

企业公益蓝皮书
中国企业公益研究报告（2018）
著(编)者：钟宏武 汪杰 黄晓娟
2018年12月出版 / 估价：99.00元
PSN B-2015-501-1/1

企业国际化蓝皮书
中国企业全球化报告（2018）
著(编)者：王辉耀 苗绿　2018年11月出版 / 估价：99.00元
PSN B-2014-427-1/1

皮书系列 2018全品种 — 行业及其他类

企业蓝皮书
中国企业绿色发展报告No.2（2018）
著（编）者：李红玉 朱光辉
2018年8月出版 / 估价：99.00元
PSN B-2015-481-2/2

企业社会责任蓝皮书
中资企业海外社会责任研究报告（2017~2018）
著（编）者：钟宏武 叶柳红 张蒽
2018年1月出版 / 估价：99.00元
PSN B-2017-603-2/2

企业社会责任蓝皮书
中国企业社会责任研究报告（2018）
著（编）者：黄群慧 钟宏武 张蒽 汪杰
2018年11月出版 / 估价：99.00元
PSN B-2009-149-1/2

汽车安全蓝皮书
中国汽车安全发展报告（2018）
著（编）者：中国汽车技术研究中心
2018年8月出版 / 估价：99.00元
PSN B-2014-385-1/1

汽车电子商务蓝皮书
中国汽车电子商务发展报告（2018）
著（编）者：中华全国工商业联合会汽车经销商商会 北方工业大学 北京易观智库网络科技有限公司
2018年10月出版 / 估价：158.00元
PSN B-2015-485-1/1

汽车知识产权蓝皮书
中国汽车产业知识产权发展报告（2018）
著（编）者：中国汽车工程研究院股份有限公司 中国汽车工程学会 重庆长安汽车股份有限公司
2018年12月出版 / 估价：99.00元
PSN B-2016-594-1/1

青少年体育蓝皮书
中国青少年体育发展报告（2017）
著（编）者：刘扶民 杨桦
2018年1月出版 / 估价：99.00元
PSN B-2015-482-1/1

区块链蓝皮书
中国区块链发展报告（2018）
著（编）者：李伟
2018年9月出版 / 估价：99.00元
PSN B-2017-649-1/1

群众体育蓝皮书
中国群众体育发展报告（2017）
著（编）者：刘国永 戴健
2018年5月出版 / 估价：99.00元
PSN B-2014-411-1/3

群众体育蓝皮书
中国社会体育指导员发展报告（2018）
著（编）者：刘国永 王欢
2018年4月出版 / 估价：99.00元
PSN B-2016-520-3/3

人力资源蓝皮书
中国人力资源发展报告（2018）
著（编）者：余兴安
2018年11月出版 / 估价：99.00元
PSN B-2012-287-1/1

融资租赁蓝皮书
中国融资租赁业发展报告（2017~2018）
著（编）者：李光荣 王力
2018年8月出版 / 估价：99.00元
PSN B-2015-443-1/1

商会蓝皮书
中国商会发展报告No.5（2017）
著（编）者：王钦敏
2018年7月出版 / 估价：99.00元
PSN B-2008-125-1/1

商务中心区蓝皮书
中国商务中心区发展报告No.4（2017~2018）
著（编）者：李国红 单菁菁
2018年9月出版 / 估价：99.00元
PSN B-2015-444-1/1

设计产业蓝皮书
中国创新设计发展报告（2018）
著（编）者：王晓红 张立群 于炜
2018年11月出版 / 估价：99.00元
PSN B-2016-581-2/2

社会责任管理蓝皮书
中国上市公司社会责任能力成熟度报告No.4（2018）
著（编）者：肖红军 王晓光 李伟阳
2018年12月出版 / 估价：99.00元
PSN B-2015-507-2/2

社会责任管理蓝皮书
中国企业公众透明度报告No.4（2017~2018）
著（编）者：黄速建 熊梦 王晓光 肖红军
2018年4月出版 / 估价：99.00元
PSN B-2015-440-1/2

食品药品蓝皮书
食品药品安全与监管政策研究报告（2016~2017）
著（编）者：唐民皓
2018年6月出版 / 估价：99.00元
PSN B-2009-129-1/1

输血服务蓝皮书
中国输血行业发展报告（2018）
著（编）者：孙俊
2018年12月出版 / 估价：99.00元
PSN B-2016-582-1/1

水利风景区蓝皮书
中国水利风景区发展报告（2018）
著（编）者：董建文 兰思仁
2018年10月出版 / 估价：99.00元
PSN B-2015-480-1/1

私募市场蓝皮书
中国私募股权市场发展报告（2017~2018）
著（编）者：曹和平
2018年12月出版 / 估价：99.00元
PSN B-2010-162-1/1

碳排放权交易蓝皮书
中国碳排放权交易报告（2018）
著（编）者：孙永平
2018年11月出版 / 估价：99.00元
PSN B-2017-652-1/1

碳市场蓝皮书
中国碳市场报告（2018）
著（编）者：定金彪
2018年11月出版 / 估价：99.00元
PSN B-2014-430-1/1

皮书系列 2018全品种

体育蓝皮书
中国公共体育服务发展报告（2018）
著（编）者：戴健　2018年12月出版　估价：99.00元
PSN B-2013-367-2/5

土地市场蓝皮书
中国农村土地市场发展报告（2017~2018）
著（编）者：李光荣　2018年3月出版　估价：99.00元
PSN B-2016-526-1/1

土地整治蓝皮书
中国土地整治发展研究报告（No.5）
著（编）者：国土资源部土地整治中心
2018年7月出版　估价：99.00元
PSN B-2014-401-1/1

土地政策蓝皮书
中国土地政策研究报告（2018）
著（编）者：高延利 李宪文　2017年12月出版　估价：99.00元
PSN B-2015-506-1/1

网络空间安全蓝皮书
中国网络空间安全发展报告（2018）
著（编）者：惠志斌 覃庆玲
2018年11月出版　估价：99.00元
PSN B-2015-466-1/1

文化志愿服务蓝皮书
中国文化志愿服务发展报告（2018）
著（编）者：张永新 良警宇　2018年11月出版　估价：128.00元
PSN B-2016-596-1/1

西部金融蓝皮书
中国西部金融发展报告（2017~2018）
著（编）者：李忠民　2018年8月出版　估价：99.00元
PSN B-2010-160-1/1

协会商会蓝皮书
中国行业协会商会发展报告（2017）
著（编）者：景朝阳 李勇　2018年4月出版　估价：99.00元
PSN B-2015-461-1/1

新三板蓝皮书
中国新三板市场发展报告（2018）
著（编）者：王力　2018年8月出版　估价：99.00元
PSN B-2016-533-1/1

信托市场蓝皮书
中国信托业市场报告（2017~2018）
著（编）者：用益金融信托研究院
2018年1月出版　估价：198.00元
PSN B-2014-371-1/1

信息化蓝皮书
中国信息化形势分析与预测（2017~2018）
著（编）者：周宏仁　2018年8月出版　估价：99.00元
PSN B-2010-168-1/1

信用蓝皮书
中国信用发展报告（2017~2018）
著（编）者：章政 田侃　2018年4月出版　估价：99.00元
PSN B-2013-328-1/1

休闲绿皮书
2017~2018年中国休闲发展报告
著（编）者：宋瑞　2018年7月出版　估价：99.00元
PSN G-2010-158-1/1

休闲体育蓝皮书
中国休闲体育发展报告（2017~2018）
著（编）者：李相如 钟秉枢
2018年10月出版　估价：99.00元
PSN B-2016-516-1/1

养老金融蓝皮书
中国养老金融发展报告（2018）
著（编）者：董克用 姚余栋
2018年9月出版　估价：99.00元
PSN B-2016-583-1/1

遥感监测绿皮书
中国可持续发展遥感监测报告（2017）
著（编）者：顾行发 汪克强 潘教峰 李闽榕 徐东华 王琦安
2018年6月出版　估价：298.00元
PSN B-2017-629-1/1

药品流通蓝皮书
中国药品流通行业发展报告（2018）
著（编）者：佘鲁林 温再兴
2018年7月出版　估价：198.00元
PSN B-2014-429-1/1

医疗器械蓝皮书
中国医疗器械行业发展报告（2018）
著（编）者：王宝亭 耿鸿武
2018年10月出版　估价：99.00元
PSN B-2017-661-1/1

医院蓝皮书
中国医院竞争力报告（2018）
著（编）者：庄一强 曾益新　2018年3月出版　估价：118.00元
PSN B-2016-528-1/1

瑜伽蓝皮书
中国瑜伽业发展报告（2017~2018）
著（编）者：张永建 徐华锋 朱泰余
2018年6月出版　估价：198.00元
PSN B-2017-625-1/1

债券市场蓝皮书
中国债券市场发展报告（2017~2018）
著（编）者：杨农　2018年10月出版　估价：99.00元
PSN B-2016-572-1/1

志愿服务蓝皮书
中国志愿服务发展报告（2018）
著（编）者：中国志愿服务联合会
2018年11月出版　估价：99.00元
PSN B-2017-664-1/1

中国上市公司蓝皮书
中国上市公司发展报告（2018）
著（编）者：张鹏 张平 黄胤英
2018年9月出版　估价：99.00元
PSN B-2014-414-1/1

行业及其他类 · 国际问题与全球治理类

中国新三板蓝皮书
中国新三板创新与发展报告（2018）
著（编）者：刘平安 闻召林
2018年8月出版 / 估价：158.00元
PSN B-2017-638-1/1

中医文化蓝皮书
北京中医药文化传播发展报告（2018）
著（编）者：毛嘉陵 2018年5月出版 / 估价：99.00元
PSN B-2015-468-1/2

中医文化蓝皮书
中国中医药文化传播发展报告（2018）
著（编）者：毛嘉陵 2018年7月出版 / 估价：99.00元
PSN B-2016-584-2/2

中医药蓝皮书
北京中医药知识产权发展报告No.2
著（编）者：汪洪 屠志涛 2018年4月出版 / 估价：168.00元
PSN B-2017-602-1/1

资本市场蓝皮书
中国场外交易市场发展报告（2016～2017）
著（编）者：高峦 2018年3月出版 / 估价：99.00元
PSN B-2009-153-1/1

资产管理蓝皮书
中国资产管理行业发展报告（2018）
著（编）者：郑智 2018年7月出版 / 估价：99.00元
PSN B-2014-407-2/2

资产证券化蓝皮书
中国资产证券化发展报告（2018）
著（编）者：纪志宏 2018年11月出版 / 估价：99.00元
PSN B-2017-660-1/1

自贸区蓝皮书
中国自贸区发展报告（2018）
著（编）者：王力 黄育华 2018年6月出版 / 估价：99.00元
PSN B-2016-558-1/1

国际问题与全球治理类

"一带一路"跨境通道蓝皮书
"一带一路"跨境通道建设研究报告（2018）
著（编）者：郭亚洲 2018年8月出版 / 估价：99.00元
PSN B-2016-557-1/1

"一带一路"蓝皮书
"一带一路"建设发展报告（2018）
著（编）者：王晓泉 2018年6月出版 / 估价：99.00元
PSN B-2016-552-1/1

"一带一路"投资安全蓝皮书
中国"一带一路"投资与安全研究报告（2017～2018）
著（编）者：邹统钎 梁昊光 2018年4月出版 / 估价：99.00元
PSN B-2017-612-1/1

"一带一路"文化交流蓝皮书
中阿文化交流发展报告（2017）
著（编）者：王辉 2018年9月出版 / 估价：99.00元
PSN B-2017-655-1/1

G20国家创新竞争力黄皮书
二十国集团（G20）国家创新竞争力发展报告（2017～2018）
著（编）者：李建平 李闽榕 赵新力 周天勇
2018年7月出版 / 估价：168.00元
PSN Y-2011-229-1/1

阿拉伯黄皮书
阿拉伯发展报告（2016～2017）
著（编）者：罗林 2018年3月出版 / 估价：99.00元
PSN Y-2014-381-1/1

北部湾蓝皮书
泛北部湾合作发展报告（2017～2018）
著（编）者：吕余生 2018年12月出版 / 估价：99.00元
PSN B-2008-114-1/1

北极蓝皮书
北极地区发展报告（2017）
著（编）者：刘惠荣 2018年7月出版 / 估价：99.00元
PSN B-2017-634-1/1

大洋洲蓝皮书
大洋洲发展报告（2017～2018）
著（编）者：喻常森 2018年10月出版 / 估价：99.00元
PSN B-2013-341-1/1

东北亚区域合作蓝皮书
2017年"一带一路"倡议与东北亚区域合作
著（编）者：刘亚政 金美花
2018年5月出版 / 估价：99.00元
PSN B-2017-631-1/1

东盟黄皮书
东盟发展报告（2017）
著（编）者：杨晓强 庄国土
2018年3月出版 / 估价：99.00元
PSN Y-2012-303-1/1

东南亚蓝皮书
东南亚地区发展报告（2017～2018）
著（编）者：王勤 2018年12月出版 / 估价：99.00元
PSN B-2012-240-1/1

非洲黄皮书
非洲发展报告No.20（2017～2018）
著（编）者：张宏明 2018年7月出版 / 估价：99.00元
PSN Y-2012-239-1/1

非传统安全蓝皮书
中国非传统安全研究报告（2017～2018）
著（编）者：潇枫 罗中枢 2018年8月出版 / 估价：99.00元
PSN B-2012-273-1/1

国际问题与全球治理类

国际安全蓝皮书
中国国际安全研究报告（2018）
著(编)者：刘慧　2018年7月出版／估价：99.00元
PSN B-2016-521-1/1

国际城市蓝皮书
国际城市发展报告（2018）
著(编)者：屠启宇　2018年2月出版／估价：99.00元
PSN B-2012-260-1/1

国际形势黄皮书
全球政治与安全报告（2018）
著(编)者：张宇燕　2018年1月出版／估价：99.00元
PSN Y-2001-016-1/1

公共外交蓝皮书
中国公共外交发展报告（2018）
著(编)者：赵启正　雷蔚真　2018年4月出版／估价：99.00元
PSN B-2015-457-1/1

金砖国家黄皮书
金砖国家综合创新竞争力发展报告（2018）
著(编)者：赵新力　李闽榕　黄茂兴
2018年8月出版／估价：128.00元
PSN Y-2017-643-1/1

拉美黄皮书
拉丁美洲和加勒比发展报告（2017~2018）
著(编)者：袁东振　2018年6月出版／估价：99.00元
PSN Y-1999-007-1/1

澜湄合作蓝皮书
澜沧江-湄公河合作发展报告（2018）
著(编)者：刘稚　2018年9月出版／估价：99.00元
PSN B-2011-196-1/1

欧洲蓝皮书
欧洲发展报告（2017~2018）
著(编)者：黄平　周弘　程卫东
2018年6月出版／估价：99.00元
PSN B-1999-009-1/1

葡语国家蓝皮书
葡语国家发展报告（2016~2017）
著(编)者：王成安　张敏　刘金兰
2018年4月出版／估价：99.00元
PSN B-2015-503-1/2

葡语国家蓝皮书
中国与葡语国家关系发展报告·巴西（2016）
著(编)者：李曙光　2018年8月出版／估价：99.00元
PSN B-2016-563-2/2

气候变化绿皮书
应对气候变化报告（2018）
著(编)者：王伟光　郑国光　2018年11月出版／估价：99.00元
PSN G-2009-144-1/1

全球环境竞争力绿皮书
全球环境竞争力报告（2018）
著(编)者：李建平　李闽榕　王金南
2018年12月出版／估价：198.00元
PSN G-2013-363-1/1

全球信息社会蓝皮书
全球信息社会发展报告（2018）
著(编)者：丁波涛　唐涛　2018年10月出版／估价：99.00元
PSN B-2017-665-1/1

日本经济蓝皮书
日本经济与中日经贸关系研究报告（2018）
著(编)者：张季风　2018年6月出版／估价：99.00元
PSN B-2008-102-1/1

上海合作组织黄皮书
上海合作组织发展报告（2018）
著(编)者：李进峰　2018年6月出版／估价：99.00元
PSN Y-2009-130-1/1

世界创新竞争力黄皮书
世界创新竞争力发展报告（2017）
著(编)者：李建平　李闽榕　赵新力
2018年1月出版／估价：168.00元
PSN Y-2013-318-1/1

世界经济黄皮书
2018年世界经济形势分析与预测
著(编)者：张宇燕　2018年1月出版／估价：99.00元
PSN Y-1999-006-1/1

丝绸之路蓝皮书
丝绸之路经济带发展报告（2018）
著(编)者：任宗哲　白宽犁　谷孟宾
2018年1月出版／估价：99.00元
PSN B-2014-410-1/1

新兴经济体蓝皮书
金砖国家发展报告（2018）
著(编)者：林跃勤　周文　2018年8月出版／估价：99.00元
PSN B-2011-195-1/1

亚太蓝皮书
亚太地区发展报告（2018）
著(编)者：李向阳　2018年5月出版／估价：99.00元
PSN B-2001-015-1/1

印度洋地区蓝皮书
印度洋地区发展报告（2018）
著(编)者：汪戎　2018年6月出版／估价：99.00元
PSN B-2013-334-1/1

渝新欧蓝皮书
渝新欧沿线国家发展报告（2018）
著(编)者：杨柏　黄意　2018年6月出版／估价：99.00元
PSN B-2017-626-1/1

中阿蓝皮书
中国-阿拉伯国家经贸发展报告（2018）
著(编)者：张晓东　段庆林　王林聪　杨玛红
2018年12月出版／估价：99.00元
PSN B-2016-598-1/1

中东黄皮书
中东发展报告No.20（2017~2018）
著(编)者：杨光　2018年10月出版／估价：99.00元
PSN Y-1998-004-1/1

中亚黄皮书
中亚国家发展报告（2018）
著(编)者：孙力　2018年6月出版／估价：99.00元
PSN Y-2012-238-1/1

国别类

澳大利亚蓝皮书
澳大利亚发展报告（2017-2018）
著(编)者：孙有中 韩锋　2018年12月出版 / 估价：99.00元
PSN B-2016-587-1/1

巴西黄皮书
巴西发展报告（2017）
著(编)者：刘国枝　2018年5月出版 / 估价：99.00元
PSN Y-2017-614-1/1

德国蓝皮书
德国发展报告（2018）
著(编)者：郑春荣　2018年6月出版 / 估价：99.00元
PSN B-2012-278-1/1

俄罗斯黄皮书
俄罗斯发展报告（2018）
著(编)者：李永全　2018年6月出版 / 估价：99.00元
PSN Y-2006-061-1/1

韩国蓝皮书
韩国发展报告（2017）
著(编)者：牛林杰 刘宝全　2018年5月出版 / 估价：99.00元
PSN B-2010-155-1/1

加拿大蓝皮书
加拿大发展报告（2018）
著(编)者：唐小松　2018年9月出版 / 估价：99.00元
PSN B-2014-389-1/1

美国蓝皮书
美国研究报告（2018）
著(编)者：郑秉文 黄平　2018年5月出版 / 估价：99.00元
PSN B-2011-210-1/1

缅甸蓝皮书
缅甸国情报告（2017）
著(编)者：孔鹏 杨祥章　2018年1月出版 / 估价：99.00元
PSN B-2013-343-1/1

日本蓝皮书
日本研究报告（2018）
著(编)者：杨伯江　2018年6月出版 / 估价：99.00元
PSN B-2002-020-1/1

土耳其蓝皮书
土耳其发展报告（2018）
著(编)者：郭长刚 刘义　2018年9月出版 / 估价：99.00元
PSN B-2014-412-1/1

伊朗蓝皮书
伊朗发展报告（2017~2018）
著(编)者：冀开运　2018年10月 / 估价：99.00元
PSN B-2016-574-1/1

以色列蓝皮书
以色列发展报告（2018）
著(编)者：张倩红　2018年8月出版 / 估价：99.00元
PSN B-2015-483-1/1

印度蓝皮书
印度国情报告（2017）
著(编)者：吕昭义　2018年4月出版 / 估价：99.00元
PSN B-2012-241-1/1

英国蓝皮书
英国发展报告（2017~2018）
著(编)者：王展鹏　2018年12月出版 / 估价：99.00元
PSN B-2015-486-1/1

越南蓝皮书
越南国情报告（2018）
著(编)者：谢林城　2018年1月出版 / 估价：99.00元
PSN B-2006-056-1/1

泰国蓝皮书
泰国研究报告（2018）
著(编)者：庄国土 张禹东 刘文正
2018年10月出版 / 估价：99.00元
PSN B-2016-556-1/1

文化传媒类

"三农"舆情蓝皮书
中国"三农"网络舆情报告（2017~2018）
著(编)者：农业部信息中心
2018年6月出版 / 估价：99.00元
PSN B-2017-640-1/1

传媒竞争力蓝皮书
中国传媒国际竞争力研究报告（2018）
著(编)者：李本乾 刘强 王大可
2018年8月出版 / 估价：99.00元
PSN B-2013-356-1/1

传媒蓝皮书
中国传媒产业发展报告（2018）
著(编)者：崔保国　2018年5月出版 / 估价：99.00元
PSN B-2005-035-1/1

传媒投资蓝皮书
中国传媒投资发展报告（2018）
著(编)者：张向东 谭云明
2018年6月出版 / 估价：148.00元
PSN B-2015-474-1/1

文化传媒类 | 皮书系列 2018全品种

非物质文化遗产蓝皮书
中国非物质文化遗产发展报告（2018）
著(编)者：陈平　2018年5月出版／估价：128.00元
PSN B-2015-469-1/2

非物质文化遗产蓝皮书
中国非物质文化遗产保护发展报告（2018）
著(编)者：宋俊华　2018年10月出版／估价：128.00元
PSN B-2016-586-2/2

广电蓝皮书
中国广播电影电视发展报告（2018）
著(编)者：国家新闻出版广电总局发展研究中心
2018年7月出版／估价：99.00元
PSN B-2006-072-1/1

广告主蓝皮书
中国广告主营销传播趋势报告No.9
著(编)者：黄升民　杜国清　邵华冬　等
2018年10月出版／估价：158.00元
PSN B-2005-041-1/1

国际传播蓝皮书
中国国际传播发展报告（2018）
著(编)者：胡正荣　李继东　姬德强
2018年12月出版／估价：99.00元
PSN B-2014-408-1/1

国家形象蓝皮书
中国国家形象传播报告（2017）
著(编)者：张昆　2018年3月出版／估价：128.00元
PSN B-2017-605-1/1

互联网治理蓝皮书
中国网络社会治理研究报告（2018）
著(编)者：罗昕　支庭荣
2018年9月出版／估价：118.00元
PSN B-2017-653-1/1

纪录片蓝皮书
中国纪录片发展报告（2018）
著(编)者：何苏六　2018年10月出版／估价：99.00元
PSN B-2011-222-1/1

科学传播蓝皮书
中国科学传播报告（2016~2017）
著(编)者：詹正茂　2018年6月出版／估价：99.00元
PSN B-2008-120-1/1

两岸创意经济蓝皮书
两岸创意经济研究报告（2018）
著(编)者：罗昌智　董泽平
2018年10月出版／估价：99.00元
PSN B-2014-437-1/1

媒介与女性蓝皮书
中国媒介与女性发展报告（2017~2018）
著(编)者：刘利群　2018年5月出版／估价：99.00元
PSN B-2013-345-1/1

媒体融合蓝皮书
中国媒体融合发展报告（2017）
著(编)者：梅宁华　支庭荣　2018年1月出版／估价：99.00元
PSN B-2015-479-1/1

全球传媒蓝皮书
全球传媒发展报告（2017~2018）
著(编)者：胡正荣　李继东　2018年6月出版／估价：99.00元
PSN B-2012-237-1/1

少数民族非遗蓝皮书
中国少数民族非物质文化遗产发展报告（2018）
著(编)者：肖远平（彝）　柴立（满）
2018年10月出版／估价：118.00元
PSN B-2015-467-1/1

视听新媒体蓝皮书
中国视听新媒体发展报告（2018）
著(编)者：国家新闻出版广电总局发展研究中心
2018年7月出版／估价：118.00元
PSN B-2011-184-1/1

数字娱乐产业蓝皮书
中国动画产业发展报告（2018）
著(编)者：孙立军　孙平　牛兴侦
2018年10月出版／估价：99.00元
PSN B-2011-198-1/2

数字娱乐产业蓝皮书
中国游戏产业发展报告（2018）
著(编)者：孙立军　刘跃军
2018年10月出版／估价：99.00元
PSN B-2017-662-2/2

文化创新蓝皮书
中国文化创新报告（2017·No.8）
著(编)者：傅才武　2018年4月出版／估价：99.00元
PSN B-2009-143-1/1

文化建设蓝皮书
中国文化发展报告（2018）
著(编)者：江畅　孙伟平　戴茂堂
2018年5月出版／估价：99.00元
PSN B-2014-392-1/1

文化科技蓝皮书
文化科技创新发展报告（2018）
著(编)者：于平　李凤亮　2018年10月出版／估价：99.00元
PSN B-2013-342-1/1

文化蓝皮书
中国公共文化服务发展报告（2017~2018）
著(编)者：刘新成　张永新　张旭
2018年12月出版／估价：99.00元
PSN B-2007-093-2/10

文化蓝皮书
中国少数民族文化发展报告（2017~2018）
著(编)者：武翠英　张晓明　任乌晶
2018年9月出版／估价：99.00元
PSN B-2013-369-9/10

文化蓝皮书
中国文化产业供需协调检测报告（2018）
著(编)者：王亚南　2018年2月出版／估价：99.00元
PSN B-2013-323-8/10

皮书系列 2018全品种　文化传媒类·地方发展类-经济

文化蓝皮书
中国文化消费需求景气评价报告（2018）
著（编）者：王亚南　2018年2月出版 / 估价：99.00元
PSN B-2011-236-4/10

文化蓝皮书
中国公共文化投入增长测评报告（2018）
著（编）者：王亚南　2018年2月出版 / 估价：99.00元
PSN B-2014-435-10/10

文化品牌蓝皮书
中国文化品牌发展报告（2018）
著（编）者：欧阳友权　2018年5月出版 / 估价：99.00元
PSN B-2012-277-1/1

文化遗产蓝皮书
中国文化遗产事业发展报告（2017~2018）
著（编）者：苏杨 张颖岚 卓杰 白海峰 陈晨 陈叙图
2018年8月出版 / 估价：99.00元
PSN B-2008-119-1/1

文学蓝皮书
中国文情报告（2017~2018）
著（编）者：白烨　2018年5月出版 / 估价：99.00元
PSN B-2011-221-1/1

新媒体蓝皮书
中国新媒体发展报告No.9（2018）
著（编）者：唐绪军　2018年7月出版 / 估价：99.00元
PSN B-2010-169-1/1

新媒体社会责任蓝皮书
中国新媒体社会责任研究报告（2018）
著（编）者：钟瑛　2018年12月出版 / 估价：99.00元
PSN B-2014-423-1/1

移动互联网蓝皮书
中国移动互联网发展报告（2018）
著（编）者：余清楚　2018年6月出版 / 估价：99.00元
PSN B-2012-282-1/1

影视蓝皮书
中国影视产业发展报告（2018）
著（编）者：司若 陈鹏 陈锐　2018年4月出版 / 估价：99.00元
PSN B-2016-529-1/1

舆情蓝皮书
中国社会舆情与危机管理报告（2018）
著（编）者：谢耘耕　2018年9月出版 / 估价：138.00元
PSN B-2011-235-1/1

地方发展类-经济

澳门蓝皮书
澳门经济社会发展报告（2017~2018）
著（编）者：吴志良 郝雨凡　2018年7月出版 / 估价：99.00元
PSN B-2009-138-1/1

澳门绿皮书
澳门旅游休闲发展报告（2018）
著（编）者：郝雨凡 林广志　2018年5月出版 / 估价：99.00元
PSN G-2017-617-1/1

北京蓝皮书
北京经济发展报告（2017~2018）
著（编）者：杨松　2018年6月出版 / 估价：99.00元
PSN B-2006-054-2/8

北京旅游绿皮书
北京旅游发展报告（2018）
著（编）者：北京旅游学会
2018年7月出版 / 估价：99.00元
PSN G-2012-301-1/1

北京体育蓝皮书
北京体育产业发展报告（2017~2018）
著（编）者：钟秉枢 陈杰 杨铁黎
2018年9月出版 / 估价：99.00元
PSN B-2015-475-1/1

滨海金融蓝皮书
滨海新区金融发展报告（2017）
著（编）者：王爱俭 李向前　2018年4月出版 / 估价：99.00元
PSN B-2014-424-1/1

城乡一体化蓝皮书
北京城乡一体化发展报告（2017~2018）
著（编）者：吴宝新 张宝秀 黄序
2018年5月出版 / 估价：99.00元
PSN B-2012-258-2/2

非公有制企业社会责任蓝皮书
北京非公有制企业社会责任报告（2018）
著（编）者：宋贵伦 冯培　2018年6月出版 / 估价：99.00元
PSN B-2017-613-1/1

福建旅游蓝皮书
福建省旅游产业发展现状研究（2017~2018）
著（编）者：陈敏华 黄远水
2018年12月出版 / 估价：128.00元
PSN B-2016-591-1/1

福建自贸区蓝皮书
中国（福建）自由贸易试验区发展报告（2017~2018）
著（编）者：黄茂兴　2018年4月出版 / 估价：118.00元
PSN B-2016-531-1/1

甘肃蓝皮书
甘肃经济发展分析与预测（2018）
著（编）者：安文华 罗哲　2018年1月出版 / 估价：99.00元
PSN B-2013-312-1/6

甘肃蓝皮书
甘肃商贸流通发展报告（2018）
著（编）者：张应华 王福生 王晓芳
2018年1月出版 / 估价：99.00元
PSN B-2016-522-6/6

地方发展类-经济

甘肃蓝皮书
甘肃县域和农村发展报告（2018）
著(编)者：朱智文 包东红 王建兵
2018年1月出版 / 估价：99.00元
PSN B-2013-316-5/6

甘肃农业科技绿皮书
甘肃农业科技发展研究报告（2018）
著(编)者：魏胜文 乔德华 张东伟
2018年12月出版 / 估价：198.00元
PSN B-2016-592-1/1

巩义蓝皮书
巩义经济社会发展报告（2018）
著(编)者：丁同民 朱军 2018年4月出版 / 估价：99.00元
PSN B-2016-532-1/1

广东外经贸蓝皮书
广东对外经济贸易发展研究报告（2017~2018）
著(编)者：陈万灵 2018年6月出版 / 估价：99.00元
PSN B-2012-286-1/1

广西北部湾经济区蓝皮书
广西北部湾经济区开放开发报告（2017~2018）
著(编)者：广西壮族自治区北部湾经济区和东盟开放合作办公室
　　　　　广西社会科学院
　　　　　广西北部湾发展研究院
2018年2月出版 / 估价：99.00元
PSN B-2010-181-1/1

广州蓝皮书
广州城市国际化发展报告（2018）
著(编)者：张跃国 2018年8月出版 / 估价：99.00元
PSN B-2012-246-11/14

广州蓝皮书
中国广州城市建设与管理发展报告（2018）
著(编)者：张其学 陈小钢 王ország 2018年8月出版 / 估价：99.00元
PSN B-2007-087-4/14

广州蓝皮书
广州创新型城市发展报告（2018）
著(编)者：尹涛 2018年6月出版 / 估价：99.00元
PSN B-2012-247-12/14

广州蓝皮书
广州经济发展报告（2018）
著(编)者：张跃国 尹涛 2018年7月出版 / 估价：99.00元
PSN B-2005-040-1/14

广州蓝皮书
2018年中国广州经济形势分析与预测
著(编)者：魏明海 谢博能 李华
2018年6月出版 / 估价：99.00元
PSN B-2011-185-9/14

广州蓝皮书
中国广州科技创新发展报告（2018）
著(编)者：于欣伟 陈爽 邓佑满 2018年8月出版 / 估价：99.00元
PSN B-2006-065-2/14

广州蓝皮书
广州农村发展报告（2018）
著(编)者：朱名宏 2018年7月出版 / 估价：99.00元
PSN B-2010-167-8/14

广州蓝皮书
广州汽车产业发展报告（2018）
著(编)者：杨禹高 冯兴亚 2018年7月出版 / 估价：99.00元
PSN B-2006-066-3/14

广州蓝皮书
广州商贸业发展报告（2018）
著(编)者：张跃国 陈杰 荀振英
2018年7月出版 / 估价：99.00元
PSN B-2012-245-10/14

贵阳蓝皮书
贵阳城市创新发展报告No.3（白云篇）
著(编)者：连玉明 2018年5月出版 / 估价：99.00元
PSN B-2015-491-3/10

贵阳蓝皮书
贵阳城市创新发展报告No.3（观山湖篇）
著(编)者：连玉明 2018年5月出版 / 估价：99.00元
PSN B-2015-497-9/10

贵阳蓝皮书
贵阳城市创新发展报告No.3（花溪篇）
著(编)者：连玉明 2018年5月出版 / 估价：99.00元
PSN B-2015-490-2/10

贵阳蓝皮书
贵阳城市创新发展报告No.3（开阳篇）
著(编)者：连玉明 2018年5月出版 / 估价：99.00元
PSN B-2015-492-4/10

贵阳蓝皮书
贵阳城市创新发展报告No.3（南明篇）
著(编)者：连玉明 2018年5月出版 / 估价：99.00元
PSN B-2015-496-8/10

贵阳蓝皮书
贵阳城市创新发展报告No.3（清镇篇）
著(编)者：连玉明 2018年5月出版 / 估价：99.00元
PSN B-2015-489-1/10

贵阳蓝皮书
贵阳城市创新发展报告No.3（乌当篇）
著(编)者：连玉明 2018年5月出版 / 估价：99.00元
PSN B-2015-495-7/10

贵阳蓝皮书
贵阳城市创新发展报告No.3（息烽篇）
著(编)者：连玉明 2018年5月出版 / 估价：99.00元
PSN B-2015-493-5/10

贵阳蓝皮书
贵阳城市创新发展报告No.3（修文篇）
著(编)者：连玉明 2018年5月出版 / 估价：99.00元
PSN B-2015-494-6/10

贵阳蓝皮书
贵阳城市创新发展报告No.3（云岩篇）
著(编)者：连玉明 2018年5月出版 / 估价：99.00元
PSN B-2015-498-10/10

贵州房地产蓝皮书
贵州房地产发展报告No.5（2018）
著(编)者：武廷方 2018年7月出版 / 估价：99.00元
PSN B-2014-426-1/1

贵州蓝皮书
贵州册亨经济社会发展报告（2018）
著（编）者：黄德林　2018年3月出版／估价：99.00元
PSN B-2016-525-8/9

贵州蓝皮书
贵州地理标志产业发展报告（2018）
著（编）者：李发耀　黄其松　2018年8月出版／估价：99.00元
PSN B-2017-646-10/10

贵州蓝皮书
贵安新区发展报告（2017~2018）
著（编）者：马长青　吴大华　2018年6月出版／估价：99.00元
PSN B-2015-459-4/10

贵州蓝皮书
贵州国家级开放创新平台发展报告（2017~2018）
著（编）者：申晓庆　吴大华　季泓
2018年11月出版／估价：99.00元
PSN B-2016-518-7/10

贵州蓝皮书
贵州国有企业社会责任发展报告（2017~2018）
著（编）者：郭丽　2018年12月出版／估价：99.00元
PSN B-2015-511-6/10

贵州蓝皮书
贵州民航业发展报告（2017）
著（编）者：申振东　吴大华　2018年1月出版／估价：99.00元
PSN B-2015-471-5/10

贵州蓝皮书
贵州民营经济发展报告（2017）
著（编）者：杨静　吴大华　2018年3月出版／估价：99.00元
PSN B-2016-530-9/9

杭州都市圈蓝皮书
杭州都市圈发展报告（2018）
著（编）者：沈翔　戚建国　2018年5月出版／估价：128.00元
PSN B-2012-302-1/1

河北经济蓝皮书
河北省经济发展报告（2018）
著（编）者：马树强　金浩　张贵　2018年4月出版／估价：99.00元
PSN B-2014-380-1/1

河北蓝皮书
河北经济社会发展报告（2018）
著（编）者：康振海　2018年1月出版／估价：99.00元
PSN B-2014-372-1/3

河北蓝皮书
京津冀协同发展报告（2018）
著（编）者：陈璐　2018年1月出版／估价：99.00元
PSN B-2017-601-2/3

河南经济蓝皮书
2018年河南经济形势分析与预测
著（编）者：王世炎　2018年3月出版／估价：99.00元
PSN B-2007-086-1/1

河南蓝皮书
河南城市发展报告（2018）
著（编）者：张占仓　王建国　2018年5月出版／估价：99.00元
PSN B-2009-131-3/9

河南蓝皮书
河南工业发展报告（2018）
著（编）者：张占仓　2018年5月出版／估价：99.00元
PSN B-2013-317-5/9

河南蓝皮书
河南金融发展报告（2018）
著（编）者：喻新安　谷建全
2018年6月出版／估价：99.00元
PSN B-2014-390-7/9

河南蓝皮书
河南经济发展报告（2018）
著（编）者：张占仓　完世伟
2018年4月出版／估价：99.00元
PSN B-2010-157-4/9

河南蓝皮书
河南能源发展报告（2018）
著（编）者：国网河南省电力公司经济技术研究院
　　　　　河南省社会科学院
2018年3月出版／估价：99.00元
PSN B-2017-607-9/9

河南商务蓝皮书
河南商务发展报告（2018）
著（编）者：焦锦淼　穆荣国　2018年5月出版／估价：99.00元
PSN B-2014-399-1/1

河南双创蓝皮书
河南创新创业发展报告（2018）
著（编）者：喻新安　杨雪梅　2018年8月出版／估价：99.00元
PSN B-2017-641-1/1

黑龙江蓝皮书
黑龙江经济发展报告（2018）
著（编）者：朱宇　2018年1月出版／估价：99.00元
PSN B-2011-190-2/2

湖南城市蓝皮书
区域城市群整合
著（编）者：童中贤　韩未名　2018年12月出版／估价：99.00元
PSN B-2006-064-1/1

湖南蓝皮书
湖南城乡一体化发展报告（2018）
著（编）者：陈文胜　王文强　陆福兴
2018年8月出版／估价：99.00元
PSN B-2015-477-8/8

湖南蓝皮书
2018年湖南电子政务发展报告
著（编）者：梁志峰　2018年5月出版／估价：128.00元
PSN B-2014-394-6/8

湖南蓝皮书
2018年湖南经济发展报告
著（编）者：卞鹰　2018年5月出版／估价：128.00元
PSN B-2011-207-2/8

湖南蓝皮书
2016年湖南经济展望
著（编）者：梁志峰　2018年5月出版／估价：128.00元
PSN B-2011-206-1/8

地方发展类-经济

皮书系列 2018全品种

湖南蓝皮书
2018年湖南县域经济社会发展报告
著(编)者：梁志峰　2018年5月出版　估价：128.00元
PSN B-2014-395-7/8

湖南县域绿皮书
湖南县域发展报告（No.5）
著(编)者：袁准　周小毛　黎仁寅
2018年3月出版　估价：99.00元
PSN G-2012-274-1/1

沪港蓝皮书
沪港发展报告（2018）
著(编)者：尤安山　2018年9月出版　估价：99.00元
PSN B-2013-362-1/1

吉林蓝皮书
2018年吉林经济社会形势分析与预测
著(编)者：邵汉明　2017年12月出版　估价：99.00元
PSN B-2013-319-1/1

吉林省城市竞争力蓝皮书
吉林省城市竞争力报告（2018~2019）
著(编)者：崔岳春　张磊　2018年12月出版　估价：99.00元
PSN B-2016-513-1/1

济源蓝皮书
济源经济社会发展报告（2018）
著(编)者：喻新安　2018年4月出版　估价：99.00元
PSN B-2014-387-1/1

江苏蓝皮书
2018年江苏经济发展分析与展望
著(编)者：王庆五　吴先满　2018年7月出版　估价：128.00元
PSN B-2017-635-1/3

江西蓝皮书
江西经济社会发展报告（2018）
著(编)者：陈石俊　龚建文　2018年10月出版　估价：128.00元
PSN B-2015-484-1/2

江西蓝皮书
江西设区市发展报告（2018）
著(编)者：姜玮　梁勇　2018年10月出版　估价：99.00元
PSN B-2016-517-2/2

经济特区蓝皮书
中国经济特区发展报告（2017）
著(编)者：陶一桃　2018年1月出版　估价：99.00元
PSN B-2009-139-1/1

辽宁蓝皮书
2018年辽宁经济社会形势分析与预测
著(编)者：梁启东　魏红江　2018年6月出版　估价：99.00元
PSN B-2006-053-1/1

民族经济蓝皮书
中国民族地区经济发展报告（2018）
著(编)者：李曦辉　2018年7月出版　估价：99.00元
PSN B-2017-630-1/1

南宁蓝皮书
南宁经济发展报告（2018）
著(编)者：胡建华　2018年9月出版　估价：99.00元
PSN B-2016-569-2/3

浦东新区蓝皮书
上海浦东经济发展报告（2018）
著(编)者：沈开艳　周奇　2018年2月出版　估价：99.00元
PSN B-2011-225-1/1

青海蓝皮书
2018年青海经济社会形势分析与预测
著(编)者：陈玮　2017年12月出版　估价：99.00元
PSN B-2012-275-1/2

山东蓝皮书
山东经济形势分析与预测（2018）
著(编)者：李广杰　2018年7月出版　估价：99.00元
PSN B-2014-404-1/5

山东蓝皮书
山东省普惠金融发展报告（2018）
著(编)者：齐鲁财富网
2018年9月出版　估价：99.00元
PSN B2017-676-5/5

山西蓝皮书
山西资源型经济转型发展报告（2018）
著(编)者：李志强　2018年7月出版　估价：99.00元
PSN B-2011-197-1/1

陕西蓝皮书
陕西经济发展报告（2018）
著(编)者：任宗哲　白宽犁　裴成荣
2018年1月出版　估价：99.00元
PSN B-2009-135-1/6

陕西蓝皮书
陕西精准脱贫研究报告（2018）
著(编)者：任宗哲　白宽犁　丁建康
2018年6月出版　估价：99.00元
PSN B-2017-623-6/6

上海蓝皮书
上海经济发展报告（2018）
著(编)者：沈开艳
2018年2月出版　估价：99.00元
PSN B-2006-057-1/7

上海蓝皮书
上海资源环境发展报告（2018）
著(编)者：周冯琦　汤庆合
2018年2月出版　估价：99.00元
PSN B-2006-060-4/7

上饶蓝皮书
上饶发展报告（2016~2017）
著(编)者：廖其志　2018年3月出版　估价：128.00元
PSN B-2014-377-1/1

深圳蓝皮书
深圳经济发展报告（2018）
著(编)者：张骁儒　2018年6月出版　估价：99.00元
PSN B-2008-112-3/7

四川蓝皮书
四川城镇化发展报告（2018）
著(编)者：侯水平　陈炜
2018年4月出版　估价：99.00元
PSN B-2015-456-7/7

31

皮书系列 2018全品种 — 地方发展类-经济 · 地方发展类-社会

四川蓝皮书
2018年四川经济形势分析与预测
著(编)者：杨钢　2018年1月出版　估价：99.00元
PSN B-2007-098-2/7

四川蓝皮书
四川企业社会责任研究报告（2017~2018）
著(编)者：侯水平　盛毅　2018年5月出版　估价：99.00元
PSN B-2014-386-4/7

四川蓝皮书
四川生态建设报告（2018）
著(编)者：李晟之　2018年5月出版　估价：99.00元
PSN B-2015-455-6/7

体育蓝皮书
上海体育产业发展报告（2017~2018）
著(编)者：张林　黄海燕　2018年10月出版　估价：99.00元
PSN B-2015-454-4/5

体育蓝皮书
长三角地区体育产业发展报告（2017~2018）
著(编)者：张林　2018年4月出版　估价：99.00元
PSN B-2015-453-3/5

天津金融蓝皮书
天津金融发展报告（2018）
著(编)者：王爱俭　孔德昌　2018年3月出版　估价：99.00元
PSN B-2014-418-1/1

图们江区域合作蓝皮书
图们江区域合作发展报告（2018）
著(编)者：李铁　2018年6月出版　估价：99.00元
PSN B-2015-464-1/1

温州蓝皮书
2018年温州经济社会形势分析与预测
著(编)者：蒋儒标　王春光　金浩
2018年4月出版　估价：99.00元
PSN B-2008-105-1/1

西咸新区蓝皮书
西咸新区发展报告（2018）
著(编)者：李扬　王军
2018年6月出版　估价：99.00元
PSN B-2016-534-1/1

修武蓝皮书
修武经济社会发展报告（2018）
著(编)者：张占仓　袁凯声
2018年10月出版　估价：99.00元
PSN B-2017-651-1/1

偃师蓝皮书
偃师经济社会发展报告（2018）
著(编)者：张占仓　袁凯声　何武周
2018年7月出版　估价：99.00元
PSN B-2017-627-1/1

扬州蓝皮书
扬州经济社会发展报告（2018）
著(编)者：陈扬
2018年12月出版　估价：108.00元
PSN B-2011-191-1/1

长垣蓝皮书
长垣经济社会发展报告（2018）
著(编)者：张占仓　袁凯声　秦保建
2018年10月出版　估价：99.00元
PSN B-2017-654-1/1

遵义蓝皮书
遵义发展报告（2018）
著(编)者：邓彦　曾征　龚永育
2018年9月出版　估价：99.00元
PSN B-2014-433-1/1

地方发展类-社会

安徽蓝皮书
安徽社会发展报告（2018）
著(编)者：程桦　2018年4月出版　估价：99.00元
PSN B-2013-325-1/1

安徽社会建设蓝皮书
安徽社会建设分析报告（2017~2018）
著(编)者：黄家海　蔡宪
2018年11月出版　估价：99.00元
PSN B-2013-322-1/1

北京蓝皮书
北京公共服务发展报告（2017~2018）
著(编)者：施昌奎　2018年3月出版　估价：99.00元
PSN B-2008-103-7/8

北京蓝皮书
北京社会发展报告（2017~2018）
著(编)者：李伟东
2018年7月出版　估价：99.00元
PSN B-2006-055-3/8

北京蓝皮书
北京社会治理发展报告（2017~2018）
著(编)者：殷星辰　2018年7月出版　估价：99.00元
PSN B-2014-391-8/8

北京律师蓝皮书
北京律师发展报告 No.3（2018）
著(编)者：王隽　2018年12月出版　估价：99.00元
PSN B-2011-217-1/1

地方发展类-社会

皮书系列 2018全品种

北京人才蓝皮书
北京人才发展报告（2018）
著(编)者：敏华　2018年12月出版 / 估价：128.00元
PSN B-2011-201-1/1

北京社会心态蓝皮书
北京社会心态分析报告（2017~2018）
北京市社会心理服务促进中心
2018年10月出版 / 估价：99.00元
PSN B-2014-422-1/1

北京社会组织管理蓝皮书
北京社会组织发展与管理（2018）
著(编)者：黄江松
2018年4月出版 / 估价：99.00元
PSN B-2015-446-1/1

北京养老产业蓝皮书
北京居家养老发展报告（2018）
著(编)者：陆杰华　周明明
2018年8月出版 / 估价：99.00元
PSN B-2015-465-1/1

法治蓝皮书
四川依法治省年度报告No.4（2018）
著(编)者：李林　杨天宗　田禾
2018年3月出版 / 估价：118.00元
PSN B-2015-447-2/3

福建妇女发展蓝皮书
福建省妇女发展报告（2018）
著(编)者：刘群英　2018年11月出版 / 估价：99.00元
PSN B-2011-220-1/1

甘肃蓝皮书
甘肃社会发展分析与预测（2018）
著(编)者：安文华　包晓霞　谢增虎
2018年1月出版 / 估价：99.00元
PSN B-2013-313-2/6

广东蓝皮书
广东全面深化改革研究报告（2018）
著(编)者：周林生　涂成林
2018年12月出版 / 估价：99.00元
PSN B-2015-504-3/3

广东蓝皮书
广东社会工作发展报告（2018）
著(编)者：罗观翠　2018年6月出版 / 估价：99.00元
PSN B-2014-402-2/3

广州蓝皮书
广州青年发展报告（2018）
著(编)者：徐柳　张强
2018年8月出版 / 估价：99.00元
PSN B-2013-352-13/14

广州蓝皮书
广州社会保障发展报告（2018）
著(编)者：张跃国
2018年8月出版 / 估价：99.00元
PSN B-2014-425-14/14

广州蓝皮书
2018年中国广州社会形势分析与预测
著(编)者：张强　郭志勇　何镜清
2018年6月出版 / 估价：99.00元
PSN B-2008-110-5/14

贵州蓝皮书
贵州法治发展报告（2018）
著(编)者：吴大华　2018年5月出版 / 估价：99.00元
PSN B-2012-254-2/10

贵州蓝皮书
贵州人才发展报告（2017）
著(编)者：于杰　吴大华
2018年9月出版 / 估价：99.00元
PSN B-2014-382-3/10

贵州蓝皮书
贵州社会发展报告（2018）
著(编)者：王兴骥　2018年4月出版 / 估价：99.00元
PSN B-2010-166-1/10

杭州蓝皮书
杭州妇女发展报告（2018）
著(编)者：魏颖　2018年10月出版 / 估价：99.00元
PSN B-2014-403-1/1

河北蓝皮书
河北法治发展报告（2018）
著(编)者：康振海　2018年6月出版 / 估价：99.00元
PSN B-2017-622-3/3

河北食品药品安全蓝皮书
河北食品药品安全研究报告（2018）
著(编)者：丁锦霞　2018年10月出版 / 估价：99.00元
PSN B-2015-473-1/1

河南蓝皮书
河南法治发展报告（2018）
著(编)者：张林海　2018年7月出版 / 估价：99.00元
PSN B-2014-376-6/9

河南蓝皮书
2018年河南社会形势分析与预测
著(编)者：牛苏林　2018年5月出版 / 估价：99.00元
PSN B-2005-043-1/9

河南民办教育蓝皮书
河南民办教育发展报告（2018）
著(编)者：胡大白　2018年9月出版 / 估价：99.00元
PSN B-2017-642-1/1

黑龙江蓝皮书
黑龙江社会发展报告（2018）
著(编)者：谢宝禄　2018年1月出版 / 估价：99.00元
PSN B-2011-189-1/2

湖南蓝皮书
2018年湖南两型社会与生态文明建设报告
著(编)者：卞鹰　2018年5月出版 / 估价：128.00元
PSN B-2011-208-3/8

湖南蓝皮书
2018年湖南社会发展报告
著(编)者：卞鹰　2018年5月出版 / 估价：128.00元
PSN B-2014-393-5/8

健康城市蓝皮书
北京健康城市建设研究报告（2018）
著(编)者：王鸿春　盛继洪　2018年9月出版 / 估价：99.00元
PSN B-2015-460-1/2

33

皮书系列 2018全品种　地方发展类-社会 · 地方发展类-文化

江苏法治蓝皮书
江苏法治发展报告No.6（2017）
著（编）者：蔡道通　龚廷泰　　2018年8月出版／估价：99.00元
PSN B-2012-290-1/1

江苏蓝皮书
2018年江苏社会发展分析与展望
著（编）者：王庆五　刘旺洪　　2018年8月出版／估价：128.00元
PSN B-2017-636-2/3

南宁蓝皮书
南宁法治发展报告（2018）
著（编）者：杨维超　　2018年12月出版／估价：99.00元
PSN B-2015-509-1/3

南宁蓝皮书
南宁社会发展报告（2018）
著（编）者：胡建华　　2018年10月出版／估价：99.00元
PSN B-2016-570-3/3

内蒙古蓝皮书
内蒙古反腐倡廉建设报告No.2
著（编）者：张志华　　2018年6月出版／估价：99.00元
PSN B-2013-365-1/1

青海蓝皮书
2018年青海人才发展报告
著（编）者：王宇燕　　2018年9月出版／估价：99.00元
PSN B-2017-650-2/2

青海生态文明建设蓝皮书
青海生态文明建设报告（2018）
著（编）者：张西明　高华　　2018年12月出版／估价：99.00元
PSN B-2016-595-1/1

人口与健康蓝皮书
深圳人口与健康发展报告（2018）
著（编）者：陆杰华　傅崇辉　　2018年11月出版／估价：99.00元
PSN B-2011-228-1/1

山东蓝皮书
山东社会形势分析与预测（2018）
著（编）者：李善峰　　2018年6月出版／估价：99.00元
PSN B-2014-405-2/5

陕西蓝皮书
陕西社会发展报告（2018）
著（编）者：任宗哲　白宽犁　牛昉　　2018年1月出版／估价：99.00元
PSN B-2009-136-2/6

上海蓝皮书
上海法治发展报告（2018）
著（编）者：叶必丰　　2018年9月出版／估价：99.00元
PSN B-2012-296-6/7

上海蓝皮书
上海社会发展报告（2018）
著（编）者：杨雄　周海旺
2018年2月出版／估价：99.00元
PSN B-2006-058-2/7

社会建设蓝皮书
2018年北京社会建设分析报告
著（编）者：宋贵伦　冯虹　　2018年9月出版／估价：99.00元
PSN B-2010-173-1/1

深圳蓝皮书
深圳法治发展报告（2018）
著（编）者：张骁儒　　2018年6月出版／估价：99.00元
PSN B-2015-470-6/7

深圳蓝皮书
深圳劳动关系发展报告（2018）
著（编）者：汤庭芬　　2018年8月出版／估价：99.00元
PSN B-2007-097-2/7

深圳蓝皮书
深圳社会治理与发展报告（2018）
著（编）者：张骁儒　　2018年6月出版／估价：99.00元
PSN B-2008-113-4/7

生态安全绿皮书
甘肃国家生态安全屏障建设发展报告（2018）
著（编）者：刘举科　喜文华
2018年10月出版／估价：99.00元
PSN G-2017-659-1/1

顺义社会建设蓝皮书
北京市顺义区社会建设分析报告（2018）
著（编）者：王学武　　2018年9月出版／估价：99.00元
PSN B-2017-658-1/1

四川蓝皮书
四川法治发展报告（2018）
著（编）者：郑泰安　　2018年1月出版／估价：99.00元
PSN B-2015-441-5/7

四川蓝皮书
四川社会发展报告（2018）
著（编）者：李羚　　2018年6月出版／估价：99.00元
PSN B-2008-127-3/7

云南社会治理蓝皮书
云南社会治理年度报告（2017）
著（编）者：晏雄　韩全芳
2018年5月出版／估价：99.00元
PSN B-2017-667-1/1

地方发展类-文化

北京传媒蓝皮书
北京新闻出版广电发展报告（2017~2018）
著（编）者：王志　　2018年11月出版／估价：99.00元
PSN B-2016-588-1/1

北京蓝皮书
北京文化发展报告（2017~2018）
著（编）者：李建盛　　2018年5月出版／估价：99.00元
PSN B-2007-082-4/8

地方发展类-文化

皮书系列 2018全品种

创意城市蓝皮书
北京文化创意产业发展报告（2018）
著（编）者：郭万超 张京成　　2018年12月出版 / 估价：99.00元
PSN B-2012-263-1/7

创意城市蓝皮书
天津文化创意产业发展报告（2017~2018）
著（编）者：谢思全　　2018年6月出版 / 估价：99.00元
PSN B-2016-536-7/7

创意城市蓝皮书
武汉文化创意产业发展报告（2018）
著（编）者：黄永林 陈汉桥　　2018年12月出版 / 估价：99.00元
PSN B-2013-354-4/7

创意上海蓝皮书
上海文化创意产业发展报告（2017~2018）
著（编）者：王慧敏 王兴全　　2018年8月出版 / 估价：99.00元
PSN B-2016-561-1/1

非物质文化遗产蓝皮书
广州市非物质文化遗产保护发展报告（2018）
著（编）者：宋俊华　　2018年12月出版 / 估价：99.00元
PSN B-2016-589-1/1

甘肃蓝皮书
甘肃文化发展分析与预测（2018）
著（编）者：王俊莲 周小华　　2018年1月出版 / 估价：99.00元
PSN B-2013-314-3/6

甘肃蓝皮书
甘肃舆情分析与预测（2018）
著（编）者：陈双梅 张谦元　　2018年1月出版 / 估价：99.00元
PSN B-2013-315-4/6

广州蓝皮书
中国广州文化发展报告（2018）
著（编）者：屈哨兵 陆志强　　2018年6月出版 / 估价：99.00元
PSN B-2009-134-7/14

广州蓝皮书
广州文化创意产业发展报告（2018）
著（编）者：徐咏虹　　2018年7月出版 / 估价：99.00元
PSN B-2008-111-6/14

海淀蓝皮书
海淀区文化和科技融合发展报告（2018）
著（编）者：陈名杰 孟景伟　　2018年5月出版 / 估价：99.00元
PSN B-2013-329-1/1

河南蓝皮书
河南文化发展报告（2018）
著（编）者：卫绍生　　2018年7月出版 / 估价：99.00元
PSN B-2008-106-2/9

湖北文化产业蓝皮书
湖北省文化产业发展报告（2018）
著（编）者：黄晓华　　2018年9月出版 / 估价：99.00元
PSN B-2017-656-1/1

湖北文化蓝皮书
湖北文化发展报告（2017~2018）
著（编）者：湖北大学高等人文研究院 中华文化发展湖北省协同创新中心
2018年10月出版 / 估价：99.00元
PSN B-2016-566-1/1

江苏蓝皮书
2018年江苏文化发展分析与展望
著（编）者：王庆五 樊和平　　2018年9月出版 / 估价：128.00元
PSN B-2017-637-3/3

江西文化蓝皮书
江西非物质文化遗产发展报告（2018）
著（编）者：张圣才 傅安平　　2018年12月出版 / 估价：128.00元
PSN B-2015-499-1/1

洛阳蓝皮书
洛阳文化发展报告（2018）
著（编）者：刘福兴 陈启明　　2018年7月出版 / 估价：99.00元
PSN B-2015-476-1/1

南京蓝皮书
南京文化发展报告（2018）
著（编）者：中共南京市委宣传部
2018年12月出版 / 估价：99.00元
PSN B-2014-439-1/1

宁波文化蓝皮书
宁波"一人一艺"全民艺术普及发展报告（2017）
著（编）者：张爱琴　　2018年11月出版 / 估价：128.00元
PSN B-2017-668-1/1

山东蓝皮书
山东文化发展报告（2018）
著（编）者：涂可国　　2018年5月出版 / 估价：99.00元
PSN B-2014-406-3/5

陕西蓝皮书
陕西文化发展报告（2018）
著（编）者：任宗哲 白宽犁 王长寿
2018年1月出版 / 估价：99.00元
PSN B-2009-137-3/6

上海蓝皮书
上海传媒发展报告（2018）
著（编）者：强荧 焦雨虹　　2018年2月出版 / 估价：99.00元
PSN B-2012-295-5/7

上海蓝皮书
上海文学发展报告（2018）
著（编）者：陈圣来　　2018年6月出版 / 估价：99.00元
PSN B-2012-297-7/7

上海蓝皮书
上海文化发展报告（2018）
著（编）者：荣跃明　　2018年2月出版 / 估价：99.00元
PSN B-2006-059-3/7

深圳蓝皮书
深圳文化发展报告（2018）
著（编）者：张骁儒　　2018年7月出版 / 估价：99.00元
PSN B-2016-554-7/7

四川蓝皮书
四川文化产业发展报告（2018）
著（编）者：向宝云 张立伟　　2018年4月出版 / 估价：99.00元
PSN B-2006-074-1/7

郑州蓝皮书
2018年郑州文化发展报告
著（编）者：王哲　　2018年9月出版 / 估价：99.00元
PSN B-2008-107-1/1

社会科学文献出版社　　　　　　　　　　**皮书系列**

❖ 皮书起源 ❖

"皮书"起源于十七、十八世纪的英国,主要指官方或社会组织正式发表的重要文件或报告,多以"白皮书"命名。在中国,"皮书"这一概念被社会广泛接受,并被成功运作、发展成为一种全新的出版形态,则源于中国社会科学院社会科学文献出版社。

❖ 皮书定义 ❖

皮书是对中国与世界发展状况和热点问题进行年度监测,以专业的角度、专家的视野和实证研究方法,针对某一领域或区域现状与发展态势展开分析和预测,具备原创性、实证性、专业性、连续性、前沿性、时效性等特点的公开出版物,由一系列权威研究报告组成。

❖ 皮书作者 ❖

皮书系列的作者以中国社会科学院、著名高校、地方社会科学院的研究人员为主,多为国内一流研究机构的权威专家学者,他们的看法和观点代表了学界对中国与世界的现实和未来最高水平的解读与分析。

❖ 皮书荣誉 ❖

皮书系列已成为社会科学文献出版社的著名图书品牌和中国社会科学院的知名学术品牌。2016年,皮书系列正式列入"十三五"国家重点出版规划项目;2013~2018年,重点皮书列入中国社会科学院承担的国家哲学社会科学创新工程项目;2018年,59种院外皮书使用"中国社会科学院创新工程学术出版项目"标识。

中国皮书网

（网址：www.pishu.cn）

发布皮书研创资讯，传播皮书精彩内容
引领皮书出版潮流，打造皮书服务平台

栏目设置

关于皮书：何谓皮书、皮书分类、皮书大事记、皮书荣誉、
皮书出版第一人、皮书编辑部

最新资讯：通知公告、新闻动态、媒体聚焦、网站专题、视频直播、下载专区

皮书研创：皮书规范、皮书选题、皮书出版、皮书研究、研创团队

皮书评奖评价：指标体系、皮书评价、皮书评奖

互动专区：皮书说、社科数托邦、皮书微博、留言板

所获荣誉

2008年、2011年，中国皮书网均在全国新闻出版业网站荣誉评选中获得"最具商业价值网站"称号；

2012年，获得"出版业网站百强"称号。

网库合一

2014年，中国皮书网与皮书数据库端口合一，实现资源共享。

权威报告·一手数据·特色资源

皮书数据库
ANNUAL REPORT(YEARBOOK) DATABASE

当代中国经济与社会发展高端智库平台

所获荣誉

- 2016年,入选"'十三五'国家重点电子出版物出版规划骨干工程"
- 2015年,荣获"搜索中国正能量 点赞2015""创新中国科技创新奖"
- 2013年,荣获"中国出版政府奖·网络出版物奖"提名奖
- 连续多年荣获中国数字出版博览会"数字出版·优秀品牌"奖

成为会员

通过网址www.pishu.com.cn或使用手机扫描二维码进入皮书数据库网站,进行手机号码验证或邮箱验证即可成为皮书数据库会员(建议通过手机号码快速验证注册)。

会员福利

- 使用手机号码首次注册的会员,账号自动充值100元体验金,可直接购买和查看数据库内容(仅限使用手机号码快速注册)。
- 已注册用户购书后可免费获赠100元皮书数据库充值卡。刮开充值卡涂层获取充值密码,登录并进入"会员中心"—"在线充值"—"充值卡充值",充值成功后即可购买和查看数据库内容。

数据库服务热线:400-008-6695 图书销售热线:010-59367070/7028
数据库服务QQ:2475522410 图书服务QQ:1265056568
数据库服务邮箱:database@ssap.cn 图书服务邮箱:duzhe@ssap.cn

更多信息请登录

皮书数据库
http://www.pishu.com.cn

中国皮书网
http://www.pishu.cn

皮书微博
http://weibo.com/pishu

皮书微信"皮书说"

请到当当、亚马逊、京东或各地书店购买,也可办理邮购

咨询/邮购电话:010-59367028 59367070

邮　　箱:duzhe@ssap.cn

邮购地址:北京市西城区北三环中路甲29号院3号楼
　　　　　华龙大厦13层读者服务中心

邮　　编:100029

银行户名:社会科学文献出版社

开户银行:中国工商银行北京北太平庄支行

账　　号:0200010019200365434